Verhaltenstherapie

# Verhaltenstherapie

## Ihre Entwicklung — ihr Menschenbild

herausgegeben von

*Hans Lieb und Rainer Lutz*

mit Beiträgen von

Heinz-Dieter Basler, Werner Becht, Jarg Bergold, Gerhard Bezold,
Rewert Bloem, Meinrad Braun, H. D. Brenner, Markus Dietrich,
Klaus Dörner, Alexa Franke, Iver Hand, Daniale Renate Heimberg,
Anita Hirsbrunner, Frederick H. Kanfer, Eva Koppenhöfer-Lorenzen,
Heinrich Kunze, Peter Kutter, Maren Langlotz-Weis, Hans Lieb,
Michael Linden, Dirk Lorenzen, Rainer Lutz, Norbert Mark,
F. Reimer, Volker Roder, Ralf Schneider, Dieter Schwarz,
Arndt Tillmanns, Lothar Wittmann und Walter Zitterbarth

Verlag für Angewandte Psychologie
Göttingen · Stuttgart

© by Verlag für Angewandte Psychologie, Stuttgart 1992.
Verlagsgruppe Hogrefe.

Druck- und Bindearbeiten: Offsetdrukkerij Kanters B.V., Alblasserdam
Printed in the Netherlands
ISBN 3-87844-057-X

# INHALTSVERZEICHNIS 5

### Verhaltenstherapeutlnnen: Mehrheiten, Minderheiten, Unterschiede

## TEIL II: VERHALTENSTHERAPIE: IHR MENSCHENBILD

### 2.1. WELTBILDER - MENSCHENBILDER - VERHALTENSTHERAPIE

### 2.2. SPIEGELBILDER: ZUM SELBSTVERSTÄNDNIS VON VERHALTENS-
### THERAPEUTEN

### 2.3. DIE BILDER DER ANDEREN: VERHALTENSTHERAPIE UND PSYCHOANALYSE

# AUTORENVERZEICHNIS

BASLER, Heinz-Dieter — Prof. Dr., Institut für Medizinische Psychologie, Philipps-Universität Marburg, Marburg

BECHT, Werner — Dipl.-Psych., Pfalzklinik Landeck, Klingenmünster

BERGOLD, Jarg — Prof. Dr., Psychologisches Institut der FU Berlin, Berlin

BEZOLD, Gerhard — Dipl.-Psych., Psychiatrisches Krankenhaus Marburg, Marburg

BLOEM, Rewert — Dr. stud. Psych., cand. rer. nat., Fachbereich Psychologie, Philipps-Universität Marburg, Marburg

BRAUN, Meinrad — Dr., Psychotherapeutische Praxis, Bad Dürkheim

BRENNER, H.D. — Prof. Dr. med. et phil., Psychiatrische Universitätklinik Bern, Bern/Schweiz

DIETRICH, Markus — Dr. med., Dipl.-Psych., Stuttgarter Zentrum für Verhaltenstherapie, Stuttgart

DÖRNER, Klaus — Prof. Dr., Westfälische Klinik für Psychiatrie, Psychosomatik und Neurologie, Gütersloh

FRANKE, Alexa — Prof. Dr., Klinische Psychologie, Fachbereich 13, Sondererziehung und Rehabilitation, Dortmund

HAND, Iver — Prof. Dr., Universitätsklinik Eppendorf, Hamburg

HEIMBERG, Daniale Renate — cand. phil., Psychiatrische Universitätsklinik Bern, Bern/Schweiz

HIRSBRUNNER, Anita — cand. phil., Psychiatrische Universitätsklinik Bern, Bern/Schweiz

KANFER, Frederick H. — Prof. Dr., Department of Psychology, University of Illinois, Illinois/USA

| | |
|---|---|
| KOPPENHÖFER-LORENZEN, Eva | Dipl.-Psych., Psychotherapeutische Praxis, Wiesloch |
| KUNZE, Heinrich | Prof. Dr., Psychiatrisches Krankenhaus Merxhausen, Emstal |
| KUTTER, Peter | Prof. Dr., Institut für Psychoanalyse, Universität Frankfurt, Frankfurt am Main |
| LANGLOTZ-WEIS, Maren | Dr., Dipl.-Psych., Psychotherapeutische Praxis, Ladenburg |
| LIEB, Hans | Dipl.-Psych., Institut für Fort- und Weiterbildung in klinischer Verhaltenstherapie/ Psychotherapeutische Praxis, Bad Dürkheim |
| LINDEN, Michael | PD Dipl.-Psych. Dr., Psychiatrische Klinik und Poliklinik an der FU Berlin, Berlin |
| LORENZEN, Dirk | Dr. habil., Psychiatrisches Krankenhaus, Weinsberg |
| LUTZ, Rainer | Dipl.-Psych., Universität Marburg, Ebsdorfergrund |
| MARK, Norbert | Dr. med., Psychosomatische Fachklinik Bad Dürkheim, Bad Dürkheim |
| REIMER, F. | Prof. Dr., Psychiatrisches Krankenhaus, Weinsberg |
| RODER, Volker | Dr., Psychiatrische Universitätsklinik Bern, Bern/Schweiz |
| SCHNEIDER, Ralf | Dipl.-Psych., Fachklinik Furth i.W., Furth i.W. |
| SCHWARZ, Dieter | Dr., Psychosomatische Fachklinik Windach, Windach |
| TILLMANNS, Arndt | Dipl.-Psych., Psychotherapeutische Praxis, München |
| WITTMANN, Lothar | Dr., Psychotherapeutische Praxis, Belum |
| ZITTERBARTH, Walter | Dr., Fachbereich Gesellschaftswissenschaften und Philosophie der Philipps-Universität Marburg, Marburg |

# DANKSAGUNG UND VORWORT

Am 30./31.03.1990 trafen sich ca. 15 VerhaltenstherapeutInnen in einem Hotel bei Marburg, um sich einem für die Verbandeslandschaft der deutschen Verhaltenstherapie typischen Thema zu widmen. Diese Mitglieder des **Fachverbandes für klinische Verhaltenstherapie (FKV)** stellten sich die Frage: "Quo vadis FKV?". Sollte sich ihr Fachverband primär gesundheits- und berufspolitischen Aspekten der Verhaltenstherapie widmen. Welchen Weg sollte er dabei einschlagen? Oder sollte der FKV eher fachliche Themen fördern? Stand man überhaupt vor dieser Alternative? Ist sie typisch für die Verhaltenstherapie oder kennen sie andere Verbände auch?

Es war ein deutliches Interesse zu einer verstärkten Auseinandersetzung mit den Inhalten der Verhaltenstherapie zu vermerken. Bisher fand anläßlich der jährlichen Mitgliederversammlung eine kleinere Fachtagung statt: nun sollte ein etwas größerer Kongreß dem Interesse an der theoretischen Auseinandersetzung gerecht werden: "**Verhaltenstherapie - Ihre Entwicklung - Ihr Menschenbild**". Das vorliegende Buch enthält die überarbeiteten Referate dieses Kongresses und deren Diskussionen sowie einige ergänzende Beiträge.

Das **Psychiatrische Krankenhaus Merxhausen** unter der Leitung von Herrn **Prof. Dr. H. Kunze** und insbesondere das Talent von Herrn **Dipl.-Psych. Peter Schüler** halfen, aus der Idee einen lebendigen, kreativen und anregenden Kongreß zu machen. Herrn **Schüler** gilt denn auch unser größter Dank. Er bildete zusammen mit den Herausgebern dieses Buches jenes Dreiergespann, das den Kongreß organisierte. Ohne seine engagierte und zuverlässige Arbeit wäre der Kongreß in dieser Form nicht möglich gewesen. Zu danken haben wir auch den zahlreichen HelferInnen, darunter zuallererst **Frau Kasperidus** und ihren Helfern vor Ort in Merxhausen, **Frau Pfarr** vom FKV sowie **Frau Hartung** und **Herrn Betzold** von der WKV (Weiterbildungseinrichtung für klinische Verhaltenstherapie). **Frau Schmitt** danken wir für die rasche Erstellung des Manuskriptes.

Der Kongreß wurde finanziell gefördert von der Allgemeinen Hospitalgesellschaft Saarbrükken (AHG), dem FKV, dem Psychiatrischen Krankenhaus Merxhausen, der Gemeinde Emstal, dem LWV Hessen, der Fachklinik Berus (Zentrum für Psychosomatik und Verhaltensmedizin) sowie den Firmen Squibb van Heyden (München), Janssen (Neuss), Tropon (Köln) sowie Rhone poulenc pharma (Köln).

Kennzeichnend für den Kongreß und vor allem für seine Dynamik war dessen **Selbstrückbezüglichkeit**: Er widmete sich nämlich thematisch genau jenem Prozeß, dessen Produkt er selbst war. Geht es doch um die Frage nach der Identität einer therapeutischen Richtung, von der man manchmal nicht weiß, ob sie sich mehr nach verbandes- und machtpolitischen oder mehr nach fachlich-therapeutischen Gesetzen entwickelt. Das übergeordnete Thema aller Beiträge dieses Buches besteht denn auch darin, sich selbst in seinem eigenen Kontext zu analysieren und darin zu verstehen. Dieses Ziel verfolgen die Autoren aus sehr verschiedenen Blickwinkeln:

Teil I beschäftigt sich mit der **Entwicklung der Verhaltenstherapie**: Ihren überdauernden "Eigenschaften" (Bergold); ihrer Rolle für die (Gemeinde-)Psychiatrie (Kunze, Reimer, Lorenzen), ihren sich wandelnden Vorstellungen von Gesundheit und Krankheit (Basler, Lutz) sowie ihrer Suche nach einer angemessenen "multiprofessionellen verhaltenstherapeutischen Kompetenz" angesichts zunehmenden Wissens über diese Bereiche (Kanfer). Den ambulanten Sektor der VT kennzeichnet deren Verankerung im öffentlichen Gesundheitswesen. Ein Gewinn, mit dem sie sich aber auch in das Prokrustesbett öffentlicher Reglementierungen begeben hat, wie die Analyse des Gutachterverfahrens und vor allem deren lebhafte Diskussion auf dem Kongreß zeigten (Mark, Langlotz-Weis & Koppenhöfer-Lorenzen, Diskussion). Auf die Wechselwirkung von Therapiemethode, Patientenmerkmalen und institutionellem Setting im stationären Bereich weisen Becht, Roder und Schneider hin. Franke belegt, wie blind die VT für Fragen der Geschlechtsspezifität und Geschlechtssensibilität war und (noch) ist. Und schließlich ist von einer sich erst entwickelnden, noch sehr einsamen Minderheit die Rede: Von "ärztlichen Verhaltenstherapeuten", die VT nicht nur delegieren, sondern diese auch selbst durchführen (Braun).

Teil II widmet sich dem **Menschenbild der Verhaltenstherapie**. Berichtet wird einerseits von der Bedeutung, die Menschen- oder Weltbilder generell haben (Zitterbarth, Dörner), andererseits von dem 20-jährigen Ringen der VT um ein Menschenbild, das nicht nur ihren eigenen wissenschaftlichen Kriterien genügt, sondern auch den ethisch-humanistischen Anforderungen eines klinischen Alltages (Lieb, Zuriff, Theophanous). Hier wird eine traditionsreiche Begegnung zwischen VT und Philosophie wieder aufgegriffen, die mit zum wertvollsten an der geistesgeschichtlichen Tradition der VT gehört. Die Beiträge dieses Kapitels zeigen, wie sehr unsere Grundannahmen darüber, was Menschen sind und was sie tun, den Umgang mit Patienten prägen. Was, so lautet die ebenso alte wie neue verhaltenstherapeutische Grundfrage, unterscheidet eine Reiz-Reaktions-Maschine von einer handelnden Person - auch dann, wenn man kognitive Variablen miteinbezieht? Und welches Menschenbild, so wird sich die VT auch in Zukunft fragen lassen müssen, liegt ihren Definitionen (z. B. in den Psychotherapierichtlinien) mit welchen Konsequenzen zugrunde? Sie wird nicht umhin kommen, sich diese Fragen selbst zuzumuten, wie es der Kongreß getan hat.

Die **empirischen Beiträge** untersuchen das Selbstverständnis von VerhaltenstherapeutInnen. Wie sehen Sie sich selbst und wie glauben sie gesehen zu werden (Lutz)? Erfahrene Praktiker schildern, wie sich ihr Zugang zur VT über die Jahre verändert hat (Wittmann).

Der Band enthält auch die Diskussionen des Kongresses. Hierzu haben die Herausgeber eine Bitte an die Diskussionsteilnehmer, seien es Referenten oder Kongreßbesucher: Sollten wir bei unserer Straffung der Redebeiträge die ursprünglichen Intentionen der Redner gelegentlich nicht ganz getroffen haben, möge man uns dies nachsehen.

September, 1991
Hans Lieb, Maikammer
Rainer Lutz, Ebsdorfergrund

# Teil I

# VERHALTENSTHERAPIE -

# IHRE ENTWICKLUNG

"Zum Glück kann ich bei dem mir gestellten Thema sehr persönlich werden" sagt F. Reimer zu Beginn seines Beitrages, in dem er - mit provozierendem verhaltenstherapeutischen Selbstbewußtsein - die Überlegenheit dieser Richtung gegenüber allen anderen behauptet. "Bis auf ein paar - das muß ich zugeben - kleinen Änderungen", sei alles beim alten geblieben, behauptet J. Bergold zu den Referaten. Zwischen diesen extremen Haltungen bewegen sich die Aussagen zur Entwicklung der Verhaltenstherapie in diesem Teil. Eingeleitet wird es mit drei Beiträgen, die den Einfluß der Verhaltenstherapie auf die Psychiatrie bzw. die Gemeindepsychiatrie hervorheben als hervorragendes Denk- und Handlungsmuster zur Integration der multiprofessionellen Ansätze in diesem Bereich. Eine Retrospektive nimmt Bergold sozusagen als "Ehemaliger" mit Blick auf das vor, was an der VT überdauernd sei.

Wie sieht die Forschung die Entwicklung der VT? Basler und Lutz weisen nach, daß diese sich bislang zu sehr auf die Definition und Beseitigung von Krankheiten konzentriert hat, statt, wie beide mit Blick etwa auf Antonovsky feststellen, Gesundheit zu definieren und diese zu fördern. Kanfer meint eine Reorientierung auf organisch-biologische Prozesse zu erkennen, nachdem sich die VT vom Verhalten einzelner Laborratten ab- und dem von Menschen und dort schließlich dessen Kognitionen und dessen Affekten zugewandt hatte. Die auf dem Kongreß diesen Beiträgen folgende und auch im Buch an dieser Stelle wiedergegebene Diskussion galt denn auch der Frage: Entwickelt sich die VT überhaupt weiter, und wenn ja: In welche Richtung?

Spezialbereich Ambulanz: Zu den lebhaftesten Stunden des Kongresses und zu den politisch bedeutsamsten Fragen der VT im Ambulanzwesen gehört(e) die kritische Analyse des sogenannten Gutachterverfahrens und der monetären Aspekte ambulanter Therapien. Der Beitrag von Langlotz-Weis und Koppenhöfer-Lorenzen und die hier veröffentlichte Diskussion stellen nicht nur die erste öffentliche Auseinandersetzung zwischen Gutachtern und Begutachteten dar. Sie zeigen auch, wie sehr sich therapeutisches Reglement und Therapie gegenseitig beeinflussen. Mark präsentiert Daten, die den (möglichen) Einfluß von Psychotherapiehonoraren auf die Selektion von Patienten belegen.

Spezialbereich stationäre VT: Exemplarisch an den drei Bereichen Suchttherapie, VT bei Kindern und Jugendlichen sowie VT bei psychotischen Störungen zeigen Schneider, Becht und Roder die Wechselwirkung von Störungsbildern, Therapiemethode, institutionellem Setting und Therapeutenpersönlichkeit.

"Die Verhaltenstherapie" - gibt es diese Einheit überhaupt? Von "der VT" zu sprechen, suggeriert, es handle sich - einem Medikament ähnlich - um ein immer gleich wirkendes Verfahren unabhängig davon, wessen Hand es anwende. Daß dem nicht so ist, zeigt Franke an dem Unterschied schlechthin: Sie weist nach, daß das gleiche Verfahren auf männliche Patienten anders wirkt denn auf weibliche und daß Therapeutinnen anderes bewirken als Therapeuten. Dieser geschlechtsspezifische Faktor wurde nicht nur in der Therapieforschung, sondern auch in der Therapieausbildung völlig ignoriert. Den Abschluß des Kapitels bildet mit Braun ein einsamer ärztlicher Verhaltenstherapeut auf der Suche nach seinen Kollegen. Auch dies ein Teil verhaltenstherapeutischer Entwicklung: Die Diskrepanz zwischen der Häufigkeit, in der verhaltenstherapeutische Ärzte Verhaltenstherapie delegieren und der, in der sie diese selbst durchführen. Hier, so scheint es, muß sich eine Gruppe erst einmal selbst finden.

H. Lieb

## 1.1. RETROSPEKTIVEN UND PERSPEKTIVEN

## GEMEINDEPSYCHIATRIE UND VERHALTENSTHERAPIE[1]

Heinrich Kunze

Einer der bemerkenswerten Aspekte des Kongresses "VT-Ihre Entwicklung-Ihr Menschenbild" besteht darin, daß sich die Verhaltenstherapie und die Krankenhauspsychiatrie zusammentun. In dieser Gemeinsamkeit steckt eine zentrale programmatische Aussage für das Menschenbild sowie die Entwicklung der Verhaltenstherapie einerseits und für die therapeutische Qualifizierung des Psychiatrischen Krankenhauses andererseits.

Der zentrale Gedanke von Gemeindepsychiatrie ist: Für die in einer überschaubaren Region vorhandenen Menschen mit psychischen Erkrankungen geeignete Hilfen bereitzustellen. Es ist eine therapeutische Herausforderung, auch für psychisch Kranke mit komplexen Problemlagen eine therapeutische Strategie zu entwickeln.

Hart, ein Engländer, hat die bisherige Versorgungsrealität in der Medizin und in der Psychiatrie mit "The inverse care law" auf den Punkt gebracht: Er will mit diesem Wortspiel zum Ausdruck bringen, daß die Qualität und Verfügbarkeit eines medizinischen Dienstangebotes der Tendenz nach umgekehrt proportional zum Bedarf der zu versorgenden Bevölkerung ist. Und damit bin ich bei dem strukturellen Widerspruch, der für psychiatrische Krankenhäuser bisher bestimmend ist.

a) Sie haben Versorgungsverpflichtung für alle die Kranken einer definierten Region, für die alle anderen Therapeuten sich nicht (mehr) für zuständig halten, wenn die ambulanten psychiatrischen oder psychotherapeutischen Behandlungen unzureichend sind und wenn die Patienten zu krank sind für Kliniken ohne Versorgungsverpflichtung, die nur nach Warteliste und indikationsgesteuert motivierte Patienten aufnehmen.

b) Die Personalausstattung psychiatrischer Krankenhäuser mit Versorgungsverpflichtung ist bisher immer noch unzureichend für diese Aufgabe. Das galt - und gilt noch - auch für unser Haus. Da die Krankenkassen vor 6 Jahren das anders sahen, ordneten sie eine Wirtschaftlichkeitsprüfung an (für über DM 300.000,00). Die Wirtschaftsprüfer (Ökonomen, nicht Therapeuten) kamen aber zu dem Ergebnis, unser Krankenhaus arbeite unwirtschaftlich wegen personeller Unterbesetzung:
Die wurde mit 60 bis 70 Stellen beziffert. Wir sind gerade dabei, die letzte Rate dieses Nachholbedarfs zu realisieren - und nun können wir die Umsetzung der seit diesem Jahr gültigen Psychiatrie-Personalverordnung bis 1995 gleich anschließen.

Damit besteht erstmals die reale Möglichkeit, eine dem Versorgungsauftrag angemessene Personalausstattung zu erhalten - und diese muß in qualifizierte therapeutische Konzepte

---

[1] Leicht veränderte Fassung der Begrüssung der Kongreßteilnehmer durch den Ärztlichen Direktor des Psychiatrischen Krankenhauses Merxhausen, Prof. Dr. H. Kunze.

umgesetzt werden. Der Verhaltenstherapie, der Psychotherapie kommt dabei eine wichtige Bedeutung zu, nicht nur als spezielle Therapiemethode bei speziellen Erkrankungen, sondern auch als eine Dimension in dem mehrdimensionalen psychiatrischen Behandlungskonzept, das biologische, psychische und soziale Komponenten integriert.

Ich möchte noch kurz einige Punkte zur Geschichte des Psychiatrischen Krankenhauses berichten, als Hintergrundinformation zum Ort der Tagung, aber auch, um exemplarisch für die Krankenhauspsychiatrie die bisherige Diskrepanz zwischen Versorgungsauftrag einerseits und unzureichender Ausstattung andererseits zu verdeutlichen.

In der Reformation, 5 Jahre nach der Universität Marburg, wurde das Hohe Hospital für landarme behinderte Frauen gegründet (1533). Das Behinderungsspektrum entsprach etwa den heutigen Zielgruppen der Sozialhilfe unter Einschluß psychisch Kranker. 1939 erreichte die Zahl der Patientinnen ihr Maximum in Merxhausen mit 1.400. Im Rahmen der sogenannten Euthanasieaktion wurden über 500 Frauen in Hadamar und anderswo ermordet. Weitere hunderte Patientinnen starben in den Kriegsjahren infolge von Mangelernährung und extrem beengter Unterbringung, denn die meisten Gebäude waren als Kriegslazarett zweckentfremdet. 1945 gab es dann noch 400 Patientinnen, 2 Ärzte und 40 Pflegekräfte. Von diesem Tiefstand hat sich das Krankenhaus nur sehr langsam erholt. 1974 wurde ein großes neues Gebäude eröffnet und damit die Möglichkeit geschaffen, auch Männer aufzunehmen. Die Mischung der Geschlechter - nach über 400 Jahren - führte zu einer ersten erheblichen Verkleinerung des Einzugsbereiches, der bis dahin ganz Nordhessen von der westfälischen Grenze im Westen bis zur ehemaligen DDR-Grenze im Osten umfaßte. Für dieses riesige Gebiet war für Frauen Merxhausen zuständig, das Psychiatrische Krankenhaus Haina war für dasselbe Gebiet für Männer aufnahmepflichtig. Nachdem nun Haina und Merxhausen sowohl Männer wie Frauen aufnehmen konnten, wurde der riesige Einzugsbereich unterteilt, ein erster großer Schritt in Richtung Gemeindepsychiatrie.

Anfang der 80er Jahre gründeten wir dann mit Unterstützung durch das Modellprogramm Psychiatrie die Außenstelle des Krankenhauses in Kassel mit Institutsambulanz, Tagesklinik und Aufnahmestation nach dem Grundsatz: "Das Psychiatrische Krankenhaus kommt zur Gemeinde". In Guxhagen gibt es eine zweite Außenstelle zur Rehabilitation und Langzeitbetreuung chronisch Kranker. Jetzt stehen wir vor der Enthospitalisierung von über 100 Langzeitpatienten, die hier seit Jahrzehnten leben, weil in ihren Heimatgemeinden die komplementären und ambulanten Hilfemöglichkeiten unzureichend waren (und zum Teil immer noch sind). Einerseits soll mit dem Enthospitalisierungsprogramm die Lebenssituation der Langzeitpatienten endlich normalisiert werden, andererseits wollen wir für das verbleibende Krankenhaus endlich eine Reihe von Stationen drastisch verkleinern.

Mit der Personalausstattung, wie die Psychiatrie-Personalverordnung sie vorsieht, sowie dem Enthospitalisierungsprogramm streben wir strukturelle Veränderungen an, die an einem Behandlungs- und Versorgungskonzept orientiert sind, das Krankenhausbehandlung als integralen Teil eines gemeindepsychiatrischen Netzes versteht.

Dies als einige ganz kurze Hinweise auf die über 450-jährige Anstaltsgeschichte und die spannende Entwicklungsphase, in der wir uns zur Zeit befinden.

# LITERATURVERZEICHNIS

KUNZE, H. (1989). *Das Psychiatrische Krankenhaus in der Entwicklung von der anstalts- zur gemeindezentrierten Versorgung.* In Gabriele M. Borsi (Hrsg.): Die Würde des Menschen im psychiatrischen Alltag. Göttingen: Vandenhoeck + Ruprecht

KUNZE, H. (1990). *Funktionswandel des Psychiatrischen Krankenhauses.* Krankenhauspsychiatrie Band 1 (117-126)

KLÜPPEL, M. (1984). *"Euthanasie" und Lebensvernichtung am Beispiel der Landesheilanstalten Haina und Merxhausen.* Gesamthochschulbibliothek Kassel

WIENBERG, G. <Hrsg> (1991). *Psychiatrie-Personalverordnung - Chance für die Gemeindepsychiatrie.* Psychosoziale Arbeitshilfe 5. Bonn: Psychiatrie-Verlag

# BEDEUTUNG DER VERHALTENSTHERAPIE FÜR DIE KLINISCHE UND PSYCHIATRISCHE VERSORGUNG I

F. Reimer

Zum Glück kann ich bei dem mir gestellten Thema sehr persönlich werden. Für mich war die Bedeutung der Verhaltenstherapie schon seit dem Zeitpunkt klar, als es die Verhaltenstherapie hier in Deutschland noch nicht gab. Ich erinnere mich an Gespräche und Diskussionen mit Analytikern in Bremen und nachher in Kiel, in denen ich eine Position vertreten habe, die man heute als "Verhaltenstherapeutische" bezeichnen würde.

Für einen einigermaßen klardenkenden Kliniker war es selbstverständlich, von der Psychoanalyse abzurücken, die seinerzeit zumindest hier allumfassende Psychotherapie war, und wie man weiß, jahrzehntelang vernünftige Psychotherapie behindert hat. Da schon Jaspers in den 20iger Jahren die Fehler und Schwächen der Psychoanalyse ausführlich dargestellt hat, erspare ich mir hier, näher darauf einzugehen. Nur noch ein Wort: Die deutsche Überhöhung der Psychoanalyse hat bei uns eine besondere Facette dadurch erhalten, daß man sie für eine jüdische Errungenschaft hielt und damit auch mißverstandene Wiedergutmachungsideen hegte. Damit aber kann man keine Exkulpierung betreiben.

Inzwischen sieht die Sache schon wieder etwas anders aus. Die Psychoanalyse hat einen Stellenwert erreicht, daß es kaum noch lohnt, gegen sie zu fechten. Dagegen haben sich viele andere angeblich wissenschaftlich fundierte Psychotherapien entwickelt, etwa 400, und es ist nicht abzusehen, daß dieser Prozeß jemals ein Ende nehmen wird. Daß immer wieder neue Psychotherapien kreiert werden, die leider meist nichts taugen, hängt damit zusammen, daß es genügend Sensationslustige und Hysteriker auch unter den Psychotherapeuten gibt, die sich mit einer wissenschaftlich fundierten und sachlich ausgerichteten Therapie kaum zufrieden geben werden. Zum letzten Mal erinnere ich an meine Nonsens-Annonce in der "Psychologie heute": "Nonverable Gesprächstherapie, Wochenendseminar Dr. Biersnyder, 90 $, Luftmatratze mitzubringen" usw., oder an die, wie ich dachte, ebenso Nonsens Vorfreudsche umbilicale Phase, die Nabelschnurumschlingungsphase, die leider von der Wirklichkeit eingeholt wurde, was ich seinerzeit nicht für möglich hielt. Ich habe also, um das Persönliche abzuschließen, auf die Verhaltenstherapie gewartet wie auf eine Art Erlösung, und ich meine, nicht enttäuscht worden zu sein.

Dabei waren die Anfänge ja recht bescheiden. Als Wolpe, Skinner, Eysenck u.a. versuchten, die Verhaltenstherapie in Konkurrenz zur Psychoanalyse hoffähig zu machen, war das grundlegende Konzept der Verhaltenstherapie sehr eng: Gestörtes Verhalten ist gelernt und kann durch die Anwendung von Lernprinzipien verändert werden.

Da standen am Anfang auf der einen Seite die Verfahren der operanten Konditionierung. Damit erreichten wir zum ersten Mal beachtliche Erfolge vor allem im Behindertenbereich, bei geistig und auch körperlich behinderten Kindern und Erwachsenen.

Mit der Weiterentwicklung der operanten Lernprinzipien entstand die differenziertere Methode der Verhaltensmodifikation. Dabei spielte dann auch die Token-Economy eine große

Rolle, sie fand auch in unseren Psychiatrischen Kliniken Einzug, vor allem im Bereich der Kinder- und Jugendpsychiatrie und bei der Resozialisierung chronisch psychisch Kranker. Inzwischen sind wir weiter, obwohl wir nicht vergessen dürfen, daß wir mit diesem relativ einfachen Verfahren Erfolge erzielt haben. Von großer Bedeutung ist heute, darauf aufbauend, aber immer noch das Training sozialer Fertigkeiten, das die verschiedensten Methoden der Verhaltensmodifikation (Fading, Shaping) usw. integriert und das heute nicht mehr wegzudenken ist, z. B. in der Behandlung von Störungen im Kindes- und Jugendalter, bei Delinquenten, bei einem großen Teil neurotisch Erwachsener und im Rahmen der Rehabilitierung von chronisch psychotisch Kranken.

Auf der anderen Seite wurden auch die Prinzipien der klassischen Konditionierung in den Anfangsjahren der Verhaltenstherapie im klinisch psychiatrischen Bereich genutzt; sie sind auch bis heute gültig. In diesem Zusammenhang sei vor allem erinnert an die Angst- und Phobienbehandlung, und hier wiederum an die systematische Desensibilisierung, und heute viel häufiger, an die verschiedenen Varianten der Reizkonfrontation.

Schon die frühen Verfahren der Verhaltenstherapie waren nicht nur wirksam, sie boten außerdem auch den Vorteil, das Pflegepersonal quasi als Mediatoren mit in die Behandlung einzubeziehen. Dadurch wurde das Berufsbild des Pflegers im Psychiatrischen Krankenhaus aufgewertet, ein wichtiger Gesichtspunkt übrigens bei der Reform psychiatrischer Krankenhäuser.

Die frühen Formen der Verhaltenstherapie gaben dem Kliniker auch eine präzise Anleitung an die Hand, Angehörige im Umgang mit ihren kranken Familienmitgliedern zu beraten, sie mit in die Behandlung einzubeziehen. Man versprach sich damit zu Recht auch eine größere Rückfallprophylaxe.

Die Einbeziehung von Angehörigen in die Behandlung wurde bei uns in Weinsberg unter anderem in der Kinder- und Jugendpsychiatrie durchgeführt, auch im Rahmen einer Untersuchung zum Hometreatment empirisch überprüft, und es zeigte sich, daß durch diese Methode Klinikeinweisungen bei Kindern, in einem bestimmten Prozentsatz, verhindert werden konnten.

Am Beispiel der verhaltenstherapeutischen Eltern-Kind-Therapien lassen sich innerhalb der Verhaltenstherapie Veränderungen aufzeichnen: Die Kritiker behaupteten zu Recht, es handle sich bei der Verhaltenstherapie um eine Technologie, die dem Menschen in seiner Vielfalt nicht gerecht werde.

Die Verhaltenstherapeuten in ihrer quasi nächsten Entwicklungsstufe verstärkten ihr Interesse auf die sozialen Bedingungen und gewannen Gefallen an der individuellen Biographie, was, wie man weiß, dazu führte, daß die Verhaltenstherapie ausgefeilter wurde, und sich nicht nur auf biologische Bedingungen wie früher, sondern auf die individuelle psychische Problematik und die soziale Umwelt bezog.

Damit wird die Verhaltenstherapie, so meine ich, wie kaum eine andere Therapieform den Bedürfnissen auch der modernen Psychiatrie gerecht. Sie hat dadurch Eingang gefunden beispielsweise in die Arbeitstherapie, die Strukturierung beschützender Werkstätten, die Sozialarbeit, die Sozialpädagogik.

Sie wird wichtig in Übergangswohnheimen, beschützenden Wohnungen, gibt Richtlinien an die Hand, wie das Personal in Heimen für chronisch Kranke zu schulen ist, sie bietet ein ausgezeichnetes Gerüst für die praktische Anleitung in der Angehörigenarbeit. Kurzum, sie ist im Grunde in der modernen Psychiatrie nicht mehr weg zu denken.

Eine andere bedeutsame Erweiterung hat sich dann mit der kognitiven Therapie vollzogen. Der Einwand ihrer Kritiker, Verhaltenstherapeuten dokterten nur an den Symptomen herum, ohne sich mit den Ideen der Individuen auseinander zu setzen, war bis zu einem gewissen Grade berechtigt. Es konnte sicher nicht ausreichend sein, Verhalten und Veränderungen des Verhaltens nur von eindeutig Beobachtbarem her zu erklären. Die kognitive Therapie also, wie sie von Kanfer, Meichenbaum, Beck entwickelt wurde, bereicherte selbstverständlich das Behandlungsrepertoire auch in einem Psychiatrischen Krankenhaus. Die Veränderungen kognitiver Verzerrungen und pathologischer Denkstile ist in den Behandlungsplänen fast aller Störungen vorhanden. Also: In der Behandlung von generalisierten Ängsten, Panikattacken, Phobien und Zwängen, bei Eßstörungen, bei Süchten und natürlich auch bei der Behandlung von neurotischen, aber auch endogenen Depressionen. In jüngerer Zeit scheint sich die kognitive Therapie auch als Ergänzung zur Schizophrenietherapie zu bewähren.
Der theoretische Rahmen der kognitiven Therapie stimmt mit jüngeren Entwicklungen der kognitiven Psychologie überein, auch mit Konzepten der Sozialpsychologie und mit älteren entwicklungspsychologischen Konzepten. Diese Feststellung ist natürlich nicht unwichtig bei der Beurteilung dieser Therapieform. Ein wesentlicher Befund war die Spezifität, das heißt, bei verschiedenen Störungen lassen sich eigene kognitive Denkstile finden.

Die internalen Verbalisationen dienen gut zur Erklärung sonst so schwer erklärbarer affektiver Reaktionen. Im Zuge dieser Forschung war besonders wohltuend zu erfahren, daß diese inneren Verbalisationen gut nachvollziehbar waren und sich nicht an exotischen Themen, wie Kastrationsängsten oder psychosexuellen Fixationen orientierten, sondern sich gerade auf lebenswichtige soziale Themen bezogen wie z. B. Erfolg oder Mißerfolg, Akzeptanz, Zurückweisung, Achtung oder Verachtung usw.

Die Verhaltenstherapie hat also in den letzten zwei bis drei Jahrzehnten eine außerordentliche rasche Expansion erfahren. Es ist ein großer Vorteil, daß sie sich nicht nur auf einige wenige Behandlungsprinzipien beschränkt hat, daß sie nicht auf dem Stand der Lernpsychologie geblieben ist, sondern sich anderen wissenschaftlichen Erkenntnissen aus der Sozialpsychologie und Entwicklungspsychologie, der kognitiven Psychologie und der klinischen Psychologie geöffnet hat. Hierin liegt meines Erachtens vor allem ihre Stärke anderen Therapieformen gegenüber, die sich vor neuen wissenschaftlichen Erkenntnissen bemerkenswert immun gezeigt haben. Dieser Öffnung ist es zu verdanken, daß sich die Verhaltenstherapie immer mehr in Richtung multidimensionaler Modelle und multimodaler Therapieprogramme entwickelt hat. Dieser Tatsache ist es sicher auch zu verdanken, daß die Verhaltenstherapie schließlich auch spezielle Therapieprogramme für einzelne Störungen entwickeln konnte. Für die Anwendung in einem Psychiatrischen Krankenhaus ist dabei vor allem von Vorteil, daß sich diese Programme in Therapiegruppen anwenden lassen. Das heißt also, daß man relativ effizient damit arbeiten kann.

Mit dieser Einführung spezifischer Therapieprogramme für einzelne Störungen ist es der Verhaltenstherapie auch gelungen, schwerstgestörte Patienten einzubeziehen. Es ist wohltuend, mitanzusehen, wie differenziert und schließlich auch empirisch fundiert die Verhaltenstherapie ihre verschiedenen Behandlungsmethoden auf das jeweilige Krankheitsbild abstimmt.

Ihre Überlegenheit gegenüber anderen Therapieformen ist meines Erachtens gerade darin zu sehen, daß sie nicht einige wenige generelle Behandlungsprinzipien allen Patienten überstülpen will. Das Abstimmen der Methode auf den jeweiligen Patienten ermöglicht es der Verhaltenstherapie, dem YAVIS-Patienten ebenso gerecht zu werden wie dem chronisch psychotischen Kranken oder dem geistig Behinderten. Das Menschenbild kann schon deswegen gar nicht so schlecht sein. Es gibt meines Erachtens für ein Psychiatrisches Krankenhaus, das allen Patienten offen sein muß, besonders aber auch den Schwerstgestörten und den Behinderten, kein anderes oder besseres Therapiekonzept.

Bei allem Enthusiasmus könnte man Gefahr laufen, unkritisch der Methode gegenüber zu sein: Ich sehe natürlich auch, daß einige Verhaltenstherapeuten bei einer Überbetonung der therapeutischen Technik die therapeutische Beziehung vernachlässigen. Die emotionale Betroffenheit des Patienten oder des Therapeuten wird oft übergangen. Ich sehe auch, daß die Bedeutung unbewußter Motivationen der Klientel (z. B. Rentenwünsche) oft nicht ausreichend wahrgenommen wird. Ich sehe auch, daß manche Ausbildung darauf aus ist, möglichst viele Therapieprogramme zu vermitteln, dem therapeutischen Basisverhalten aber nur wenig Aufmerksamkeit widmet. Und ich sehe schließlich auch, daß für die verhaltenstherapeutische Selbsterfahrung bisher nur unausgereifte Konzepte vorliegen. Ich sehe auch ethische Probleme, wenn ich z. B. an die verschiedenen aversiven Behandlungsmethoden denke, oder wenn ich daran denke, wie manchmal mit den Wertorientierungen in der Therapie umgegangen wird.

Den Veranstaltern dieses Kongresses ist zu danken, daß sie sich darauf eingelassen haben, sich mit der eigenen Methode und den Praktiken ihrer Anwendung kritisch auseinander zu setzen. Es ist sehr zu hoffen, daß es vor allem gelingt, auch künftig den Boden der Objektivität und der Wissenschaftlichkeit nicht zu verlieren, die eigenen Therapiekonzepte nicht zu verfremden oder zu verwässern.

Der Blick auf andere Therapieformen mag durchaus verlockend sein: Manche erscheinen humaner oder dramatischer oder inhaltsvoller oder interessanter, tiefschürfender, großartiger. Verhaltenstherapeuten haben eine Methode, die sachlich, rational, effektiv und effizient, vor allem auch überdauernd, bei einem großen Teil von Klienten und Patienten hilft. Das erscheint mir sehr viel vernünftiger, als neugierig in der Seele anderer scheinbar mitfühlend herumzustochern, besonders dann, wenn dort nicht viel zu suchen und zu finden ist oder anders ausgedrückt: Als Defekte in der Kindheit aufzudecken, die nur in der Phantasie und durch die Erfindungsgabe des Therapeuten im Patienten existent sind.

# BEDEUTUNG DER VERHALTENSTHERAPIE FÜR DIE KLINISCHE UND PSYCHIATRISCHE VERSORGUNG II

Dirk Lorenzen


"Man muß aber die Gemüter aller Kranken dieser Art, dem Verhalten des Einzelnen gemäß, behandeln. Bei einigen hat man eine eingebildete Furcht wegzuschaffen, wie etwa bei einem reichen Manne, der sich vor dem Verhungern fürchtet; ihm werden von Zeit zu Zeit falsche Nachrichten über gemachte Erbschaften mitgeteilt.

Bei anderen Kranken muß die Vermessenheit unterdrückt werden; so hat man bei einigen, um sie zu bezähmen, selbst Schläge anzuwenden. Bei manchen muß man dem unzeitigen Lachen durch Schelten und Drohungen Einhalt tun; andere wiederum muß man von ihren traurigen Grübeleien abzubringen suchen, wobei sich Musikstücke, das Getön von Becken und Getöse nützlich bewähren. Öfter muß man freilich dem Kranken beistimmen, als ihm widersprechen, und beim Reden seine Gedanken allmählich und, ohne daß er es merkt, zur Vernunft zurückbringen. Bisweilen muß man auch die Aufmerksamkeit der Kranken zu wecken suchen, bei Gelehrten etwa dadurch, daß man ihnen ein Buch vorliest, und zwar richtig, wenn sie daran Vergnügen finden, falsch dagegen, wenn sie dies unangenehm berührt; denn indem sie das ihnen falsch Vorgelesene zu verbessern suchen, fangen sie an, ihren Geist zu betätigen."

Der Leser wird schon vermutet haben, daß ich hier zitiert habe, wird vielleicht aber überrascht sein, wenn ich sage, daß es sich hier um ein Zitat aus dem 1. nachchristlichen Jahrhundert handelt und zwar aus einer Enzyklopädie des Aulus Cornelius Celsus, einem Arzt der Römischen Kaiserzeit.

Es wird nicht schwerfallen, aus diesen Therapieanweisungen Elemente heutiger verhaltenstherapeutischer Techniken herauszuhören, ja sogar der Individualität jedes einzelnen Kranken angepaßte psychopädagogische Handlungsanweisungen, die bei anderen antiken Autoren (z. B. Soranus von Ephesus, Galenos von Pergamon oder Aristaios von Kapatogien) sogar noch differenzierter für die psychotherapeutische Behandlung psychisch Kranker aufgestellt wurden.

Wir können uns glücklich schätzen, daß wir nach nunmehr fast 2000 Jahren einen ähnlich hohen Stand der Entwicklung (fragt sich nur wie lange) erreicht haben, so daß wir heute zumindest wissen, wie sinnvolle Prävention, Therapie und Rehabilitation bei dem nach wie vor vernachlässigten Klientel unserer chronisch psychisch Kranken in den Psychiatrischen Krankenhäusern auszusehen hätte, wenn die praktische Durchführbarkeit auch häufig an institutionellen, personellen und finanziellen Mängeln scheitert.

Man kann also ohne Übertreibung sagen, daß sich die Verhaltenstherapie innerhalb des institutionellen Rahmens Psychiatrischer Krankenhäuser zum führenden psychotherapeutischen Verfahren entwickelt hat. Das ist einmal zurückzuführen auf die relative Strukturiertheit verhaltenstherapeutischer Techniken, die es erlaubt, umschriebene Störungsbilder, aber auch Patientengruppen oder größere Stationseinheiten in adäquaten Zeiträumen psychotherapeutisch zu beeinflussen. Zum anderen auch auf die Tatsache, daß andere psychotherapeutische Schulen bisher kaum Ansätze für die psychotherapeutische Behandlung des üblichen Klientels Psychiatrischer Krankenhäuser erarbeitet haben oder - wie z. B. die Psychoanalyse - eine kausale therapeutische Beeinflussung der Schizophrenie postuliert, die einen unvertretbar hohen Zeitaufwand - und damit eine entsprechende Selektion der Patienten erfordert, ohne daß sich ihre Wirksamkeit in kontrollierten Studien bestätigt hätte. Dagegen steht der praxisorientierte, symptomzentrierte verhaltenstherapeutische Ansatz, der bei Einbeziehung kognitiver Faktoren seine Wirksamkeit überzeugend unter Beweis gestellt hat.

Verhaltensmodifizierende Ansätze im Rahmen Psychiatrischer Institutionen sind - historisch gesehen - aus zwei hinsichtlich ihrer Zielperspektiven unterschiedlichen Quellen gespeist worden: Zum einen aus Bemühungen um eine Strukturierung der therapeutischen Interventionen bzw. um eine Dehospitalisierung bei chronisch psychisch Kranken (und das sind in der Regel Patienten mit der Diagnose "Psychose aus dem schizophrenen Formenkreis") und zum anderen aus dem Versuch, bestimmte Symptome oder Krankheitseinheiten mittels verhaltenstherapeutischer Techniken zu beeinflussen.

Wir konnten in den letzten Jahren verfolgen, wie sich die Verhaltenstherapie im Psychiatrischen Krankenhaus von - man verzeihe den Ausdruck - steinzeitlichen Methoden wie der Aversionstherapie oder den Münzverstärkungsprogrammen über Ansätze zur Beeinflussung sozialen Verhaltens (stellvertretend sei hier der "Social Learning Approach", die strukturierte Lerntherapie von GOLDSTEIN genannt) hin zu integrierten psychologischen Trainingsprogrammen kognitiver und kommunikativer Fähigkeiten chronisch schizophrener Patienten entwickelt bzw. emanzipiert. Wir haben es hier mit Programmen zu tun, die ausgerichtet sind an Ergebnissen experimental-psychologischer Funktionsanalysen über die Natur der Störungen und psychischer Prozesse bei schizophrenen Patienten. Sie berücksichtigen die Ergebnisse solcher Untersuchungen, die inzwischen eine genügende Verallgemeinerungsfähigkeit besitzen und denen auf der Ebene der psychologischen Untersuchung psychischer Funktionsabläufe der Charakter zentraler Störungen beim schizophrenen Krankheitsprozeß zugesprochen wird. Ähnliche Entwicklungslinien ließen sich auch für verhaltenstherapeutische Interventionsmodelle und Praktiken bei depressiven, neurotischen und psychosomatischen Störungen nachzeichnen.

Die heute allgemein anerkannten mehrdimensionalen Verursachungsmodelle der Schizophrenie (sie gelten sicherlich auch für andere psychische Erkrankungen), wie sie u.a. von CIOMPI, SÜLLWOLD und ZUBIN vertreten werden, legen nun allerdings nahe, das Augenmerk weniger bzw. nicht nur auf störungszentrierte Interventionen zu richten, sondern sich verstärkt auf kompensatorische Verhaltensweisen, auf gesunde Verhaltensanteile, auf positives Erleben und Verhalten zu konzentrieren. Auf diesem Gebiet liegt allerdings noch einiges im argen, häufig nicht zuletzt bedingt durch ein Klinik - bzw. Stationssetting, das beispielsweise den Erkenntnissen der Expressed Emotions oder Coping-Forschung geradezu zuwiderläuft. Zum Glück muß das nicht so sein. Und es gibt durchaus eine Reihe von positiven Beispielen, wie sich ein so weitgefaßter verhaltenstherapeutischer Ansatz innerhalb Psychiatrischer Institutionen verwirklichen läßt, ohne mit irgendwelchen sattsam bekannten "Sachzwängen" zu kollidieren.

Verhaltenstherapie heute ist also eingebettet in ein umfassendes Therapieprogramm, das medikamentöse, arbeits- und beschäftigungstherapeutische, milieu- und sozialtherapeutische Elemente enthält, das wiederum in ein Gesamtversorgungskonzept im stationären und ambulanten Bereich unter Einbeziehung Angehöriger und des Arbeitsplatzumfeldes integriert ist. Isolierte verhaltenstherapeutische Interventionen bei bestimmten Symptomen haben sich in der Regel als wenig generalisierungsfähig und zeitkonstant erwiesen. Demgegenüber kann sich eine lerntheoretisch/verhaltenstherapeutische Grundhaltung äußerst positiv auf das allgemeine Kliniksetting auswirken. Eine konsequente Haltung aller therapeutisch involvierten Mitarbeiter den Patienten gegenüber verhindert sekundäre Hospitalisierungseffekte, erleichtert und vereinfacht die Kommunikation zwischen Patienten und Therapeuten und schafft die Grundlage für die Überprüfung der Effektivität aller präventiven, therapeutischen und rehabilitativen Interventionen.

Theoretisch gut fundierte therapeutische Verfahren sind - so zeigt es die Geschichte der Psychiatrie - immer wieder zu Allheilmitteln pervertiert worden, die unter Vernachlässigung aller differentialdiagnostischen Überlegungen das Problem der psychischen Erkrankung, insbesondere der Schizophrenie, ein für allemal lösen sollten. Sie sind damit in der Regel zu Disziplinierungswerkzeugen therapieresistenter Patienten herabgesunken. Erinnert sei nur an die Wasserbehandlung psychisch Kranker in der Mitte des letzten Jahrhunderts, an die Bettbehandlung um die Jahrhundertwende, an die Elektroschocktherapie in den 50er Jahren und an die Gefahren, die von einer unsachgemäßen Behandlung mit Psychopharmaka ausgehen. Auch die Verhaltenstherapie ist vor solch einer Pervertierung nicht gefeit, wie bestimmte Auswüchse bei der Durchführung von Münzverstärkungsprogrammen in den Vereinigten Staaten oder inhumanen Aversionstherapien beweisen. Den Vertretern verhaltenstherapeutischer Methoden obliegt hier eine besondere Verantwortung.

# ÜBERDAUERNDE ASPEKTE DER VERHALTENSTHERAPIE AUS DER PERSPEKTIVE EINES GEMEINDEPSYCHOLOGEN[2]

Jarg Bergold

Die Diskussion um das Menschenbild und das Anregungspotential zur Selbstreflexion ist nicht neu in der Verhaltenstherapie. Das Problem tauchte schon bald auf und wurde 1971 von Lazarus in einer kleinen Studie auf den Punkt gebracht. Lazarus befragte verschiedene Verhaltenstherapeuten danach, von wem sie sich selbst therapeutisch beraten ließen. Es wurden alle möglichen Therapieformen genannt - keiner aber nannte die Verhaltenstherapie. Das ist verständlich, wenn man bedenkt, daß sie keine Potenz für die Selbsterklärung und für das Selbstverständnis der Menschen hat. Ihre Begrifflichkeit und ihre Konzepte faszinieren nicht und regen nicht zur Selbstreflexion und zur Identifikation an. Unterschiedliche Lebensformen mit Hilfe der Konzepte der VT erklären zu wollen, ist, wie Rudolf Cohen einmal in anderem Zusammenhang gesagt hat, als wolle man den Unterschied zwischen der Chinesischen und der Französischen Küche mit Hilfe chemischer Formeln verstehen. Es läßt sich nicht leugnen, daß es spannender ist, einen Versprecher mit Hilfe der Theorie des Unbewußten als Fehlleistung zu erklären, als mit lerntheoretisch fundierten Begriffen. Von den drei Funktionen von Psychotherapie, die Grawe (1985) nennt, der heilenden, der bewußtseinsbildenden und der lebensqualitäterhöhenden beansprucht die VT eben nur die erstere. Man kann also wieder einmal eine Krise der Verhaltenstherapie konstatieren, obwohl sie ökonomisch (Kassenzulassung) zweifelsohne erfolgreich ist.

So sieht es bei oberflächlicher Betrachtung aus. Es gibt aber noch eine Tiefenstruktur, eine ganze Reihe von Hintergrundsannahmen, sozusagen ein hidden curriculum. Dort werden Grundannahmen über den Menschen (Jaeggi, 1975), die Welt und die Beziehung zwischen dem Handeln des Menschen und der Welt vermittelt. Diese stammen z. T. aus der Lerntheorie und sind u. a. durch die angloamerikanische Philosophie des Pragmatismus geprägt. Ich will hier nicht auf diese philosophischen Hintergründe eingehen. Kardorff & Koenen (1985) haben ja z. B. versucht, die verschiedenen Menschenbilder zu lokalisieren, die hinter den hauptsächlichen Therapieverfahren stehen, das Modell des "natürlichen Menschen" im Sinne Rousseaus, das Konkurrenzmodell der bürgerlichen Gesellschaft im Sinne von Hobbe und Locke und das Modell des "L'homme maschine" im Sinne von La Mettrie oder Comte. Ich will hier vielmehr versuchen, einige der Hintergrundsannahmen explizit zu machen, die meiner Ansicht nach auch eine Bedeutung für die Entwicklung der Gemeindepsychologie gehabt haben und die auch heute noch eine der Grundlagen für eine Weiterentwicklung der Verhaltenstherapie sein könnten. Dies soll in Form von Thesen und den dazugehörigen längeren oder kürzeren Erläuterungen im Folgenden geschehen.

---

[2] In diesem Text sind auch Teile aus zwei Beiträgen in der Zeitschrift "Verhaltenstherapie und Psychosoziale Praxis" (1985, 1986) zur Diskussion über die Zukunft der Verhaltenstherapie eingearbeitet

**Ausgangsthese über das Verhältnis von Verhaltenstherapie und Gemeindepsychologie**

1. *Die Verhaltenstherapie hat durch ihre impliziten Grundannahmen und vor allem durch die praktischen Handlungen, zu denen sie die Therapeuten angeregt hat, die Entstehung und die Entwicklung der Gemeindepsychologie zumindest in Deutschland gefördert.*

Ich glaube, daß es kein Zufall ist, daß eine erhebliche Anzahl derjenigen, die sich heute mit Gemeindepsychologie befassen, aus der Verhaltenstherapie kommen. Unter anderem die Verbindung von Verhaltenstherapie und soziales Engagement, wie es im Rahmen der Studentenbewegung entstand, ist für diese Entwicklung besonders fruchtbar gewesen. Diese Behauptung scheint zunächst nicht so ganz stimmig zu sein, denn Verhaltenstherapie wurde in dieser Zeit ja auch wegen ihrer Vorstellungen von der Konditionierbarkeit des Menschen stark angegriffen (Bergold et al. 1973). Im Gegensatz zur Psychoanalyse, die in ihrer kulturkritischen Variante (geprägt durch die Frankfurter Schule) einen erheblichen Einfluß auf die studentische Diskussion ausübte, schien die Verhaltenstherapie jedoch praktische Handlungsmöglichkeiten anzubieten, um psychische Störungen und soziale Bedingungen miteinander in Beziehung zu setzen und gezielt zu verändern. Dabei waren die folgenden Grundannahmen und Handlungsmaximen der Verhaltenstherapie für das Weiterdenken - aber damit auch für das Sprengen der engen behavioristischen Grenzen förderlich.

2. *Vor allem in der Anfangszeit gab es eine Grundhaltung der Offenheit für Phänomene und unterschiedliche Wissensbestände.*

Diese Offenheit läßt sich besonders gut an dem Londoner Ansatz der Verhaltenstherapie aufzeigen. Dort hatte sich am "Institute of Psychiatry" vor allem durch den Leiter der klinischen Abteilung, Monti Shapiro, eine Form des diagnostischen Vorgehens entwickelt, die eng an die Methodik des individuum-zentrierten Experiments angelehnt war. Daraus entstand auch eine therapeutische Vorgehensweise, die Yates (1968) mit folgenden Worten gekennzeichnet hat: "Verhaltenstherapie ist der Versuch, die Gesamtheit des empirischen und theoretischen Wissensbestandes, der sich aus der Anwendung der experimentellen Methode in der Psychologie und den verwandten Disziplinen (Physiologie und Neurophysiologie) ergibt, systematisch auszunutzen, um die Genese und Aufrechterhaltung abnormer Verhaltensmuster zu erklären und dieses Wissen bei der Behandlung und der Prävention der Abnormität zu benutzen. Dieses Ziel soll durch kontrollierte experimentelle Untersuchungen erreicht werden, die am individuellen Patienten durchzuführen sind" (Übersetzung: Bergold & Selg, 1970).

Diese zwar auf die Methode des Experiments festgelegte Offenheit für Erkenntnisse aus anderen Bereichen als der engen Lerntheorie hat im therapeutischen Bereich zu einer erfrischenden Experimentierfreudigkeit geführt, die im Gegensatz zu manchen sogenannten humanistischen Ansätzen doch meistens durch das Bemühen um methodische Kontrollen gezügelt war. Diese Mischung aus der Bereitschaft, Neues auszuprobieren und gleichzeitiger Kontrolle und Offenlegung gegenüber einer "scientific community" scheint mir auch heute noch eine gute Voraussetzung für die Entwicklung des professionellen Handelns zu sein.

**3. *Verhalten wird als sich kontinuierlich verändernd aufgefaßt, Beständigkeit ist daher vor allem erklärungsbedürftig***

Eine der wichtigsten Ausgangsprämissen der VT sehe ich in der lerntheoretischen Annahme, daß menschliches Verhalten sich in einem kontinuierlichen Prozeß der Veränderung befindet und sich so der Umwelt anpaßt bzw. diese nach den Bedürfnissen verändert. Erklärungsbedürftig ist also auch nicht die Veränderung als beobachtbare Tatsache, sondern nur ihre Richtung. Im Gegensatz dazu ist die Beständigkeit von Verhaltensmustern erklärungsbedürftig. Hier sehe ich einen grundlegenden Unterschied z. B. zur Psychoanalyse, bei der gerade die Veränderung erklärungsbedürftig ist: der Mensch würde im Primärprozeß verharren, wenn er nicht durch die Außenwelt gezwungen würde. Tanatos, der Todestrieb, strebt zur Rückkehr an den Ausgangspunkt.

Dies hat dazu geführt, vor allem die aufrechterhaltenden Bedingungen von Störungen genau zu untersuchen. Die Entwicklungshemmungen von Menschen traten in den Vordergrund. Allerdings wurde auch deutlich, daß die Störung in die Lern- und Entwicklungsgeschichte des Klienten eingebunden ist, und daß er sich diese Geschichte zumindestens teilweise wieder aneignen muß, um ein Verständnis seiner selbst, seines augenblicklichen Standortes und seiner Entwicklungsmöglichkeiten zu gewinnen, wozu allerdings in der Verhaltenstherapie weitgehend die Konzepte fehlten. Insgesamt ist dies aber eine Sichtweise, die auch in der Gemeindepsychologie produktiver ist, als die Konzentration auf die Störung und ihre Geschichte, wie dies in der klassischen Psychiatrie üblich ist.

**4. *Die Exploration ist die grundlegende, änderungsrelevante Tätigkeit***

In der Verhaltenstherapie wurde der Zusammenhang zwischen dem Denken, Phantasieren, Fühlen des Klienten und seinem Tun in seiner unmittelbaren sozialen Umwelt sehr genau beachtet und analysiert. Dies geschah auch auf dem Hintergrund von Wahrnehmungstheorien wie derjenigen von Neisser (1976), in welcher der Zusammenhang zwischen Realität, Kognitionen und Exploration formuliert wurde.

Therapeutisch bedeutete dies, daß die Klienten dabei zu unterstützen waren, sich selbst und ihre Welt genau zu erforschen. Um Veränderungen einzuleiten war es notwenig, den Klienten zu veranlassen, sich in seiner Lebenswelt neu zu verhalten, neue Dinge zu tun, auf neue Art und Weise mit den anderen Menschen umzugehen, mit ihnen zu sprechen usw. Die damit zusammenhängenden Veränderungsprozesse konnten als Lern- und Entwicklungsprozesse konzipiert werden, die genau dokumentiert, beschrieben und optimiert werden mußten.

**5. *Die Gestaltung der Lern- oder Erfahrungssituation der Klienten wird als grundlegende therapeutische Tätigkeit betrachtet***

Als Konsequenzen für die Therapie ergab sich daraus, daß der Therapeut nicht in seiner Institution, seinem Behandlungszimmer sitzen bleiben durfte, sondern daß er vielmehr in die Lebenswelt des Klienten gehen mußte, um sie zu verstehen, und daß er unter Umständen auch politisch tätig sein mußte, um sie zu verändern. Es gab keine Scheu davor, mit Klienten in ihre Lebenssituation zu gehen und sie dort zu praktischem Verhalten anzuregen.

Gestalten der Lernsituation ist Gestalten des Kontextes. Dieses Grundprinzip hat auch die Bereitschaft für die Übernahme eines gemeindepsychologischen Ansatzes gefördert. Man kann es ja gerade als zentrale Aufgabe der Gemeindepsychologie bezeichnen, daß dort Kontexte erkannt, analysiert, diagnostiziert und verändert werden. Über die Weiterentwicklung der theoretischen Begriffe von "Verhalten" zu "Handeln" und dann zu "Tätigkeit" konnte darüberhinaus die Erkenntnis gewonnen werden, daß Persönlichkeitsentwicklung im konkreten Handeln stattfindet, daß also jede Lebenssituation auch als therapeutische Situation genutzt werden kann. Dies scheint mir ein für die Gemeindepsychologie theoretisch anregendes Konzept zu sein, da diese sich auch heute noch schwer tut, die Prozesse ihres Wirksamwerdens genauer zu bestimmen.

## Exkurs: Bemerkungen zur "kognitiven Wende" in der Verhaltenstherapie

Die sogenannte "kognitive Wende" und die "kognitiven Therapiemethoden" in der Verhaltenstherapie scheinen mir unter dem oben diskutierten Gesichtspunkt der Gestaltung der Lebenswelt nicht unproblematisch. Die Hinwendung zu kognitiven Modellen und Therapiemethoden beruht meiner Ansicht nach außer auf fachlichen Erwägungen auch noch auf zwei externen Bedingungen.

Sie steht einerseits in einem Zusammenhang mit der Entwicklung der Technologie und der Rationalisierung im Produktionsbereich. Hochentwickelte Technologie verlangt eine ins Individuum verlagerte Kontrolle des Tuns über lange Zeiträume. Impulsive, emotionale Reaktionen müssen verhindert werden (siehe Elias 1976, 1985). Andererseits sind die Therapeuten aufgrund der ökonomischen Situation (z. B. durch Finanzierungsmodelle, Struktur der Beratungsstellen, Privatpraxen usw.) gezwungen, die Therapie wieder im traditionellen Setting des Behandlungsraumes stattfinden zu lassen - und nicht wie oben beschrieben den Klienten in seine Lebenswelt zu begleiten. Praxisnäher ausgedrückt kann man sagen: Wenn die Fahrt zum Klienten, das lange Gespräch mit dem Klienten und seiner sozialen Umwelt, die Beobachtung des Klienten in seiner Welt usw. nicht ausreichend honoriert wird (durch die Institution, die Kasse), so kommt eine Theorie gelegen, die gute Gründe dafür liefert, daß all dies nicht unbedingt notwendig ist, daß man vielmehr genauso gut den Klienten zu sich in den Therapieraum kommen lassen und auf diese Art und Weise viel Zeit sparen kann.

Die Verbreitung der RET z. B. wäre nicht in diesem Maß möglich gewesen, wenn Herr Ellis seine Behandlungen nicht in den Räumen seines Instituts hätte machen können, sondern die Klienten in ihrer Lebenswelt besucht und beraten hätte. Provokativ gesagt, die VT ist in weiten Teilen zu einer Psychotherapie im traditionellen Sinne verkommen. Die grundsätzliche Möglichkeit, den Einzelnen als Teil einer Welt zu sehen, ist nicht ausreichend entwickelt worden. Das Ergebnis ist jetzt eine "kognitive Verhaltenstherapie", die vor allem in Form von Reden in einem traditionellen Behandlungssetting stattfindet - und die die berechtigte Frage aufwirft: Was unterscheidet nun einen solchen Therapeuten von einem anderen Psychotherapeuten?

## 6. Lern- und Entwicklungsprozesse bilden die Grundlage für Veränderung

Die Verhaltenstherapie hatte den Anspruch, eine Therapie auf der Grundlage einer Theorie des Lernens zu entwickeln. Dabei hat sie sich zunächst vor allem auf eine behavioristische Lerntheorie gestützt. Das Bemühen um ein Verständnis der Lernprozesse, die in einer Therapie, aber auch in gemeindepsychologischen Settings ablaufen, scheint mir auch heute noch von grundlegender Bedeutung. Es ist einer der wichtigsten Aspekte, welcher die Verhaltenstherapie von vielen anderen Therapieformen unterscheidet, die dies nur sehr selten im Blick hatten.

Allerdings möchte ich auch hier feststellen, daß die Weiterentwicklung der lerntheoretischen Grundlagen in der letzten Zeit in der Verhaltenstherapie meiner Ansicht nach vernachlässigt worden sind. Soweit ich es sehen kann, steht auch heute noch z. B. die Diskussion über das Verhältnis von Lern- und Entwicklungstheorien aus, also die Frage des Verhältnisses zwischen kurzzeitigen und längerfristigen Veränderungen, bei denen gleichzeitig neue Strukturen herausgebildet werden. Überhaupt ist die Frage der Strukturbildung, wie sie z. B. Gregory Bateson (1972) mit den logischen Stufen des Lernens angesprochen hat, weitgehend vernachlässigt worden, obwohl gerade solche Probleme eine zentrale Bedeutung für die Therapie haben.

Trotz dieser Mängel bleibt für mich aber unzweifelbar, daß die Verhaltenstherapie sehr deutlich auf die Bedeutung der Lernprozesse verwiesen hat, die auch in der Gemeindepsychologie weitgehend vernachlässigt werden. Dort versucht man Situationen zu schaffen, in denen die Klienten neue Erfahrungen machen können, ohne sich ausreichend darüber Rechenschaft zu geben, wie diese neuen Erfahrungen zu neuem Fühlen, Denken und Handeln führen, wie also die zugrundeliegenden Lern- und Entwicklungsprozesse ablaufen. Hierdurch fehlt auch ein ausreichendes Wissen darüber, wie sie gezielt unterstützt werden könnten.

## 7. Therapeutisches Handeln erfordert Genauigkeit in der Analyse und Flexibilität im Vorgehen

In der Verhaltensanalyse und den daran anschließenden verifizierenden Beobachtungen wird in der Verhaltenstherapie unmittelbar deutlich, daß der Teufel häufig im Detail sitzt. Ich habe also gelernt, daß genaues Hinsehen im Einzelfall notwendig ist und daß statistische Ergebnisse kaum weiterhelfen. Hierzu gehört auch, daß Klient und Therapeut die Ziele ihres gemeinsamen Handelns definieren und daß letzterer klare Rückmeldungen gibt.

Auf diesem Hintergrund erscheint mir eine Entwicklung in der Verhaltenstherapie problematisch, in der von "verhaltenstherapeutischen Standardmethoden" gesprochen wird. Dies widerspricht meiner Ansicht nach dem lerntheoretischen Grundansatz, bei dem ja davon ausgegangen wird, daß auch gestörtes Verhalten das Ergebnis eines individuellen Lernprozesses ist, und stellt eher eine Medikalisierung der Verhaltenstherapie dar, also eine Angleichung an das Handlungsmuster in der Körpermedizin.

Von der Verhaltenstherapie kann man also lernen, daß Therapie ein sehr komplexer Prozeß ist und daß zur Veränderung von Störungen sowohl Wissen aus vielen Gebieten wie auch eine sehr genaue Analyse der gesamten Situation des Klienten gehören. Einfache und schnelle therapeutische Rezepte, wie sie auf dem Psychomarkt angeboten werden, werden daher schnell als obsolet entlarvt. Notwendig ist vielmehr ein breites Wissen über vielfältige Gebiete und die Phantasie von Therapeut und Klient, um die Ergebnisse der Verhaltensanalyse für die Gestaltung neuer Lernsituationen nutzbar zu machen.

Dies scheint mir auch weiterhin eine Haltung, die auch für die Gemeindepsychologie grundlegend sein sollte. Auch dort wird häufig vergessen, daß der Teufel eben im Detail sitzt und daß man die Situationen und das Handeln der Klienten sehr genau analysieren muß und erst auf dieser Grundlage einen therapeutischen Plan entwerfen kann. Über der Notwendigkeit, die Institutionen so zu gestalten, daß sie Entwicklung fördern, tritt oft die gezielte Förderung des Einzelnen in den Hintergrund.

## 8. Einbeziehung der Alltagswelt, ihrer sozialen Struktur und der Machtverhältnisse

Die bereits unter 5. erwähnte Gestaltung der Lern- und Erfahrungssituation der Klienten führte sehr früh in der Entwicklung der Verhaltenstherapie zu der Notwendigkeit der Auseinandersetzung mit der Alltagswelt der Klienten. In den Verhaltensanalysen wurde deutlich, daß die Verstärker für die Aufrechterhaltung der Störungen, aber auch für die Einleitung der wichtigen Veränderung Menschen in der Lebenswelt der Klienten waren. Es wurde sichtbar, daß der eigentliche Veränderungsprozeß nicht in der wöchentlichen Sitzung mit dem Therapeuten stattfindet, sondern in den anderen 167 Stunden der Woche.

Die Menschen aus der Umwelt mußten in die Behandlung, z. B. als Mediatoren einbezogen werden. Es zeigte sich aber auch, daß diese Menschen miteinander in Beziehungen standen und daß auch diese Beziehungen berücksichtigt werden mußten, wenn sie als Mediatoren im Sinne der Therapie mitarbeiten sollten. So wurde z.B. die Bedeutung von Familien- oder Klassenkonstellationen im Rahmen der Behandlung von Kindern sichtbar, oder auch in der Therapie selbst das Problem der unterschiedlichen Machtkonstellation zwischen Therapeut und Klient (Keupp & Bergold, 1970).

Sensibilität und Wissen um soziale Zusammenhänge und Machtkonstellationen stellen einen der Kerne gemeindepsychologischen Handelns dar. Dieser Bereich war und ist in der Verhaltenstherapie sicherlich nicht ausreichend theoretisch und praktisch berücksichtigt. Im Gegensatz zu vielen anderen Therapieformen hat sie aber den Blick auf diese Aspekte nicht verstellt, sondern eher zur Beschäftigung damit angeregt. Dies hat u. a. dazu geführt, daß dann andere theoretische Konzepte interessant wurden, z.B. die systemische Familientherapie, und die engere, behavioristisch geprägte Verhaltenstherapie auch in diesem Realitätsbereich verlassen wurde.

## 9. Begrenzung des Veränderungsanspruchs trotz einer optimistischen Grundhaltung

Als letzten Punkt möchte ich erwähnen, daß die Verhaltenstherapie mich auch Bescheidenheit gelehrt hat. Allerdings erst nach einiger Zeit der Erfahrung. In der Anfangszeit bestand wohl eine Veränderungseuphorie nach dem Muster "We have done it" - vor allem in der

Skinnerianisch geprägten Verhaltensmodifikation in den USA. Bescheiden war die VT vor allem darin, daß sie nicht den Anspruch erhob, die Struktur der ganzen Persönlichkeit zu verändern. Darin hebt sie sich wohltuend von einigen anderen therapeutischen Ansätzen ab, deren Anspruch mir problematisch erscheint. Ich will dies an einem Beispiel verdeutlichen.

Ich habe vor einiger Zeit eine Reihe von ehemaligen Klienten interviewt, die ich vor 10 bis 15 Jahren verhaltenstherapeutisch behandelt habe. Ich habe sie gebeten, mir ihr Leben von damals bis heute zu erzählen. Auf diese Weise habe ich auch etwas über ihre Erfahrungen mit der Therapie gehört. Einer dieser Klienten, der mit starken Arbeitsstörungen, Schlaflosigkeit und Schlafmittelabusus zu mir gekommen war, hat mir gesagt: " Also, zunächst einmal hat mir die Verhaltenstherapie, die ich bei ihnen gemacht habe, einige Zeit lang eine Stütze gegeben. Ich möchte eigentlich sagen, im Nachhinein habe ich den Eindruck, daß der Effekt der Therapie vor allen Dingen der war, daß ich mich mit gewissen Dingen leichter abgefunden habe, langfristig, mit den eigenen Problemen." Und etwas später sagte er: " Aber es war sozusagen ein Aufschwung, der gedauert hat, der mit Optimismus wieder verbunden war ......"

Dieser Klient hat nach der Therapie seine Examen gemacht und hat geheiratet. Im weiteren Verlauf seines Lebens ist er dann in verschiedene Belastungssituationen gekommen, hat wieder schlecht geschlafen und ist durch einen Aufenthalt in einer "Schlafklinik" wieder abhängig von Schlafmitteln geworden. Er hat dann viele Jahre gebraucht, um diese Probleme zu bewältigen. Er hat dies mehr oder minder ohne Hilfe eines Therapeuten gemacht. Er hat sich u. a. religiösen Ideen zugewendet und sich bemüht, ein Leben zu führen, in dem Selbsterkenntnis einen hohen Stellenwert erhielt. Er schildert aber auch, daß es für ihn eine ganz zentrale Erfahrung gewesen war, in einer Situation voller Verzweiflung eine Methode und eine Beziehung kennengelernt zu haben, in deren Rahmen ihm vermittelt worden war, daß es auch für ihn möglich sei, wieder anderes zu leben. Und er berichtet in diesem Zusammenhang, daß ihm im Verlauf seiner Entwicklung immer wieder einzelne Vorgehensweisen aus der Therapie eingefallen seien und daß er versucht habe, diese anzuwenden und so seine Störungen zu bekämpfen.

Ich berichte hier von diesem Klienten, weil ich glaube, daß sich am Beispiel seiner Entwicklung der Stellenwert verhaltenstherapeutischer Interventionen deutlich machen läßt. Die Therapie hat ihm in einem Krisenpunkt seiner Entwicklung das Wissen und das Bewußtsein vermittelt, daß die so bedrückend erlebten Probleme veränderbar sind. Dieses Wissen hat ihn in seiner weiteren Entwicklung begleitet. Es ist vor allem im Zusammenhang mit einer Neuorientierung wieder aktiviert worden.

Die Therapie hat meiner Ansicht nach die Struktur seiner Persönlichkeit nicht verändert, sie hat auch den gesamten Weltbezug nicht verändert. Das hat, wenn überhaupt, erst im Verlauf einer jahrelangen Auseinandersetzung mit der Welt und mit sich selbst stattgefunden. Die Therapie hat aber Möglichkeiten aufgezeigt, bestimmte Krisensituationen zu bewältigen und sie hat die Hoffnung vermittelt, daß sie bewältigbar sind. Ich glaube, daß gerade hier die Verhaltenstherapie ihre Stärken hat. Im Rahmen einer ausgedehnten Verhaltensanalyse erfährt der Klient Zusammehänge zwischen seinem Tun, seiner Befindlichkeit und der Welt und er lernt dann, sein Tun und die Welt aktiv zu verändern.

## Schlußbemerkung

Ich hoffe, daß aus der Darstellung dessen, was ich glaube, von der Verhaltenstherapie gelernt zu haben, deutlich wird, welche Position ich heute ihr gegenüber einnehme. Ich habe sie als einen Ansatz kennengelernt, der dem therapeutischen Handeln in vielen Bereichen neue Impulse gegeben hat, der aber auch viele Bereiche vernachlässigt hat, auf die wir heute zunehmend aufmerksam werden.

Rückblickend erscheint mir die Verhaltenstherapie als ein Versuch, akademisch-wissenschaftliches Wissen zur Erklärung von Tun, Denken, Phantasieren und Fühlen nutzbar zu machen, die erklärungsbedürftig zu sein scheinen. Dieser Ansatz hat Viele fasziniert, weil aus dieser Tradition heraus bisher noch keine therapeutischen Ansätze entwickelt worden waren, und weil eine Gruppe junger Akademiker auch die Art des universitären Umgangs mit dem Gegenstand und mit den Kollegen in die Gemeinschaft der Therapeuten hineintrug, die einen solchen Umgang nicht gewohnt war.

Diese Herkunft hatte aber auch zur Folge, daß Verhaltenstherapie kein so fest gefügtes Lehrgebäude sein konnte, wie das zum Teil bei anderen Therapieformen zu sein scheint. Da Wissenschaft von der Auseinandersetzung und von der Veränderung lebt, ist es kein Wunder, wenn sich "die" Verhaltenstherapie nicht fixieren läßt. Neue Erkenntnisse hinsichtlich des Gegenstandes müssen notwendigerweise zu Veränderungen der Vorgehensweisen führen.

Ich möchte daher dafür plädieren, einerseits offen für neue Entwicklungen zu sein, auch dann, wenn sie, wie die radikale Hinwendung zu einem Subjektmodell, die alten Denkansätze zu sprengen drohen, und andererseits die bewährten Herangehensweisen in die neuen Modelle aufzunehmen. Ob die neue Form dann angemessenerweise Verhaltenstherapie genannt werden sollte, erscheint mir eigentlich unwichtig. Entscheidend ist, daß die innovative Kraft und die verantwortungsvolle Kontrolle des eigenen therapeutischen Handelns beibehalten wird, welche die Verhaltenstherapie ausgezeichnet haben.

## LITERATURVERZEICHNIS

BATESON, G. (1972). *Steps to an ecology of the mind*. London: Intertext Books

BERGOLD, J.B. & SELG, H. (1970). *Verhaltenstherapie*. In Schraml W. (Hrsg.): Klinische Psychologie. Bern: Huber

BERGOLD J.B. & SELG, H. (1973). *Emanzipation und Verhaltensmodifikation: Widerspruch und Möglichkeit*. In Brengelmann H. & Tunner W. (Hrsg.): Verhaltenstherapie. München: Urban & Schwarzenberg

ELIAS, N. (1976). *Über den Prozeß der Zivilisation*. Soziogenetische und psychogenetische Untersuchungen, Bd. 1: Wandlungen des Verhaltens in den weltlichen Oberschichten des Abendlandes. Frankfurt: Suhrkamp

ELIAS, N. (1985). *Über den Prozeß der Zivilisation*. Soziogenetische und psychogenetische Untersuchungen, Bd. 2: Wandlungen der Gesellschaft. Entwurf zu einer Theorie der Zivilisation. Reinbek: Rowohlt Taschenbuch

GRAWE, K. (1985). *Kulturelle und gesellschaftliche Funktionen einer Anwendungswissenschaft Psychotherapie.* ZPP, 4, (91-102)

JAEGGI, E. (1975). *Persönlichkeitstheoretische Implikationen der Verhaltenstherapie.* Das Argument 91 (423-439)

KARDORFF, E.V. & KOENEN, E. (1985). *Zur Krise der Psychologie- und Psychiatriekritik - ein Beitrag zu ihrer Archäologie.* In Körner, W. & Zygowski, H. (Hrsg.): Psychotherapie in der Sackgasse (54-72). Tübingen: DGVT

KEUPP, H. & BERGOLD, J.B. (1970). *Das Problem der Macht in der Psychotherapie unter spezieller Berücksichtigung der Verhaltenstherapie.* Ztsch. Klin. Psychologie (152-178), 20

LAZARUS, A.A. (1971). *Where do behavior therapists take their troubles.* Psychol. Report (349-350), 28

LAZARUS, A.A. (1978). *Multimodale Verhaltenstherapie.* Frankfurt: Fachbuchhandlung für Psychologie

NEISSER, U. (1976). *Cognition and reality.* San Francisco: Freeman (deutsch: Kognition und Wirklichkeit. Stuttgart (1979): Klett)

YATES, A.J. (1968). *Misconceptions about behaviour therapy.* Australia: University of New England, Unpubl. manuscript

# VERHALTENSTHERAPIE IN DER GESUNDHEITSBERATUNG

Heinz-Dieter Basler

## Zusammenfassung

Gesundheitsberatung ist ein Anwendungsgebiet der klinischen Verhaltenstherapie. Sie findet ihre medizinisch-wissenschaftliche Begründung in dem Risikofaktoren-Konzept. Es wurde mit der Zielsetzung entwickelt, Krankheiten vorzubeugen. Die Praxis der Gesundheitsberatung ist daher an der Verhütung von Krankheit orientiert, nicht aber primär an der Förderung von Gesundheit. Wenn mit Antonovsky davon auszugehen ist, daß Gesundheit und Krankheit je nach gewähltem Kriterium auf unterschiedlichen Dimensionen abzubilden sind, muß Abwehr von Krankheit nicht identisch sein mit der Förderung von Gesundheit. Es wird die Forderung erhoben, Gesundheitsförderung explizit als Ziel der Gesundheitsberatung anzusehen.

Orientiert an dem von Prochaska entwickelten Vier-Stufen-Modell der Verhaltensänderung werden traditionelle Konzepte der Gesundheitsberatung dargestellt. Hierbei wird Modellen zur Förderung der Motivation besondere Bedeutung beigemessen. Es werden das Modell der parallelen Reaktionen, das Health Belief Model, das Model of Reasoned Action und das Model of Planned Behavior dargestellt. Desweiteren wird auf das Prozeßmodell der Verhaltensänderung, wie es in der Selbstmanagement-Therapie entwickelt wurde, eingegangen. Abschließend werden Konzepte zur Stabilisierung des Behandlungserfolges beschrieben.

## 1. Das Risikofaktorenkonzept in der Gesundheitsberatung

Gesundheitsberatung als Anwendungsgebiet der klinischen Verhaltenstherapie ist eng mit der epidemiologischen Risikofaktorenforschung verbunden. Hier findet sie ihre medizinisch-wissenschaftliche Begründung, und hier liegt gleichzeitig eine Ursache für Fehlentwicklungen, die in den letzten Jahren zu Kritik geführt haben.

Die Risikofaktorenforschung begann in den 50er Jahren in den USA. An großen Bevölkerungsgruppen konnten Zusammenhänge zwischen Verhaltens- und Lebensgewohnheiten auf der einen Seite und dem Ausbruch einer Erkrankung zu einem späteren Zeitpunkt auf der anderen Seite nachgewiesen werden, wobei die Herz-Kreislauf-Erkrankungen zunächst im Mittelpunkt des Interesses standen. Die Merkmale, die in einem korrelativen Zusammenhang mit dem Auftreten der Krankheit standen, wurden als Risikofaktoren bezeichnet. Eine kausale Interpretation der Korrelation legte die Hypothese nahe, durch eine Veränderung der Risikofaktoren könne der Krankheit vorgebeugt werden. In der Tat fand diese Hypothese durch Interventionsstudien, die in den folgenden Jahren durchgeführt wurden, Bestätigung (Übersicht bei Heyden 1984).

Welches sind nun die Risikofaktoren, auf die sich die Gesundheitsberatung bezieht? Nach einer weithin gebräuchlichen Klassifikation werden Risikofaktoren, denen bereits ein Krankheitswert zukommt, von Risikofaktoren auf der Verhaltensebene unterschieden (Tab 1).

**Risikofaktoren mit Krankheitswert**

Hypercholesterinämie
(insbesondere verbunden mit niedrigem HDL-Spiegel)
Arterielle Hypertonie
Diabetes mellitus
Hyperurikämie
Fettsucht

**Risikofaktoren auf der Verhaltensebene**

Rauchen
Fehlernährung
mangelnde körperliche Aktivität
Fehlverarbeitung von Streß

*Tab. 1: Risikofaktoren für Herz-Kreislauf-Erkrankungen*

Gesundheitsberatung hat sich hiernach mit der Prävention, bzw. Veränderung von Risikofaktoren auf der Verhaltensebene auseinanderzusetzen. Zusätzlich betrachten einige Autoren auch die Förderung der Compliance, insbesondere der Medikamenten-Compliance, als Aufgabengebiet der Gesundheitsberatung (DiMatteo und DiNicola 1982, Jork 1987).

Auf dem Hintergrund des Risikofaktoren-Konzeptes müßte Gesundheitsberatung zutreffender "Krankheits-Abwehr-Beratung" genannt werden. Sie hat die Aufgabe, Gesundheitsvorsorge zu betreiben, indem sie eine auf spezifische Krankheiten ausgerichtete Prävention betreibt (vgl. Tab. 2).

| **Verlauf der Krankheit** | Gesundheit | vorklinische Phase | klinische Phase | bestehende Schädigung |
|---|---|---|---|---|
| **Art der Prävention** | primäre Prävention | sekundäre Prävention | tertiäre Prävention | |
| **Gesundheits-maßnahme** | Gesundheits-förderung (unspezifisch) | Krankheits-früherkennung | Rezidiv-prophylaxe | Rehabilitation |
| | Gesundheits-vorsorge (spezifisch) | | | |

*Tab. 2: Die Stufen der Prävention*

Mit der WHO-Definition von Gesundheit als einem Zustand vollkommenen körperlichen, seelischen und sozialen Wohlbefindens hat dieses Verständnis von Gesundheitsberatung wenig gemein - es sei denn, die Hypothese ließe sich bestätigen, Gesundheitsvorsorge im Sinne des Stufenmodells der Prävention führe automatisch zu einer Steigerung des Wohlbefindens. Antonovsky (1979, 1987) gehört meines Wissens zu den ersten Kritikern dieser Hypothese. Aufgrund klinischer Erfahrung bezweifelt er, daß sich Gesundheit und Krankheit auf einer einzigen Dimension abbilden lassen. Ein an chronischen Schmerzen leidender Mensch kann sich z.B. trotz der Schmerzen in den Lebensaktivitäten wenig beeinträchtigt fühlen, seiner Arbeit weiter nachgehen und Freude am Leben haben. Auf dem Hintergrund dieser Überlegungen erscheint es gerechtfertigt, Gesundheit und Krankheit auf unterschiedlichen Dimensionen abzubilden (Abb. 1). Ein Mensch, der aufgrund eines Kriteriums als krank zu bezeichnen wäre (Schmerz), muß es nicht gleichzeitig aufgrund eines anderen Kriteriums sein (funktionelle Beeinträchtigung), sondern kann hier eher dem Pol der Gesundheit zugeordnet werden. Je nach gewähltem Kriterium erscheint es möglich, daß dieselbe Person gesund und krank ist.

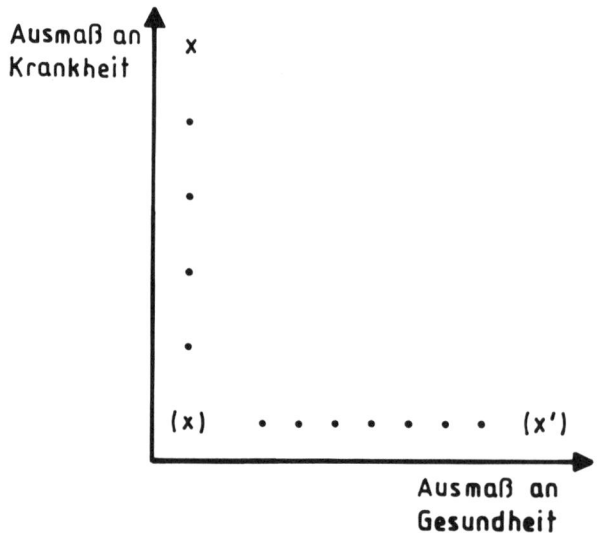

*Abb. 1 Nach dem Balancemodell würden verschiedene Therapieansätze Unterschiedliches bewirken: Ein Patient X würde nach einer rein symptomorientierten Therapie lediglich weniger krank sein (x). Er wäre noch nicht gesund. Ein höheres Ausmaß an Gesundheit ist erst dann zu erwarten, wenn auch gesunde Verhaltensweisen vom Patienten häufiger gezeigt werden (x'); aus: Zielke, M./Mark, N. (Hrsg. 1990): Fortschritte der angewandten Verhaltensmedizin, Bd. 1, S. 84.*

Mit seiner Unterscheidung der Begriffe "Pathogenese" und "Salutogenese" verbindet Antonovsky die folgende Aussage: Die Verhütung bzw. Beseitigung von Krankheit führt nicht automatisch zu Gesundheit. Gesundheit erfordert mehr: Antonovsky hebt die Bedeutung eines "Kohärenzsinnes" hervor, der durch das Vertrauen in die eigene Kompetenz vermittel wird, das Leben selber aktiv gestalten zu können und hierdurch Wohlbefinden und Gesundheit zu erringen. Das Studium von "Risikofaktoren", d. h. von Bedingungen, die zur "Pathogenese" beitragen, muß demnach ergänzt werden durch ein Studium von protektiven Faktoren, d. h. von Bedingungen, die die Gesundheit fördern und schützen und somit die "Salutogenese" fördern.

## 2. Konzepte der Gesundheitsberatung

Ich werde auf die Thesen Antonovskys zurückkommen, zuvor aber möchte ich die Konzepte der traditionellen Gesundheitsberatung nachzeichnen. Für diesen Zweck ist eine Orientierung an den Stufen der Verhaltensänderung hilfreich, wie sie von Prochaska (1984) postuliert werden. Im Kontext der Psychotherapieforschung beschreibt er therapieübergreifend Prozesse der Veränderung des Verhaltens und Erlebens und bezeichnet diesen Ansatz als "transtheoretisch". Obwohl das Stufenmodell auf dem Hintergrund der Psychotherapieforschung entwickelt wurde, fand es sogleich Eingang in Überlegungen zur Gesundheitsberatung (Prochaska 1983). Hiernach werden auf dem Weg zu einer permanenten Verhaltensänderung im Regelfall vier Stufen in der angegebenen Reihenfolge durchlaufen:

1. Pre-contemplation: Die Person ist sich des problematischen Verhaltens noch nicht bewußt und erwägt noch nicht ernsthaft eine Veränderung.
2. Contemplation: Sie beschäftigt sich mit ihrem Problemverhalten und stellt Überlegungen zu seiner Veränderung an.
3. Action: Sie unternimmt Aktivitäten zur Veränderung ihres Problemverhaltens.
4. Maintenance: Sie hält ihr Gesundheitsverhalten aufrecht.

Verhaltensänderungen nehmen im Regelfall allerdings nicht reibungslos einen solchen linearen Verlauf; es kann zu Störungen und Rückschlägen (relapse) in gesundheitsschädigendes Verhalten kommen. Prochaska spricht von einem "Drehtür-Modell", um den zirkulären Verlauf der Verhaltensänderung darzustellen (Abb. 2). Der Rückfall könnte somit als eine Stufe innerhalb des Prozesses der Verhaltensänderung angesehen werden.

Prochaska betont, daß verschiedene Personen sich auf unterschiedlichen Stufen befinden und daß sie daher auch in unterschiedlicher Weise angesprochen werden müssen, wenn es gelingen soll, ihnen jeweils auf die nächst höhere Stufe zu verhelfen. Bezogen auf seine Klientel benötigt der Gesundheitsberater Antworten auf folgende Fragen:

1. *Bei Personen ohne Problembewußtsein*: Wie kann ich Informationen so vermitteln, daß die Personen sich angesprochen fühlen und Problembewußtsein entwickeln?
2. *Bei Personen mit Problembewußtsein*: Wie kann ich diese Personen motivieren, ihr Verhalten zu ändern?
3. *Bei Personen im Prozeß der Verhaltensänderung*: Wie kann ich diese Personen optimal in diesem Prozeß unterstützen?
4. *Bei Personen in der Phase der Stabilisierung*: Wie kann ich die Stabilisierung unterstützen, Rückfällen vorbeugen und zur Bewältigung von Rückfällen beitragen?

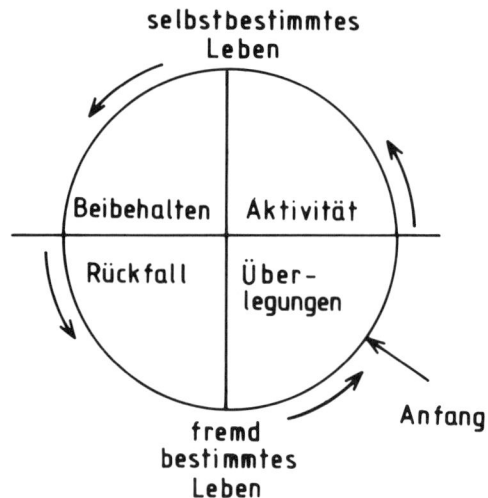

*Abb. 2. Das Drehtürmodell der Verhaltensänderung; aus: Prochaska (1984) S. 372.*

### 2.1. Förderung von Problembewußtsein

In den 60er Jahren wurde insbesondere von der Forschergruppe um Janis der "fear arousal effect" in zwischenmenschlichen Kommunikationen unter der Fragestellung untersucht, ob angstbesetzte Informationen dazu beitragen, Problembewußtsein zu fördern. Emotionale Erregungszustände, die durch angsterzeugende Informationen ausgelöst werden, motivieren hiernach eine Person dazu, Strategien zu entwickeln, die den unangenehmen Zustand abwehren oder aufheben, die aber in jedem Fall eine Person zur Auseinandersetzung mit der aufgezeigten Gefahr zwingen. Aufgrund experimenteller Untersuchungen wurden die Hypothesen bestätigt, daß sowohl sehr schwache als auch sehr starke emotionale Appelle die Annahme der in der Botschaft enthaltenen rationalen Information verhindern. Schwache Appelle führen zu ungenügender Vigilanz: Die Botschaft findet beim Empfänger keinerlei Interesse. Starke Appelle können einen Zustand von Hypervigilanz induzieren, der ebenfalls die Annahme der Botschaft erschwert oder sogar unmöglich macht. Übermächtige emotionale Erregung führt aber zu einer Desorganisation der mentalen Prozesse und läßt auf unerwünschte Wege der Spannungsreduktion ausweichen. Es wurde festgestellt, daß eher mittlere bis niedrige als hohe Angstniveaus eine Auseinandersetzung mit der Gefahr und damit ein Problembewußtsein fördern (Janis und Feshbach 1953, Watts 1966). Als Konsequenz postuliert Janis (1970) einen kurvenlinearen Zusammenhang zwischen Angstgehalt und Akzeptanz der Information, der allerdings durch nachfolgende Untersuchungen nicht immer bestätigt werden konnte. Trotz widersprüchlicher Befunde führte diese Forschung insofern zu einem Fortschritt, als die "Totenkopfpädagogik", die die Gesundheitsberatung in den Anfängen beherrschte, als unwirksam erkannt wurde.

## 2.2. Förderung von Motivation

Das Modell der parallelen Reaktionen

Ist das Problembewußtsein geweckt, stellt sich die Frage, wie sich auf der Grundlage des vorhandenen Wissen die Motivation zur Verhaltensänderung entwickeln kann. Leventhal (1970, 1971) bezieht sich auf die Arbeiten von Janis und bewertet die Konzentration der Forschung auf das optimale Angstniveau als wenig hilfreich. Angsterzeugende Informationen sieht er dann als problematisch an, wenn die Angesprochenen mit ihrer Angst allein gelassen werden. In seinem Modell der parallelen Reaktionen (Abb. 3) unterscheidet Leventhal zwischen einer rationalen und einer emotionalen Stellungnahme zu einem Gefahrensignal, die unabhängig voneinander eintreten können. Es hängt seiner Meinung nach von dem Inhalt der Information ab, ob die rationale oder die emotionale Stellungnahme überwiegt. Überwiegt in der Information der emotionale Gehalt, so wird eine emotionale Stellungnahme wahrscheinlich, überwiegt der rationale Gehalt, so wird eine rationale Stellungnahme gefördert. Primär emotionale Stellungnahmen führen zu einem Fluchtverhalten vor der aufgezeigten Gefahr, primär rationale Stellungnahmen zu einem Verhalten, durch das die Gefahr beseitigt wird. Aufgrund der Ergebnisse experimenteller Studien kann Leventhal aufzeigen, daß rationale Stellungnahmen durch Handlungsanleitungen gefördert werden. Er zieht folgende Schlußfolgerung: Bei vorhandenem Problembewußtsein entsteht eine Motivation zur Verhaltensänderung dann, wenn ein erfolgversprechender Weg zur Verhaltensänderung aufgezeigt wird.

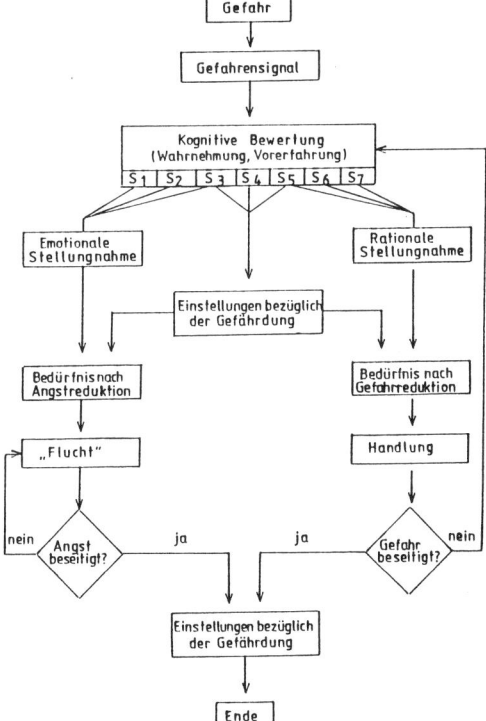

**Abb. 3. Das Modell der parallelen Reaktionen**

Das Health Belief Model

Große praktische Bedeutung für die Gesundheitsberatung hat das "Health Belief Model" (HBM) gewonnen, worin Thesen Leventhals aufgegriffen werden. Es ist ein Entscheidungsmodell, das zu erklären beabsichtigt, welche Aktionen eine Person im Zustand der Unsicherheit ausführt, wenn sie Nutzen und Kosten ihrer gesundheitsbezogenen Handlungen nur zu einem geringen Maße einzuschätzen vermag (z.B. Kirscht 1974, Rosenstock 1974). Es unterstellt eine zweckrational handelnde Person, die Vor- und Nachteile präventivmedizinischer Handlungsmöglichkeiten innerhalb eines ökonomischen Handlungskalküls abzuwägen in der Lage ist.

Die Entscheidung zu präventivem Verhalten wird hiernach beeinflußt durch "Health Beliefs", d. h. durch Bewertungen, die die Person zu verschiedenen Sachverhalten vornimmt (vgl. Abb.4):

(1)  Bewertung der Gefährlichkeit der Krankheit
     (Perceived seriousness)
(2)  Bewertung der eigenen Gefährdung durch die Krankheit
     (Perceived susceptibility)
(3)  Bewertung des Nutzens des präventiven Verhaltens zur
     Vermeidung von Krankheit (Perceived benefits)
(4)  Bewertung der Barrieren, die dem präventiven Verhalten
     entgegenstehen (Perceived barriers)

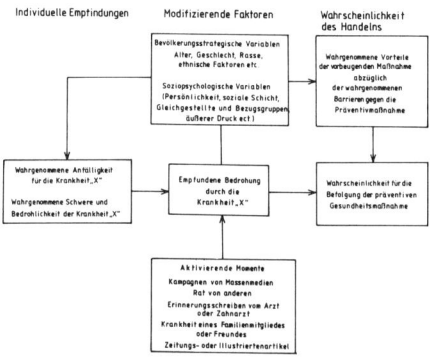

*Abb. 4. Ursprüngliche Formulierung des "Health Belief Model" (Abk. HBM); aus: Haynes, R.B./Taqylor, D.W./Sackett, D.L. (Hrsg.) (1982): Compliance-Handbuch. München, Wien: Oldenbourg, S. 95.*

Neben den strukturellen Bedingungen des Gesundheitssystems gibt es nach diesem Modell noch weitere Variablen, die Einfluß auf das präventive Verhalten nehmen, so z.B. demographische Variablen wie Alter, Geschlecht, ethnische Zugehörigkeit und Sozialschicht.

Wird eine Krankheit als gefährlich angesehen, meint eine Person darüberhinaus, die Krankheit könne auch sie selbst treffen, werden weiterhin effektive Maßnahmen gesehen, diese Krankheit zu verhindern und sind die erlebten Barrieren gering, so entsteht in der Person eine *Bereitschaft* zum präventiven Verhalten.

Ob sich diese Bereitschaft in beobachtbares Verhalten umsetzt, hängt von individuellen und Systembedingungen ab, die als "cues to action" bezeichnet werden.

Das "Model of Reasoned Action"

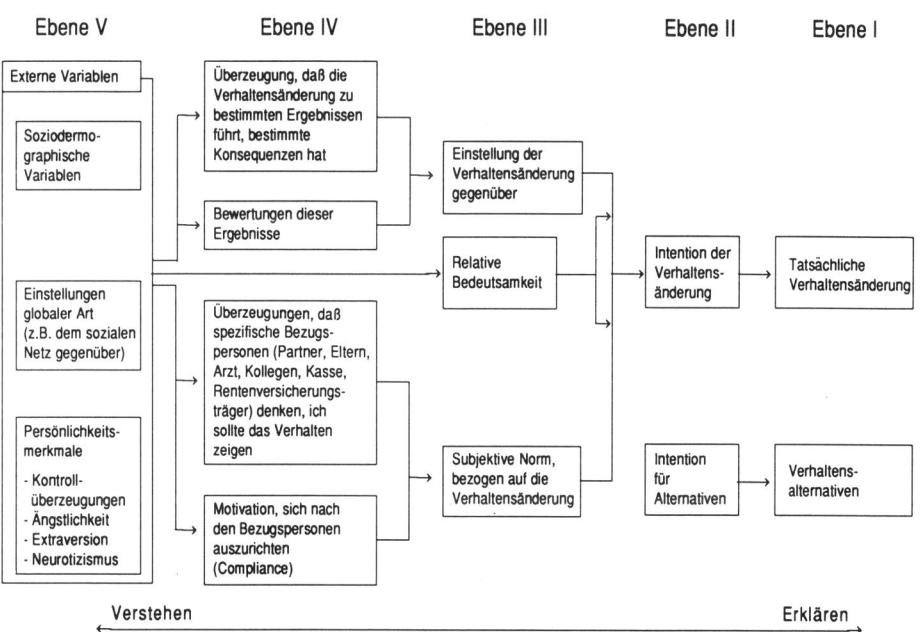

*Abb. 5. Das Fishbein/Ajzen-REACT-Modell*

Das HBM wurde in den folgenden Jahren weiterentwickelt. Im "Model of Reasoned Action" (REACT-Modell, Ajzen & Fishbein 1980) werden die im HBM beschriebenen Health Beliefs auf der Ebene III "Einstellung der Verhaltensänderung gegenüber" dargestellt (vgl. Abb. 5). Weiterführend an diesem Modell ist der Einbezug der subjektiven Normen für eine Verhaltensänderung, die Einfluß nehmen auf die Bewertung der erhaltenen Informationen. Die Normen werden geprägt durch den sozialen Kontext, in dem eine Person lebt. Es finden sich bereits Anklänge an das "Lebensweisen-Konzept", das in den 80er Jahren von Sozialwissenschaftlern entwickelt wurde. Hiernach ist Gesundheitsverhalten "... eingebettet in individuelle Lebensstile bzw. Lebensweisen, die als Gewohnheiten den jeweiligen Lebensbedingungen sowie den Verhaltenserwartungen der Bezugspersonen und Bezugsgruppen angepaßt sind" (von Troschke 1987, S. 14).

Die Richtung der Pfeile in Abb. 5 zeigt auf, in welcher Weise jeweils eine Ebene durch die andere beeinflußt wird. Veränderungen auf der Ebene I sind nicht ohne vorhergehende Veränderungen auf der Ebene II, und diese wiederum nicht ohne vorherige Änderungen auf der Ebene III möglich. Wenn eine Person zu einer Verhaltensänderung motiviert werden soll, so sollte hiernach in Analogie zu dem zuvor von Prochaska dargestellten Modell eruiert werden, auf welcher Stufe innerhalb des Änderungsprozesses sie sich befindet, so daß gezielte Maßnahmen einzuleiten sind.


Das Model of Planned Behavior

Eine erneute Fortentwicklung führte dann zu der "Theory of Planned Behavior" (Ajzen 1985). Offensichtlich angeregt durch Banduras Konzept der Selbstwirksamkeit (self efficacy; Bandura 1977, 1982) wird das "Model of Reasoned Action" auf der Ebene III zusätzlich um die Variable "wahrgenommene Kontrolle über die Verhaltensänderung" erweitert. Die Kontrollüberzeugung reflektiert zum einen die Erfahrungen, die die Person in der Vergangenheit bei ihren Versuchen einer Verhaltensänderung gemacht hat, zum anderen die antizipierte Kontrolle über Beeinträchtigungen, die mit der Verhaltensänderung einhergehen (z. B. Unlustgefühle bei dem Versuch, das Rauchen aufzugeben).

Eine zweite Veränderung des "Model of Reasoned Action" betrifft die Ebene II. Der Erfolg einer Verhaltensänderung (Ebene I) hängt nicht nur von der Ausprägung der Intention ab, sondern auch von strukturellen Faktoren wie der Verfügbarkeit notwendiger Hilfsmittel, z. B. Zeit, Geld, geeigneter Räumlichkeiten ("objektive Kontrollierbarkeit", vgl. Krampen 1985), sowie von personalen Voraussetzungen, nämlich den Fähigkeiten und Fertigkeiten, die zur Ausführung des Verhaltens erforderlich sind ("subjektive Kontrollerwartung"). In ihrer Gesamtheit spiegeln diese Einflußfaktoren die aktuelle wahrgenommene Kontrolle der Person über ihr Verhalten wider (vgl. Wallston und Wallston 1978, Krampen 1982, 1985).


2.3 Förderung der Verhaltensänderung

Strategien zur Förderung der Verhaltensänderung greifen zurück auf Konzepte des Selbstmanagement (vgl. Kanfer und ScheFFt 1988, Kanfer et al. 1991). Der Patient soll im Laufe der Beratung effektive Fähigkeiten zur Selbstregulation und Selbstkontrolle entwickeln. Hierbei ist in jeder Phase eine aktive Beteiligung seitens des Beratenen erforderlich, die bei der Analyse des Problems beginnt und sich bis zur langfristigen Stabilisierung des neu erlenten Verhaltens fortsetzt.

In der Gesundheitsberatung haben wir es allerdings mit einem Spezialfall von Selbstmanagement, nämlich mit Selbstkontrolle, zu tun. Kennzeichnend dafür ist, daß die Verhaltensalternativen für die Person konflikthaft sind entweder im Sinne des Widerstehens einer Versuchung oder des Ertragens einer aversiven Situation. Kanfer (1977) unterscheidet darüberhinaus Selbstkontroll-Situationen nach ihrer zeitlichen Dimension. Im ersten Fall (decisional self-control) ist der Konflikt nach getroffener Entscheidung beendet. Im zweiten Fall (protracted self-control) muß eine aversive Bedingung über einen längeren Zeitraum ertragen oder einer Versuchung fortwährend widerstanden werden.
Die Interventionsstrategien im Rahmen der Gesundheitsberatung unterscheiden sich nicht prinzipiell von therapeutischen Strategien in anderem klinischen Kontext. Auch bei der Gesundheitsberatung ist es sinnvoll, sich an einem siebenstufigen Prozeßmodell zu orientieren (Kanfer et al. 1991):

Prozeßmodell des Selbstmanagement

1. Schaffung günstiger Ausgangsbedingungen
   - Bildung einer kooperativen Arbeitsbeziehung
   - optimale Gestaltung der äußeren Rahmenbedingungen

2. Konzentration auf die Änderungsbereiche und Stärkung der Motivation
   - Erarbeiten positiver Konsequenzen der Verhaltensänderung
   - Bekämpfen von Demoralisierung durch bisherige Fehlschläge

3. Verhaltensanalyse
   - Selbstbeobachtung des Verhaltens im funktionalen Kontext
   - Anlayse der relevanten Gesundheitsnormen

4. Zielanalyse
   - konkrete Formulierung erreichbarer Ziele
   - Unterscheidung von Nah- und Fernzielen

5. Unterstützung bei der Verhaltensänderung
   - Auswahl von Strategien
   - Durchführung der Maßnahmen

6. Selbstevaluation des Erfolges
   - Führung von Protokollbögen durch den Beratenen
   - Selbstverstärkung für erzielte Erfolge

7. Erfolgsoptimierung
   - Strategien zur Stabilisierung und Rückfallprophylaxe
   - Feedback

Weitere praktische Hinweise zur Beratung während einer Verhaltensänderung sind Basler (1987) zu entnehmen.

## 2.4. Förderung der Stabilisierung und Rückfallprophylaxe

Wegen der Bedeutung und auch der Häufigkeit des Rückfalls bei der Änderung des Gesundheitsverhaltens kommt der Rückfallprophylaxe eine besondere Bedeutung in der Gesundheitsberatung zu. Ausgehend von einer Analyse solcher Situationen, in denen besonders häufig Rückfälle auftreten, wurde versucht, Personen schon während der Phase der Beratung auf gefährdende Situationen vorzubereiten (Brownell et al. 1986). Als sinnvoll hat es sich erwiesen, zwischen den Begriffen "lapse" (Ausrutscher) und "relapse" (Rückfall) zu unterscheiden. Ausrutscher, wie unkontrolliertes Essen bei der Gewichtsreduktion oder einmaliges Zigarettenrauchen, müssen nicht unbedingt zu einem Rückfall führen. Nach Untersuchungen von Shiffman (1982) wird ein Ausrutscher mit hoher Wahrscheinlichkeit dann zum Rückfall, wenn die Person sich in einem negativen emotionalen Zustand befindet, wie z. B. Angst, Frustration und Depression in der Folge einer nicht bewältigten Streß-Situation. Hieraus ist der Schluß gezogen worden, die Gesundheitsberatung müsse durch ein Training effektiven Copings auf solche Situationen vorbereiten. Häufig werden daher Entspannungsverfahren oder soziale Kompetenz-Trainings in Programme zur Gesundheitsberatung einbezogen.

Weite Verbreitung haben die Überlegungen von Marlatt und Gordon (1985) zur Rückfallprophylaxe gefunden. Auch diese Autoren unterscheiden zwischen "lapse" und "relapse", greifen allerdings auf kognitive Erklärungsmodelle zurück, um den Weg vom "lapse" zum "relapse" zu interpretieren. Die Art, wie eine Person den "lapse" bewertet, ist hiernach entscheidend für ihren weiteren Weg. Im Rahmen einer "Impfung" gegen den Rückfall versuchen die Autoren, Attributionsmuster zu verändern. Die Personen werden angeleitet, den Rückfall als normales Ereignis innerhalb des Prozesses der Verhaltensänderung zu interpretieren. Rückfall bedeutet somit nicht ein "Aus" für die Verhaltensänderung, sondern eine Herausforderung, die durch den Einsatz bereits zuvor erlernter Coping-Strategien bewältigt werden kann. Jeder Rückfall soll wahrgenommen werden als neuer Anfang, der die Chance zur endgültigen Stabilisierung des erwünschten Verhaltens verbessert. Konsequenterweise wurde daher mit einem programmierten Rückfall noch während der Beratungszeit experimentiert. Es gibt allerdings keine Belege dafür, daß der programmierte Rückfall tatsächlich zu einer Verringerung der Rückfallraten führt (Cooney et al. 1982, Unland et al. 1991). Einigkeit besteht darüber, daß der Umgang mit Rückfällen notwendiger Bestandteil einer Gesundheitsberatung sein sollte.

## 3. Gesundheitsberatung als Gesundheitsförderung

Wir kommen auf die bereits zu Beginn geäußerte Kritik an der Praxis der derzeitigen Gesundheitsberatung zurück. Folgende Fragen sind aufzuwerfen: Lassen sich Gesundheit und Krankheit wirklich auf einer einzigen Dimension abbilden? Ist eine Beratung zur Abwehr von Krankheit gleichzusetzen mit einer Beratung zur Förderung von Gesundheit? Das von Antonovsky entwickelte Balance-Model ist derzeit noch eine Arbeitshypothese, die sich allerdings sehr fruchtbar auf die zukünftige Gesundheitsforschung auswirken kann. Die Auswirkungen auf die derzeitige Praxis der Gesundheitsberatung wären erheblich. Die Förderung von Gesundheit und Wohlbefinden müßte als gleichrangige Aufgabe neben die der Abwehr von Krankheit treten. Das zur Erfüllung dieser Aufgabe benötigte Wissen könnte durch eine Erforschung der "protektiven Faktoren" für Gesundheit zur Verfügung gestellt werden. Prozesse der sozialen Unterstützung und der Bewältigung von Alltagsbelastungen werden hierbei von Bedeutung sein.

Darüberhinaus kommt auch der direkten Förderung von Wohlbefinden Bedeutung zu. Ausgehend von Antonovsky formuliert Lutz (1990) Überlegungen zu einer verhaltensmedizinischen Theorie der Förderung genußvollen Erlebens und Handelns. Für die klinische Anwendung schlägt er die "Kleine Schule des Genießens" vor (Lutz & Koppenhöfer, 1983), ein Programm zur Förderung genußvollen Erlebens, dessen Wirksamkeit empirisch bestätigt wurde (z. B. Koppenhöfer 1990).

Wir selbst haben auf Antonovskys Konzept der Salutogenese zurückgegriffen und der Gesundheitsförderung neben der Krankheitsverhütung einen hohen Stellenwert in der Gesundheitsberatung beigemessen. Wir entwickelten verschiedene standardisierte Programme für die Gesundheitsberatung sowohl in der ärztlichen Praxis als auch im betrieblichen Kontext und evaluierten deren Effekte, z. B. in Bezug auf Fragen der Ernährung und des Eßverhaltens (Basler, 1990), des Rauchens (Basler et al. 1991) oder der Streßbewältigung (Kaluza et al. 1988). Diese Form der Gesundheitsförderung sollte systematisch weiter entwickelt werden. Theoretische Modelle und daraus abgeleitete Konzepte für die empirische Forschung sind allerdings erst in Ansätzen erkennbar. Auch liegen derzeit keine umfassenden, standardisierten Erhebungsverfahren vor, die es gestatten, die Effektivität präventiver Maßnahmen im Hinblick auf positive Emotionen, Gedanken oder Aktivitäten zu erfassen und den hierdurch erzielten Zuwachs an Wohlbefinden zu beschreiben. Aktivitäten in diesen Bereichen zu entfalten, betrachte ich als eine wichtige Aufgabe der Zukunft.


## LITERATURVERZEICNIS

AJZEN, I. (1985). *From intentions to actions: A theory of planned behavior.* In Kuhl, J. & Beckman, J. (Eds.): Action-control: From cognition to behavior. Berlin: Springer
AJZEN, I. & FISHBEIN, M. (1980). *Understanding attitudes and predicting social behavior.* Englewood Cliffs, N.J.: Prentice-Hall
ANTONOVSKY, A. (1979). *Health, stress, and coping.* San-Francisco: Jossey-Bass
ANTONOVSKY, A. (1987). *Unraveling the mystery of health: How people manage stress and stay well.* London: Jossey-Bass
BADURA, B. <Hrsg.> (1981). *Soziale Unterstützung und chronische Krankheit. Zum Stand sozialepidemiologischer Forschung.* Frankfurt, M.: Suhrkamp
BANDURA, A. (1977). *Self-efficacy: Towards a unifying theory of behavior change.* Psychol. Rev. 84, 191-215
BANDURA, A. (1982). *Self-efficacy mechanism in human agency.* Amer. Psych. 37, 122-147

BASLER, H.D. (1987). *Beratung als Hilfe während der Verhaltensänderung.* In Jork, K. (Hrsg.). Gesundheitsberatung (120-136). Heidelberg: Springer

BASLER, H.D. (1990). *Working with groups of patients.* J. Human Hypertension 4 (Suppl. 1), 67-70

BASLER, H.D., BRINKMEIER, U., BUSER, K. & GLUTH, G. (1991). *Effect of a comprehensive group therapy programme on the cessation of smoking in a primary care setting format - a one-year-follow-up.* In Durston, B. & Jamrozik, K. (Eds.): Tobacco and Health - The Global War. Perth, Australia: Proceedings of the 7th World Conference on Tobacco and Health

BROWNELL, K.D., MARLATT, G.A., LICHTENSTEIN, E. & WILSON, G.T. (1986). *Understanding and preventing relapse.* Am. Psychol. 7, 765-782

DIMATTEO, M.R. & DINICOLA, D.D. (1982). *Achieving Patient Compliance.* New York: Pergamon Press

HAND, I. & WITTCHEN, H.-U. <Hrsg.> (1989). *Verhaltenstherapie in der Medizin.* Berlin: Springer

HEYDEN, S. (1984). *Infarkt-Prävention heute.* Mannheim: Boehringer

JANIS, I.L. (1970). *Effects of fear arousal on attitude change: Recent developments in theory and experimental research.* In Berkowitz, L. (ed.): Advances in Experimental Social Psychology (166-224). New York: Pergamon Press

JANIS, I.L. & FESHBACH, S. (1953). *Effects of fear arousing communications.* J. Abnorm Soc. Psychol. 48, 78-92

JORK, K. <Hrsg.> (1987). *Gesundheitsberatung.* Heidelberg: Springer

KALUZA, G., BASLER, H.D. & HENRICH, S. (1988). *Entwicklung und Evaluation eines Programmes zur Streßbewältigung.* Verhaltensmod. Verhaltensmed. 9, 22-41

KANFER, F.H. (1977). *The many faces of self-control, or behavior modification changes its focus.* In Stuart R.B. (ed.): Behavioral self-management (1-48). New York: Brunner Mazel

KANFER, F.H., REINECKER, H. & SCHMELZER, D. (1991). *Selbstmanagement-Therapie.* Heidelberg: Springer

KANFER, F.H. & SCHEFFT, B.K. (1988). *Guiding the process of therapeutic change.* New York: Research Press

KIRSCHT, J.P. (1974). *The Health Belief Model and illness behavior.* Health Educ. Monogr. 2, 387-408

KOPPENHÖFER, E. (1990). *Therapie und Förderung genußvollen Erlebens und Handelns.* In Zielke, M. & Mark, N. (Hrsg.): Fortschritte der angewandten Verhaltensmedizin (250-263), Bd. 1. Berlin: Springer

KRAMPEN, G. (1982). *Differentialpsychologie der Kontrollüberzeugungen.* Göttingen: Hogrefe

KRAMPEN, G. (1985). *Zur Bedeutung von Kontrollüberzeugungen in der klinischen Psychologie.* Z. Klin. Psychol. 14, 101-112

LEVENTHAL, H. (1970). *Findings and theory in the study of fear arousing communications.* In Bekowitz, L. (ed.): Advances in experimental social psychology (120-186). New York: Pergamon Press

LEVENTHAL, H. (1971). *Fear appeals and persuasion: the differentiation of a motivational construct.* Amer. J. Publ. Health 61, 1208-1224

LUTZ, R. (1990). *Therapietheorie zur Förderung genußvollen Erlebens und Handelns.* In Zielke, M. & Mark, N. (Hrsg.): Fortschritte der angewandten Verhaltensmedizin (79-101), Bd. 1. Berlin: Springer

LUTZ, R. & KOPPENHÖFER, E. (1983). *Kleine Schule des Genießens*. In Lutz, R. (Hrsg.): Genuß und Genießen (112-125). Weinheim: Beltz

MARLATT, G.A. & GORDON, J.R. (1985). *Relapse prevention and maintenance strategies in addictive behavior change*. New York: Guilford

MILTNER, W., BIRBAUMER, N. & GERBER, W.-D. (1986). *Verhaltensmedizin*. Berlin: Springer

PROCHASKA, J.O. (1983). *Self-changers versus therapy changers versus Schachter*. Amer. Psychol. 37, 853-854

PROCHASKA, J.O. (1984). *Systems of psychotherapy*. Chicago, Ill.: Dorsey

ROSENSTOCK, I.M. (1974). *Historical origins of the Health Belief Model*. Health Education Monographs 2, 328-335

SCHIFFMAN, S. (1982). *Relapse following smoking cessation: A situational analysis*. J. Consult. Clin. Psychol. 50, 71-86

TROSCHKE, J. VON (1988). *Grundlagen der Prävention*. In Jork, K. (Hrsg.): Gesundheitsberatung (9-27). Heidelberg: Springer

UNLAND, H., MINNEKER, E. & BUCHKREMER, G. (1991). *Rückfallprävention in der Raucherentwöhnung*. Verhaltensmod. Verhaltensmed. 12, 19-27

VOIGT, D. (1978). *Gesundheitsverhalten*. Stuttgart: Kohlhammer

WALLSTON, B.S. & WALLSTON, K.A. (1978). *Locus of control and health: A review of the literature*. Health Educ. Monogr. 6, 107-117

WATTS, J.C. (1966). *The role of vulnerability in resistence to fear-arousing communications*. Unpublished doctoral dissertation, Bryn Mawr College

## WAS IST RICHTIG: "GESUNDHEIT" und "KRANKHEIT" oder "GESUNDHEIT" versus "KRANKHEIT"

Rainer Lutz

In diesem Band werden in mehreren Aufsätzen, insbesondere von Basler und Kanfer, Aspekte Seelischer Gesundheit thematisiert.

Der vorliegende Beitrag ist als eine Anmerkung zu verstehen, wie nämlich Gesundheit und Krankheit begrifflich zu präzisieren sind.

Die Beschäftigung mit gesundem Verhalten, Positiva im weitesten Sinne, "assets" hat in der Verhaltenstherapie eine lange Tradition (Kanfer & Saslow, 1969; Goldfried & D`Zurilla, 1969). Solche "normalen" Verhaltensweisen wurden eher funktional in einem Therapieplan verwendet, eine gewisse theoretische Untermauerung erfuhren solche Denkstrategien durch das Premak-Prinzip (Premak, 1959) oder die Vorstellung der reziproken Hemmung (Wolpe, 1958). Euthymes Erleben und Verhalten (das, was mir gut tut) wurde mit Beginn der 80iger Jahre als eigenständiger Faktor begriffen (Niebel, 1981; Figge, 1981; Lutz, 1983). Damit ging ein konzeptionelles Problem einher: Wie sollte "Gesundheit" und "Krankheit" zueinander angeordnet sein bzw. wie sollten diese Begriffe zueinander definiert werden?

In der Klinischen Psychologie entspricht es einer weit verbreiteten Denktradition, daß Gesundheit und Krankheit als entgegengesetzte Pole eines Kontinuums verstanden werden (Hambrecht, 1986). Mit diesem Konzept gehen eindimensionale Balancevorstellungen einher, wie dies Menninger (1968) ausgeführt hat. Antonovsky stellte 1979 ein Kontinuumsmodell vor ("Health ease/dis-ease-Kontinuum"). Die Bedeutung dieser Ansätze liegt m.E. darin, Krankheit nicht als isolierte Größe zu verstehen, sondern nur in Abhängigkeit von Gesundheit.

Werden "Gesundheit" und "Krankheit" bipolar verstanden, so liegt folgende Therapiestrategie nahe: Ist jemand erkrankt, so reicht es aus, ein Symptom zu reduzieren, damit zwangsläufig eine Gesundung eintritt.

Mit einem solchen Modell kann man schlecht konzeptionell herleiten, Gesundheit, euthymes Verhalten etc. als eigenständige Größe zu fördern. Hierzu wäre es sinnvoll, Gesundheit und Krankheit als zwei unabhängige Faktoren zu verstehen, die orthogonal zueinander angeordnet sind. In den folgenden Abbildungen werden diese beiden Möglichkeiten der konzeptionellen Zuordnung vorgestellt.

Abb. 1

**Bipolares Konzept von GESUNDHEIT und KRANKHEIT**

krank                                                                    gesund

---

hohe vs. niedrige          indifferenter          niedrige vs. hohe
Ausprägung                 Bereich                Ausprägung

Abb. 2

**Orthogonales Konzept von GESUNDHEIT und KRANKHEIT**

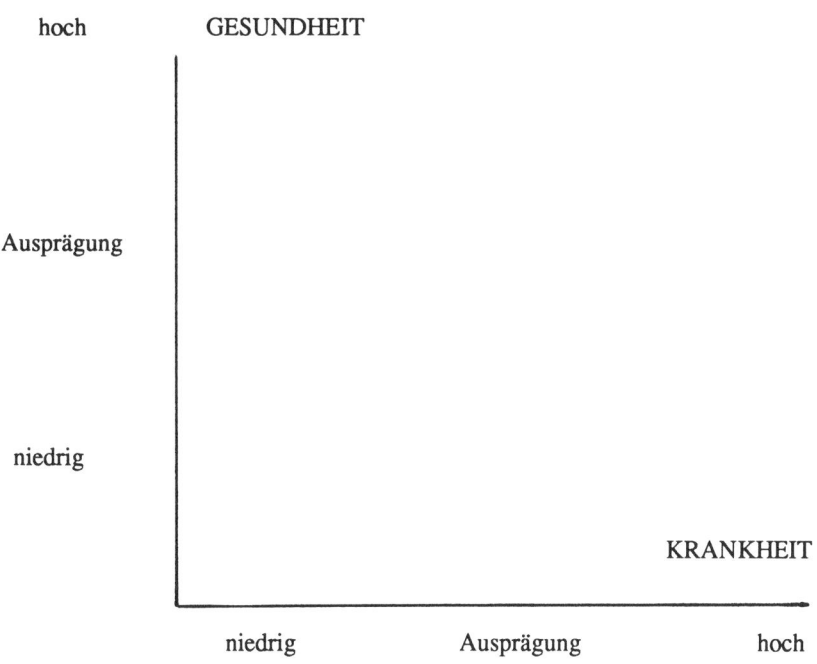

hoch          GESUNDHEIT

Ausprägung

niedrig

                                                                    KRANKHEIT

          niedrig          Ausprägung          hoch

Für alle gesundheitsfördernden Programme wäre das orthogonale Modell von Gesundheit und Krankheit sinnvoller. Gibt es Möglichkeiten, dieses Konzept zu begründen und es abzusetzen gegenüber der weit verbreiteten Meinung, Gesundheit und Krankheit seien zwei entgegengesetzte Pole einer Dimension?

Gesundheit und Krankheit werden üblicherweise operationalisiert durch Befindungsmaße oder durch Persönlichkeitsskalen ("Positives Befinden" vs "Negatives Befinden"; "Neurotizismus" oder "Ängstlichkeit" vs "Autonomie" oder "Positive Selbstinstruktion").

In der Literatur zur Befindensdiagnostik gibt es typischerweise zwei Befunde: Skalen mit positiven und Skalen mit negativen Valenzen korrelieren substantiell negativ miteinander, wie dies z.B. bei der EWL (Janke & Debus, 1978) der Fall ist. Die Befindensmaße von Bradburn (1969) korrelieren dagegen um Null (z.B. Andrews & Withey, 1976).

Ein analoger Befund ist in der Persönlichkeitsdiagnostik auszumachen: Positiv valente Skalen und negativ valente Skalen korrelieren einmal substantiell negativ miteinander (z.B. Trierer Persönlichkeitsfragebogen, TPF, Becker, 1986) oder sie korrelieren zu einem Betrag um Null (z.B. Inventar zur Selbstkommunikation, Tönnies, 1982).

Mit dieser Befundlage können beide Positionen gestützt werden: Die Ergebnisse, nach denen positiv und negativ valente Skalen substantiell negativ miteinander korrelieren, stützen die Vorstellung eines Kontinuums zwischen Gesundheit und Krankheit. Umgekehrt bekommt die Vorstellung, Gesundheit und Krankheit seien orthogonal zueinander zu verstehen, empirischen Rückhalt durch die Ergebnisse, nach denen positiv und negativ valente Skalen nicht miteinander korrelieren.

Was ist denn nun "richtig"?

Nach dem Konzept der konkurrierenden Itemformate (Lutz, 1989) gibt es zwei prinzipiell unterschiedliche Möglichkeiten, Items zu formulieren. Einmal enthalten Items generelle Aussagen über eine Person. Dieses Itemformat wird z.B. im FPI (Freiburger Persönlichkeitsinventar, Fahrenberg, Hampel & Selg, 1984) oder im STAI (State-Trait-Angstinventar, Laux, Glanzmann, Schaffner & Spielberger, 1981) verwendet. So formulierte "positive" und "negative" Aussagen über eine Person korrelieren substantiell negativ miteinander. Demgegenüber steht ein konkurrierendes Itemformat, in dem einzelne und umschriebenen Verhaltensweisen situativ dargestellt sind (z.B. Hamburger Erziehungsverhaltensliste für Mütter, Baumgärtel, 1979; Streßverarbeitungsfragebogen, Janke, Erdmann & Kallus, 1985).

Die Durchsicht aller deutschsprachigen Fragebögen ergab ein eindeutiges Bild: Je nachdem, welches Item-Format von den Testautoren (unwissentlich) gewählt wurde, korrelieren positiv und negativ valente Skalen entweder zu einem Betrag um Null oder substantiell negativ. Wird ein identischer Inhalt in unterschiedlichen Item-Formaten dargeboten, so ergibt sich dasselbe Bild: Die Wahl des Item-Formates bestimmt die Höhe der Interkorrelation von Skalen mit konträren Inhalten. So formulierte "positive" und "negative" Verhaltensweisen korrelieren nicht miteinander (Lutz, 1991).

Die oben angesprochene unterschiedliche Befundlage ist also zurückzuführen auf die Wahl von Testverfahren, die unterschiedlich konzipiert sind.

Mit der Wahl des Item-Formates wird also auch bestimmt, welche Aspekte von Persönlichkeit erhoben werden. Einmal sind dies subjektive Urteile und Bewertungen, im anderen Falle sind es quasi objektiv beobachtbare Verhaltensweisen.

Vor diesem empirischen Hintergrund sind substantielle negative Korrelationen zwischen positiv und negativ valenten Skalen ein Indikatior für eine subjektive Sichtweise. Dies entspricht unserem Alltagsverständnis: Wenn wir gefragt werden, ob es uns gut oder schlecht gehe, ordnen wir uns spontan auf einem Kontinuum zwischen den Polen gut vs schlecht ein. Wir fühlen uns gut oder schlecht oder irgendwo zwischen diesen Extremen.

Wird eine Korrelation zwischen positiv und negativ valenten Skalen um Null berichtet, so ist dies ein Indikator dafür, daß beobachtbares Verhalten wiedergegeben wurde. Auch hierfür gibt es in der Alltagspsychologie eine Entsprechung: Jeder von uns weiß von sich sowohl gesunde als auch kranke Anteile zu berichten, die situationsspezifisch hervorgerufen werden.

Für die klinische Praxis bedeutet dies, daß wir prinzipiell mit zwei unterschiedlichen Denkmodellen rechnen müssen. Patienten werden uns ihre Beschwerden eher nach einem Kontinuumsmodell vorstellen. Wir selber sollten verstärkt im zweiten Modell denken: Ein Patient wird nicht nur "krank" sein, er wird darüberhinaus eine Reihe gesunder Anteile in sich vereinigen. Darüber ist es nach einem solchen Modell angezeigt, Gesundheit unabhängig von Krankheit zu fördern.

Die Tatsache, ob jemand sich als Patient vorstellt, wird nach diesem Modell dann der Fall sein, wenn kranke Anteile überwiegen. Danach kommt es also nicht darauf an, wie "krank" jemand ist, sondern ob er genügend "Gesundes" dem entgegenzusetzen hat.

# LITERATURVERZEICHNIS

ANDREWS, F.M. & WITHEY, S.B. (1976). *Social indicators of well-being*. Americans perceptions of life quality. New York: Plenum Press
ANTONOWSKY, A. (1979). *Health, stress, and coping*. San Francisco: Jossey-Bass
BAUMGÄRTEL, F. (1979). *Hamburger Erziehungsverhaltensliste für Mütter (HAMEL)*. Göttingen: Hogrefe
BECKER, P. (1986). *Vorform eines TPF-Manuals*. Universität Trier - Fachbereich Psychologie. Unveröffent. Manuskript
BRADBURN, N. (1969). *The structure of psychological well-being*. Chicago: Aldine
BECKER, P. (1986). *Vorform eines TPF-Manuals*. Universität Trier -Fachbereich Psychologie. Unveröffent. Manuskript
FAHRENBERG, J., HAMPEL, R. & SELG, H. (1984). *Das Freiburger Persönlichkeitsinventar*. Revidierte Fassung FPI-R und teilweise geänderte Fassung FPI-A1. (4.revidierte Aufl.). Göttingen: Hogrefe
FIGGE, P. (1982). Verhaltenstherapeutische Dramatherapie.    : Kösel
GOLDFRIED, M.R. & D'ZURILLA, T.J. (1969). *A behavioral-analytic model for assessing competence*. In Spielberger, C.D. (ed.): Current topics in clinical and community psychology. New York: Academic Press
HAMBRECHT, M. (1986). *Krankheitskonzepte als Paradigmata in der Psychotherapie*. Psychother. med. Psychol. 36, 58-63
JANKE, W. & DEBUS, G. (1978). *Die Eigenschaftswörterliste (EWL)*. Göttingen: Hogrefe

JANKE, W., ERDMANN, G. & KALLUS, W. (1985). *Streßverarbeitungsfragebogen (SVF)*. Göttingen: Hogrefe

KANFER, F.H. & SASLOW, G. (1969). *Behavioral diagnosis*. In: C.M. Franks (Ed.): Behavior therapy: Appraisal and status. New York: McGraw-Hill

LAUX, L., GLANZMANN, R., SCHAFFNER, P. & SPIELBERGER, C.D. (1981). *Das State-Trait-Angstinventar*. Weinheim: Beltz.

LUTZ, R. (1983). *Betonen des Positiven im Erleben und Handeln*. In: Lutz, R. (Hrsg.): Genuß und Genießen. Zur Psychologie des genußvollen Erlebens und Handelns. Weinheim: Beltz

LUTZ, R. (1989). *Zur Vorhersagbarkeit von Skalen-Interkorrelationen*. Berichte aus dem Fachbereich Psychologie der Philipps-Universität Marburg Nr. 98

LUTZ, R. (1990). *Therapietheorie zur Förderung genußvollen Erlebens und Handelns*. In M.Zielke & J.Sturm, (Hrsg.): Fortschritte der klinischen Verhaltensmedizin. Heidelberg: Springer

LUTZ, R. (1991). *Vorhersagbarkeit der Interkorrelationen psychodiagnostischer Skalen*. Erscheint in: Psychologische Beiträge

MENNINGER, K. (1968). *Das Leben als Balance, seelische Gesundheit und Krankheit als Lernprozeß*. München: Kindler

NIEBEL, G. (1981). *Asymptomatische Verhaltenstherapie bei ängstlichen Kurpatienten*. Frankfurt: Lang

PREMACK, D. (1959). *Toward empirical behavioral laws: I. Positive reinforcement*. Psychol. Rev., 66, 219-233

TÖNNIES, S. (1982). *Inventar zur Selbstkommunikation für Erwachsene*. Weinheim: Beltz

WOLPE, J. (1958). *Psychotherapy by reciprocal inhibition*. Stanford: Stanford University Press

# PERSPEKTIVEN DER VERHALTENSTHERAPIE FÜR DIE 90ER JAHRE

Frederick H. Kanfer

## Zunehmende Komplexität von verhaltenstherapeutischen Erklärungsmodellen

In den letzten 10 Jahren hat sich der Raum, in dem sich Verhaltenstherapeuten und Forscher bewegen, beträchtlich erweitert: Der Blick auf biologische Prozesse, Strukturen und Funktionen hat das Verständnis für die Grenzen und den Spielraum menschlichen Verhaltens geschärft. Das trifft auch auf sozial-kulturelle Prozesse und Strukturen zu, die individuelles Verhalten mitbedingen.

Die Behandlung und Prävention von AIDS in Amerika ist ein Beispiel für die Entwicklung der Verhaltenstherapie von einem linearen zu einem komplexen Systemmodell, das viele Ebenen integriert und eine biopsychosoziale Perspektive eröffnet. Prävention und Behandlung von AIDS beginnt mit dem Verständnis des kulturellen Kontextes, der person-bezogenen und umweltbezogenen Risikofaktoren und dem persönlichen Konflikt zwischen verschiedenen erwünschten Verstärkern, die Individuen zu sexuellen Kontakten mit hohem Risiko führt. So reagieren in Amerika geborene weiße, erwachsene Amerikaner anders auf Inhalte von Informationen als Einwanderer aus Mexiko oder Südamerika und deren Kinder. Unterschiedliche Werte wie auch sozioökonomischer Status und unterschiedliche Einstellungen beeinflussen die Wirkung eines vorgegebenen Präventivprogramms auf Minoritäten wie Süd-Amerikaner, Asiaten und schwarze Bevölkerungsgruppen. Innerhalb dieser Subgruppen bestimmen weiterhin individuelle Unterschiede, inwieweit z.B. soziale Unterstützungssysteme verfügbar sind oder inwieweit Bewältigungsmechanismen und Fertigkeiten der Selbstkontrolle vorhanden sind, die Wirksamkeit eines solchen Programmes.

## Wachsendes Interesse für biologische Faktoren

Neuere Forschungsergebnisse der Neuropsychologie, Psychophysiologie und der Psychopharmakologie haben die Bedeutung biologischer Faktoren für die Diagnostik und Behandlung verschiedener Störungen unterstrichen. Durch das Interesse für biologische Variablen wurde die Grenze der Verhaltenstherapie erweitert, was sich deutlich in Erfolgen der Verhaltensmedizin, der Entwicklung einer Gesundheitspsychologie und in den Beiträgen von Psychologen zum Verständnis von biologisch bedingten Krankheitsprozessen in der Rehabilitation niederschlägt. So wurden die gesamten Behandlungsansätze für chronische Schmerzpatienten durch die Akzeptanz der Gate-Control-Theory von Melzack und Wall (1965) (s. auch Schneider & Karoly, 1983) verändert.

Greenough und Mitarbeiter (persönliche Mitteilung, 1991) entdeckten bei Labortieren, daß die Vielfältigkeit der Umgebung während der frühen Entwicklung sich auf unterschiedliche Wachstumsgeschwindigkeiten verschiedener Hirnzellen niederschlägt. Sie ermittelten weiterhin, daß akrobatisches Training bei Ratten, das zum Erlernen komplexer motorischer Verhaltensabläufe führt, einen differentiellen Einfluß auf das Wachstum von Hirnzellen hat, verglichen mit einfachen Wiederholungen von motorischen Aktivitäten oder Übungen. Lernen vergrößert die Zahl der Synapsen in der Großhirnrinde. Akrobatische Übungen steigert die Festigkeit der Blutgefäße.

Satinoff (persönliche Mitteilung, 1991) bestimmt als eine der charakteristischen Veränderungen im Alterungsprozeß bei Tieren die Fragmentierung verschiedener vitaler Rhythmen, so auch des Tag-Nacht-Rhythmus. Überträgt man diesen Befund auf Menschen, so bietet sich eine interessante Perspektive an: Solche Fragmentierungen würden Schlafstörungen älterer Menschen mitbedingen. Allgemein bedeutet die Veränderung biochemischer Vorgänge beim Altern die Reduktion biologischer Effektivität, was mit Veränderungen der Hirnstrukturen einhergeht, die Voraussetzungen für den ungestörten Ablauf psychologischer Prozesse sind. Campbell und Dawson (1991) entdeckten, daß die Verbesserung von Schlafstörungen mit Veränderungen im Tag-Nacht-Rhythmus und außerdem mit phasischen Verschiebungen der Körpertemperatur verbunden waren. Nach diesen Ergebnissen sind bei Schlafstörungen nicht nur therapeutische Interventionen wie Angst-Reduktion oder Entspannung indiziert, sondern auch Veränderungen der Schlafgewohnheiten und der Körpertemperatur bei älteren Patienten.

Emotionale Befindlichkeiten sind nach Heller (1990) mit zwei neurologischen Systemen verbunden: Das eine, lokalisiert im Frontlappen, bestimmt die emotionale Bedeutsamkeit hinsichtlich Lust oder Unlust. Das andere, im Scheitellappen, insbesonder in der rechten Hemisphäre lokalisiert, bestimmt die Höhe der generellen Erregung. Die emotional subjektive Erfahrung entspricht dem relativen Aktivationsniveau der beiden Systeme. Nach diesen Ergebnissen würde jeder Faktor, sei er biochemisch oder psychogen, der die Aktivität dieser Regionen oder deren Metabolismus beeinflußt, die emotionale Erfahrung modifizieren. Das Auftreten emotionaler Störungen bei Schizophrenie und Depression kann möglicherweise auf diesem Weg gemildert werden.

Goldmann-Rakic (1988) bestimmt für Primaten eine Beziehung zwischen frontalen Regionen und dem Behalten von selbstregulatorischen Prozessen, während seitliche Regionen eher episodische Ereignisse speichern und regulieren. Werden frontale Regionen zerstört, so kann dies in ein unkontrollierbares, impulsives Verhalten eines Individuums münden, wie dies oft bei psychotischen Patienten zu beobachten ist.

Solche Spekulationen enthalten die Gefahr der Übersimplifizierung und des Reduktionismus psychologischer Phänomene auf ein biologisches Niveau. Diese Daten sollten nicht dahingehend mißverstanden werden, als würden biologische Interventionen ausreichen. Sie sollen einfach nur belegen, daß alle drei Domänen (soziale, verhaltensmäßige und biologische) als potentielle Faktoren in Ätiologie und Behandlung bedacht werden müssen (s.u.).


**Beachten positiver Emotionen**

Es gibt so etwas wie eine Weisheit von Großmüttern. Man könnte sie umschreiben mit: "Optimismus ist gut für dich". Diesem Thema sind wir gefolgt und haben eine Untersuchung mit einer Kollegin zusammen durchgeführt. Wir konnten zeigen, daß Optimismus die Funktion einer Widerstandskraft gegen negative Einflüsse zukommt. Dieser Optimismus kann als ein Gefühl des Vertrauens, der subjektiven Sicherheit verstanden werden, daß man voraussagen kann, wie es in der Welt zugehen wird. In vielen Experimenten wurde klar belegt, daß die Tendenz zum Optimismus eine Persönlichkeitsvariable ist. Sie äußert sich in Reaktionen angesichts von Streß und schwierigen Situationen, die man erlebt; allgemein erfährt man Optimismus im Umgang mit aversiven Umwelteinflüssen.

In der zurückliegenden Zeit wurden Emotionen als etwas betrachtet, das man beseitigen muß, das schlecht ist. Wir leben in einer rationalen Gesellschaft. Unsere Entschlüsse und unser Handeln sollten rational bestimmt sein. Hier steht die Psychologie, auch die Verhaltenstherapie, vor einer großen Wende. Emotionen werden jetzt eher als unabhängige Variable, als Werkzeuge in der Therapie etc. verstanden. Hier kommen positive Emotionen eine besondere Bedeutung zu. Euthymes Erleben und Handeln tut dem Wortsinn entsprechend dem Einzelnen nicht nur gut, für Patienten ist dieses Verhaltensrepertoire auch heilsam (Lutz, 1983).

Viele Laborstudien und auch klinische Feldstudien zeigen klar, daß die Induktion von positiven Emotionen angezeigt sein kann, um spezifische voraussagbare Bedingungen für Verhaltensänderungen zu schaffen. Leider ist diese Tendenz noch konträrer zum Stande der Wissenschaft in der Therapie, in der man sich primär mit Beschwerden, Klagen, Schicksalsschlägen etc. beschäftigt. Dagegen wissen wir, z.B. aus Studien von Isen (1987), daß die Bereitschaft zur Verhaltensänderung, ein Risiko einzugehen, Bereitschaft zur Mitarbeit etc. durch positive Emotionen gefördert und durch negative Emotionen verschlechtert wird.

Klagen eines Patienten sind sicherlich keine guten Ausgangsbedingungen für eine Verhaltensänderung oder für Anforderungen, eine Übung oder Aufgaben durchzuführen. Sicherlich sollen Therapeuten kein Frohlocken inszenieren; vielleicht sollten sie aber ihren Patienten über ihre Stärken befragen oder dazu, worüber sie stolz sind, oder was sie schon einmal erreicht haben. In jedem Fall sollte man eine positive Emotion versuchen zu induzieren, bevor man eine neue Aufgabe in der Therapie stellt.

Eine immer wieder diskutierte Methode, negative Emotionen in positives Befinden zu verwandeln, ist Katharsis. Diese Methode ist sicherlich eine gute Sache, allerdings nur dann, wenn man es richtig macht. Solche kathartischen Interventionen nenne ich gerne das Verdauungsmodell in der Therapie. Schlechtes Essen soll man ausspucken und in Analogie dazu sollen schlechte Erfahrungen durch das Wiedererleben zum Verschwinden gebracht werden. Dieses Modell stimmt allerdings nicht. Im Gegenteil: In manchen Fällen wurden durch diese Interventionen Symptome verschlimmert (Benjamin, 1990; Berkowitz, 1970). Das Nacherleben aversiver Erlebnisse allein bringt noch keine Verhaltensänderung. Vielmehr ist es notwendig, die aversive Situation, das problematische Verhalten etc. so durchzuspielen, daß ein erfolgreiches Ende herausgearbeitet wird. Dieses muß auf der kognitiven und auch auf der emotionalen Ebene darstellbar sein. Mit dem Patienten müssen entsprechende Alternativen im Verhalten und (positiven) Erleben vorher entwickelt worden sein.

## Zur Wechselwirkung psychologischer und biologischer Prozesse

Zunehmend wird die Bedeutung positiver Emotionen, sozialer Werte, Umweltanforderungen und Familienfaktoren auf die Entwicklung psychologischer Widerstandsfähigkeit und biologischer Robustheit untersucht. Die Integration zwischen sozialen, personalen und biologischen Einflüssen wurde in differenzierter Weise beschrieben als ein Gefühl der Zugehörigkeit (Coherence; Antonovsky, 1979), als Widerstandsfähigkeit (Kobasa, 1979) als Fähigkeit, erklärende Zusammenhänge zu stiften (Peterson und Seligmann, 1987), als Optimismus (Scheier & Carver, 1987), als Fähigkeit sich selbst zu helfen (Rosenbaum, 1990) oder als negative Affektivität (Watson & Clark, 1984). Neben älteren Konzepten wie Selbstwirksamkeit und Selbstregulation haben diese Konstrukte wiederholt gezeigt, wie nützlich positive Einstellungen und hoffnungsvolle Erwartungen sind - und zwar nicht nur für die Bewältigung des täglichen Lebens, sondern auch als Widerstandskraft gegen Krankheiten und zur Förderung von Rekonvaleszenz nach medizinischen Eingriffen, wie z.B. chirurgisch beseitigtem Krebs. Solche gesundheitsunterstützenden Einstellungen können hervorgerufen werden durch Modelling, sozialer Unterstützung oder durch die Induktion positiver Einstellungen, durch direkte Beeinflussungen, aber auch durch religiöse Überzeugung oder Psychotherapie.

Unglücklicherweise fehlt eine gute Verhaltensanalyse der vorhandenen kulturellen und politischen oder religiösen Wertsysteme, ihre Rolle in der Beeinflussung individuellen Verhaltens und ihrem Einfluß auf das Überleben von Menschen.

Man weiß von der Bedeutung dieser soziokulturellen Faktoren, ihr Einfluß wurde aber nicht systematisch untersucht. Ein Beispiel für die Forschung, die geleistet werden muß, sind die Untersuchungen von Triandis.

Triandis (1988) untersuchte kulturelle Unterschiede hinsichtlich des Verhaltens (Selbsteinschätzung, Kooperation, Offenheit zwischen den Kulturen) in Südamerika, Afrika und Asien. Er unterschied dabei Kulturen, die auf ein Kollektiv und andere Kulturen, die auf das Individuum ausgerichtet sind. In einem wird die Wichtigkeit der Gesellschaft, in den anderen die Bedeutung von Einzelpersonen hervorgehoben. Diese Einstellungen beeinflussen u.a. die Erwartungen über Eigenverantwortung (nicht nur im Arbeitsleben, sondern auch im Gesundheitsbereich), psychotherapeutische Methoden, Familienprobleme usw. Diese Ergebnisse dürften gerade im Augenblick in Deutschland von Bedeutung sein, wenn nämlich die alten und die neuen Bundesländer mit einer jeweils spezifisch anderen Entwicklung zusammenwachsen müssen.


## Professionelle Entwicklung

Die Vielfältigkeit menschlichen Verhaltens ist Skinner (1990) zufolge bedingt durch

biologische Evolution, die Entwicklung sowohl der Menschheit als auch des Individuums als ein Ergebnis natürlicher Auslese über die Zeit;
Lernen, durch das das Individuum die möglichst effektivsten Verhaltensweisen für die jeweiligen Lebensumstände entwickelt;
Entwicklung einer gesellschaftlichen Kultur, die sich niederschlägt in komplexen Verstärkungskontingenzen, Verhaltensregeln und Instruktionen, die das elaborierte menschliche Verhaltensrepertoire, persönliche und soziale Interaktionen ausdifferenziert.

Diese Anmerkung von Skinner führt zur Frage, wer am besten wohl geeignet ist, Therapie zu machen. Welches Wissen braucht man? Das Wissen der Medizin, das der Soziologie oder das der Psychologie oder gar Wissen aus allen drei Bereichen? Sollen wir uns in allen drei Berufsdisziplinen etwa gleichermaßen qualifizieren? Wer tut das schon. Ich denke, daß die beruflichen Qualifikationen für Ärzte, Psychiater und Psychologen neu bestimmt werden müssen. Ob dies in 10 oder in 50 Jahren geschieht, ist eher eine berufspolitische Frage als eine der Vernunft. Meines Erachtens sollte sich ein therapierelevantes Wissen aus allen drei Bereichen zusammensetzen, um in angemessener Weise menschliches Verhalten verstehen und verändern zu können.

In den Staaten gibt es zur Zeit ein Projekt, das sehr viel Konfliktpotential in sich birgt. Innerhalb eines Modellversuchs wird Psychologen das Recht zugesprochen, Medikamente zu verschreiben. Ein kleines Pilot-Projekt wird vom Verteidigungsministerium durchgeführt. Innerhalb von zwei Jahren lernen einige Psychologen in Zusammenarbeit mit Ärzten, wie man welche Medikamente für verhaltensgestörte Patienten verschreibt. Hierzu müssen Psychologen die notwendigen biologischen Grundlagen sich erarbeiten. Ähnliche Projekte werden seit längerer Zeit in Hawai diskutiert und entwickelt.

Eine Gefahr bei der Neudefinition einer angemessenen Ausbildung von Therapeuten sind Entweder-Oder-Entscheidungen. Meines Erachtens können wir menschliches Verhalten nicht entweder durch Biologie oder durch Psychologie oder durch Soziologie erklären. Diesem Reduktionismus hat Skinner in gewisser Weise Vorschub geleistet, wenn er sagt, daß nur eine dieser Domänen, nämlich das Lernen, die Aufgabe der Psychologen sei. Meines Erachtens kann man diese drei Wissensbereiche nicht trennen. Keine der drei Bereiche ist grundlegend für das jeweilige andere Wissensgebiet. Innerhalb eines systemischen Ansatzes wird deutlich, daß man das gesamte System ändert, wenn man einen Teil ändert.

Es ist immer gut zu wissen, wer man eigentlich ist. So ist es schön, sich als Arzt oder Psychologe oder Psychiater sehen zu können. Wer aber ist der beste Therapeut? Wie definieren wir am besten seine Tätigkeit und natürlich auch die Erfordernisse seiner Ausbildung? Wenn wir die Frage so formulieren, wird deutlich, daß ein Therapeut Wissen aus verschiedenen Bereichen braucht. Natürlich wird es einige Zeit dauern, bis eine neue berufliche Identität entsteht, wenn die Wissensbereiche neu definiert werden.

Eine Überlegung darf nicht fehlen: Ausbildung in Verhaltenstherapie muß wissenschaftlich begründet bleiben. Bei aller Bereitschaft, offen für zusätzlich Datenquellen zu sein, müssen wir unsere empirische Einstellung beibehalten. Statt im elfenbeinernen Turm zu spekulieren, müssen wir dauernd experimentieren, um nicht nur unsere Methoden, sondern auch unsere Ausbildung und unsere professionellen Kompetenzen so zu verbessern, daß sie unseren Klienten von bestmöglichem Nutzen sind. Risiken hierbei liegen z.B. in einer Wiedereinführung von weitverbreiteten dualistischen Konstrukten, im Rückzug auf biologische Erklärungsmodelle unter der irrigen Annahme, aus Berichten über subjektive Erfahrungen oder physiologische Veränderungen auf psychologische Prozesse rückschließen zu können, statt auf Methoden der Exploration der Bestandteile integrierter menschlicher Funktionen zurückzugreifen.

**Ausblick**

Zusammenfassend kann man feststellen, daß die komplexen Vorgänge, nach denen Menschen durch ihre innere und äußere Umgebung geformt werden und wie sie diese im Wechsel ebenfalls formen, nicht einfach erklärt werden können. Deren wechselseitige Abhängigkeit wurde von Eisenberg (1972) in seinem Werk "Der Mensch ist sein eigenes wichtigstes Produkt" knapp und präzise veranschaulicht: "Das Kind, das entdeckt, daß es die Bewegungen seiner eigenen Finger kontrollieren kann, wird vom Beobachter zum Handelnden... Der Jugendliche, der auf einer kritischen Überprüfung überlieferten Gedankengutes besteht, macht sich selbst zum Erwachsenen. Und der Erwachsene, dessen Interesse über die Familie und über die Nation zur Menschheit hinausgeht, ist durch und durch menschlich geworden" (Eisenberg, 1972, S. 127). Der Beitrag der Verhaltenstherapie muß über die Behandlung psychologischer Funktionsstörungen von Individuen oder Familien hinausgehen und muß zusätzlich Wege aufzeigen und erforschen, durch die die Menschen die Qualität ihrer eigenen Produkte verbessern können, um die Wahrscheinlichkeit des globalen Überlebens zu erhöhen.

## LITERATURVERZEICHNIS

ANTONOVSKY, A. (1979). *Health, stress and coping*. San Francisco: Jossey-Bass

BERKOWITZ, L. (1970). *Experimental investigations of hostility catharsis*. Journal of Consulting and Clinical Psychology, 35, 1-7

CAMPBELL, S.S. & DAWSON, D. (1991). *Bright light treatment of sleep disturbance in older subjects*. In M. H. Clease, R. Lydic & C. O'Connor (Eds.): Sleep Research (448), Vol. 20

EISENBERG, L. (1972). *The human nature of human nature*. Science, 176, 123-128

GOLDMAN-RAKIC, P.S. (1988). *Topography and cognition: parallel distributed networks in primate association cortex*. Annual Review of Neuroscience, 11, 137-156

HELLER, W. (1990). *The neuropsychology of emotion*. In N. L. Stein, B. L. Leventhal & T. Trabasso (Eds.): Psychological and biological approaches to emotion (167-211). Hillside, NJ: Erlbaum

ISEN, A.M. (1987). *Positive affect, cognitive processes, and social behavior*. In L. Berkowitz (Ed.): Advances in experimental social psychology (203-253), 20. Orlando, FL: Academic Press

KOBASA, S.C. (1979). *Stressful life events, personality, and health: An inquiry into hardiness*. Journal of Personality and Social Psychology, 37, 1-11

LUTZ, R. (1983). *Betonen des Positiven im Erleben und Handeln*. In: R. Lutz (Ed.): Genuß und Geniessen. Weinheim: Beltz

MELZACK, R. & WALL, P.D. (1965). *Pain mechanisms: A new theory*. Science, 150, 971-979

PETERSON, C. & SELIGMAN, M.E.P. (1987). *Explanatory style and illness*. Journal of Personality, 55, 237-265

ROSENBAUM, M. (ED.) (1990). *Learned Resourcefulness*. New York: Springer

SCHEIER, M.E. & CARVER, C.S. (1987). *Dispositional optimism and physical well-being: The influence of generalized outcome expectancies on health.* Journal of Personality, 55, 169-210

SCHNEIDER, F. & KAROLY, P. (1983). *Conceptions of the pain experience.* Clinical Psychology Review, 3, 61-86

TRIANDIS, H.C. (1988). *Individualism-collectivism.* Journal of Personality and Social Psychology, 54, 323-338

WATSON, D. & CLARK, L.A. (1984). *Negative affectivity: The disposition to experience aversive emotional states.* Psychological Bulletin, 96, 465-490

## PODIUMSDISKUSSION: VERÄNDERUNGEN IN DER VERHALTENSTHERAPIE - VERÄNDERUNG DER VERHALTENSTHERAPIE

MODERATORIN: Franke
Teilnehmer: Basler, Bergold, Hand, Kanfer, Schwarz

FRANKE: Liebe Kolleginnen und Kollegen! Ich begrüße sie herzlich zur letzten Veranstaltung des heutigen Tages, zur Podiumsdiskussion. Das Thema hieß ursprünglich: Veränderungen in der Verhaltenstherapie - noch eine Wende. Wir hier oben haben übereinstimmend gefunden, daß wir es nicht so sehr mit den "Wenden" haben. Wir haben in Absprache mit den Organisatoren deshalb den oben genannten Titel gewählt. Anfangen wird Herr Bergold. Ich möchte auch Sie auffordern, an der Diskussion teilzunehmen. Jetzt werden zuerst die Referenten des Vormittag ein Statement abgeben. Darüber können wir dann miteinander diskutieren. Wir haben hier oben noch einen freien Stuhl für einen Teilnehmer oder eine Teilnehmerin: Wer Lust hätte, hier für eine längere Zeit mitzudiskutieren, ist ganz herzlich eingeladen, auf diesem Stuhl Platz zu nehmen. Jetzt an dich, Jörg.

BERGOLD: Ich habe heute Vormittag den Referenten sehr aufmerksam zugehört. Ich firmiere als Gemeindepsychologe. Ich habe eine lange Vergangenheit mit der Verhaltenstherapie, das fing ca. 1966-67 an. Und insofern war es für mich spannend, sozusagen die Besichtigung des Schlachtfeldes nach 15 Jahren! Und was mich am meisten verblüfft hat, war etwas, das ich nur als déja vu bezeichnen kann. M.a.W.: Die Diskussion heute Vormittag hätte genausogut vor 15 - 20 Jahren stattfinden können. Bis auf ein paar - das muß ich zugeben - kleine Änderungen. Das fängt an - ich sage das ein bischen provokativ - mit der Beschimpfung der Psychoanalyse durch Herrn Reimer. Da hat er sicherlich in vielem Recht, aber man darf auch nicht vergessen, daß in dem Gutachten über die Psychotherapien, das Grawe und Kollegen jetzt gerade für die Bundesregierung erstellt haben, die Psychoanalyse bezüglich ihrer Erfolge ja gar nicht so schlecht wegkommt. Das geht weiter zu Kanfer, der die Erkenntnis von Skinner zitiert, daß es die Biologie, das Lernen und die Kultur gebe. Gerade bei der Betonung der Biologie habe ich mich gefragt: Was ist denn neu daran? Das kann doch eigentlich nur einem amerikanischen Skinnerianer oder einem ehemaligen Skinnerianer neu sein. Schließlich hat Eysenck damals genau in Gegenposition zur amerikanischen Lerntheorie ein Buch geschrieben mit dem Titel: "The biological basis of personality". Die Entdeckung der Biologie für die Verhaltenstherapie ist also nichts Neues! Die Methoden sind sicherlich neu: Damals hat man psychogalvanische Hautreflexe und ähnliche Variablen sicherlich nicht sehr perfekt gemessen. Aber man muß sich doch fragen, was das wirklich für die Therapie gebracht hat. Ich würde auch heute fragen: Was bringen die jetzigen biologischen Erkenntnisse für die Therapie? Das zur Seite der Biologie. Die Seite der Kultur gab es auch schon mal. Ich erinnere z. B. an Deinen Kollegen Studs. Es gab eine große und lange Diskussion über die sogenannten "sozialen Faktoren". Es gibt unzählige Untersuchungen, die z.B. den Einfluß von Kulturen oder Verstärkungsmustern untersucht haben! Jetzt mache ich einen Sprung zu dem, was Iver Hand gesagt hat: Zur kognitiven Wende, die vielleicht doch keine Wende war; zum Verlust der Multiprofessionalität in Einzelpraxen. Das waren alles Dinge, die wir früher schon diskutiert haben! Ich habe mir dann überlegt, warum ich ein déja vu-Erlebnis habe. Auf einem Spaziergang vorhin habe ich das auf den psychoanalytischen Nenner gebracht: Die Rückkehr des Verdrängten! Ich habe eine These dazu:

Daß die Verhaltenstherapie, die Verhaltenstherapeuten in ihrem Bemühen, sich zu etablieren, sich angepaßt haben an eine ganze Reihe von Modellen und dabei ihre eigenen Potenzen verloren haben. Sie haben sich angepaßt, sie haben die Verhaltenstherapie - ich möchte das mal so nennen - medizinalisiert. Und in diesem Prozeß haben sie eine ganze Reihe von Dingen beiseite gelassen, die jetzt wieder - Gott sie Dank - in die Diskussion kommen. Die ganze Differenziertheit der Analyse z. B. ist eine solche Potenz: Wirklich für jeden Einzelnen eine sorgfältige Verhaltensanalyse zu machen! Aber ich fürchte, in der Mehrzahl der Fälle ist diese Potenz - milde gesagt - zunächst einmal zurückgestellt worden.

Zum Schluß komme ich zu einer Frage. Die Verhaltenstherapie fasziniert mich insofern, als sie als einzige Therapiemethode ein explizites Veränderungsmodell hatte und hat: Die Lerntheorie. Aber wenn ich mir das genau anschaue, dann frage ich mich, ob sich diese Lerntheorie auch verändert hat, ob sich diese Lerntheorie entwickelt hat. Oder ob sie nicht zwar sehr viel differenzierter geworden ist, indem sie alle möglichen Bedingungen hinzugenommen hat bzw. sich auch ins Kognitive verlegt hat, im Grunde genommen aber doch relativ simpel geblieben ist. Einer der anregendsten Artikel, der weiter nie diskutiert worden ist, ist derjenige von Bateson über die verschiedenen "levels of learning"[1]. Es geht darin um die Entstehung von Strukturen, um das Verhältnis von Lernen und Entwicklung. Das sind Diskussionen, die wir nicht geführt haben - oder ich habe das zu wenig gesehen. Ich glaube also, daß die Verhaltenstherapie ihre Potenz hat, daß sich aber in ihrer Entwicklung nicht sehr viel getan hat.

KANFER: I'm sorry I have to do this in German. I would love to do this in English. It's so much simpler. Aber ich werde es auf deutsch versuchen. Also erstens mal, um nicht mißverstanden zu werden: Ich habe Skinner zitiert, weil wir alle darin übereinstimmten, daß es diese 3 Einflußgrößen gibt: Umwelt, Lernen und biologische Entwicklung. Eysenck hat nur gesagt, daß es genetisch zwei verschiedene Persönlichkeiten gibt. Er hat nichts über den Prozeß erwähnt. Eysencks biologische Basis war sehr einfach: Hier gibt es diese Menschen und dort diese - und diese Unterschiede korrelieren auch mit anderen Dingen. Ich nenne das nicht biologische Basis - vielleicht damals, aber nicht heute. Vor 15 Jahren hätten wir mangels heutiger Erkenntnisse nicht sagen können, daß biologische Prozesse zum Interessensgebiet der Psychologie gehören. Heute tun sie das ebenso, wie sie zu den Interessen der Psychiater gehören. Nothing is new under the sun: Natürlich sind die Fragen dieselben wie vor 15 Jahren. "Information processing theory": Ich weiß nicht, ob Du das gelesen hast, ich habe einiges darüber geschrieben, daß das kompatibel ist mit dem "operant conditioning". "Operant conditioning" und "respondent conditioning" allein werden verbalem Verhalten nicht gerecht. Ich möchte aber sehr betonen, daß ich, wenn ich spreche, ich auch operant beeinflußt werde. Es geht also nicht um "entweder - oder": Grundlegende lerntheoretische Vorgänge spielen eine Rolle, aber das ist genau das selbe, wie zu sagen, biologische Organismen müssen grundsätzlich einen Herzschlag haben, damit andere Prozesse erst möglich werden. Oder daß alle Zellen Nahrung brauchen. Information theory: "How do I deal with information"? "Verhalten" ist ein guter Weg, Informationen zu verstehen. Das günstigste Modell hierzu ist das Modell der Verdauung: Informationen als Analogon zur Nahrung zu sehen. Wenn Sie jetzt einen Kuchen essen: Wo speichern Sie den Kuchen? Wenn Sie jetzt eine Erfahrung haben: Wo speichern Sie sie im Gedächtnis? Ärzte und Biologen würden sa-

---

[1] Batson, G.: Die logischen Kategorien von Lernen und Kommunikation. In: Ökologie des Geistes. Suhrkamp, 1985, S. 362-399

gen, das wird in Teile zerlegt, um dann in verschiedene Körperteile zu diffundieren. So ähnlich können wir uns auch den Prozeß des Gedächtnisses vorstellen. Mit anderen Worten: Die Frage, wie "Information" zu konzipieren ist, ist nur eine andere Denkweise über Lernen. Aber es ist eine, die über das klassische Konditionierungsmodell hinausgeht.

HAND: Ich mache es ganz kurz. Ich kann sagen, daß Du aus der Verhaltenstherapie emigriert und heute zu Besuch gekommen bist. Dein déja vu erinnert mich an folgendes: Ich bin auf einem kleinen Dorf aufgewachsen, das ich erst nach 15 Jahren wiedergesehen habe. Da dachte ich dann auch, ich habe dieses Erlebnis: Der See war noch da und die Wiese war auch noch da - aber vieles hatte sich geändert. Mehr möchte ich dazu nicht sagen.

BASLER: Ich möchte mich diesem Rundumschlag nicht anschließen. Es geht ja um Retrospektiven und Perspektiven. Ich möchte es gern konzentrieren auf das Thema, das ich heute morgen schon bearbeitet habe. Ich habe die Art, wie in der Vergangenheit mit Krankheit und mit der Therapie von Krankheit umgegangen wurde, kritisiert. Und ich habe die These aufgestellt, daß eine Bekämpfung von Krankheit nicht automatisch zu einem mehr an Gesundheit, sondern zu einem weniger an Krankheit führt. Und einiges spricht dafür, daß die Dimensionen Gesundheit und Krankheit nicht continua auf ein und derselben Linie sind, sondern möglicherweise rechtwinklig aufeinander stehen. Möglicherweise besteht sogar eine Nullkorrelation zwischen diesen beiden Phänomenen. Wenn wir in diesem Zusammenhang Perspektiven aufzeigen, so bedeutet das auf den verschiedenen Ebenen, mit denen wir uns als Psychologen beschäftigen - die Ebene der Forschung und der Konzeptentwicklung, des praktischen Handelns und schließlich auch der Evaluation, daß wir uns auf allen diesen Ebenen neuen Wegen aussetzen müssen. Daß wir uns mit neuen Gedanken, mit neuen Ideen konfrontieren lassen müssen und daraus Konsequenzen ziehen müssen. Die Ebene der Konzeptbildung und die Ebene der Forschung stehen in einer Wechselwirkung zueinander.
Nun ist es so, daß wir uns nicht nur mit der Pathogenese auseinandersetzen müssen und Risikofaktoren oder krankheitsmachende Faktoren erforschen müssen, sondern wir müssen unser Augenmerk stärker auf protektive Faktoren richten. Also nicht zu fragen, was macht Personen krank, sondern was macht Personen gesund, was erhält sie gesund. Und hierfür ist ja von Antonovsky der Begriff der Salutogenese geprägt worden. Möglicherweise werden wir hier dann mehr erfahren über die Bedeutung von sozialen Netzwerken für die Gesundheitsförderung. Und wir werden möglicherweise mehr erfahren über spezifische Kompetenzen, die Personen benötigen, um ihre Gesundheit zu fördern, um sich wohl zu fühlen in ihrer sozialen Umgebung. Dann zur zweiten Ebene: Der der Einflußnahme oder der Hilfestellung. Ich weiß gar nicht, ob man die dann noch als Therapie im herkömmlichen Sinne bezeichnen kann. Es geht um die Frage, wie wir Personen dabei unterstützen und möglicherweise ist das gar nicht im individuellen Kontext, sondern stärker auf einer sozialpolitischen Ebene zu erreichen. Wie können wir Personen dabei unterstützen, ihre Kompetenzen, die vorhanden sind, so einzusetzen und so zu fördern, daß sie gesund bleiben, daß sie unter Bedingungen leben, unter denen sie sich wohl fühlen, unter denen sie ihre gesundheitlichen Kompetenzen voll entfalten und voll entwicklen können. Ich meine, daß in diesem Zusammenhang auch Persönlichkeitsvariablen von Bedeutung sind, nicht in dem ursprünglichen Sinne der Persönlichkeitskonstrukte, sondern eher im Sinne der Überzeugungen, der Attribuierungen, die eine Person vornimmt. Das ist auch häufig als Kohärenzsinn bezeichnet worden, als Vertrauen in die Fähigkeit, die in der eigenen Person liegt, die Dinge, die auf einen zukom-

men werden, zu meistern und auch ein Kontrollbewußtsein über das zu haben, was auf einen zukommt.

Und schließlich zur dritten Ebene: Wir brauchen eine Entwicklung von Methoden, die es uns gestatten, das Ausmaß der Gesundheit, das Ausmaß des Wohlbefindens bei unterschiedlichen Personen abzubilden. Wir brauchen also Erhebungsmethoden, die nicht symptomorientiert sind und die uns nicht zeigen, wie krank eine Person ist oder in welchem Ausmaß eine Person an Beschwerden oder Problemen oder Schwierigkeiten leidet, sondern die uns aufzeigt, wieweit eine Person sozial integriert ist, wie und in welchem Ausmaß sie sich wohl fühlt und in welchem Ausmaß sie das, was auf sie zukommt, zu meistern, zu beherrschen vermag. Und wenn wir auf allen diesen drei Ebenen, die ich aufgezeigt habe, Fortschritte erzielen, so meine ich wird das eine Perspektive sein, die auch die Verhaltenstherapie - dies betrifft aber nicht nur die Verhaltenstherapie, sondern es geht weit über die Verhaltenstherapie hinaus - weiterhin fördern wird.

FRANKE: Du hast ja jetzt am Ende eigentlich drei Kriterien dafür genannt, was gesund sein heißen könnte. Ich habe mir während Deines Beitrags überlegt: Was hat die Verhaltenstherapie bisher denn überhaupt anzubieten an einem Gesundheitsmodell? Denn, wenn gesagt wird, Verhaltenstherapie soll weniger krankheitsorientiert sein und soll sich stärker darauf konzentrieren, Menschen gesund zu machen oder zur Gesundheit zu verhelfen, dann muß sie ja auch definieren können, was gesund ist. Das wäre die eine Frage, die sich mir aus Deinem Beitrag stellt. Ein zweiter Diskussionsstrang - das möchte ich jetzt schon mal ansprechen, auch wenn das vielleicht verwirrend ist auf dem Hintergrund dessen, was eben diskutiert wird - ist folgende Frage: Wer soll denn im Rahmen eines krankheitsorientierten Gesundheitssystems oder eines krankheitsorientierten Finanzierungssystems eine Therapie, die an Gesundheit orientiert ist, bezahlen? Ich weiß nicht, wer zu welcher Frage jetzt etwas sagen möchte.

SCHWARZ: Ich möchte insofern daran anschließen, als mir bei den Diskussionen auffällt, daß wir in der Art, wie wir vom Patienten sprechen, ihn doch weitgehend isoliert betrachten, ihn sektorisieren. Herr Bergold hat glaube ich sehr zutreffend von der Medizinalisierung gesprochen. Dabei haben wir uns - die einzeln oder in Institutionen arbeiten - viel zu wenig als Teil des Gesamtorganismus gesehen. Das wird auch in der Kongressgestaltung hier deutlich, wenn wir zwei Blöcke haben: Einen Block "Verhaltenstherapie im stationären", einen Block "Verhaltenstherapie im ambulanten Bereich". Diese Trennung hat uns die letzten Jahre begleitet und es steht zu befürchten, daß sie uns noch sehr sehr lange Zeit weiterbegleiten wird. Ich finde es sehr bedauerlich, daß wir einen Lernprozeß, den wir hätten übernehmen und weiterentwickeln können, nämlich aus den ostdeutschen Ländern, zur Zeit abwürgen. Das ist heute auch schon einmal kurz erwähnt worden. Wir trennen, wir zerteilen auch den Patienten in einen ambulanten Patienten und einen stationären Patienten. Und es gibt jeweils einen Bruch. Es gibt einen Bruch zwischen dem Patienten vor einer stationären Therapie, dem in der stationären Therapie und dem nach der stationären Therapie. Und es gibt einen ähnlichen Bruch zwischen denen, die die Therapie ambulant und denen, die sie in der Klinik betreiben. Sehr häufig ist es ja so, daß die Therapeuten entweder in der Praxis oder in der Klinik arbeiten, und deshalb sehr große Schwierigkeiten haben, diesen Übergang mit dem Patienten zu vollziehen. Also das wäre etwas, was ich heute morgen noch gerne unter die Träume für die Zukunft eingereiht hätte: Daß wir nicht nur ein soziales Netzwerk, sondern daß wir tatsächlich auch ein therapeutisches Netzwerk haben. Also ein übergreifendes System, das nicht mehr in dieser Weise trennt.

Es gibt einige Kriterien, nach denen ein Patient von der ambulanten Therapie zur stationären Therapie kommt. Eine der häufigsten Kriterien ist dieses: Wenn der Patient so schwer krank ist, daß er ambulant nicht mehr aufgefangen werden kann, dann sollte er in die Klinik. Ich habe mich in letzter Zeit neben der klinischen Tätigkeit mehr mit ambulanten Patienten befaßt bzw. mit der Möglichkeit einer ambulanten Behandlung von Patienten, die zur stationären Behandlung angemeldet worden waren. Dabei mußte ich manchmal sagen: Dieser Patient ist viel zu krank, um stationär behandelt zu werden. Ich denke, das wäre ein ganz interessanter Aspekt zur Diskussion. Denn eine stationäre Behandlung ist durchaus nicht eine Behandlung, die es dem Patienten unbedingt leichter macht, sondern sie ist eine Behandlung, die den Patienten auch besonders in eine Richtung bewegt, in der er - und da komme ich zurück zu Bemerkungen von Herrn Basler - zurückbewegt wird in die Definition seines Daseins als das Dasein eines Kranken. Und die ihn - vor allem, wenn es ein längerer Prozeß ist - immer mehr einengt auf dieses Bild und dieses Selbstbild, krank und unfähig zu sein, und ihm sehr sehr wenig Chancen gibt, gesund zu sein, gesund sich zu erleben und seine Fähigkeiten zu entfalten. Das heißt also, in vielen Fällen wäre es sinnvoll, die Entscheidung für stationäre oder ambulante Therapie aus einem übergeordneten Gesichtspunkt heraus zu treffen und nicht - aber das ist zur Zeit vielleicht noch eine Utopie - und nicht aus einem Gesichtspunkt heraus, der so eng an die Strukturen unseres gegenwärtigen Gesundheitswesens gebunden ist.

HAND: (zu Bergold) Du hattest den Begriff der Medizinalisierung gebracht, den ich im Gegensatz zu Dieter Schwarz für nicht adäquat verwendet halte. Was dem Medizinsystem da zugeschrieben wird, ist aus meiner Sicht nur eine Ausdrucksebene ganz bestimmter sozioökonomischer Modelle, die gehandelt werden. Diese waren in der Medizin besser etabliert, keineswegs zur Freude aller Ärzte oder auch nur der Mehrheit der Ärzte, sondern durch ganz bestimmte Interessensgruppen. Und in dem Zusammenhang ist der Begriff Gesundheit der Gegenpol zu dem der Krankheit im Sinne der Reichsversicherungsordnung. Die Krankenversicherung sagt: Das, was da drin steht, ist krank, und das, was da nicht drinsteht, ist gesund bzw. nicht krank. Die Konsequenz heißt: Für das, was da drin steht, wird die Behandlung bezahlt, für das, was nicht drin steht, wird sie nicht bezahlt. Das ist der ökonomische Druck, unter dem hier alle im Raume stehen, die Therapie anbieten.

Der Streit auf der Ebene der sozialpolitischen Konsensfindung ist jetzt, nachdem die Krankenversicherungen die Prävention als etwas ganz sinnvolles entdeckt haben und neuerdings auch Präventionsuntersuchungen in der Somatomedizin bezahlen, dieser: Ich kann jetzt als Nichtkranker zum Arzt gehen und sagen, ich möchte mein Anrecht auf wiederholte Vorsorgeuntersuchungen in Anspruch nehmen. Die nächste Frage wäre: Hat denn der, der unter Bedingungen lebt, unter denen er seelisch krank werden kann, nicht ein gleiches Recht, zu sagen: Ich möchte hin und wieder checken lassen, ob ich nicht auf dem Wege in etwas hinein bin, das im Sinne der RVO krank ist. Und ich glaube, die Situation ist pragmatisch gesehen im Augenblick günstig, diese Diskussion zu führen. Wenn ich aber so eine Frage höre: Was ist gesund? und ich will das auf einem philosophischen oder anderen Niveau erörtern, dann ergibt das endlose Diskussionen ohne Ergebnis. Die Frage ist: Wo will ich hin mit der Frage? Was will ich bewegen, was will ich sozialpolitisch verändern und wie sind die vorhandenen Strukturen? Und die sind nicht ungünstig angesichts dessen, daß Prävention für die Krankenversicherungen ein Thema geworden ist. Und ich denke, daß wir da hinsichtlich der Psychotherapieversorgung vielleicht etwas zu zurückhaltend sind.

BASLER: Ich stimme zu, daß die Begriffe Gesundheit und Krankheit zu vage sind, aber - wir können ja darüber hinaus gehen. Verschiedene Begriffe sind dafür geprägt worden. Die Frage ist: Können wir das in unserem therapeutischen Konzept gezielt nutzen, um bei den Personen, mit denen wir zu tun haben, nicht nur die Krankheit abzuwenden, sondern gezielt etwas zu tun, um die Gesundheit zu fördern. Es geht aber nicht mehr allgemein um die Begriffe Gesundheit und Krankheit, sondern wie wir das einengen: Eine Intervention in Bezug auf Risikofaktoren oder eine Intervention in Bezug auf protektive Faktoren: So wird die Fragestellung schon sehr viel konkreter.

BERGOLD: Ich stimme Ihnen völlig zu, sehe aber ein Problem, in das wir hier sehr schnell hineinkommen, weil wir uns fragen müssen: Was sind denn Lebensbedingungen, unter denen man psychisch gesund leben kann? Hier kommen wir ganz schnell hinein in eine politische Diskussion. Darüber müssen wir uns im klaren sein und ich glaube, das ist auch die Scheu, die wir davor haben. Denn mit diesen politischen Diskussionen sind wir ja schon einmal auf die Nase gefallen. Die gab es ja schon sehr intensiv. Und natürlich kann man eine ganze Reihe von Thesen und Vorstellungen entwickeln, welche Lebensbedingungen für Menschen gesund sind. Da gibt es eine ganze Reihe von Ideen. Nur entsteht dann sofort die Frage: Sind wir - die Psychologen - eigentlich die richtige Berufsgruppe, die wir doch immer wieder auf den Einzelnen blicken? Und hier fällt der Blick auf Krankheit leichter. Ich habe ja in meinem etwas provokativen Beitrag Ihren Beitrag ganz bewußt ausgelassen, weil er mir sehr gut gefallen hat.

FRANKE: Nochmal zum Thema: Veränderungen in der Verhaltenstherapie. So wie ich das bisher verstanden habe, haben wir über 2 Bereiche gesprochen. Der eine betrifft den Weg von einer Krankheits- zu einer Gesundheitsorientierung, der andere betrifft die Trennung von stationärer versus ambulanter Versorgung bzw. die Notwendigkeit der Aufhebung dieser Trennung. Ich möchte jetzt die Teilnehmer am Podium fragen: Welche weiteren Veränderungen sehen sie, welche halten sie für notwendig?

HAND: Ich würde gerne nochmal einen Punkt aufgreifen, den Dieter Schwarz vorhin dankenswerterweise als jemand angesprochen hatte, der aus der Klinik kommt. Es ist auch unsere Erfahrung, daß Schwerkranke, z. B. schwer Zwangskranke viel besser ambulant behandelt werden können als stationär. Und ich möchte einen Appell an diejenigen richten, die jetzt als niedergelassene Verhaltenstherapeuten im Delegationsverfahren arbeiten: Als Sie eingestiegen sind, haben Sie extreme Abstriche in der möglichen Qualität der Verhaltenstherapie machen müssen. Nicht weil die medizinalisiert war, sondern weil dem ein bestimmtes sozioökonomisches Modell, nämlich das der Einzelpraxis, zugrunde lag, an dem Sie zu diesem Zeitpunkt nicht hätten vorbeigehen können. Sie würden es heute nicht machen können, wenn Sie dieses Modell nicht akzeptiert hätten. Demnächst sind aber 2.000 Therapeuten im Modell drinnen. Wir hatten schon 1977 das Glück, durch eine Institutsambulanz für Verhaltenstherapie nach Ermessen und optimalem Vorgehen für den Patienten arbeiten zu können. Das heißt, wir konnten z. B. eine Behandlung eines schwer zwangskranken Bauernsohns damit abschließen, daß die Therapeuten einen oder zwei Tage auf dem Bauernhof mitgelebt haben und als krönenden Abschluß einer stationär-ambulanten Therapie vor Ort in der Situation noch einmal sichergestellt haben, daß der Transfer in die reale Lebenssituation wirklich klappt. So haben wir jemanden aus einer chronischen Landesnervenklinikkarriere, die ihm unmittelbar bevorgestanden hätte, herausgeholt! Das weiß jeder, daß das so besser geht. Sie sind jetzt im System drin, und ich glaube, Sie ziehen jetzt mit den Gutachtern an einem Strang, wenn es darum geht, z. B. bei Schwergestörten Therapiesitzungen zu Hause oder in der Familie in einem Umfang von 4 Stunden statt einer Doppelstunde machen zu können. Denn in einer Doppelstunde verlieren Sie 1/2 Stunde mit der Anfahrt, eine andere 1/2 Stunde mit der Rückreise, und dann sind Sie nur 1-2 Stunden da. Oder wenn es darum geht, Angsttherapie tatsächlich halbtags in vivo machen zu können. Ich glaube, die Verhaltenstherapie in diesem System ist mittlerweile zahlenmäßig stark genug, daß sie sagen kann: Jetzt fordern wir, daß das, was nachgewiesenermaßen effektiv ist, eingesetzt wird. Wenn wir da zusammenhalten und an einem Strang ziehen, wird es eine Menge Veränderungen geben in den nächsten Jahren.

TEILNEHMERIN: Wenn Sie sagen, wir seien als Verhaltenstherapeuten nur über das Delegationsverfahren in unsere jetzige Lage gekommen, dann möchte ich dem entgegenhalten, daß wir in den 60er Jahren einen anderen Behandlungsbereich für sehr schwer chronisch Kranke oder für schwer behinderte Menschen hatten: Das Bundessozialhilfegesetz! Das ist auch ein Versorgungssystem, nicht nur das Krankenversorgungsrechtssystem! Wir haben ja jetzt die bedauerliche Situation, daß die Leistungen auf der Grundlage des Bundesseuchengesetzes oder des Bundessozialhilfegesetzes weitgehend dominiert werden von der Diskussion um das Delegationsverfahren. Wir haben ja sehr wohl über lange Jahre die Erfahrung gemacht, daß auch i. R. der Bundessozialhilfe Betroffenen mit Verhaltenstherapie geholfen wurde, und es steht zu befürchten, daß dieser Weg immer mehr verloren geht.

FREY: Ich möchte etwas hinzufügen. Und zwar zum Unterschied zwischen dem Praktiker in der Klinik und dem in der Ambulanz, der dort allein ist. Ich wünsche mich manchmal in die Klinik zurück, in der ich gearbeitet habe, obwohl ich heute sehr gerne in meiner ambulanten Praxis tätig bin. Heute mache ich Gruppentherapien alleine, in der Klinik haben wir das immer zu zweit gemacht. Ich habe Angstgruppen mit einem Sporttherapeuten gemacht, diese Kombination ist hervorragend belegt in der Wissenschaft. Ich habe meine Schmerzgruppe mit einem Arzt gemacht: Eine wunderbare Zusammenarbeit. Das kann ich heute alles nicht mehr. Ich sitze alleine da und mache meine Gruppen. In der Klinik konnte ich mit meinen Angstpatienten rausgehen und den ganzen Vormittag üben - das kann ich in der Praxis niemals. Das macht mich sehr oft ganz unglücklich. Also da würde ich mir eine Veränderung wünschen.

FRANKE: Also dazu möchte ich sagen, daß es einen verhaltenstherapeutischen Verband gibt, der sich sehr für Multiprofessionalität einsetzt, für ein multiprofessionelles Team und für öffentliche Ambulatorien. Das war gerade in der verhaltenstherapeutischen Tradition eine sehr wesentliche gesundheitspolitische Forderung! Daß das nicht durchkam und daß, wie es jetzt die Entwicklung in den neuen Bundesländern zeigt, wir darauf wahrscheinlich gar nicht mehr zu hoffen wagen dürfen, ist eine andere Sache.

HAND: Wenn Sie 2 oder 3 Kolleginnen oder Kollegen haben, die das gleiche möchten, dann versuchen Sie einfach einmal, eine Gruppe zu bilden, an die KV heranzutreten und ihr zu sagen: Bei den Ärzten ist jetzt die Gruppenpraxis zugelassen und die werden teilweise sogar gefördert - warum sollten wir nicht das gleiche Recht haben und eine Gruppenverhaltenstherapeutenpraxis machen? Wenn Sie wollen, haben Sie dann ein Stück mehr Freiraum, wenngleich es natürlich immer ins Unbezahlbare zu gehen droht, weshalb die Analogie zum Team immer noch nicht ganz stimmt. Aber Sie haben, glaube ich, inzwischen zumindest die Möglichkeit, Gruppenpraxen zu machen.

SCHNEIDER: Ich wollte nochmal eine wiederholt angesprochene Frage ansprechen: "Ist das noch Verhaltenstherapie?" Ich glaube, das kommt unter anderem auch daher, daß in verhaltenstherapeutischen Veröffentlichungen bzw. in manchen diesbezüglichen Lehrgebäuden sehr stromlinienförmige Programme vermittelt werden. Verfahren, die unter ganz anderen Bedingungen erprobt sind als es dem Praktiker vermittelt wird oder in denen der Praktiker arbeitet. Auch Sie, Herr Hand, haben in Ihrem Vortrag heute morgen gesagt, bei hochkomplexen Störungen gebe es ganz klare Richtlinien darüber, womit man in der Therapie anfange, was danach komme und wie es dann weitergehe. Da erstarre ich dann im ersten Moment vor Ehrfurcht und getraue mich gar nicht zu sagen, daß ich Verhaltenstherapie oft vielmehr als hypothesengeleitetes Herumstochern erlebe, bei dem ich mich dann eben nicht an solchen Modellen orientiere. Vielmehr habe ich eher eines, bei dem ich das innere Modell des Patienten von der Welt, aus dem heraus er agiert, zu verstehen versuche. Ob ich da z. B. ein Genogramm oder sonst etwas mache, weiß ich vorher nicht. Ich betrachte das dann als Verhaltenstherapie, wenn es in mein hypothesengeleitetes verhaltenstherapeutisches Modell paßt. Ich verstehe es hier wirklich, wenn Leute, die anfangen Verhaltenstherapie zu betreiben, sehr verunsichert sind, und ich versuche Ihnen dann eher eine Bestätigung für ihr individuelles Vorgehen zu geben.

BERGOLD: Ich möchte das, was Sie gerade gesagt haben, noch einmal auf die Geschichte der Verhaltenstherapie zurückführen. Denn so ist sie ja - zumindest teilweise - entstanden! Ich erinnere daran, daß es in London am Maudsly den "Monte Shapiro" gab. Er und nicht Eysenck war für die Entwicklung der Verhaltenstherapie wichtig! Letzterer hat sich nur zum Sprachrohr gemacht. Dort wurde Verhaltenstherapie als Experiment mit n=1 verstanden. Also genau in dem Sinn, wie Sie es jetzt geschildert haben, als ein hypothesengeleitetes Vorgehen, das sämtliche Erkenntnisse der gesamten Psychologie und nicht nur der Lerntheorie heranzieht zur Veränderung von problematischem Verhalten. Ich stimme Ihnen bei, daß in den Publikationen sehr häufig fertige Programme dargestellt werden. Z. B finde ich einen dieser Buchtitel sehr schlimm (den Titel, nicht das ganze Buch!): "Verhaltenstherapeutische Standardverfahren". Das widerspricht exakt dieser These oder diesem Ansatz, den Sie gerade genannt haben, weil es so tut, als könnte man Therapien standardmäßig durchziehen. Und dann steht man natürlich vor dieser Frage: Ist das denn noch Verhaltenstherapie? Ist es standardmäßig "abgesichert" oder ist es nicht mehr abgesichert?

HAND: Ich würde gerne noch etwas zu dem Punkt sagen, zu dem Sie mich direkt angesprochen haben. Ich glaube, zwischen uns beiden gibt es lediglich ein Problem mit einer Vokabel. Was ich heute morgen gesagt habe heißt natürlich, daß es klare Hypothesen geben muß, bevor ich anfange zu handeln. Und daß natürlich der Therapieprozeß dazu da ist, diese Hypothese regelmäßig zu überprüfen und die kann natürlich geändert werden, wenn neue Erkenntnisse hinzukommen. Ich habe nicht gesagt, bei komplexen Störungen gibt es ein Standardverfahren, sondern ich habe gesagt, da gibt es eine Vorgehensweise, eine Strategie. Und die gibt es in der Tat. Und diese Strategie führt z. B. dazu, daß ich einem Zwangskranken, der 27 verschiedene Störungen hat, nicht 27 Therapien gleichzeitig gebe, denn dann wird er erst richtig zwangskrank. Ich mache stattdessen eine Hypothese, ich wähle aus und sage, hier muß die erste Intervention erfolgen, wenn die Hypothese stimmt. Und zu den Standardverfahren: Ich glaube, es gibt wenig Tatsachen, die in der Psychotherapieforschung wissenschaftlich so gut belegt sind wie die, daß es bestimmte Störungen gibt, für die man bei 70% durch Standardverfahren wesentlich bessere Erfolge hat als mit einer individualisierten Therapie. Der letzte, der das gerade wieder demonstriert hat, ist Dietmar Schulte mit seinem Team in Bochum, die eine individualisierte Agoraphobietherapie mit der üblichen standardisierten verglichen haben, wobei sich die standardisierte als wesentlich besser erwies. Das sind die Ergebnisse, die er erzählt. (Gelächter- Unmut - ein Zwischenruf)

FRANKE: Ich möchte hören, was Dietmar Schulte falsch gemacht hat.

KOMMER: Ich möchte hier vor einer holzschnittartigen Rezeption der Bochumer Studie zum Vergleich individualisierter vs. standardisierter Vorgehensweisen in der Verhaltenstherapie warnen, vor allem wenn eine solche Interpretation dazu benutzt wird, um daraus vorschnell Handlungsvorschriften für die therapeutische Praxis abzuleiten. In Wirklichkeit ist bereits die interne Validität der Untersuchung kritisch zu hinterfragen. Ich will dies am Beispiel der Operationalisierung des Individualisierungskonzepts aufzeigen.
Individualisierungskonzepte gehen davon aus, daß Therapieverfahren nicht bei jedem Patienten dasselbe bewirken, sondern daß zur Erzielung des Therapieerfolges eine individuelle Passung der Therapiestrategie an die persönlichen Voraussetzungen des Patienten erfolgen muß. Individualisierung bedeutet demnach, die Wechselwirkungen zwischen Patientenvoraussetzungen und therapeutischen Vorgehensweisen zu beachten.
Im Bochumer Projekt wurde Individualisierung nun nicht als komplexe Therapiestrategie unter Einbeziehung des interaktionellen Geschehens zwischen Patientin und Therapeutin operationalisiert. Vielmehr wurde sie auf eine rein technikbezogene Variable reduziert: Den Therapeuten war es nämlich in diesem Projekt freigestellt, auf der Grundlage einer Liste verhaltenstherapeutischer Methoden individuelle Zusammenstellungen von Techniken vorzunehmen und diese dem Verlauf der Therapie anzupassen. Das heißt in Bezug auf das Thema dieses Kongresses, daß die Patienten nicht als handelnde Subjekte mit einer Entwicklungsgeschichte und eigenen Behandlungsschemata aufgefaßt werden, sondern als passive Objekte. Und bei diesen werden nun unterschiedliche therapeutische Techniken zu unterschiedlichen Zeitpunkten angewandt. Änderungen während der Therapie bei den Patienten werden allein der Wirkung dieser Techniken zugeschrieben. Die Therapeut-Patient-Beziehung gerät dabei völlig aus dem Blick. Ein solches behavioristisches Selbstmißverständnis ist im übrigen nicht nur für die Bochumer Studie charakteristisch, sondern kennzeichnet generell die konventionelle Erfolgsforschung in der Verhaltenstherapie.
Ich möchte hier auch noch einen Befund erwähnen, der Individualisierungskonzepte nachhaltig unterstützt. Bei einer statistischen Überprüfung der Vorhersage des Therapieerfolgs zeigt sich, daß sich mit Hilfe von drei zu Therapiebeginn erhobenen Patientenmerkmalen das Therapieergebnis äußerst zuverlässig (Trefferwahrscheinlichekit von nahezu 79%) ermitteln läßt. Eine statistisch zuverlässige Absicherung einer Therapieerfolgsprognose, die sich auf die Teilnahme an der standardisierten Behandlung stützt, ist dagegen nicht möglich!
Das heißt also, daß simplifizierende Regeln nach dem Motto: "Bei einer agoraphobischen Symptomatik ist unabhängig von personalen Voraussetzungen des Patienten einzig und allein eine Expositionsbehandlung erfolgversprechend" absurd sind. Stattdessen ist auch und

gerade nach dieser Studie davon auszugehen, daß eine nutzbringende psychologische Behandlung eine möglichst optimale Passung zwischen Therapieangebot und individuellen Voraussetzungen der Patienten erforderlich macht.

HAND: Ich könnte, trotz dieser Kritik, noch weitere Studien zum Beleg der Erfolge standardisierter Verfahren anführen. Es ist nämlich noch komplizierter. Man kann sagen, daß z. B. der Prozentsatz von Patienten, bei denen andere Variablen eine entscheidende Rolle spielen, bei den Agoraphobikern wesentlich geringer ist, wenn man ein Standardverfahren anwendet, als bei sozial Gehemmten. Noch geringer ist der Prozentsatz bei Zwangskranken und ebenso groß ist er bei Eßstörungen. Wir können also sagen: Wenn eine bestimmte Symptomatik vorliegt, beträgt die Wahrscheinlichkeit, daß die Therapieprognose entscheidend mit der Diagnose zusammenhängt, sagen wir 80%; bei einer anderen beträgt sie vielleicht nur 50%. Und diese Art von Information braucht man meines Erachtens schon für die Einzelpraxis. Denn dann kann man sich darauf einstellen, wie man wahrscheinlich vorgehen wird. Z. B. wird man auch in der Einzelpraxis bei Agoraphobie nicht a priori ein sehr komplexes Therapieprogramm durchführen.

FREY: Ich will einmal ganz provokant sagen: Ich bezweifle, daß es überhaupt noch viele klassische Methoden in der VT gibt. Wenn ich nämlich genau hinsehe, dann machen alle Verhaltenstherapeuten Fortbildungen; sie schnuppern überall hinein! Ich bin z. B. ausgebildete Hypnotherapeutin und habe danach in einem Institut meine VT-Ausbildung gemacht. Als es daran ging, meine Fälle zu dokumentieren, habe ich zu meiner Supervisorin oft gesagt: Heute habe ich aber auch ein bischen Hypnotherapie gemacht. Sie hat dann gefragt: Was hast du denn genau gemacht? Ich sagte es ihr und sie meinte: Das ist doch klassische VT! Also hat sie mir einfach einen anderen Begriff dafür gesagt und das habe ich dann so hingeschrieben. Also war es dann klassische VT! Und ich denke mir, so geht es mit vielen anderen Disziplinen auch: Wir haben alle eine Ahnung von Gesprächspsychotherapie, von Familientherapie usw.!

HAND: Jetzt könnte man fragen: Was ist sauber?

LINDEN: Zunächst eine kleine Vorbemerkung. Für mich zeigt die Diskussion, wie wichtig es ist, daß Kliniker und Niedergelassene, Wissenschaftler und Praktiker, Psychosomatiker und in der Psychiatrie Arbeitende - und wer sonst mag - in einem Raum miteinander diskutieren. Zum Thema: Ich denke, wir sollten die Diskussion, die wir eben führen, nicht für ein psychotherapie- oder gar verhaltenstherapiespezifisches Phänomen halten. Ich beschäftige mich mit Versorgungsforschung bzw. sogenannter Phase IV-Forschung. Für die Pharmakotherapieforschung gilt, daß eine Therapie erst in einem mehrstufigen, kontrollierten Prozeß den Nachweis zu führen hat, daß sie hinreichend wirkt, um zugelassen zu werden. Die Phase IV der Therapieevaluation ist dann jene Phase, in der geprüft wird, was dann in der Praxis geschieht. Man kann in der Psychotherapie, in der Pharmakotherapie, in der Diagnostik und in nahezu allen therapeutischen Bereichen zeigen, daß die sogenannten Standards, die auch in den Lehrbüchern stehen, unterschiedliche Erfahrungshintergründe haben und nicht beschreiben, was in der Praxis geschieht. Und das wird natürlich von Praktikern - seien es jetzt Pharmakotherapeuten oder Psychotherapeuten - wahrgenommen und zum Teil mit schuldhaften Gefühlen, zum Teil aber auch mit einer Vorwurfshaltung an die andere Seite verarbeitet. Ich denke, man sollte hier keine falschen

Schlüsse ziehen. Denn es stimmt natürlich zum einen, daß ein kontrollierter Forschungsansatz nötig ist, um einen Effekt experimentell nachzuweisen. Zum anderen ist das natürlich etwas ganz anderes als ein prozeßhaftes Vorgehen und eine prozeßhafte Heuristik, wie sie in der Praxis gang und gebe ist. Nur, was ist die Konsequenz daraus? Es kann nicht die Schlußfolgerung sein, daß jeder, der irgendetwas tut, es deshalb auch gut tut. Man kann z. B. schon einen ganz simplen Aktivitätsplan in der Verhaltenstherapie gründlich falsch aufzäumen oder aber sehr klug planen. Aus der Tatsache, daß ich das, was ich tue, in der Literatur nicht wiederfinde, kann ich nicht ableiten, es müsse gut sein. Es <u>kann</u> eventuell trotzdem gut sein. Wir brauchen natürlich eine angewandte Forschung, die wir hinreichend absichern müssen. Und es gibt eben etablierte Therapieregeln: Wenn man z. B. bei einer Therapie nicht mehr erkennen kann, ob der, der sie durchführt, ein Analytiker oder ein Verhaltenstherapeut ist, dann würde ich sagen, ist für mich eine Grenze erreicht, bei der mir der Patient anfängt, leid zu tun. Wir müssen uns selbst, den Patienten und auch den Zuweisern gegenüber sehr klar sagen können, was wir zu tun vorhaben. Das Postulat dieser Identifizierbarkeit würde ich nicht aufgeben. Insgesamt denke ich also, man sollte die verschiedenen Ebenen der Qualitätssicherung, d.h. der Identifizierung der jeweiligen Therapie und des Anwendungsbereiches der Therapie getrennt diskutieren.

FRANKE: Hier ist heute oft gesagt worden, wir sollten vielleicht ein bischen mehr schreiben. Vielleicht könnten wir ja tatsächlich eine solche Diskussion auch schriftlich weiterführen, in welcher Zeitschrift auch immer. Die Frage: "Was ist VT" bzw. "was ist noch VT?" könnte uns vermutlich noch ein paar Jahre beschäftigen. Vielen Dank an alle, die hier waren!

H. Lieb

## 1.2. VERHALTENSTHERAPIE IM KONTEXT

*VERHALTENSTHERAPIE IM AMBULANTEN BEREICH: DIAGNOSEN - GUTACH-*
*TERVERFAHREN - GELD*

### PSYCHOTHERAPIE-HONORARE
### EINE EINFLUSSGRÖSSE AUF DAS ANGEBOT AN PSYCHOTHERAPIE?

Norbert Mark

Psychologische, aber auch ärztliche Psychotherapeuten verweisen recht häufig auf problematische Handlungen bzw. Haltungen von ärztlichen Vorbehandlern. Dabei werden bestimmte ärztliche Verhaltensweisen gegenüber Patienten oft als auslösende oder aufrechterhaltende Bedingungen für Störungsbereiche von Patienten angesehen: Z. B. wenn in sogenannten "iatrogenen" Patientenkarrieren die Art der Behandlung einer Störung selbst zu deren Aufrechterhaltung beiträgt.

Als Hintergrund von problematischen ärztlichen Verhaltensweisen wird dabei oft eine bestimmte Bedingungskonstellation ausgemacht: Einerseits liege keine hinreichende Kompetenz vor, um biologische, psychische und soziale Gegebenheiten in ihrer Verschränktheit adäquat berücksichtigen zu können, was zu erheblicher Verunsicherung in der beruflichen Identität von Ärzten führt. Andererseits würden von der ärztlichen Gebührenordnung gerade die als problematisch angesehenen ärztlichen Entscheidungsprozesse oder Handlungen honoriert.

Unabhängig von einer damit verbundenen ethischen Problematik - der Frage des richtigen Handelns zugunsten des Wohles des Patienten - monieren psychologische und ärztliche Psychotherapeuten diesen Sachverhalt aus unterschiedlichen Positionen heraus. Bei Psychologen mag dabei auch das Motiv eine Rolle spielen, für eine adäquate berufspolitische Position zu kämpfen. Bei ärztlichen Psychotherapeuten dürfte die Wahrnehmung vorherrschen, für die psychotherapeutisch indizierten Leistungen im Vergleich zu (bestimmten) Organmedizinern eine zu geringe Vergütung zu erhalten.

So richtig die erwähnte Kritik am ärztlichen Versorgungssystem in Einzelfällen oder in der Gesamteinschätzung sein mag - gelegentlich wohnt dieser kritischen Haltung gegenüber psychotherapeutisch nicht geschulten Ärzten auch ein bestimmter moralischer Anspruch inne. Der Anspruch nämlich, man könne als Psychotherapeut sein konkretes Handeln in einer bestimmten Therapie von Rücksichtnahmen auf finanzielle Überlegungen freihalten. Man glaubt sich dabei frei von der Versuchung, bei der Auslegung oder Anwendung der Gebührenordnung eher im Sinne des eigenen finanziellen Vorteils zu handeln als zum Wohle der Patienten.

Die nachfolgenden Zahlen zu Ausgaben der Krankenkassen für ambulante psychotherapeutische Leistungen zeigen aus verschiedenen Gründen nicht den exakten Gesamtaufwand für psychotherapeutische Leistungen seitens der Primär- und Ersatzkassen.

Nicht enthalten sind z. B. Vergütungen an Diplom-Psychologen im Rahmen des sogenannten Erstattungsverfahrens; auch nicht die Vergütungen, die für ärztlich-psychotherapeutische Leistungen per Krankenschein erbracht werden. Die Zahlen beziehen sich in erster Linie auf bewilligte Kurz- und Langzeittherapien, erbracht durch Diplom-Psychologen und Ärzte:

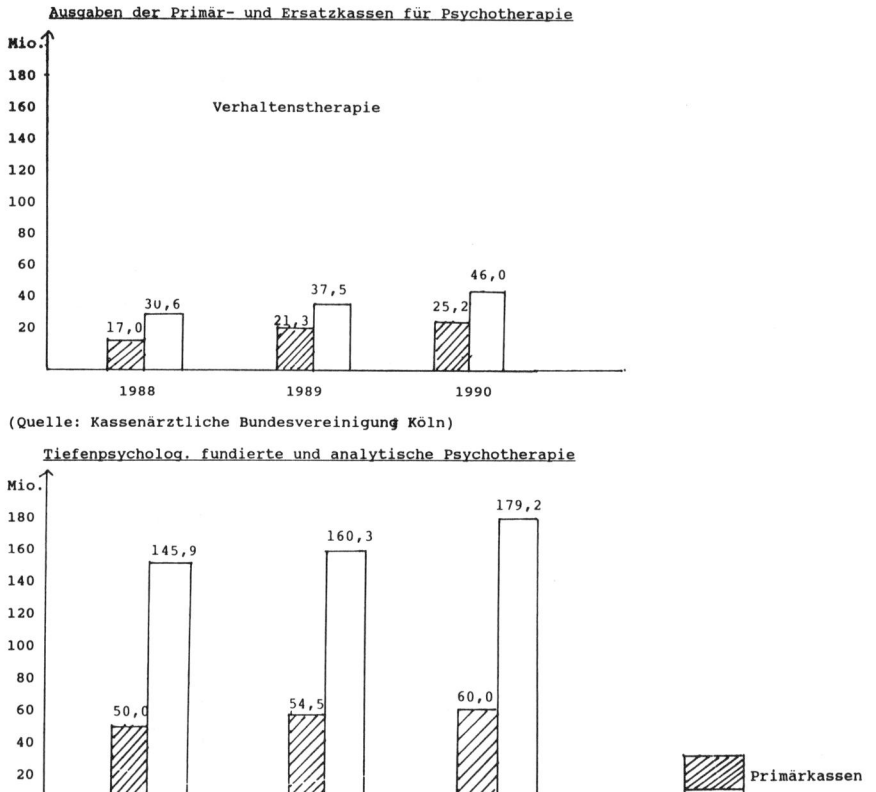

*Abb. 1: Psychotherapiehonorare bei Primär- und Ersatzkassen*

Aus den vorstehenden Zahlen wird sowohl bei den Vergütungen für Verhaltenstherapie als auch bei den Vergütungen für tiefenpsychologische und psychoanalytische Psychotherapie ein Trend deutlich: Die spezifischen Aufwendungen der Ersatzkassen sind in der Regel pro Jahr zumindest doppelt so hoch wie die entsprechenden Ausgaben der Primärkassen.

Eine gesellschaftspolitische und gesundheitspolitische Relevanz erhalten diese Zahlen bzw. das Verhältnis zwischen den spezifischen Ausgaben der Primärkassen und Ersatzkassen dadurch, daß 2/3 aller Pflichtversicherten bei Primärkassen, aber lediglich 1/3 Pflichtversicherte bei Ersatzkassen versichert sind.

Für die Verhaltenstherapie bedeutet dies, daß im Jahr 1990 DM 46,0 Mio. für 1/3 der Pflichtversicherten aufgewandt wurden, dem gegenüber aber nur DM 25,2 Mio. für immerhin 2/3 der Pflichtversicherten.

Da im gleichen Zeitraum auch tiefenpsychologisch-psychoanalytische Leistungen überproportional für Versicherte der Ersatzkassen erbracht wurden, also im Gesamtaufwand keine Kompensation zwischen den Aufwendungen für tiefenpsychologisch-psychoanalytische oder verhaltenstherapeutische Leistungen für die Versicherten von Ersatz- und Primärkassen erfolgt, erscheinen folgende Fragen erlaubt:

- Sind Versicherte der Ersatzkassen häufiger/länger psychotherapeutisch-psychosomatisch krank bzw. psychotherapiebedürftig und dann auch motivierter zu einer solchen Behandlung? Oder:

- Haben auch die Verhaltenstherapeuten ihre YAVIS-Patienten entdeckt und vereinnahmt?

Insbesondere zur 1. Frage gibt es natürlich vielfältige Hypothesen und längst gesicherte Aussagen. Aus Platzgründen und gemäß der seitens der Herausgeber aufgeworfenen Frage nach dem Einfluß monetärer Faktoren auf therapeutisches Handeln soll hier nur kurz ein spezieller Aspekt hervorgehoben werden: Der monetäre.

Unabhängig davon, ob eine VT-Indikation vorliegt und wie ein potentieller Patient zur Selbstmodifikation motiviert ist: Eine bestimmte Art von therapeutischer "Gegenübertragung" auch des Verhaltenstherapeuten kann wohl nicht geleugnet werden, wenn in der 1. probatorischen Sitzung klar wird, daß gemäß Zugehörigkeit des Patienten zu einer Primärkasse mit einer im Vergleich zur Ersatzkasse etwa 10% niedrigeren Vergütung zu rechnen ist! (Auf die nochmals höhere Vergütung seitens einer Privatversicherung soll erst gar nicht eingegangen werden.)

Die Verantwortung für diese unterschiedliche Vergütung liegt zunächst sicherlich bei den Primärkassen bzw. deren Selbstverwaltungsorganen. Die Versicherten selbst aber werden von dieser Art von 2-Klassen-Gesellschaft innerhalb der Gruppe der Pflichtversicherten lange nichts bemerken - solange sie nicht von anderen Patienten erfahren, daß das längere Warten auf einen Therapieplatz vielleicht auch etwas mit der jeweiligen Kassenzugehörigkeit zu tun haben dürfte.

Über die generelle Frage einer angemessenen Vergütung für psychotherapeutische Leistungen hinaus - psychologische und ärztliche Psychotherapeuten sollten ungeachtet der absoluten Höhe ihrer Praxiseinkünfte nicht nachlassen, im Hinblick auf die Pflichtversicherten auf eine identische Vergütung für gleiche Leistungsinhalte zu drängen. Es wird vermutlich aus vielen weiteren Motiven heraus weiterhin das Phänomen der YAVIS-Patienten geben, die überzufällig eher der einen als der anderen Kassenart angehören. Aber bezogen auf die durchschnittlichen Umsatzzahlen psychotherapeutischer Praxen würde es meines Erachtens einer Überforderung gleichkommen, vom Psychotherapeuten eine Gleichbehandlung seiner potentiellen Patienten zu fordern, wenn er dadurch bezüglich der ökonomischen Folgen einen Nachteil in Kauf nehmen muß.

Es mag gerade für Psychotherapeuten eine schmerzliche Wahrheit bedeuten, daß das Betreiben einer psychotherapeutischen Praxis nicht zuletzt auch heißt, sich als Freiberufler, also als Kaufmann, dem Gebot wirtschaftlichen Handelns nicht oder zumindest nicht lange entziehen zu können.

Unabhängig von berufspolitischen Querelen oder auch notwendigen Auseinandersetzungen - im Bemühen um eine adäquate Vergütung für patientengerechte Leistungen sitzen eher organmedizinisch orientierte Ärzte und Psychotherapeuten prinzipiell in einem Boot; sie sollten sich nicht im Interesse einer undifferenzierten Kostendämpfung in sich wechselseitig diskriminierende "Organiker" und "Psychiker" spalten lassen.

# BEGUTACHTEN UND BEGUTACHTET WERDEN: WELCHE AUSWIRKUNGEN HAT DAS GUTACHTERVERFAHREN AUF DIE AMBULANTE PRAXIS?

Maren Langlotz-Weis, Eva Koppenhöfer

## 1. Das Verfahren

Mit Beginn der Abrechnungsfähigkeit ambulanter verhaltenstheraupeutischer Leistungen ist das sogenannte Gutachterverfahren etabliert worden; Langzeittherapien bis zu 45 Sitzungen werden demgemäß nur dann von den Krankenkassen finanziert, wenn zuvor ein anonymisierter Antrag von einem ärztlichen Gutachter befürwortet wurde.

Die überwiegende Mehrzahl der Antragsteller sind Psychologen. Niedergelassene verhaltenstherapeutisch tätige Ärzte arbeiten aufgrund der oft unzureichenden Ausbildung vorwiegend mit Kurzzeitanträgen, die nicht gutachtenpflichtig sind oder mit anderen Abrechnungsziffern.

Das Verfahren als solches ist umständlich, langwierig und mit bürokratischen Fallstricken in zahllosen Varianten behaftet. Die Kommunikationswege vom Initianten (Patient sucht einen Therapieplatz) bis zu den entscheidenden Instanzen sind für diesen undurchschaubar, allein die zahlreichen Übermittlungs- und Schnittstellen bergen auch für den erfahrenen Praktiker oft genug unliebsame Überraschungen.

Manchmal dauert die Entscheidung über den Antrag Monate: eine Zeit, die der Chronifizierung Vorschub leistet und eine sinnvolle Terminplanung in der Ambulanz erschwert.

Die Bezahlung der Arbeit für einen solchen Antrag ist nicht eindeutig geregelt und selbst bei großzügiger Auslegung seitens der delegierenden Ärzte ist der Punktwert für drei bis vier Stunden Arbeit (manchmal, je nach Erfahrung des Antragstellers und Komplexität des Falles auch länger) ein kläglicher Stundenlohn.

Abb. 1 soll beispielhaft veranschaulichen, mit wievielen Kommunikationsschritten und Möglichkeiten des Mißverständnisses der formale Weg des Antragsverfahrens ausgestattet sein kann. Dabei ist bei diesem Beispiel noch zu berücksichtigen, daß die Gutachter in beiden Fällen sehr wohlwollend und kooperativ reagiert haben und im Falle der Beihilfe darüberhinaus noch die Genehmigung durch die Zusatz-Privatkasse in einem Extraverfahren eingeholt werden muß.

Im folgenden sollen formale und inhaltliche Aspekte des Antragsverfahrens näher beleuchtet werden.

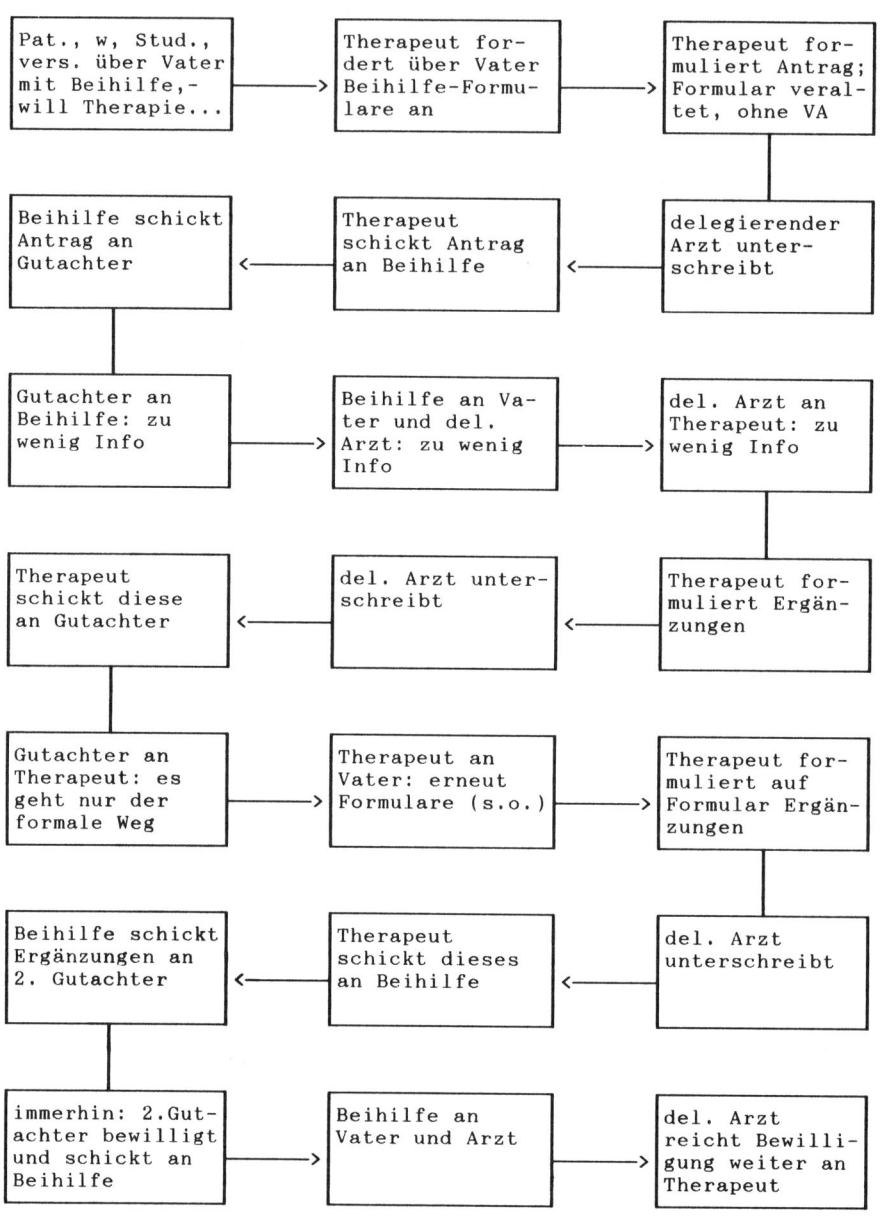

Abb. 1

- 74 -

## 2. Formale und kommunikative Aspekte

Zunächst einmal die Frage: wer beurteilt eigentlich wen? Bei genauerer Betrachtung stellt sich heraus, daß die sog. Begutachtung durchaus auch eine "Beschlechtachtung" sein kann, wenn nämlich durch eine Asymmetrie der Machtverhältnisse gleichzeitig die Gefahr einer Abwertung auf mehreren Ebenen gegeben ist:

Die Gutachter sind ausnahmslos Mediziner, Männer (bis auf eine Obergutachterin!) und zum Teil auch noch Analytiker. Antragsteller sind zum größten Teil Psychologen (ca. 95%, vgl. Mitteilung der Kassenpsychologen 10. Jahrgang, 1990, S. 12), zur Hälfte Frauen (wobei die Betroffenen, d.h. die Patienten, zu zwei Drittel weiblich sind) und Verhaltenstherapeuten. Das kann dann im Extremfall zu so seltsamen Konstellationen führen, daß ein Gutachter die beantragte Verlängerung bei einer erst im Verlauf der Therapie offensichtlich gewordenen Inzestproblematik bei einer Patientin um 5 Stunden kürzt, weil das aus seiner Sicht "dafür" ausreiche. Desgleichen erscheint es bei frauenspezifischen Problematiken wie Eßstörungen oder Infertilität ebenfalls angebracht, über diesen Aspekt zumindest einmal nachzudenken.

Lassen wir die Diskriminierung auf der Geschlechterebene aber ruhig beiseite, sie ist schließlich kein Spezifikum des Gutachterverfahrens, nur eben eine weitere Variante...

Es bleibt immer noch die Bewertung eines Berufsstandes (der Psychologen) durch einen anderen (die Ärzte). So wohlwollend dies im Einzelfall auch sein mag, sollte man sich diesen Umstand einmal vergegenwärtigen, indem man ihn auf andere Stände übersetzt: wie wäre es, wenn der Bäcker die Frikadellen des Metzgers begutachten sollte? Es mag ja sein, daß gewisse Bestandteile für beide Berufgruppen von Relevanz sind, der Metzger würde sich aber - verständlicherweise - heftig gegen ein solches Procedere verwahren!

Die Tatsache, daß immer noch analytische Gutachter über verhaltenstherapeutische Anträge entscheiden, macht ebenfalls ein Machtgefälle deutlich. (Man stelle es sich doch mal andersherum vor: es ist uns noch nicht zu Ohren gekommen, daß ein VT-Gutachter eine analytische Behandlung beurteilt hätte, es wäre in der Tat ein historisches Unikum).

Ein weiterer formaler Aspekt des Gutachterverfahrens betrifft die Frage: welche Berufsgruppe sonst steht eigentlich unter einem ähnlich gearteten permanenten Legitimationszwang? Reichen fünf Jahre Studium und anschliessend drei bis fünf Jahre Zusatzausbildung nicht aus, um von einer gewissen Kompetenz ausgehen zu können? (Inwieweit dieses Verfahren eigentlich geeignet ist, diese Kompetenz zu prüfen, sei dahingestellt. Diese Frage wird weiter unten auch untersucht.) Welcher Chirurg oder Zahnarzt muß vor einem Eingriff nochmal vor einem anonymen Gremium die gesamte Krankengeschichte, Indikation und den OP-Verlauf dokumentieren und begründen? Ob jemand, der einen VT-Antrag formulieren kann, hinterher dann auch VT macht, läßt sich damit jedenfalls nicht herausfinden. Eigentlich müßte auf diesem Gebiet das Ghostwriter-Unwesen blühen!

Als letzter Punkt zu den formalen Aspekten sei die Anonymität der Kommunikation angesprochen: der Antragsteller formuliert seinen Antrag "ins Anonyme hinein". Er weiß nicht, wer sein Interaktionspartner sein wird, kann sich beim Formulieren alle möglichen Varianten phantasieren (eher kognitiv oder klassisch? Eher Kurzzeitbefürworter? Eher narrativ zu begeistern?). Er muß aber auch lernen, möglichst allgemein zu bleiben und ein größtmögliches Gutachterspektrum in seinem Stil zu treffen.

Käme ein Patient mit dem Problem, er müsse immer wieder mit jemandem kommunizieren, von dem er nicht wisse, wie er sei, was er mache und wie er auf seine Ideen reagiere, so würden wir ihm wahrscheinlich schleunigst raten, an dieser Form der Kommunikation etwas zu ändern und Eindeutigkeit herzustellen.

Auch und gerade für den Patienten stellt die Anonymität des Verfahrens nicht nur einen Schutz dar, wie man wohl zunächst argumentieren könnte: letztlich geht es für ihn ja darum, daß er eine Therapie finanziert bekommt. Aber genau darauf hat er selbst am allerwenigsten Einfluß. Er hat mehrere Zwischenträger der Kommunikation zu ertragen, das Verfahren ist für ihn nicht transparent. Es herrscht hier eigentlich noch das Menschenbild der klassischen Medizin, demzufolge sozusagen am Krankenbett über den Kranken hinweg diskutiert, verhandelt und entschieden wird, ohne daß er selbst die Möglichkeit hat, auf diesen ganzen Prozeß Einfluß zu nehmen oder in irgendeiner Weise daran beteiligt zu sein.

Dieses Menschenbild des unmündigen Patienten, für den andere entscheiden, ist aber mit der Grundauffassung der Verhaltenstherapie, nach der Eigenverantwortung und Selbstwirksamkeit wesentliche Eckpfeiler des Gedankengebäudes sind, nicht vereinbar.


## 3. Inhaltliche Aspekte

Es gibt bei den Befürwortern des Gutachterverfahrens das Argument, man könne damit Qualitätssicherung betreiben und die eklektizistische Spreu vom verhaltenstherapeutischen Weizen trennen. In der Tat erfordert das Abfassen dieser Anträge gute theoretische Kenntnisse der Verhaltenstherapie, vor allem der Verhaltens- und Bedingungsanalyse. Geprüft wird mit dem Antrag aber nur die Formulierungsfähigkeit des Therapeuten sowie seine Anpassungsfähigkeit an gegebene Kriterien. Auf die Güte der sich daran anschließenden Behandlung lassen sich daraus nicht unbedingt Rückschlüsse ziehen. (Den Autorinnen ist z.B. ein Kollege bekannt, dem die Anträge eher leicht von der Hand gingen, seinen Beruf als Therapeut dann aber aufgegeben hat, weil er ihn persönlich überforderte - wobei diese Entscheidung allen Respekt erfordert!).

Weiterhin besteht die Gefahr, daß von der ersten Begegnung mit dem Patienten bis zur Absendung des Antrages nicht die qualitativ beste und sinnvollste Behandlung stattfindet, sondern der Patient als Datengeber für einen genehmigungsfähigen Antrag benutzt wird.Dieser wird gewissermaßen in das Prokrustesbett der RVO-Richtlinien hineingezerrt oder gezwängt, wonach er zwar hinreichend krank, die Prognose aber noch ausreichend günstig sein muß.

Darüberhinausgehend stellt sich die Frage, inwieweit mit der Zusammensetzung des Gutachtergremiums ein Kreis von Experten geschaffen worden ist, der implizit und manchmal auch explizit bestimmt, was inhaltlich in Deutschland Verhaltenstherapie ist und was nicht. Ohne die Gutachter persönlich angreifen zu wollen, sollte doch die Frage erlaubt sein, wer sie dazu legitimiert, wie sie ihre Qualifikation unter Beweis gestellt haben und wie öffentlich dieser

Prozeß stattfindet. Wenn man dazu noch bedenkt, daß es sich um Mediziner, z.T. auch noch Analytiker handelt, wird offensichtlich, daß ein Großteil verhaltenstherapeutischer Kompetenz und wissenschaftlicher Weiterentwicklung hier unterrepräsentiert ist. So kann es denn schon mal passieren, daß Anträge abgelehnt werden, weil ein neueres Verfahren dem jeweiligen Gutachter noch nicht bekannt ist. Zusammenfassend läuft es auf die Frage hinaus, ob es nicht sinnvollere Alternativen der Qualitätssicherung und auch der inhaltlichen Definition des jeweiligen aktuellen Wissensstandes der VT geben kann.

Zuvor sollen aber noch einige Vorteile des Antragsverfahrens beleuchtet werden.

## 4. Vorteile

Zunächst einmal ist der Antragsteller gezwungen, sich zu Beginn der Behandlungsplanung Gedanken zu machen und diese auch zu formulieren, wie es um seinen Patienten bestellt ist, wie die Verhaltensanalyse eigentlich genau aussieht und welche Therapieplanung am ehesten Erfolg verspricht. Ziele müssen konkretisiert werden, die Reflexionsfähigkeit des Therapeuten wird gefördert (vgl. SULZ 1990). Auch bei der relativ pathologischen Kommuniktionsstruktur ins Anonyme hinein kann er mit etwas Glück Rückmeldung vom Gutachter über vergessene oder übersehene Aspekte bekommen.

## 5. Ausblick

Die Frage der Qualitätssicherung verhaltenstherapeutischer Arbeit ist ein zentrales Thema bei der Patientenversorgung, das uns Praktikern sehr am Herzen liegt, und auf das die Krankenkassen verständlicherweise niemals verzichten werden.
Für die Etablierung und eine gewisse Übergangszeit war die Übernahme des Antragsverfahrens aus dem analytischen Versorgungsmodell wohl eine naheliegende Notlösung, sie sollte nur nicht auf alle Zeit festgeschrieben werden. Es sollte Raum und Möglichkeit vorhanden sein, ein Verfahren der Qualitätssicherung zu etablieren, das dem Menschenbild der VT und ihrem Selbstverständnis eher entspricht und die Gefahr der fremdkontrollierten Festschreibung mit impliziten Abwertungen sowohl des Patienten als auch des Therapeuten minimiert.

Eine denkbare Alternative könnte eine Supervisionspflicht aller zugelassenen Therapeuten sein, wobei der Supervisor ausgesucht werden kann, selber z.B. den Ausbildungsinstituten zugehörig und verpflichtet sein müßte und damit auch einer öffentlichen Kontrolle unterliegt. Die Anonymität wäre abgeschafft, es gäbe mehr Wissen über die eigentlichen Inhalte der Therapie und deren Erfolge.

Das umständliche und in vielen Bereichen kritische Antragsverfahren wäre überflüssig, es gäbe eine öffentliche Kontrolle über die Etablierung verhaltenstheraupeutischer Standards, an der nicht nur Ärzte maßgeblich beteiligt wären.

Es bleibt zu hoffen, daß mit der Etablierung eines neuen Heilverfahrens, nämlich der Verhaltenstherapie, auch neue Kommunikationsstrukturen, die diesem Verfahren adäquater wären, Eingang in die Patientenversorgung finden. Es wäre auch auf administrativer Ebene eine

Hinwendung zum mündigen Patienten, der gleichberechtigte Formen des Miteinanders und selbstbestimmtes Verhalten schon in der Phase der Therapiesuche erleben und aufbauen kann.

## LITERATURVERZEICHNIS

Mitteilung der Kassenpsychologen, 10. Jahrgang 1990, S. 12
SULZ, S.K.D.: *Probleme der Antragsbegutachtung*. Praxis d. Klin. Verhaltensmedizin und Rehabilitation 1990, 12, 258-261

## AUF DEM PRÜFSTAND: DAS DELEGATIONS- & GUTACHTERVERFAHREN IN DER AMBULANTEN VERHALTENSTHERAPIE

MODERATOR: TILLMANNS

TILLMANNS: Ich danke den Referenten und insbesondere der Vortragenden. Nun zum letzten Teil dieses Abschnittes. Wie bereits mehrfach angekündigt, wird jetzt das im Programm vorgesehene Referat: "Verhaltenstherapie: von der wissenschaftlichen Methode zur Praxis der klingenden Münze" durch eine Diskussion ersetzt.

LIEB: Wir sollten hier den negativen und den positiven Aspekten des Gutachterverfahrens gerecht werden. Obwohl dies nicht meine Grundüberzeugung ist - ich sehe viel mehr Kritisches - möchte ich deshalb mit einem positiven Aspekt beginnen, der damit zu tun hat, daß sich die Verhaltenstherapie im Gesundheitswesen verankert hat.
Wir haben dadurch gelernt, mit einer sehr breiten Palette an Störungen umzugehen und dabei auch Kompetenzen erworben, die wir vermutlich nicht hätten, wenn wir nur von der Universität aus selegiert und geforscht hätten oder wenn auf dem freien Markt nur jene YAVIS-Patienten zu uns gekommen wären, die sich ihre Therapie privat finanzieren können. Mit anderen Worten: Wenn wir unsere Modelle nur mit und anhand solcher Patienten weiterentwickelt hätten, hätten wir vielleicht auch eine andere VT! Die Therapiemodelle selber haben sich in der Praxis durch die Begegnung mit so vielen verschiedenen Patienten weiterentwickelt. Ich denke vor allem an solche Patienten, vor denen wir vor allem als Psychologen nicht sitzen würden, wenn sie uns nicht über den Weg des klassisch medizinischen Gesundheitsbetriebes zugewiesen worden wären.

MEHRERE TEILNEHMER: Unverständlich. (Sie äußern sich alle kritisch zum Gutachterverfahren)

LINDEN: Es sind eine Reihe von Fragen aufgeworfen worden, bei denen es offensichtlich nur um das Gutachterverfahren geht. Deshalb mag es erlaubt sein, aus Gutachtersicht einige Anmerkungen hierzu zu machen. Ich denke, das Verfahren ist sehr kompliziert. Es ist offensichtlich auch emotional kompliziert, und es wäre deshalb wichtig, daß wir uns alle bemühen, uns in diesem Feld nach Möglichkeit kenntnisreich und sachlich zu bewegen. So vermeiden wir, möglicherweise mißverständliche Formulierungen zu verwenden, die dann zu emotionaler Reaktanz führen könnten. Wenn die Diskussion emotional aufgeladen wird, wird es nicht zu Problemlösungen führen. Z. B. könnte man bei dem Eingangsbeispiel der beiden Referentinnen auch sagen: Wenn ein Therapeut das Antragsverfahren so schlecht kennt, daß er erstens das falsche Formular verwendet und es dann zweitens auch noch an die falschen Leute schickt, dann würde ich das unter "Lehrgeld" abbuchen. Man kann es nicht als Beispiel für ein typisches Antragsverfahren, einen typischen Verlauf nehmen. Das normale Antragsverfahren ist nicht so umständlich - es läuft glatter. Daß man einen solchen Antrag nicht direkt an einen Gutachter schicken kann, das weiß man.

Zwischenruf KÖHLKE: Das ist mir zu glatt! So als ob es all die tagtägliche, sehr hinderliche Problematik mit dem Antrags-Gutachterverfahren eigentlich nicht gibt und wenn, dann als Inkompetenz des Antragstellers. Das Beispiel der beiden Referentinnen ließe sich sogar noch ausbauen, indem wir den Patienten gleichzeitig beihilfeberechtigt und privatversichert sein lassen. Hier sind dann sogar 2 Anträge zu stellen mit zum Teil jeweils eigenem Gutachter-Prüfverfahren!

LINDEN: Bei den Privatkassen haben Sie das Doppelantragsverfahren. Das ist richtig, wobei ...

Zw.ruf KÖHLKE (ironisch): D o p p e l a n t r a g s v e r f a h r e n ! Das ist eine tolle Formulierung! Solche zwei Überprüfungen sind unverständlich, überbürokratisch, sehr lästig und zeitaufwendig! Und Sie nennen das einfach: "Doppelantragsverfahren!"

LINDEN: Auch im Privatkassenbereich ist das Antragsverfahren nicht umständlicher - man muß eben den selben Antrag in zwei Kuverts stecken. Wenn man das richtig macht, das ist vorausgesetzt, dann geht das an die Kasse und kommt in der Regel mit Bewilligung wieder zurück. Die vielen Umstände sind sozusagen nicht systemimmanent! Ich denke, das muß man so sagen, weil man sonst einen Popanz aufbaut.
Ein zweites Beispiel für Mißverständlichkeiten ist, wenn hier gesagt wird, Ärzte würden über Psychologen urteilen. Eigentlich ist das auch eine falsche Sicht der Dinge. Es sind nicht Ärzte, die über Psychologen urteilen, sondern es sind Verhaltenstherapeuten, die über Verhaltenstherapeuten urteilen und von denen dann, wenn sie als Gutachter tätig sind, auch verlangt wird, daß sie ärztliche Kompetenzen haben. Wenn Sie sich an meine Zahlen von vorhin erinnern, dann kann man durchaus sagen: Es sind immerhin 10% der Fälle, die über die gleichgültig "reine" Psychotherapieindikation hinausgehen. Hier muß der Gesamtbehandlungsplan mit einer Kompetenz beurteilt werden, die über die Verhaltenstherapie hinausgeht und die von den Gutachtern verlangt wird. Deswegen sollte man vorsichtig sein, wenn man das zu einem berufspolitischen Argument hochstilisiert.
Desgleichen ist es nicht ganz richtig, daß die Gutachter anonym sind. Die Anträge werden an die Kasse geschickt, aber es ist immer erkennbar, wer das Gutachten gemacht hat. Um das Argument deutlich zu machen: "Anonym" suggeriert ja, hier verstecke sich irgendjemand hinter irgendetwas. Die Anträge werden natürlich nicht für individuelle Personen geschrieben, sondern einem Gutachtergremium vorgelegt. Dabei muß es zunächst einmal gleichgültig sein, es muß sozusagen überindividuell egal sein, wer den Antrag beurteilt. Und die Gutachter werden auch daran gemessen, ob sie nach Möglichkeit eine einheitliche Linie vertreten. Daß das nicht zu 100% möglich ist, ist selbstverständlich, was dem ganzen ja auch wieder einen menschlichen Touch gibt. Aber es wäre fatal, würde man ein Gutachten an einen bestimmten Menschen richten und versuchen, sich sozusagen nach dessen Vorlieben zu richten.
Es wurde auch gesagt, aus der Formulierungsfähigkeit sei nicht auf eine gute Therapie zu schließen. Auch hier würde ich sagen, daß das ein gefährliches Argument ist. Ein Antrag ist für mich natürlich - egal ob von einem Arzt oder von einem Psychologen - eine Wiederspiegelung der Repräsentanz des Falles im Kopf des Therapeuten. Und ein schlechter Antrag ist umgekehrt ja auch kein Gütezeichen.

ZWISCHENRUF: Aber ein guter Antrag ist es eben auch nicht!

LINDEN: Das ist richtig - ein guter Antrag garantiert keine gute Therapie. Aber mein Argument ist ein anderes. Ein schlechter Antrag, eine schlechte Falldarstellung, aus der erkennbar ist, daß z. B. ein Fall nicht überblickt wird - und das sind die Ablehnungsfälle - garantiert schon mit einer gewissen Wahrscheinlichkeit eine fragwürdige Therapie. Und ich könnte Ihnen beliebig viele der abgelehnten Anträge vorlegen, aus denen ganz klar ersichtlich wird, daß ein Patient nicht angemessen untersucht und in seiner Problematik nicht begriffen worden ist. Und im Zweifelsfalle wird ein Antrag eher bewilligt als abgelehnt, denn auch als Gutachter macht man sich nicht gerne Arbeit. Ich würde als Hypothese formulieren - und die müßten Sie widerlegen: Anträge, die bewilligt werden, sind nicht unbedingt solche, wo alles seine Ordnung hat; aber für Anträge, die abgelehnt werden, gibt es in der Regel auch gute Gründe für deren Ablehnung. Ich denke, man muß diese Hypothese auch gelten lassen und darf nicht a priori eine andere Motivation unterstellen. Dann kommt es sicher nicht zu Mißverständnissen.

Schließlich noch zur Frage: Worum geht es denn eigentlich? Es wird immer so getan, als gehe es hier (auch das wurde so unterstellt) um ein "Beckmessern", so als ob irgendeiner etwas besser wüßte als ein anderer. Es wurde schon auf das Kostenargument hingewiesen. Es handelt sich bei den Therapieanträgen um einen Kostenvoranschlag. Und es geht um eine Therapie, die auch nicht eine Krisenbehandlung sein kann. Denn die ist nach den Abrechnungsziffern, die bei einer Richtlinienpsychotherapie angesetzt werden, gar nicht vorgesehen. Der Kostenvoranschlag ist es, der hier beurteilt wird. Es geht um die Beurteilung der Zweckmäßigkeit und Wirtschaftlichkeit. Man sollte also hier vorsichtig sein, und nicht Motive suggerieren, die den Gutachterprozeß weder von der Anlage noch von der Durchführung her bestimmen. Die Dinge sind schon diskutierbar, aber man müßte sie als sachliches Problem diskutieren, gegebenenfalls auch im Detail..

KOPPENHOEFER-LORENZEN: Ich möchte direkt dazu etwas sagen: Es ging uns im Referat nicht darum, diese Beckmesserei hier weiter anzuheizen. Unser Anliegen war vielmehr eine Veränderung der Kommunikation. Wir haben dazu noch kein fertiges Konzept, aber wir wollten einige Anregungen dazu geben, was verändert werden könnte. Und wir haben, das sage ich hier direkt zu Michael Linden, mit "Anonymität" auch noch etwas ganz anderes gemeint - vielleicht haben wir auch einen anderen Begriff davon. Ich bin jetzt seit 1981 in diesem Delegationsverfahren als Therapeutin tätig und dies hier ist für mich beinahe das erste Mal, bei dem ich Gelegenheit habe, mich in einem größeren Gremium mit den Gutachtern inhaltlich auseinanderzusetzen. Zu der Anonymität gehört meines Erachtens auch, daß ich keine Gelegenheit habe, mich öffentlich sanktioniert mit den Gutachtern darüber abzustimmen, was VT und was eine angemessen verhaltenstherapeutische Behandlung ist. Das läuft immer nur über diese Gutachtengeschichte, bei der ich vielleicht einmal einen Tip erhalte, über den ich möglicherweise denke: "Na ja, man könnte es auch so sehen!". Und ich würde denken, daß das so vielleicht genauso gut und vielleicht sogar besser läuft. Das zum einen.

Zum zweiten wollte ich einfach noch einmal zu bedenken geben, was sich hier etabliert: Ein Fachgremium, das per Benennung ein solches ist und das nie irgendwo in der Öffentlichkeit seine Fachkompetenz legitimieren muß. In unseren Ausbildungsinstituten ist das ganz anders: Hier müssen wir ununterbrochen und dauernd unsere Qualifikation legitimieren. Es kommt jetzt sogar ein zusätzlicher Legitimationsanspruch, der so lautet: "Ihr seid Privatinstitute, da ist die öffentliche Kontrolle zu wenig gewährleistet, Ihr braucht noch mehr öffentliche Kontrolle durch die Universitäten!". Ich frage mich: Wo kommt denn dieser Ruf nach öffentlicher Kontrolle gegenüber dem Gutachtergremium einmal zum Tragen? Es geht mir aber nicht nur um Kontrolle, ich habe wirklich auch ein inhaltliches Anliegen. Es geht wirklich darum, daß im Augenblick durch das Gutachtergremium inhaltlich festgeschrieben wird, was Verhaltenstherapie ist! Und daß weder diejenigen, die Verhaltenstherapie in den Ausbildungsinstituten vermitteln (wir beide machen auch Ausbildung) noch diejenigen, die Verhaltenstherapie vor Ort durchführen und schon gar nicht diejenigen, die mit Verhaltenstherapie behandelt werden, je irgendwie in diesen inhaltlichen Prozeß mit einbezogen werden. Und diese Kommunikationsstörung würde ich hier gerne zum Thema machen. Und nicht so ein Ping-Pong-Spiel.

TEILNEHMER: Ich wollte ein paar Worte zu Herrn Linden sagen, das heißt zu seiner Bemerkung: "Wenn der Therapeut nicht weiß, welches Formular er zu verwenden hat...". Es kann sein, daß es in Großstädten wie Berlin anders aussieht, aber in der Provinz ist es so, daß manchmal die KV ein Viertel Jahr nach Einführung einer Veränderung keine Ahnung hat, wie sie damit umgehen soll und mir dazu vor der Abrechnung auch nichts sagen kann. So bin ich praktisch genötigt, über Fehler herauszufinden, was richtig ist. Formulare erhalte ich zugeschickt, ebenso wie der Patient, aber von der KV bekomme ich überhaupt keine Informationen, ob sich ein Formular ändert oder ähnliches. Das geht über eine Zeitspanne von einem drei Viertel Jahr so! Wer und wo und wie man das ändern könnte, weiß ich nicht. Aber vielleicht sind Sie jemand, der von seiner Position her diese Rückmeldung weitergeben kann.
Das zweite ist folgendes: Ich fand es auch immer sehr traurig, daß die Rückmeldung seitens der Gutachter durch den Datenschutz eingeschränkt ist. Wenn Rückmeldungen über die Krankenkassen laufen, dann müssen sie ja so oberflächlich sein, daß wirklich etwas Inhaltliches, das diskutierbar wäre, nicht erörtert wird. Und der dritte Punkt: Der Therapeut vor Ort ist total vereinzelt. Und wenn wir nicht einmal hier ein Gremium haben, in dem wir gemeinschaftlich unsere Eindrücke austauschen, fehlt einfach die Diskussion über Fragen wie diese: "Ist das noch Verhaltenstherapie, was ich da mache oder muß ich mich als Fremdgänger bezeichnen?". Solche Zweifel haben so viele einzelne Leute, und es wäre wirklich wünschenswert, daß wir ein Forum für solche Fragen haben. Ich habe mir auch überlegt, - das ist sicher auch eine Frage des Arbeitsaufwandes - ob es nicht möglich wäre, daß ein Gutachter, der Bedenken hat, sich direkt mit dem Therapeuten kurzschließt. Vielleicht ließe sich da manches klarer ausräumen, als das jetzt der Fall ist.

KOMMER: Bei mir ist der Beitrag der beiden Kollegen so angekommen, über die Rationalität des Verfahrens nachzudenken. Und Rationalität innerhalb der Verhaltenstherapie ist ja operational oft so definiert, daß wir versuchen, uns an Forschungsbefunden zu orientieren. Wenn ich die Psychotherapieforschung zur Kenntnis nehme, dann geht eigentlich übereinstimmend daraus hervor, daß wir in ca. 70-80% der Behandlungen mit Erfolg zu rechnen haben. Und wenn diese Befunde nicht ganz weit weg von unserer Realität liegen, dann, meine ich, trifft dieser Sachverhalt auch auf die Praxis zu. Ein weiterer Knick in der Rationalität scheint mir darin zu liegen, daß wir versuchen, im Rahmen der Ausbildung Kompetenzen zu vermitteln. Entweder wir billigen uns zu, dies vernünftig und solide zu bewerkstelligen: Dann, denke ich, bietet doch die vermittelte Qualifikation eine hinreichende Voraussetzung dafür, in der Therapie auch verantwortlich zu handeln. Oder wir können diese Verantwortlichkeit nicht unterstellen, und deshalb scheint mir das Gutachterverfahren ja eingeführt worden zu sein, dann frage ich mich: Warum betreiben wir Ausbildung?

KÖHLKE: Dieses gegenwärtige Gutachterverfahren scheint mir nicht nur hinsichtlich seiner formalen Struktur sehr fragwürdig. Aufwand und Nutzen, doppelte bis dreifache Arztkontrolle (zuweisender Hausarzt, Delegationsarzt plus Gutachter-Arzt), unnötige Wartezeiten und so weiter. Zum Thema "Klingende Münze" möchte ich nur am Rande erwähnen, daß es mir als typischem Freiberufler völlig zweifelhaft erscheint, daß wir für den auferlegten, notwendigen Arbeitsaufwand von insgesamt mindestens 3 Stunden pro Antragserstellung keine entsprechende Entschädigung erhalten.

Aber worum es mir jetzt eigentlich geht, ist dies: Ich meine, daß das Gutachterverfahren auch inhaltlich sehr problematisch ist.

Da die Darstellung der jeweils individuellen Komplexität eines Einzelfalles einen unverhältnismäßigen Aufwand bedeuten würde, wird der Antragsbericht und leider auch der wichtige therapeutische Beginnprozeß in den probatorischen Sitzungen auf "gutachterliche Erwünschtheit" konzentriert. Es kommt dadurch zu Reduzierungen, Schablonen und Sprachhülsen, die das "Kopfnicken der Gutachter" steuern sollen, aber letztendlich eine inhaltliche Entfremdung des Praktikers darstellen.

Die vorgestellten Therapieziele und der Behandlungsplan werden auf ein "leicht durchgängiges" Niveau von verhaltenstherapeutischen Standardverfahren zugeschnitten. Dies repräsentiert aber nicht den eigentlichen Praktiker-Prozeß, sondern die aufgezwungene sprachliche Anpassung an die Gutachter, von denen wir wissen, daß sie alle Ärzte sind und überwiegend an Institutionen und nicht in Einzelpraxen tätig sind.

Dadurch werden die Standardverfahren und technokatischen Therapieprogramme hofiert und dadurch wird, auch durch unsere zugeschnittenen Behandlungsentwürfe in den Langzeitanträgen, definiert, was Verhaltenstherapie ist und wie sie in der Praxis stattfindet.

Vor allem erfassen die Gutachten nicht die überaus wichtige Beziehungsseite in der Therapie, so daß letztendlich keine Aussagen über die individuelle Wirksamkeit des vorgestellten Programms gemacht werden können. Die therapeutische Beziehung stellt die eigentliche Brücke zwischen Patient und Therapeut dar, auf der die verhaltenstherapeutischen Angebote transportiert werden können. Sie ist quasi die "conditio sine qua non" eines wirksamen Therapieprozesses und gerade hier müssen die Gutachter hinsichtlich ihrer Effizienzprognose passen.

Ich selbst glaube nicht mehr an die Möglichkeit zur wirklichen Veränderung durch solche Diksussionen. Ich habe schon in diskutierender Weise in den Anfangssitzungen der KBV vor jetzt fast 10 Jahren mitgewirkt, als Sie, Herr Linden, noch gar nicht dabei waren.

Ich finde, daß es Zeit wird, daß die Verhaltenstherapie-Praktiker schreiben und veröffentlichen, wie ihr komplexer Therapieprozeß abläuft.

Vielleicht stellt sich dann heraus, daß es einen erheblichen Unterschied ausmacht, ob Therapien in Institutionen oder Einzelpraxen durchgeführt werden und daß die unter forschungsmäßigen Standardbedingungen entwickelten Verfahren sensibler, kritischer und differenzierter auf ihre Praxisverwendung hin zu beurteilen sind.

Ich jedenfalls möchte meine eigene Konsequenz daraus ziehen und würde mich freuen, wenn andere Vollblut-Praktiker bei der Publizierung ihrer "Therapiewirklichkeit" mitzögen.

BRÜHL: Ich möchte den beiden Kollegen dafür danken, daß Sie das Thema hier aufgegriffen haben. Ich finde das sehr mutig, sehr anregend. Und an der Art der Beiträge erkenne ich, daß viele zwar selbst Interesse haben, aber auch sehr viel Frust. Und ich möchte diese Frustreihe noch etwas fortsetzen, aber auch zu Bedenken geben, daß wir selber ein bischen persönlichen Mut entwickeln müssen. Ich kann aus eigener, persönlicher Erfahrung sagen, daß der Mut, zu sagen, was man für richtig hält, natürlich massiv bestraft wird. Ich konnte mir das leisten, weil ich seit sehr langer Zeit als Verhaltenstherapeutin tätig bin, in Berlin die erste Verhaltenstherapiepraxis überhaupt eröffnet hatte und Ausbildung an Universität und Weiterbildung betrieben habe. Die jungen Kollegen, die von dem Geld - worüber wir hier ja eigentlich reden wollten - nun leben müssen, die können das nicht. Die können es sich nicht leisten, weil Sie keine Privatpatienten haben, weil Sie in ihrem Beruf nicht etabliert sind und weil Sie natürlich dann auch nicht den Mut aufbringen können und vielleicht auch sachlich nicht entscheiden können, ob das, was sie machen, nun der verhaltenstherapeutischen Weisheit letzter Schluß ist oder nicht. Und wenn ich mir überlege, was hier so in dem ganzen Delegationsverfahren passiert, dann ist das sehr sehr viel Positives. Trotzdem möchte ich nochmal etwas aufgreifen: Wenn auf der Fachebene klar ist, daß Onkologen, Psychologen, Pharmakologen, selbst Theologen und jede Art Mediziner zusammenarbeiten können, wenn wir also soweit fortgeschritten sind, dann können wir tatsächlich überlegen, welche Alternativen zum Delegationsverfahren denkbar sind. Das Gesetz schreibt es uns nicht vor! Im Gesetz steht überhaupt nichts von Delegationsverfahren. Das Verfahren schützt ja zunächst den Arzt - glücklicherweise, damit er überhaupt mit dem Psychologen zusammenarbeiten darf. Es war also niemals eine Erfindung für Psychologen, sondern immer ein durchaus merkwürdiges, aber tragfähiges Verfahren zum Schutz der Ärzte, die mit den Psychologen nun auf dem Gebiet der Verhaltenstherapie zusammenarbeiten wollen. Und ich denke wir sollten wirklich mehr Zeit dafür verwenden, zu fragen, welche Alternativen hier überhaupt denkbar sind, welche anderen Kommunikationsformen welche denkbaren vorhersehbaren Pferdefüße haben. Und auf diese Art und Weise glaube ich würden wir zu vernünftigeren kooperativeren Lösungen kommen. Und insofern sehe ich das hier als einen hoffnungsvollen Anfang, den Sie da gemacht haben und für den möchte ich mich sehr herzlich bedanken.

HAND: Ich möchte den Schlußsatz übernehmen. Ich denke auch, das hier ist ein hoffnungsvoller und ein sehr notwendiger Ansatz. Unter den Gutachtern ist auch schon vor 1 oder 2 Jahren diskutiert worden, ob man nicht regional Treffen zwischen Gutachtern und Antragstellern, 1-2-3-stündige Diskussionen über immer wieder ablaufende, typische Probleme oder Mißverständnisse einrichten könnte. An einigen Stellen hat das meines Wissens stattgefunden, aber es ist keine regelhafte Lösung, und ich denke, mit dieser schlechten Kommunikation müssen sich diese Emotionen aufstauen und werden Sachlösungen tatsächlich schwieriger.
Ich möchte zu ein paar Sachpunkten kurz etwas sagen: Wir dürfen uns nicht aufschaukeln zwischen Antragstellern hier und Gutachtern da, als ob wir auf zwei verschiedenen Seiten stünden. Die Gutachter sind nicht die Interessenvertreter der Krankenkassen oder der KV. Das Begutachtungsverfahren ebenso wie die vorübergehende Kürzung der Kurzzeittherapie von früher 20 auf 15 Stunden war eine Konsequenz aus der Tatsache, daß die Krankenversicherungen sich darüber beklagt hatten, viele Leute, die sich als Verhaltenstherapeuten bezeichnen, würden de facto GT, Gestalt, eben alles mögliche nur nicht VT machen. Und die Kassen waren nicht länger bereit, dieses mitzumachen und haben gedroht, den Vertrag "Verhaltenstherapie" zu annullieren. Daraufhin hat es Gespräche darüber gegeben, welche Möglichkeiten es denn gebe, abzusichern daß VT auch VT ist. Und dann kam diese Idee, das Gutachterverfahren zu intensivieren, indem man die Kurzzeittherapien so weit herunterdrückt, daß sie eigentlich nur noch für wenige Patienten möglich sind. Nachdem jetzt der gegenteilige Eindruck eingetreten war, daß sich die "schwarzen Schafe" nämlich entweder nachgebildet haben (was ja die eigentliche Intention war) oder ausgestiegen sind und das

gros der Anträge und der Therapien tatsächlich VT sind, wurde auch relativ schnell reagiert, indem man die Kurzzeittherapie auf 25 plus 5, das sind ja de facto 30 Sitzungen erhöht hat. Das zu der historischen Entwicklung. Und ich selber habe das ja auch erlebt: Früher bin ich häufig angeeckt mit Antragstellern, inzwischen geschieht das nur noch sehr selten. Ich denke, das war und ist ein Prozeß des Lernens, mit diesem System umzugehen. Und hilfreiche Umgangsweisen, die man praktizieren kann, sind die hier bereits erwähnten Telephonate oder die Genehmigung einer Probetherapie mit der Auflage, das und das noch nachzureichen. Es gibt noch viele andere Möglichkeiten, die Kommunikation partnerschaftlich im Sinne der Verbesserung der VT zu betreiben.

Was mich sehr verblüfft hat, war das Plädoyer für eine lebenslange Supervision. Sehr sehr verblüfft! Denn wenn das interaktionell nicht funktioniert, dann ist das, was wir an Reibereien hier im Gutachterverfahren haben, ein schwächster Abglanz von dem, was ablaufen wird, wenn Sie so etwas freiwillig als eine Auflage nehmen (Applaus). Ich bin sehr für eine lebenslängliche Weiterbildungsverpflichtung, wie sie von Ärzten zum Teil gewissenhaft durchgeführt wird. Das hat auch nichts mehr mit Berufspolitik zu tun. Auch sollte man Delegationsverfahren und Gutachterverfahren nicht durcheinander bringen. Und die Psychologen wissen genau, daß sie ein Psychotherapeutengesetz gegebenenfalls nur unter dem Nachweis der Qualitätssicherung erhalten! Ich würde sehr vorsichtig sein mit dieser lebenslangen Supervision. Dann zum Thema, das Herr Köhlke einbrachte: Ich verstehe das schon: Natürlich ist die Beziehung entscheidender als die Technik. Es gibt keine Psychotherapie, wo das nicht so ist. Aber sie werden nie die Krankenversicherung davon überzeugen, daß sie eine Beziehungstherapie bezahlt. Sie wird sagen: Die Beziehung ist die Basis - in jeder Therapie. Aber die Verhaltenstherapie hat den Anspruch erhoben, daß sie darüberhinaus etwas Spezielles kann, was die Psychoanalyse z.B. nicht kann. Oder was die Gestalttherapie nicht kann. Und dieser Teil soll qualitätsgesichert werden. Daß einer, der die Qualifikation als Therapeut hat, die Beziehungsseite handhaben kann, wird vorausgesetzt, das wird nicht geprüft! Es wäre fatal, wenn Sie auf die Krankenversicherung zugehen und sagen, das entscheidende in der Therapie sollte fortan die Beziehungsseite sein. Die Krankenversicherung wird antworten: Dann brauchen wir überhaupt keine Psychoanalyse, GT, VT, usw. Dann brauchen wir ein Training in Beziehungsumgang und alles andere erübrigt sich. Das wäre die gleiche Konsequenz wie jene, die sich aus metaanalytischen Psychotherapiestudien ergeben: Daß alle Psychotherapien wirken und alle gleiche Effekte haben. Daraus hat man in Amerika die Konsequenz gezogen, daß die kürzeste Ausbildung, die kürzeste Therapie mit der größtmöglichen Gruppe die Optimalbehandlung sei. Also auch da ist mir klar, daß diese Elemente im Umgang mit dem Patienten wichtig sind, aber das ist kein Argument gegenüber der Krankenversicherung. Da würden die Leute rot vor Wut, wenn die das hörten. Die haben ohnehin Angst, daß ihnen eine wahnsinnige Kostensteigerung bevorsteht und die sind nur bereit, Psychotherapie zu finanzieren, wenn sie auf einer ganz sachlichen Ebene die Vorteile in der Versorgung der Patienten sehen. Ich glaube das reicht jetzt. Danke.

KÖHLKE: Zunächst einmal, Herr Hand oder Iver, denn wir duzen uns ja eigentlich aus alten Hamburger Zeiten, muß man sich vorhalten lassen, daß die vorhin von Dir angesprochene Überparteilichkeit der Gutachter und Deine entsprechenden Aussagen kritischer beurteilt werden, wenn man auch andere Funktionen im Rahmen der Kassenärztlichen Bundesvereinigung ausübt.

Jetzt zum eigentlichen Thema: Es geht für mich nicht um die rhetorische Frage: Unspezifische Beziehungstherapie versus spezifische Verhaltenstherapie. Natürlich ist die therapeutische Beziehung alleine noch nicht die Therapie. Die Beziehung ermöglicht quasi den sensiblen Zugang zum Patienten, wodurch wir schrittweise überhaupt erst zu den eigentlichen Hintergrund-Informationen für die häufig vordergründige Symptomatik kommen und wodurch unsere therapeutischen Interventionen den Patienten tatsächlich erst erreichen und so Weiterentwicklungen und Veränderungen möglich werden.

Wenn Du sagst, Beziehungsfähigkeit des Therapeuten wird quasi unterstellt und sei flott trainierbar, dann möchte ich darauf aufmerksam machen, daß diese vielleicht entscheidend wichtige therapeutische Qualifikation besonders schwierig auszubilden und gerade nicht als Selbstverständlichkeit jedem Therapeuten verfügbar ist - trotz aller seiner Qualitäten beim Anträgeschreiben.

Aber gerade diese immens wichtigen psychologischen Basiskriterien können weder die Gutachter noch die Therapieforscher erfassen, deshalb müssen Technik und technokratische Verfahren so in den Vordergrund rücken.

Ich vermute, daß je erfahrener ein Praktiker wird, desto mehr löst er sich von dem schützenden Korsett des Standarddenkens und desto mehr bestimmt auch in der Verhaltenstherapie das tiefere individuelle Verstehen des Gesamtzusammenhangs den Therapieprozeß.

Häufig stellen wir doch in der fortgeschrittenen Praxis, im beziehungsmäßig verankerten "Tiefblick" fest, daß tiefere Ursachen und Bedingungen, die wir zu Beginn gar nicht oder allenfalls verdachtsweise ausgemacht haben, den eigentlichen kausalen Hintergrund einer Störung bilden. Wir arbeiten dann hieran - mit und nach verhaltenstherapeutischen Prinzipien und Verfahren -, verlassen aber doch letztendlich die im Antrag vorgestellte konfliktfreie Plausibilitäts-Standardtherapie.

Es geht doch um die Gefahr eines medizinischen Rezeptologie-Denkens durch das Gutachterverfahren: bei einer bestimmten Symptomatik oder Störung ist ein bestimmtes standardisiertes Therapieprogramm angezeigt und dementsprechend auch zu beantragen.

Ich habe vorhin bereits aufzuzeigen versucht, daß diese angepaßte Logik nicht dem komplexen tatsächlichen Praxisgeschehen entspricht, was zur Kenntnis genommen werden muß, damit nicht die Gutachter meinen zu wissen, wie Verhaltenstherapie in der ambulanten Praxis aussieht.

Einerseits helfen uns häufig in der alltäglichen Dynamik die Standardverfahren, die unter institutionellen Bedingungen ermittelt wurden, gar nicht weiter, weil unsere Therapien viel komplexer und weniger planbar sind als die variablenreduzierten Forschungsprogramme, andererseits bekommen wir als Praktiker Schuldgefühle und Identitätsverluste, wenn wir dann vom wissenschaftlich seriösen, "sachlichen" Standard unseres beantragten Behandlungsplanes abweichen müssen und intuitiv, flexibel und kreativ werden müssen.

Die hier beinahe drohend illustrierten Bedürfnisse der Kassenvertreter nach sachlicher Klarheit hinsichtlich der Leistungen, die bezahlt werden sollen, machen die Kluft zwischen Theorie und Praxis nicht geringer. Die Kassenvertreter werden uns nicht sagen können, wie eine effiziente Therapie im konkreten Einzelfall auszusehen hat. Und die Gutachter sollten doch nicht so tun, als würde ihnen mit dem Antrag ernsthaft ein Einblick in das tatsächliche Therapiegeschehen ermöglicht werden.

HAND: Das könnte noch eine Stunde so weitergehen. Ich sage nur noch einen Satz dazu: Wir als Verhaltenstherapeuten sollten unsere Verfahren nicht als technokratische Verfahren bezeichnen, und wir sollten nachweisen (soweit es überhaupt geht im Gutachterverfahren), daß wir über die Beziehungsseite der Therapie hinaus etwas spezifisch verhaltenstherapeutisches tun. Das ist der einzige Sinn und Zweck dieses Gutachterverfahrens und dabei belasse ich das.

LIEB: Diese Diskussion eben hat mich an die Auseinandersetzung erinnert, die in den 50er Jahren zwischen Skinner und Rogers geführt worden ist: Beziehung versus Technik! Vielleicht müssen wir die in der BRD auch führen. Aber ich möchte einen anderen Punkt aufgreifen und zwar das Stichwort von Eva Koppenhöfer, als sie sagte: Ich möchte über die Kommunikation reden. Mir leuchtet es ein, wenn jemand aus der Sicht der Versicherten als Gemeinwesen sagt: Wir brauchen irgendein Prüfverfahren! Denn wenn wir als Gemeinschaft der Versicherten Therapien bezahlen, dann kann es nicht in das Belieben von Therapeuten und Patienten gestellt werden, daß sie auf Kosten der Versicherten "irgendwas" machen! Dieses Interesse von Versicherten läßt sich juristisch, ethisch und ökonomisch auch legitimieren. Gutachter sind letztlich eben doch Beauftragte der Versicherten, dieses Prüfverfahren durchzuführen. Woher hätten sie denn sonst ihre Legitimation? Wenn sie es nicht von den Versicherten hätten, stünden sie meines Erachtens bezüglich ihrer Legitimation nackt da! Dann stellt sich aber die Frage: Woraufhin wird geprüft? Und hier möchte ich auf eine meines Erachtens sehr wichtige Unterscheidung hinweisen: Wir laufen hier in Deutschland Gefahr, daß die Gutachten der Gutachter gleichgesetzt werden mit einem Gutachten darüber, was Verhaltenstherapie ist. Und da sehe ich Schwierigkeiten: Was legitimiert diese Gruppe dazu, zu definieren, was Verhaltenstherapie ist? Demgegenüber muß ich als Verhaltenstherapeut doch offen sein für neue Entwicklungen und auch dafür, daß die Definitionen von VT mittlerweile doch sehr verschieden ausfallen!
Ich stelle Ihnen einmal eine Frage: Was wäre in der USA geschehen, wenn dort gegen Ende der 60er Jahre ein Gutachterverfahren eingeführt worden wäre, das geprüft hätte, ob das, was Therapeuten tun, nach den damals gültigen Kriterien "noch" VT ist. Und wenn dabei Skinner definiert hätte, was Verhaltenstherapie ist?! Ich bin also der Meinung, man muß trennen, ob sich die Prüfung auf die der Prognose oder des Vorliegens einer Krankheit bezieht (das ist schwierig genug), oder ob geprüft wird, ob das VT ist. Ein letztes Argument dazu: Ich bin vorwiegend in der Ausbildung von Verhaltenstherapeuten tätig und von daher weiß ich, daß die ewige Frage: "Ist das noch VT?" im Moment zu einer Denk- und Kreativitätshemmung führt, weil der Einzelne Angst hat, frei zu formulieren, was er tut. Er hat Angst vor der Exkommunikation, die da sagt: "Das ist nicht mehr VT - Du gehörst nicht mehr zu uns!"

LANGLOTZ-WEISS: Ich möchte gerne ein paar ergänzende Sachen sagen. Zum einen: Was Herr Linden über die falschen Formulare gesagt hat, das war schon eine leichte Kränkung! Wir sind beide Therapeuten, die sehr etabliert sind in diesem System, die beide auch noch nie einen Antrag abgelehnt bekommen haben und die beide mit den Gutachtern gut kooperieren. Wir hatten gedacht: Auf dem Hintergrund dieser Sicherheit können wir es uns vielleicht leisten, auch kritische Aspekte anzusprechen. So, das zu sagen, war mir ein Bedürfnis!
Ein zweites zu dieser lebenslangen Supervision: Wir haben wirklich keine perfekten Modelle. Es ist uns auch nicht darum zu tun, aus dem Handgelenk eine Alternative zu entwickeln zu dem, wie es im Moment läuft. Unsere Hoffnung war es, hier einen Anstoß zu geben, uns um Alternativen zu bemühen, wie man die Qualitätssicherung anders als mit diesen doch etwas seltsamen Kommunikationsstrukturen herstellen kann. Und einige Beiträge, die vorhin hierzu gekommen sind, fand ich sehr anregend. Vielleicht entsteht hier eine Initiative, die

sich da Gedanken macht. Mir ist es auch sehr darum zu tun, mit den Krankenkassen sensibel umzugehen; ich möchte nicht das Kind mit dem Bade ausschütten. Ich denke aber auch, daß man nicht aufgrund dessen, was wir bisher erreicht haben, in eine Lähmung verfallen soll nach dem Motto: Sich bloß nicht rühren, weil dann geht alles wieder kaputt! Das wäre vielleicht das, was Du mit Kreativitätshemmung meinst. Man müßte ja nicht zu einem Supervisor gehen, mit dem man nicht kann. Ich denke, wenn mir einer verordnet würde, ergäbe das wirklich Hauen und Stechen, wenn ich mit dem nicht kann. Aber es gibt ja verschiedene Gremien und auch da kommen wir vielleicht nicht darum herum, daß es dann Gefälligkeitsbescheinigungen gibt. Aber die gibt's auch heute schon! Also gibt es kein perfektes System, aber es gibt vielleicht eines, das menschenfreundlicher ist als das, das wir im Moment haben.

HAND: Vielleicht ganz kurz etwas zu der Kreativitätshemmung. Das kann ich voll unterschreiben! Ich bin der Meinung, daß die Verschulung und die Verreglementierung - jetzt auch hinsichtlich dessen, was ein Institut anbieten muß, teilweise mehr zwanghafte Ausformulierungen als inhaltlich überzeugende Dinge sind. Das kann ich alles voll tragen. Nur, man muß immer zurück zu den sozialen und sozial-politischen Ausgangsbedingungen und der Auftrag war, die "Qualitätssicherung VT" den Kassen gegenüber zu belegen. Das war der Auftrag. Ich kann mir gut vorstellen, daß in Zukunft Konsens darüber besteht, daß alle die, die die Zulassung erhalten und aus den Instituten gekommen sind, qualifiziert sind. Daß also dieser Aspekt der Begutachtung: "Ist das die optimale Form von VT oder ist es überhaupt VT" im Gutachterverfahren entfallen wird und daß sich das genau in die Richtung entwickeln wird, die jetzt vorgeschlagen war. Auf die Frage, ob eine Krankheit im Sinne der RVO vorliegt, darauf wird die Kasse nicht verzichten. Die hat panische Angst, daß Lebenshilfe bezahlt wird aus dem Krankengeldpott! Dann war da noch die Frage: Was wäre in den USA passiert, wenn es dort ein Gutachterverfahren gegeben hätte. Dazu werden Sie vielleicht wissen: In den Richtlinien steht, daß die Verhaltenstherapie deswegen aufgenommen wurde, weil sie behauptet hat, daß ihre Effekte überzeugend nachgewiesen sind. Und "nachgewiesen" heißt: Durch Studien belegt! Dabei sind oft beide Augen zugedrückt worden. Denn wenn Sie sich den Indikationskatalog für Verhaltenstherapie ansehen, dann finden Sie dort jede Menge an Bereichen, für die es überhaupt keine überzeugenden Studien gibt, daß Verhaltenstherapie hier tatsächlich effektiv ist.

Ich habe Diskussionen erlebt, in denen Niedergelassene für mich völlig überzeugend gesagt haben: Ich mache die und die Gruppen, und das läuft super - also muß ich die doch bezahlt bekommen! Dazu ist meine Gegenfrage: Wenn jetzt ein gut ausgebildeter Gesprächstherapeut, Gestalttherapeut oder ein anderer Therapeut kommt, den ich genauso ernst nehme, und der sagt, er mache das und das und das laufe hervorragend: Warum soll ich dem weniger glauben als dem der "Verhaltenstherapeut" heißt? Wenn also klinische Berichte als Grundlage für die Einrichtung in das Kassenversorgungssystem genommen würden (vielleicht zurecht, das will ich überhaupt nicht abstreiten), dann wären die Tore absolut geöffnet und es gäbe einen enormen Influx an Therapeuten und eine unübersehbare Anzahl individualisierter Therapieverfahren. Sie können dafür plädieren, mit Recht. Nur sie werden es nicht durchkriegen. Es ist sozialpolitisch nicht realisierbar. Das ist der Punkt. Also muß man nach der Kompromißlinie suchen, und immer wieder aufpassen, daß nicht dieses Feindbild entsteht, bei dem der Gutachter der Böse und der Antragsteller der Geprügelte ist. Im Endeffekt wollen beide Seiten, daß dieses Verfahren, das nun mal glücklicherweise drin ist (mit vielen Versprechungen, die wir nicht halten!) abgesichert wird. Ich wäre sehr dafür, daß auch andere Verfahren hineinkommen, die gut sind und die einen vergleichbaren Effizienznachweis haben. Wenn der aber fallengelassen wird, dann gibt es keine Kriterien mehr, außer der Glaubwürdigkeit des Individuums. Und das ist das Problem in der Kommunikation mit den Kassen.

LINDEN: Ich möchte noch einmal etwas aus der Gutachtersicht dazu sagen: Ich denke, wir sollten das Ganze als ein kooperatives Verfahren verstehen, mit allen Konsequenzen! Ich habe vorhin schon gesagt, ich kenne eigentlich niemanden, der sich als Gutachter gerne Arbeit macht mit einer Ablehnung und eine solche ist immer mehr Arbeit als eine Genehmigung. Zum zweiten: Maren, Du hast eine gute - eine wichtige Information gegeben: Du selbst hast noch nie eine Ablehnung erlebt. Wir sollten also gemeinsam überlegen, worüber wir eigentlich reden! Wir reden darüber, daß die Krankenkassen (oder wer auch immer) aus guten Gründen eine zweite Unterschrift möchten, bevor sie bezahlen. Und diese Unterschrift wollen sie von einem Unabhängigen haben.
Es wäre sicherlich wichtig, auch auf zukünftigen derartigen Kongressen das Thema Gutachten zum Thema zu machen. Jeder von uns Gutachtern könnte dann gerne Beispiele zeigen, wie und auf welcher Basis es zu Ablehnungen kommt. Und es würde mich sehr wundern, wenn dann jemand hier im Raume wäre, der nicht denkt, daß in solchen Fällen eine Nachfrage angezeigt wäre! Wenn wir also hier Sturm laufen für und gegen Gutachterverfahren, dann sollten wir uns doch überlegen: Worüber reden wir eigentlich? Der Normalfall läuft doch! Und wenn jemand in einem Bericht den Eindruck vermittelt, daß er weiß, was Sache ist und plausibel machen kann, warum er denkt, daß das, was er tut, etwas bringen wird, dann möchte ich den Antrag sehen, der dann abgelehnt würde. Ich würde hier als Nullhypothese behaupten: Den Fall gibt es nicht! Man kann also in einen durchaus kooperativen Prozeß einsteigen. Und wenn es zu einer Ablehnung kommt, würde ich sagen: Das ist vielleicht eine Kränkung des Narzißmus, wenn man das hier so sagen darf, aber keine Katastrophe. Denn man kann miteinander telefonieren - man kann sich auch an den Obergutachter wenden. Natürlich sind auch Gutachter nicht unfehlbar. Deshalb denke ich, wir sollten zu einer eher kooperativen Betrachtung dieses Problems kommen, statt so zu tun, als ginge es hier um ein nicht kooperationsfähiges Verfahren, wie es mir in manchen Aussagen zumindest durchzuscheinen scheint.

LANGLOTZ-WEIS: Ich habe das Gefühl, ich werde permanent mißverstanden. Entweder kann ich mich nicht klar ausdrücken oder es liegt noch an etwas anderem. Es geht mir nicht darum, Fronten aufzubauen. Es geht mir auch nicht darum, zu sagen, daß es schlechte Anträge gibt, die abgelehnt werden müssen. Es geht mir nicht darum, gegen die Gutachter zu arbeiten. Ich würde mir ja selber schaden damit - warum sollte ich das machen? Es geht mir darum, kollektiv darüber nachzudenken, was wir eigentlich miteinander machen und möglicherweise nach Alternativen zu suchen, wie wir das konstruktiver tun können! Das ist mir ein Anliegen. Es geht nicht darum, mich zu rechtfertigen oder zu sagen, ich könne gute Anträge schreiben!

FREY: Es ist überhaupt noch nicht darüber gesprochen worden, wieviel Zeit man benötigt, um einen Antrag zu schreiben. Ich benötige dafür immer noch 3, manchmal 4 Stunden. Ich könnte mir viel Mühe ersparen, wenn ich stattdessen nur Kurzzeittherapien durchführen würde.

Einwurf LINDEN: Diese Zeit für Anträge ist von den Krankenkassen in die Bezahlung der Langzeittherapie doch hineingerechnet worden! Sie bekommen doch für Langzeittherapien mehr Geld als für Kurzzeittherapien!

FREY: Aber ich könnte in der Zeit, in der ich Anträge schreibe, mehr Therapien machen! Es geht mir auch noch um etwas anderes: Ich schreibe immer in der gleichen Qualität Gutachten. Die Antwort der Gutachter ist sehr verschieden: Für die einen ist der Antrag zu lang, für den anderen zu kurz. Das bringt mich in Verwirrung!

KOPPENHÖFER: Ich habe einmal spaßeshalber etwas ausgerechnet: Ich habe einige Kollegen in Supervision, die ganztägig Therapien durchführen. Einige davon machen, wenn sie wirklich ernsthaft arbeiten, sehr wenig Kurzzeittherapien; sie machen eher Langzeittherapien! Die kommen pro Woche auf ca. einen Langzeitantrag. Wenn man jetzt 45 Arbeitswochen pro Jahr zugrunde legt und ca. 4 Stunden pro Antrag (das ist meine Erfahrung) und wenn man noch zusätzliche Arbeiten hinzufügt (z. B. Telephonate mit dem Hausarzt, damit man den körperlichen Befund erhält, weil den mein delegierender Arzt nicht erbringt, sowie das Überprüfen, ob auch alle Unterschriften stimmen usw.), dann komme ich auf ca. 22 ½ Tage pro Jahr, in denen ich nur Anträge schreibe und in denen ich nichts verdiene! Das will ich anmerken , wenn hier gesagt wird, das würde honoriert! (Applaus)

TILLMANNS: Wenn man die Diskussion zusammenfassen will, dann sind wir uns in einem Punkt sicher einig: In dem Wunsch danach, die Kommunikation zwischen Gutachtern und ambulant Tätigen zu verbessern. Ich fände es eine schöne Sache, wenn wir nicht darauf warten, daß die KBV so etwas einrichtet, sondern wenn wir es als Verhaltenstherapeuten selbst schaffen, bei solchen Treffen auch in Zukunft ein solches Kommunikationsforum einzurichten. Ich danke ihnen.

H. Lieb

# VERHALTENSTHERAPIE IM STATIONÄREN BEREICH: ZUR WECHSELWIRKUNG VON VERFAHREN, PERSONEN UND INSTITUTIONELLEM SETTING

## VERHALTENSTHERAPIE MIT KINDERN UND JUGENDLICHEN: MIT VEREINTEN KRÄFTEN

Werner Becht

Eine Behandlung soll ein bestimmtes Ziel haben und dieses Ziel soll möglichst klar, unverwechselbar und eindeutig zur Orientierung von Patient und Therapeut vorliegen. Dieses Ziel formulieren wir zusammen mit dem Patienten. Allgemeine Ziele taugen wenig zur Orientierung und das selbstverständlichste - "gesund werden" - liegt in der Regel viel zu weit entfernt und meint eher die Abwesenheit von Symptomen und Beschwerden, Abwesenheit von Krankheit also - und nicht Gesundheit (siehe Lutz in diesem Band).

Daß wir formulierbare Therapieziele haben, daß wir unsere Arbeit auf einen Zweck, auf ein Ziel hin organisieren können, ist ein Wesensbestandteil der Verhaltenstherapie. Inzwischen haben wir Verhaltenstherapeuten in Sachen Therapieziele sicherlich einiges an Naivität verloren und wissen, daß wir die Therapieziele am besten nicht gleich festmauern, sie vielmehr vorsichtig und vorläufig festlegen - mit dem Gedanken im Hinterkopf, wir könnten in der Therapie noch klüger werden und andere Ziele für wichtiger und notwendiger halten oder der Patient könnte uns mit zunehmender Mitteilungsfreude und Mitteilungsfähigkeit oder aufgrund verbesserter Selbstbeobachtung eine neue Basis unserer Zielbestimmung schaffen.

Therapieziele sind nur dann verwertbar, wenn der Patient sie selbst definiert oder mitdefiniert hat oder wenn der Therapeut den Patienten zumindest für dieses Ziel überzeugen kann. Patienten können nicht gegen ihre Bereitschaft zu Zielen bewegt werden, auch wenn die Therapeuten sicher sind, daß sie über das bessere Wissen darüber verfügen, was dem Patienten guttun würde. Verhaltenstherapeuten haben weiterhin gelernt, daß vorab definierte Therapieziele keine fixen Markierungen darstellen, die unbedingt erreicht werden müssen, und daß manchmal nur ein großes oder kleines Stück in Richtung auf dieses Ziel voranzukommen ist.

Ein Ziel, zu dem wir uns in der Therapie hinbewegen, ist gewöhnlich ein Zustand von psychologisch (oder physiologisch) größerer Zufriedenheit, z.B. bedingt durch Abwesenheit von Angst oder Schmerz oder - eine Ebene komplizierter - ein Zustand von größerer oder anderer Selbstwirksamkeit oder Handlungsfähigkeit, der uns eine bessere Befindlichkeit herbeiführen läßt.

Wenn es um Kinder geht, ist diese Geschichte mit dem konkreten nächsten Ziel als instrumenteller Zwischenstation zum letztendlichen Ziel manchmal noch schwerer zu vermitteln als die Lehrerweisheit, daß Kinder nicht für die Schule lernen, sondern für das Leben. Die Mitarbeit von Kindern in der Therapie hat manchmal die Anerkennung der Eltern oder des Therapeuten zum Ziel oder geschieht aus Respekt oder Angst vor den Eltern oder dem

Therapeuten und so weiter - auf alle Fälle in der Regel nicht aus Gründen, die wir Verhaltenstherapeuten besonders mögen.

Es gibt auch nur sehr wenige Kinder, die es schick finden, zum Psychotherapeuten zu gehen - den meisten ist es eher peinlich.

In der Therapie gibt es nicht unbedingt einen Zustand, zu dem der Patient hin will, sondern vielmehr häufig einen Zustand, von dem der Patient möglichst bald möglichst weit weg will. Das macht die Sache schwierig. Manchmal funktionieren solche ersten Wünsche wie "Angstfreiheit" oder "Beschwerdefreiheit" oder "die Last loswerden" nicht mehr, weil manchmal Angstfreiheit oder Beschwerdefreiheit eine unzulängliche Definition für eine lohnende Lebensform oder für einen lohnenden Lebensinhalt darstellt. Und manchmal - wir erleben das immer wieder bei Behandlungen von Zwangspatienten - ist es fast genau so wichtig, beschwerdefrei leben zu lernen, wie die Beschwerden los zu werden.

Bei Kindern sieht die Sache noch etwas komplizierter aus, zum Beispiel weil nicht die Kinder unter ihren Beschwerden leiden, sondern die Eltern oder die Schule, oder die Eltern deshalb unter den Beschwerden ihrer Kinder leiden, weil die Schule ihnen Ärger macht. Des einen Freud kann des anderen Leid werden: Die Behandlung des Patienten kann kurzfristig dem Wohlbefinden seiner Eltern dienen und nur langfristig die Lebensbewältigung des Patienten verbessern. Die Behandlung sozial abhängiger oder ängstlich-unterwürfiger, sozial gehemmter Kinder wiederum kann das Wohlbefinden der Eltern kurz und oder langfristig verschlechtern.

Wenn Eltern zu uns kommen, weil sie das Verhalten ihres Kindes nicht mehr aushalten, steht die Entscheidung an, ob diese Eltern in einer Therapie ertragen lernen müssen, wie das Kind sich verhält oder ob das Kind an der Reihe ist, sein Verhalten zu ändern oder beide Teile etwas anders machen müßten, um in der Enge einer Familie miteinander zurechtzukommen. Brisant ist diese Entscheidung bei den meisten Verhaltensstörungen, deren Definition häufig eine relationale Entscheidung ist, die sich auf interaktionelle Strukturen bezieht.

Ein Verhalten ist nicht aus sich heraus gestört, sondern wird in einem bestimmten Kontext zur Störung. Wichtigstes Element dieses Kontextes sind die Interaktionspartner. Wer trifft die Entscheidung, ob sich Eltern oder Kind oder beide in welchem Ausmaß jeweils verändern sollen und nach welchen Kriterien? Überlassen wir das den Eltern? Wo ist unser Handbuch der Normalität von kindlichem Verhalten, elterlicher Duldsamkeit und Toleranz und Erziehung?

Gehen wir erst einmal zu den klareren Entscheidungen: Die Notwendigkeit zur Behandlung wird in der Regel von den Eltern, von Hausärzten, von Fachärzten, von Erziehungsberatern, von Lehrern oder von Schulpsychologen gesehen. Dies natürlich um so mehr, wenn Kinder ihre Symptomatik selbst nicht wahrnehmen oder nicht darunter leiden. In der Regel treffen die Eltern die Entscheidung, daß sich das Kind in Behandlung begeben soll und bestimmen den Zeitpunkt, zu dem dies geschehen soll. Dem Therapeuten fällt unter anderem die Aufgabe zu, den Bezug der Störung zur statistischen Norm zu klären und für sich zu überprüfen, ob er zum Therapieziel der Eltern beitragen darf, soll und wenn er es soll, ob er es kann. Das hat etwas mit Moral zu tun. In den seltensten Fällen haben Kinder selbst das Bedürfnis, sich einer verhaltenstherapeutischen Behandlung zu unterziehen. In den allerseltensten Fällen wünschen sie von sich aus gar eine stationäre Behandlung. Wenn Verhaltensauffälligkeiten sich auf interaktionelle Strukturen beziehen und relational entschieden werden, muß die Entscheidung zur Behandlung nichts mit der Befindlichkeit des auffälligen Kindes zu tun haben. Die Befindlichkeit des Kindes kann auch auf Umwegen gestört sein, es kann durch die Eltern oder die Schule unter Druck geraten und unter diesem Druck leiden. Wenn wir uns die Liste von Verhaltens- und Erlebnisstörungen bei Kindern und Jugendlichen ansehen, wie sie von Kinder- und Jugendpsychiatern aufgestellt werden, und wenn wir uns die Patienten einer kinder- und jugendpsychiatrischen Klinik ansehen, erkennen wir, daß nur ein geringer Prozentsatz der Kinder unter einem Leidensdruck stehen, den sie in Zusammenhang mit ihrer Symptomatik bringen können.

Hier fehlt zwangsläufig bei der Frage der Zielbestimmung beim Betroffenen sogar der Wunsch, sich von etwas weg zu bewegen. Wir brauchen dabei nicht nur an aggressives Verhalten, an unangepaßtes Sozialverhalten (das trotz seiner Unangepaßtheit erst einmal sehr erfolgreich ist) zu denken. Diese Situation finden wir auch bei Enuretikern, bei Trennungsängsten, bei sozialen Ängsten, bei Schulverweigerern mit entsprechend intaktem Vermeidungsverhalten. Die Kinder definieren die Probleme anders. Das Problem ist die Intoleranz der Mutter gegenüber einem nassen Bett oder das Problem ist die Abwesenheit der Mutter oder die Anwesenheit fremder Kinder. Wenn wir die Mitarbeit der Kinder auf ihr Therapieziel hin brauchen, müssen wir ihnen dieses Therapieziel erst einmal plausibel und attraktiv machen oder eine Beziehung schaffen und einsetzen, damit das Kind im Vertrauen auf den Therapeuten einen neuen Weg ausprobiert.

Entsprechend unserer Rechtslage sind die Eltern im großen und ganzen in der Lage, Behandlungen anzuzetteln und abzubrechen, wenn sie es für richtig halten. Nur bei geschlossener Unterbringung in der stationären Behandlung müssen Eltern vorher das Vormundschaftsgericht bemühen und eine Entscheidung nach § 1631b herbeiführen.

Es muß schon eine große Gefahr für die seelische oder körperliche Gesundheit des Kindes bestehen, daß den Eltern dieses Recht streitig gemacht werden kann.

Das Gesetz geht ja nicht sehr zimperlich mit Kindern und Jugendlichen um. Im großen Rahmen dessen, was wir Erziehung nennen, ist eine ganze Menge von Dingen möglich, die im Umgang zwischen Erwachsenen zu strafrechtlichen Konsequenzen führen würden. Ich zitiere Ekkehard von Braunmühl in seiner Auseinandersetzung mit Pädagogik und Antipädagogik (" Der heimliche Generationenvertrag", Hamburg 1986): "Der Gesetzgeber räumt sogenannten erziehungsberechtigten Erwachsenen Sonderrechte ein, die das Kind außerhalb des Schutzes der Menschenrechte, des Grundgesetzes, des staatlichen Gewaltmonopols und des Wertesystems der Gesellschaft stellen. Eltern sind berechtigt, ihre Kinder zu bestehlen, zu belügen, zu betrügen, zu berauben, zu beleidigen, zu bedrohen, zu erpressen, zu nötigen, einzusperren, zu schlagen, ihnen die Haare abzuschneiden, ihnen Körperverletzungen beizubringen, sie auszuziehen, zu betasten, zu streicheln, zu küssen, ihre Freundschaften zu unterbinden und vielerlei mehr, wozu Menschen sonst nicht berechtigt sind, weil es die Würde und Freiheit der "Opfer" verletzt, die der Staat zu schützen sich sonst für berufen erklärt."

Das ist eine sehr exzessive Beschreibung dessen, was Mißbrauch von Erziehung bedeuten kann. Eltern werden hier als Täter, Kinder als Opfer beschrieben. Diese oben beschriebene Liste dessen, was Kinder an Mißbrauch erfahren können, sehen wir nicht selten in der Kinder- und Jugendpsychiatrie als Teil der Lebensgeschichte von psychisch auffälligen oder kranken Kindern. Sollte dieser Mißbrauch Ursache oder Mitursache von psychischen Erkrankungen sein, was wir nicht automatisch annehmen können, sondern erst einmal feststellen müssen, könnte in einer solchen Situation Therapieziel sein, den erzieherischen Mißbrauch abzustellen, indem wir die Wehrhaftigkeit, allgemeiner ausgedrückt die Selbständigkeit, der Kinder erhöhen, oder den Eltern helfen oder sie anhalten, sich anders zu verhalten. Von diesem Vorgang könnten wir erwarten, daß er die Zufriedenheit von Kindern erhöht. Wir gehen weiterhin davon aus, daß Eltern in der Regel zufriedener sind, wenn sie gesunde, ungestörte Kinder haben.

In der Psychotherapie empfiehlt es sich jedoch, nicht in einfachen Täter-Opfer-Schemata zu denken und zu handeln. Zumindest lohnt es sich, auch umgekehrt zu fragen: Was dürfen Kinder ungestraft mit Eltern tun?

Auch Kindern werden Sonderrechte eingeräumt, die Eltern außerhalb des Grundgesetzes, des staatlichen Gewaltmonopols und des Wertesystems der Gesellschaft stellen. Kinder sind in der Lage, ihre Eltern zu belügen, zu betrügen, zu berauben, zu beleidigen, zu bedrohen, zu erpressen ....siehe oben. Kinder sind manchmal nicht zimperlich in der Vertretung ihrer Interessen und das Verhalten von Kindern kann die Befindlichkeit ihrer Eltern deutlich verschlechtern. Die Symptomatik eines Kindes kann das Verhalten von Eltern erheblich verändern, kann auffälliges Verhalten bei den Eltern hervorrufen - auch ungewohntes oder ineffizientes erzieherisches Verhalten, kann zur Entstehung von Symptomen bei Eltern beitragen, kann Verhaltensgewohnheiten und Interaktionsstile der ganzen Familie auf den Kopf stellen (man denke an anorektische Mädchen, an Kinder mit hyperkinetischem Syndrom und aggressivem Verhalten). Sich ungeprüft auf eine Seite stellen, ist sicher weder angebracht noch nützlich. Es spricht nichts dafür, daß wir uns grundsätzlich als Anwälte des Kindes verstehen müssen. Viele Eltern kommen mit Angst und schlechtem Gewissen in die Behandlung, weil sie gehört und gelesen haben, daß kindliche Auffälligkeiten allein aus dem Fehlverhalten der Eltern resultieren. Aus dieser Ausgangsposition von Schuld und Angst heraus ist nicht nur mit Kindern, sondern auch mit Eltern schwer zu arbeiten.

Vielleicht ändert die Tatsache, daß viele Verhaltenstherapeuten inzwischen der Elterngeneration angehören, die Sichtweise.

Bei Kindern mit Enuresis oder mit Trennungsängsten ist die Sache dann relativ einfach, wenn wenigstens einer der Interaktionspartner (hier die Eltern) einen Änderungswunsch in Bezug zur Symptomatik haben und unter dem Verhalten der Kinder leiden. So könnten wir theoretisch hingehen und den Eltern behilflich sein, das, was sie stört, abzustellen. Wir verfügen in der Verhaltenstherapie über eine Reihe von Strategien, wir können die Eltern als Mediatoren einsetzen, sie mit ihrem enuretischen Kind ein Blasenkapazitätstraining durchführen und es systematisch für Trockensein verstärken lassen und sie in die Benutzung eines Stero-Enurex einweisen. Dann geht es zumindest den Eltern besser, und das Kind kann beim nächsten Landschulaufenthalt mitfahren, ohne sich vor den Klassenkameraden zu blamieren.

Deutlich komplizierter ist die Situation, wenn Eltern oder Elternteile zwar unter der Erkrankung ihres Kindes leiden, aber gleichzeitig von der Erkrankung profitieren, etwa weil ein krankes Kind dem unerfüllten Leben wieder Sinn geben kann und somit eine Balance der Interessen entstanden ist, die gut geht **wegen**, nicht trotz der Symptomatik des Kindes. Wir haben dann einen Zustand der Wechselwirkung mit mehr oder weniger ausgeglichener Verstärkerbilanz. Eine unidirektionale Sichtweise gleich in welche Richtung ist nun nicht mehr möglich. Wir sind mit einer Vernetzung korrespondierender Verhaltenssequenzen konfrontiert, bei denen die zeitliche Übersicht und die Linearität verloren gegangen sind. Wo sind hier die Grenzen therapeutischer Intervention? Welche Personen sollen hier Subjekt oder Objekt der Veränderung sein? Wie frei sind wir Therapeuten, was dürfen wir verändern, wie eng muß der Zusammenhang zwischen Störung und Interventionsziel sein, wie gering darf der Zusammenhang zum Symptom sein? Wen sollen, dürfen wir behandeln? Wird in einem solchen Fall automatisch die Familie zum Patienten oder bedarf dies einer Diskussion mit den Betroffenen und einer Entscheidung? Wenn Entscheidung - wer entscheidet?

Unser immer umfangreicheres Wissen über die mögliche Komplexität der Zusammenhänge, unser immer umfangreicheres ökopsychologisches Wissen birgt die Gefahr einer immer komplexeren und umfassenderen Intervention.

Es gibt unersättliche Familienspezialisten, die sich eine Behandlung eines magersüchtigen Mädchens nicht ohne Einbeziehung der Großelterngenerationen vorstellen können. Es gibt ja immer noch bessere Lösungen. Wie ist es um unser Vertrauen in Patienten, in Eltern bestellt, wenn wir als Therapeuten gleich Generationen an die Hand nehmen müssen?

Nun zu den Spezialitäten der stationären Behandlung: Wenn Kinder mit bestimmten Beschwerden in die Behandlung einer Station kommen, müssen wir mehr bieten, als die Behandlung der Symptomatik. Die Eltern kommen ein oder zwei Mal die Woche oder alle 14 Tage, und in dieser Zeit muß all das weiter stattfinden, was Kinder außer Therapie auch noch im Leben brauchen: Personen, die ihnen in schwierigen Situationen helfen, die sie ein Stück emotional versorgen, die je nach Alter der Kinder darauf achten, daß sie sich ab und zu waschen und sich die Zähne putzen, gelegentlich die Wäsche wechseln, daß sie die Hausaufgaben machen und die ihnen, wenn nötig, beim Hausaufgabenmachen helfen, die dafür sorgen, daß die Kinder um 22.00 Uhr ihr Licht ausmachen oder ihr Geld nicht ausschließlich in Süßigkeiten oder in Zigaretten umsetzen.

Das sind eine ganze Reihe von Einzelentscheidungen, so etwas wie pädagogische Antworten auf Situationen. Sie sind einzeln begründbar und manchmal sogar unstrittig. Wir brauchen im Rahmen der vertretenden Erziehung bzw. Betreuung häufig mehr: Wir brauchen so etwas wie pädagogische Leitlinien und Leitsätze, zum Beispiel, daß wir fördern wollen, daß Kinder ihre Konflikte austragen, aber möglichst nicht mit Gewalt. Daß wir wünschen, daß sie in sozialen Konfliktsituationen auch versuchen, die Position des anderen zu verstehen. Wir wollen weiterhin, daß die Kinder sich nicht blind anpassen und bei all dem, was wir sagen, einfach mitmachen. Wir möchten, daß sie ihre abweichenden Interessen äußern. Im Leistungsbereich wünschen wir einerseits, daß die Kinder ihre speziellen Fähigkeiten und Fertigkeiten nutzen, daß sie sich allerdings nicht über diese Fertigkeiten definieren, daß sie lernen, sich selbst zu schätzen, auch wenn sie im Moment nichts zustande bringen. Diese einfachen Zielvorstellungen für gesundes kindliches oder menschliches Leben - so sehr sollte der

Unterschied ja zwischen beiden nicht sein - können durchaus zu Konflikten mit den Eltern führen, weil Eltern andere Vorstellungen bezüglich der Durchsetzungsfähigkeit, der Friedfertigkeit, der Selbstbestimmtheit etc. ihrer Kinder haben können, als wir sie haben. Wann sollen Kinder denn selbständig werden? Wie eng sollen Kinder mit ihrer Familie verbunden sein? Ob wir es wollen oder nicht, im Stationsalltag noch mehr als in der Therapie spielt unsere Vorstellung vom normalen Kind, von dem, was es braucht und was es geben kann, eine Rolle. Und wie häufig sich ein Kind in der Regel waschen sollte, steht in keinem Lehrbuch. Wir (die Psychologen, Ärzte, Erzieher, Schwestern und Pfleger) setzen unsere Maßstäbe ein, handeln aufgrund unserer Erfahrungen als Kinder, Geschwister und Eltern. Wir haben teilweise sehr unterschiedliche Vorstellungen, wie ein gesundes Kind, wie eine gesunde Familie denn aussieht. Über die Kranken sind wir uns eher einig. Und wie viele Berufsgruppen mit wie vielen Vorstellungen arbeiten da zusammen. Die Ausbildungen der einzelnen Berufsgruppen haben einen unterschiedlichen wissenschaftstheoretischen Hintergrund. Verhaltenstherapie ist dabei gar nicht so häufig vertreten. In pädagogischen Ausbildungen (Erzieher und Sozialpädagogen) wird in der Regel noch psychoanalytisches Wissen vermittelt, ebenso in musik- und kunsttherapeutischen Ausbildungen. Im multiprofessionellen Team der stationären Behandlung von Kindern und Jugendlichen in der Kinderpsychiatrie geht es nicht nur um das Menschenbild der verhaltenstherapeutisch sozialisierten Ärzte und Psychologen, sondern auch um das der Erzieher, Sozialarbeiter, Lehrer, Musiktherapeuten, Krankenschwestern, Bewegungstherapeuten. Und jeder war schließlich selber Kind und hat noch so etwas wie eine Kompetenz als Privatperson in dieser Sache. Viele Leute mit vielen unterschiedlichen Vorstellungen vom kranken und noch unterschiedlicheren Vorstellungen vom gesunden Kind. Und das alles, widersprüchlich wie es ist, auch noch abgestimmt mit den Erwartungen des Kindes und seiner Eltern? Mit vereinten Kräften?

Für ein Behandlungsteam (zu dem auch das betroffene Kind und seine Eltern gehören) bleiben eine Reihe von Fragen:

Braucht dieses Behandlungsteam ein gemeinsames Menschenbild, wenn ja, dann überdauernd oder nur für und in bestimmten Situationen? Muß es immer das gleiche Menschenbild sein, oder nimmt es manchmal eine andere Gestalt an, abhängig zum Beispiel vom Ausbildungsstand des Verhaltenstherapeuten, seinen persönlichen Verhältnissen, seiner Arbeitsstelle? Haben Verhaltenstherapeuten ein Menschenbild, das über die Verhaltenstherapie definiert ist, oder entsteht das Bild vom Menschen in Verhaltenstherapeuten, wenn sie mit bestimmten Patienten zusammenarbeiten, ist es das Produkt einer interpersonalen Begegnung? Könnte der Titel dieses Buches auch heißen: Die Menschenbilder der Verhaltenstherapeuten; - wäre dies ein Gewinn oder ein Verlust? Und zuletzt: Haben Patienten auch ein Menschenbild - und werden Verhaltenstherapeuten in ihrem Menschenbild davon beeinflußt?

## EIN INTEGRATIVES VERHALTENSTHERAPEUTISCHES ABTEILUNGSKON-
## ZEPT FÜR DIE BEHANDLUNG SCHIZOPHRENER PATIENTEN

Volker Roder, Anita Hirsbrunner, Daniela Renate Heimberg, Brenner, H.D.

In diesem Beitrag soll im ersten Teil eine "Bestandsaufnahme" zur Organisation psychiatrischer Abteilungen, wie sie die Verfasser in verschiedenen Kliniken immer wieder erfuhren, vorgenommen werden. Nachfolgend sind "Lösungsvorschläge" dargestellt. Es wird beschrieben, über welche Strukturen und Inhalte den davor genannten Schwierigkeiten auf psychiatrischen Abteilungen begegnet werden kann. Dieser vorgestellte eigene Ansatz wurde von den Verfassern über mehrere Jahre auf zwei Abteilungen im klinischen Alltag erprobt. Im "Fazit" werden schließlich unsere Erfahrungen mit diesem Ansatz kurz kritisch bewertet.

### I Bestandsaufnahme (Ist-Zustand)

Der Familientherapeut Jay Haley schreibt etwas provokant in einem Aufsatz: "Psychiatrische Krankenhäuser sind nicht primär um Behandlungserfolge bemüht. (...) Wichtiger als Therapieergebnisse ist in jeder Klinik die Harmonie unter den Mitarbeitern. (...) Jegliches Streben nach besseren therapeutischen Resultaten muß ausbalanciert werden gegenüber den alltäglichen Bedürfnissen der Mitarbeiter" (Haley, 1988, S. 164f.).

Dieses Zitat beschreibt sehr treffend den Zustand, wie er in vielen Kliniken und deren Abteilungen vorgefunden wird. Letztere haben beispielsweise mit folgenden Schwierigkeiten zu kämpfen:

- Kompetenz- und Machtkämpfe zwischen einzelnen Personen und Berufsgruppen.
- Keine klaren und eindeutigen Entscheidungsgrundlagen für (therapeutische) Handlungen von Mitarbeitern auf der Abteilung.
- Geringe oder keine Rückzugsmöglichkeiten für Mitarbeiter im Umgang mit schwierig agierenden Patienten.
- Nicht erfüllbare hohe Erwartungen an jedes Teammitglied oder an den Patienten.
- Gefühle der permanenten Erschöpfung unter den Mitarbeitern.
- Häufiger Wechsel der Mitarbeiter.
- Nicht-Besetzung von Stellen auf einer Abteilung über bestimmte Zeiträume.

Was können nun mögliche Gründe dafür sein, daß diese autopoietischen Systeme, also die Abteilungen, fast durchgängig (mehr oder weniger ausgeprägt) mit ähnlichen Schwierigkeiten beschäftigt sind?

Drei Gründe können angeführt werden. Zunächst einmal gibt es für viele Entscheidungen in unserem Beruf, die uns täglich im Umgang mit den Patienten und mit anderen Mitarbeitern abverlangt werden, oftmals keine eindeutigen und bewiesenen Grundlagen. So kennen wir beispielsweise die Ursachen vieler psychischer Störungen (z. B. Schizophrenie) nicht. Je nach persönlicher Orientierung, Ethik und der damit verbundenen Ausbildung des jeweiligen Mitarbeiters werden eher tiefenpsychologische, lerntheoretische oder biologische

Erklärungsansätze gewählt. Der entsprechende Streit, was Denkrichtungen und Ursachenzuschreibungen einerseits und Behandlungsansätze und Effizienzaussagen andererseits betrifft, kann somit auf dem Hintergrund geistes- und naturwissenschaftlicher Positionen gesehen werden. Die Auseinandersetzungen ziehen sich seit Jahrzehnten durch die Geschichte der Psychiatrie und wechseln entsprechend den zeitbedingten Moden und Machtverhältnissen.

Als weiterer Grund kann die "Institution Psychiatrie" selbst angeführt werden, die mit ihrer bürokratischen Maschinerie und mit ihrer unserem derzeitigen Wissensstand teilweise widersprüchlichen Organisation eine denkbar ungünstige Voraussetzung für psychische Gesundheit bietet. Als Beispiel sei nur auf die Leitung vieler Stationen durch Assistenzärzte, die gerade ihr Studium beendet haben, verwiesen. Aufgrund entsprechender Forschungsarbeiten wissen wir aber, daß psychisch kranke Menschen erfahrene, gut ausgebildete und langfristig verfügbare Therapeuten bräuchten.

Schließlich sollten wir uns als Kliniker fragen, inwieweit wir mit unseren Schwierigkeiten und Bedürfnissen zu den oben genannten Problemen beitragen. Gerade in helfenden Berufen spielen die (versteckte) Befriedigung des eigenen Narzißmus und die damit verbundenen Kränkungen und Verletzungen im Berufsalltag eine wesentliche Rolle. Dies könnte eine dritte Begründung sein.

## II Lösungsvorschläge (Soll-Zustand)

Welche Möglichkeiten gibt es, um den genannten Schwierigkeiten zu begegnen?

Es wird das Abteilungskonzept zweier Stationen vorgestellt: Eine Station in der Psychiatrischen Klinik Münsterlingen, die der Erstverfasser von 1983 bis 1988 zunächst aufbaute und dann leitete, und eine Station in der Psychiatrischen Universitätsklinik Bern, die von ihm seit 1988 konsiliarisch betreut wird und auf der er entsprechende Konzeptarbeit leistete. Beide Stationen waren ausschließlich zur Aufnahme von schizophrenen Patienten gedacht, so daß sich alle nachfolgenden Ausführungen auf diese Patientengruppe beziehen. Die Stationen stellen kleinere Einheiten mit 10 bzw. 16 Betten und einem Patienten/Therapeutenverhältnis von 2:1 dar. Da sich die Abteilungskonzepte beider Stationen entsprechen, wird im folgenden nur noch von Abteilung "A" die Rede sein.

### *Leitgedanken der Abteilung A*

Um es gleich vorwegzunehmen: Bei der Darstellung unseres Ansatzes geht es nicht darum, ein ausschließlich verhaltenstherapeutisches Konzept vorzustellen. Darauf sollte auch schon im Titel durch "integrativ" hingewiesen werden. Vielmehr beziehen wir bei unserem Ansatz Elemente aus tiefenpsychologisch und systemisch orientierten Verfahren mit ein (vgl. Abb.1).

```
    - kognitiv-handlungsorientierte
      Verhaltenstherapie                              PATIENTENEBENE

    - Systemtherapie



    - verstehende tiefenpsychologische
      Ueberlegungen                                   THERAPEUTENEBENE
    ___ ___ ___ ___ ___ ___ ___|___ ___ ___ ___ ___ ___ ___

              HUMANISTISCH-GANZHEITLICHES MENSCHENBILD
```

*Abb. 1. Leitgedanken für eine Therapie mit schizophrenen Patienten*

Bei der Arbeit mit schizophrenen Patienten, wie sie auf der Abteilung A geschieht, werden eine Patientenebene und eine Therapeutenebene unterschieden. Auf der Patientenebene wird kognitiv-handlungsorientiert gearbeitet. Zusätzlich bieten sich systemtherapeutische Vorgehensweisen an. Entsprechend beziehen wir das soziale Umfeld des Patienten mit ein. Auf der Therapeutenebene hingegen haben verstehende tiefenpsychologische Elemente ihren Platz, wenn es beispielsweise darum geht, Hypothesen über die Symptomatik des Patienten zu bilden, die für die Therapieplanung genutzt werden können oder die Dynamik in Therapiegruppen zu verstehen. Patienten- und Therapeutenebene sollten von einem humanistisch-ganzheitlichen Menschenbild getragen werden, in dem geisteswissenschaftliche und naturwissenschaftliche Richtungen zu gleichen Anteilen integriert sind.

*Aufnahme- und Ausschlußkriterien für Patienten der Abteilung A*

Auf Abteilung A werden nur Patienten aus dem schizophrenen Formenkreis aufgenommen:

- Motivation oder Motivierbarkeit für Mindestaufenthalt auf der Abteilung A von zwei bis drei Monaten
- Diagnose Schizophrenie
- "tragbar" auf offener Station (Insbesondere weder Selbst- noch Fremdgefährdung)

AUSSCHLUSSKRITERIEN:

- Drogen- oder Alkoholabusus
- Psychosoziale Verwahrlosungstendenz als Hauptdiagnose
- hirnorganische Schädigung
- ausgeprägte "Minderbegabung"

--> mit unklaren Patienten wird eine Probezeit vereinbart

*Abb. 2. Patienten zur Verlegung auf Abteilung A*

Um eine sinnvolle therapeutische Arbeit zu gewährleisten, wird vom Abteilungskonzept eine Aufenthaltsdauer von mindestens zwei bis drei Monaten vorausgesetzt (maximale Aufenthaltsdauer ca. 2 Jahre). Deshalb können nur solche Patienten berücksichtigt werden, die motiviert sind oder während eines angemessenen Zeitraumes motiviert werden können, diesen Mindestaufenthalt einzuhalten und sich an den therapeutischen Angeboten zu beteiligen. Im weiteren müssen sie "tragbar" für den Aufenthalt auf einer offen geführten Station sein, d. h. sie sollten weder fremdgefährdende noch selbstgefährdende Tendenzen aufweisen.

Als Ausschlußkriterien für die Aufnahme gelten: Drogen- und Alkoholabusus, psychosoziale Verwahrlosungstendenz als Hauptdiagnose, hirnorganische Schädigung und ausgeprägte "Minderbegabung".

Im Zweifelsfall wird mit dem Patienten eine Probezeit vereinbart.


*Therapiekonzept der Abteilung A*

Das Therapiekonzept der Abteilung A umschreibt die geforderte Grundhaltung der Abteilungsmitarbeiter aus den verschiedenen Berufsgruppen im Umgang mit schizophrenen Patienten, spezifiziert das therapeutische Angebot und legt den diagnostisch-therapeutischen Prozeßansatz fest.


A. Grundhaltung und Umgang mit schizophrenen Patienten (vgl. Abb. 3):

a) Interaktionsstil, Beziehungsaspekt
   Echtheit, Wärme, Vertrauen, Offenheit, Akzeptanz und Wertschätzung gegenüber den Patienten;
   einfache übersichtliche Informationen, klarer, eindeutiger Kommunikationsstil;
   aktives, strukturiertes therapeutisches Vorgehen, Vermeidung affektprovozierender "aufdeckender" Verfahren;
   "Hier und Jetzt", zukunftsorientiert;
   Förderung eigener Autonomie, Selbstwertgefühl.

b) Förderung des sozialen Netzes, klinikintern und -extern
   Klärung des sozialen Netzes (nicht professionell vs. professionell);
   Aufbau eines Beziehungsnetzes zwischen den Patienten ("Vernetzung");
   Förderung von Problemlösen und Konfliktlösen im stationären Alltag;
   Kontakte zur Ursprungsfamilie;
   Informationen über Krankheit, Therapieprogramm an Angehörige bzw. wichtige klinikexterne Beziehungspersonen;
   Förderung neuer Kontakte außerhalb der Klinik.

c) Tages- und Wochenstruktur, Stationsordnung
   Klarheit der Therapieziele;
   Transparenz der Verantwortlichkeit im Team;
   zeitliche und personelle Konstanz der Therapeuten, fixe Termine;
   Überschaubarkeit und Transparenz des Abteilungsmilieus;
   Optimale Balance zwischen Über- und Unterforderung;
   Regelung: Taschengeld, Wäsche, Besuche, Tagesurlaub, Wochenurlaub, Ferien.

*Abb. 3. Grundhaltung und Umgang mit schizophrenen Patienten*

Grundhaltung gegenüber und Umgang mit schizophrenen Patienten basieren im wesentlichen auf einem partnerschaftlichen Verhältnis. Die Beziehungsgestaltung gründet auf Echtheit, Wärme, Vertrauen, Offenheit, Akzeptanz und Wertschätzung gegenüber dem Patienten. Wichtig erscheint ein Interaktionsstil, der einfache, übersichtliche Informationsgebung und klare, eindeutige Kommunikation beinhaltet. Affektprovozierende "aufdeckende" Verfahren werden vermieden. Das therapeutische Vorgehen soll aktiv sein und strukturiert das "Hier und Jetzt" thematisieren. Es ist eher zukunftsorientiert und hat die Förderung eigener Autonomie und des Selbstwertgefühls der Patienten zum Ziel.

Die Behandlung des Patienten als isolierte, von einer sozialen Umgebung abgetrennten Person erscheint wenig sinnvoll. Daher müssen die Auseinandersetzung mit seiner vorhandenen Umgebung und die Förderung neuer Kontakte in den therapeutischen Prozeß sorgfältig miteinbezogen werden. In einem ersten Schritt soll das vorhandene soziale Netz geklärt werden. Klinikinterne und klinikexterne, professionelle und nicht professionelle Beziehungen werden berücksichtigt. Klinikintern wird der Aufbau eines Beziehungsnetzes zwischen den Patienten ("Vernetzung") angestrebt, unter Förderung von Problem- und Konfliktlösen im stationären Alltag. Klinikextern sollen von den Therapeuten Kontakte zur Ursprungsfamilie bzw. anderen wichtigen Beziehungspersonen aufgenommen werden. Insbesondere scheint es auch wichtig, die Angehörigen über Krankheit und therapeutische Interventionen des Patienten zu informieren, um eine optimale Mitarbeit sicherzustellen. Des weiteren sollen die Patienten bei der Aufnahme neuer Kontakte außerhalb der Klinik unterstützt werden.

Eine feste Tages- und Wochenstruktur, ebenso eine überschaubare Stationsordnung sind wichtige Elemente im Abteilungskonzept. So sollen Therapieziele klar, die Verantwortlichkeit im Team und das Abteilungsmilieu transparent, und eine zeitliche und personelle Konstanz der Therapeuten gegeben sein. Genaue Regelungen bezüglich Taschengeld, Wäsche, Besuche, Tages- und Wochenurlaub und Ferien werden vereinbart. Die Patienten sollen gefördert, aber nicht überfordert werden (optimale Balance zwischen Über- und Unterforderung).


B. Therapeutische Angebote:

Das therapeutische Angebot umfaßt soziotherapeutisch und milieutherapeutisch orientierte Verfahren, allgemeine Rehabilitationstherapie und medikamentöse Therapie. Zusätzlich wird "schizophreniespezifische" Psycho- und Rehabilitationstherapie als wichtiger Bestandteil des Therapieangebotes durchgeführt (vgl. Abb. 4).

Unter "schizophreniespezifischer" Therapie verstehen wir Verfahren, die speziell für die Störungen und Probleme schizophrener Patienten entwickelt wurden. Es darf jedoch aufgrund unseres derzeitigen Wissenstandes in der Schizophrenieforschung nicht von einer Kausaltherapie gesprochen werden. Therapie "unter Berücksichtigung schizophrener Störungen" greift die im vorhergehenden Abschnitt genannten Grundhaltungen, wie beispielsweise Klarheit, Transparenz und Strukturgebung bei der jeweiligen Therapieform wieder auf.

a) Soziotherapeutisch und milieutherapeutisch orientierte Verfahren unter Berücksichtigung schizophrener Störungen

- Gruppenveranstaltungen:

  *Kochgruppe
  *Stationsversammlung
  *Ferien
  *Freizeitgestaltung
  *sportliche Aktivitäten

- Bezugspersonensystem
- Vorbereitung auf externe Wohngruppe


b) Allgemeine Rehabilitationstherapie unter Berücksichtigung schizophrener Störungen

- Beschäftigungstherapie
- Arbeitstherapie
- Ergotherapie
- Musiktherapie
- Sozialarbeit


c) Schizophreniespezifische Psycho- und Rehabilitationstherapie

- Kognitive Therapie (IPT)
- Therapie sozialer Kompetenz (IPT)
- Systemische Familientherapie
- Angehörigenarbeit
- Bewegungstherapie
- Problemorientierte Einzeltherapie


d) Medikamentöse Therapie


*Abb. 4. Therapeutische Angebote*


Die soziotherapeutisch und milieutherapeutisch orientierten Verfahren umfassen Gruppenveranstaltungen (Kochgruppe, Stationsversammlung, Ferien, Freizeitgestaltung, sportliche Aktivitäten) und Aktivitäten, die die Patienten auf externe Wohngruppen vorbereiten. Die Patienten werden im Bezugspersonensystem durch Pflegepersonal der Abteilung betreut. Jeder Patient hat eine erste und eine zweite (Vertretung) Bezugsperson.

Die allgemeinen rehabilitationstherapeutischen Maßnahmen setzen sich zusammen aus Beschäftigungstherapie, Arbeitstherapie, Ergotherapie, Musiktherapie und Sozialarbeit. Die "schizophreniespezifischen" Psycho- und Rehabilitationstherapien umfassen Gruppentherapien des IPT (Integriertes Psychologisches Therapieprogramm) zur Verbesserung kognitiver-, sozialer- und Problemlösefertigkeiten (vgl. Brenner et al. 1987; Roder et al. 1988), eine spezielle Bewegungs- und Tanztherapie, die auf das IPT abgestimmt ist (vgl. Mory & Roder,

1989), Systemische Familientherapie, Angehörigenarbeit (Überblick bei Retzer, 1991) und problemorientierte Einzeltherapie.

Aufgrund der relativ großen Beachtung, die das IPT während der letzten Jahre vor allem in Kliniken erfuhr, sei dieses Gruppentherapieprogramm kurz beschrieben (vgl. Abb. 5.)

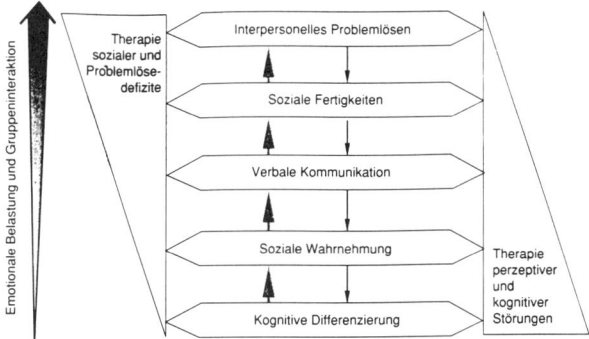

*Abb. 5. Integriertes Psychologisches Therapieprogramm (IPT)*

Das IPT wurde ursprünglich vor 15 Jahren im Zentralinstitut für Seelische Gesundheit in Mannheim, basierend auf den Ergebnissen der empirischen Schizophrenieforschung, entwickelt (Brenner et al. 1980) und in den folgenden Jahren konsequent dem aktuellen Forschungsstand angepaßt (Roder, 1991). Der Name "integriert" hat dabei vier Gründe: Zum einen bedeutet "integriert", daß bei jedem der fünf Unterprogramme (Kognitive Differenzierung, Soziale Wahrnehmung, Verbale Kommunikation, Soziale Fertigkeiten, Interpersonelles Problemlösen) kognitive und Interventionen im Sozialverhalten eng miteinander verbunden sind. Dieser Gesichtspunkt gilt auch, um den zweiten Grund zu nennen, für das Gesamtprogramm, von einer zunächst stärkeren Gewichtung perzeptiver und kognitiver Störungen bis hin zu einer größeren Berücksichtigung von sozialen und Problemlösedefiziten bei späteren Unterprogrammen. Drittens erfolgen die therapeutischen Bemühungen nicht losgelöst von der Lebensrealität der Patienten, sondern sind unmittelbar in diese eingebettet. Viertens schließlich meint "integriert" die Verwendung des IPT im Rahmen eines - wie oben dargestellt - mehrdimensionalen Behandlungsansatzes als zusätzliches, wesentliches Angebot. Über alle fünf Unterprogramme finden Gesichtspunkte zur Gruppendynamik und die emotionale Belastung eine besondere Beachtung. Diese Unterprogramme werden in geschlossenen (bzw. bedingt offenen) Gruppen mit 5-7 Patienten durchgeführt. Bei den meisten Patienten erscheint zusätzlich eine medikamentöse Therapie mit Neuroleptika indiziert.

C. Diagnostisch-therapeutischer Prozeßansatz:

Ziel einer Problemanalyse mit psychiatrischen Patienten ist es, eine Vielzahl von Einzelinformationen (z. B. Sozialverhalten, kognitive Störungen, Entwicklungsgeschichte) zu integrieren, um daran anschließend eine nach lerntheoretischen Prinzipien aufgebaute kurz- und längerfristige Therapieplanung vorzunehmen (vgl. Abb 6).

a) Verhaltens-/Problemanalyse

1. Beschreibung der Problembereiche
   1.1. (Verhaltens-) Indikatoren
   1.2. Kognitionen
   1.3. Emotionen
   1.4. Besonderes zur Problembeschreibung

2. Analyse der Bedingungen, die das problematische Verhalten aufrechterhalten, und Formulierung von Hypothesen
   2.1. Antezedenten
   2.2. Konsequenzen
   2.3. Hypothesen

3. Motivationsanalyse
   3.1. Bezüglich der Problembereiche
      3.1.1. Diskrepanzen zwischen Selbst- und Fremdbeschreibung
      3.1.2. Motivation des Patienten zur Veränderung
   3.2. Allgemein
      3.2.1. Persönliche (Rehabilitations-) Ziele des Patienten
      3.2.2. Mögliche Verstärker

4. Unproblematisches Verhalten und Erleben (Verhaltensaktiva)

5. Momentane soziale Beziehungen
   5.1. klinikintern
   5.2. klinikextern

b) Soziokultureller Hintergrund

6. Entwicklungsanalyse
   (Besonderheiten in Kindheit, Adoleszenz und Familie, die eventuell mit dem Problem in Beziehung stehen)

7. Kürzliche Veränderungen in der Lebensumwelt
   (z. B. Partnerverlust; Kündigung der Arbeitsstelle)

c) Klassifikatorische Diagnostik

08. Psychodiagnostik
09. Psychopathologie (DSM III-R-Diagnose etc.)
10. Somatischer Befund
   (Organische Besonderheiten, die mit den Problemen in Verbindung gebracht werden können)

d) Problem- und Behandlungsvorgeschichte

11. Psycho- und soziotherapeutische Verfahren
12. Medikamentöse Behandlung

e) Therapiebehandlung

13. Auswahl therapeutischer Methoden
14. Zeitliche und inhaltliche Planung

*Abb. 6. Diagnostisch-therapeutischer Prozeßansatz*

Ein wichtiger zentraler Bereich, mit dem alle anderen erhobenen Informationen in Beziehung gesetzt werden, ist zunächst die sorgfältige Durchführung einer Verhaltens- und Problemanalyse. Dabei geht es um eine differenzierte Erfassung und Beschreibung der momentanen Probleme und Schwierigkeiten des jeweiligen Patienten. Diese werden auf verschiedenen Modalitäten (Verhalten, Kognitionen, Emotionen) erfaßt. Über eine Bedingungsanalyse nach Antezendenten und Konsequenzen des einzelnen Problems können Hypothesen gebildet werden, die funktionale Zusammenhänge klären helfen. Eine Motivationsanalyse, getrennt nach Veränderungsmöglichkeiten der aufgelisteten Problembereiche und grundsätzlichen Anreizen für den Patienten, schließt sich an. Die Verhaltens- und Problemanalyse abschließend, werden unproblematisches Verhalten und Erleben und die momentanen sozialen Beziehungen beschrieben.

Die Erhebung des soziokulturellen Hintergrundes dient in erster Linie dazu, die derzeit bestehenden Probleme und Schwierigkeiten des Patienten aus seiner Lebensgeschichte, aber auch aus kürzlichen Veränderungen in seiner Lebensumwelt zu verstehen.

Im Rahmen der folgenden klassifikatorischen Diagnostik objektiviert eine eklektisch durchgeführte Psychodiagnostik wichtige Persönlichkeits- und Leistungsvariablen, die Aufschlüsse über Art und Niveau der auszuwählenden psychotherapeutischen Methoden geben, um einen optimalen Veränderungsprozeß zu ermöglichen. Die Beschreibung der Psychopathologie und eine nach DSM III-R-Kriterien erstellte Diagnose ergänzen die bisher erhaltenen Daten vor allem im Hinblick auf pharmakologische Interventionen. Ein sorgfältig erhobener somatischer Befund klärt schließlich, ob bestimmte problematische Lebens- und Verhaltensweisen auf organische Ursachen (mit-) zurückgeführt werden können.

In der Regel weisen psychiatrische Patienten eine lange Behandlungsvorgeschichte im pharmakologischen, psycho- und soziotherapeutischen Bereich auf. Bei einem genauen Studium dieser Vorgeschichte können bei vielen Patienten bestimmte "Regelhaftigkeiten" oder "Gesetzmäßigkeiten" herausgefunden werden. Dadurch wird es möglich, die Wiederholung nicht erfolgreicher therapeutischer Interventionen zu vermeiden. Zusätzlich läßt sich die Entstehungsgeschichte der Probleme unter Behandlungsbemühungen mitverfolgen.

Aufgrund der Kenntnis aller bisher zur Verfügung stehenden Daten wird ein Therapieplan erarbeitet, der jedoch im Verlauf des Therapieprozesses fortwährend überarbeitet und modifiziert werden muß ("Therapie als Problemlöseprozeß"). Die konkrete Ausarbeitung von Therapieplänen erfolgt in zwei Schritten. In einem ersten Schritt werden jedem Problembereich bestimmte therapeutische Methoden (mit Begründung) zugeordnet. Da in der Regel nicht bei allen Problembereichen gleichzeitig interveniert werden kann, muß eine angemessene Auswahl (Fokussierung) stattfinden. Diese richtet sich nach der Motivation des Patienten zur Veränderung im jeweiligen Bereich, der Erfolgswahrscheinlichkeit und den allgemeinen Anforderungen des Rehabilitationsalltages. In einem zweiten Schritt wird der therapeutische Prozeß über Stufenpläne zeitlich und inhaltlich festgelegt. Kurzfristige und langfristige Therapieziele müssen dabei unterschieden werden. Jeder Therapiestufe sind die therapeutischen Methoden der ausgewählten Problembereiche zuzuordnen. Pro Therapiestufe kommen unterschiedliche Methoden mehrerer Problembereiche zum Einsatz. Ein Problembereich erstreckt sich aufgrund seiner Komplexität in der Regel über mehrere Therapiestufen (von einfach zu schwieriger realisierbaren Zielen).

Für die meisten der hier dargestellten Bereiche des "diagnostisch-therapeutischen Prozeß-ansatzes" wurden Erhebungsbögen ausgearbeitet, die den zeitlichen Aufwand der Therapeu-ten erheblich verkürzen. Aus Platzgründen muß für zusätzliche Beispiele und ausführliche Beschreibungen auf andere Arbeiten verwiesen werden (vgl. z. B. Roder, 1989).

### *Aufnahmeprozedur der Abteilung A*

Die Vorgehensweise bei der Neuaufnahme von Patienten auf Abteilung A ist als Überblick in Abbildung 7 dargestellt:

- Vorstellung von potentiellen Patienten für A in den alle zwei Wochen stattfindenden abteilungsüber-greifenden Treffen mit zwei Akutabteilungen
  Grundlage:            Therapiekonzept der Abteilung A
  Teilnahme von A:      Schichtteammitglied, Psychologe oder Psychiater

- Ausfüllen der Erfassungsbogen von A während dieser Treffen
- Referieren der Befunde (zusätzl. Krankengeschichten-Studium) im nächsten Therapeutentreffen der Ab-teilung A

--> Entscheidung über Aufnahme
--> Festlegen eines vorläufigen therapeutischen Prozederes
--> Festlegen der Bezugspersonen
--> Erstellen eines Therapievertrages

- eventuell zusätzliche Abklärungen (Diagnostik; weitere Infos)

- Aufnahmegespräch mit Patienten
  Teilnahme von A:      Erste Bezugsperson, Psychologe oder Psychiater
  möglichst zusätzl.:   Personal der "alten" Station

- Verlegung in der Regel am Donnerstagnachmittag (Umzug zusammen mit der Bezugsperson von A)
- Zeitspanne für die Verlegung max. 12 Tage
- falls Motivationsphase nötig: Verlängerung dieser Zeitspanne und Vorkontakte (z. B. "Motivationstherapie") über Bezugsperson von A
- Übernahme von Patienten anderer Abteilungen, die nicht an den oben genannten Treffen teilnehmen, ist durch direkte Kontakte zu Abteilung A möglich

*Abb. 7. Aufnahmeprozedere der Abteilung A*

Abteilung A arbeitet eng zusammen mit zwei Akutstationen. Am zweiwöchentlich stattfin-denden, abteilungsübergreifenden Treffen werden Patienten der Akutstationen, die für Ab-teilung A geeignet sind, vorgestellt. Vertreter der Abteilung A füllen während dieser Vorstellung für jeden vorgestellten Patienten einen Erfassungsbogen aus. Der Erfassungsbo-gen umfaßt wichtige Informationen über den zu verlegenden Patienten wie z. B. Alter, Hospitalisationsdauer, Diagnose, derzeitige Probleme, Medikation und gibt Abteilung A damit einen ersten Überblick. Auf der nächsten Abteilungssitzung von A wird mit dem gesamten Therapeutenteam anhand der zusammengestellten Informationen (z. B. Erfassungsbogen, Krankengeschichte, zusätzliche diagnostische Abklärungen) über die Aufnahme entschieden. Das Team legt ein vorläufiges therapeutisches Prozedere fest und es werden eine erste und zweite Bezugsperson bestimmt. Danach findet ein Aufnahmegespräch mit dem Patienten statt, an dem die zukünftigen Bezugspersonen, der Abteilungspsychologe oder (-Psychiater) und nach Möglichkeit eine Betreuungsperson der Akutstation anwesend sind. Falls nach dem Gespräch eine zusätzliche Motivation des Patienten notwendig erscheint, schließt sich eine "Motivationsphase" an, während der der Patient weiterhin auf der Akutstation bleibt. In dieser Phase, die einige Wochen oder Monate in Anspruch nehmen kann, wird er intensiv von den zukünftigen Bezugspersonen von A betreut. Es sollen dabei eine tragfähige Beziehung aufgebaut und der Patient genau über Aufgaben und Strukturen von A informiert werden ("Motivationstherapie"). Der Umzug des Patienten (mit Hilfe einer Bezugsperson von A) erfolgt in der Regel kurz vor einem Wochenende während einer festgelegten Zeitspanne ( maximal zwölf Tage nachdem die Motivationsphase abgeschlossen und die Verlegung definitiv beschlossen wurde).

Vorher wird noch ein gemeinsam erstellter Therapievertrag (zwischen A und dem Patienten) von beiden Seiten unterzeichnet. Patienten anderer Abteilungen, die nicht an oben genannten Treffen besprochen werden, kann Abteilung A ebenfalls aufnehmen. Sie oder ihre Betreuer setzen sich direkt mit der Abteilung in Verbindung.

*Wochenplan von Therapiegruppe 1 der Abteilung A*

Beispielhaft ist nachfolgend der Wochenplan von Therapiegruppe 1 dargestellt:

**WOCHENPLAN VON THERAPIEGRUPPE 1   DER ABTEILUNG  A**

| Zeit | Montag | Dienstag | Mittwoch | Donnerstag | Freitag | Samstag | Sonntag |
|---|---|---|---|---|---|---|---|
| 6.00 | | | | | | | |
| 7.00 | | 7.30 FRÜHSTÜCK (davor 7.15 Morgenbesprechung) | | | | bis 9.30 FRÜHSTÜCK 9.30 - 9.45 Morgenbesprechung | |
| 8.00 | | | | | | | |
| 9.00 | 9.30 - 10 BW 1 | | 9.00-11.30 | 9.30 -10 BW 1 | | | |
| 10.00 | | 10 - 11 TG 1 | Kochgruppe | | 10 - 11 TG 1 | | |
| 11.00 | | | 11.30 MITTAGESSEN | | | | 12.30 - 16.30 gemeinsame Abteilungsaktivität |
| 12.00 | | | | | | | |
| 13.00 | | | | | | | |
| 14.00 | | | Arbeitstherapie ca. 13.00 - 16.00 | | | | |
| 15.00 | | | | | | | |
| 16.00 | | | | | | | |
| 17.00 | | | 17.00 ABENDESSEN | | | | |
| 18.00 | | | | | | | |
| 19.00 | | ca. 19.00-21.00 | 19.00-20.00 | 19.00-20.00 | | | |
| 20.00 | | gemeins. Abend | Meeting 1 | Meeting 2 | | | |
| 21.00 | | (z.B. Spiele, Kino) | | | | | |

BEMERKUNGEN :   TG 1   Integriertes Psychologisches Therapieprogramm (kognitive Therapie)
BW 1   Bewegungstherapie (Teil 1)

*Abb. 8. Wochenplan von Therapiegruppe 1 der Abteilung A*

Abteilung A ist für sogenannte "Basisaktivitäten bzw. -therapien" über zwei Therapiegruppen organisiert: Therapiegruppe 1 mit leistungsschwächeren Patienten, die noch nicht vor einem Abteilungsaustritt stehen und Therapiegruppe 2 mit "besseren" Patienten, an die höhere Leistungsanforderungen gestellt werden, und bei denen ein Austritt in der nächsten Zeit bevorsteht. Therapiegruppe 2 arbeitet beispielsweise ganztags und hat längere Gruppentherapiezeiten mit anderen Inhalten. Zusätzlich wird für jeden Patienten - wie oben bereits erwähnt - neben diesem Basisprogramm ein individueller Therapieplan ausgearbeitet.

### *Koordination aller Aktivitäten der Abteilung A*

Alle Aktivitäten der Abteilung werden über drei wöchentlich stattfindende Therapeutentreffen organisiert. Jedes Treffen, bei dem für alle Teammitglieder Anwesenheitspflicht besteht (Ausnahme Ferien und - eingeschränkt - Feiertage), dauert 1 1/2 Stunden. Entscheidungen werden - wo immer möglich mit Einbezug aller Teammitglieder getroffen (sog. "horizontale Kommunikationsstruktur"). Jedes Teammitglied hat einen genau definierten Aufgaben- und Verantwortungsbereich.

Therapeutentreffen 1 ist ausschließlich den Patienten gewidmet. Pro Treffen werden zwei Patienten genauer besprochen (Therapieverlauf, -ziele, vgl. diagnostisch-therapeutischer Prozeßansatz), und es wird über Neuaufnahmen entschieden (auch Festlegen von Bezugspersonen). Therapeutentreffen 2 dient der Koordination und Planung aller Aktivitäten der kommenden Woche. Zusätzlich wird während dieses Treffens in regelmäßigen Abständen Fortbildung durchgeführt. Balint- und Supervisionsarbeit (für Einzel - und Gruppentherapien) finden schließlich in Therapeutentreffen 3 statt.

## III Bewertung (Fazit)

Unsere Erfahrungen mit dem vorgestellten Konzept waren in Münsterlingen, und jetzt auch in Bern, gut. Viele der oben dargestellten Probleme konnten beseitigt oder zumindest reduziert werden. Wir möchten unsere Erfahrungen kurz und vielleicht etwas vereinfacht so darstellen: Abteilungskonzept gut, Mitarbeiterspannungen gering, Patientenveränderungsprozeß optimal.

## LITERATURVERZEICHNIS

BRENNER, H.D., STRAMKE, W.G., MEWES, J., LIESE, F & SEEGER, G. (1980). *Erfahrungen mit einem spezifischen Therapieprogramm zum Training kognitiver und kommunikativer Fähigkeiten in der Rehabilitation chronisch schizophrener Patienten*. Nervenarzt 51, 106-112
BRENNER, H.D., HODEL, B., KUBE, G. & RODER, V. (1987). *Kognitive Therapie bei Schizophrenen: Problemanalyse und empirische Ergebnisse*. Nervenarzt 58, 72-83

HALEY J. (1988). *Warum ein psychiatrisches Krankenhaus Familientherapie vermeiden sollte.* In Keller Th. (Hrsg.): Sozialpsychiatrie und systemisches Denken. Bonn: Psychiatrie-Verlag.

MORY, B. & RODER, V. (1989). *Bewegungstherapeutische Arbeit mit schizophrenen Patienten.* Psycho 7, 18-23

RETZER, A. <Hrsg.> (1991). *Die Behandlung psychotischen Verhaltens.* Heidelberg: Auer

RODER, V., BRENNER H.D., KIENZLE, N. & HODEL, B. (1988). *Integriertes Psychologisches Therapieprogramm (IPT) für schizophrene Patienten.* München: Psychologie Verlags Union

RODER, V. (1989). *Behavior and problem analysis in the therapeutical process with psychiatric patients.* Paper presented at the VIII World Congress of Psychiatry. October 12th-19th. Athens, Greece

RODER, V. (1991). *Stand und Entwicklungstendenzen psychologischer und sozialer Therapieinterventionen mit schizophrenen Patienten.* In Platz, T, Schubert, H. & Neumann, R. (Hrsg.): Fortschritte im Umgang mit schizophrenen Patienten. New York: Springer Verlag

# WACHS UND SIEGEL: WANDLUNGEN IM SELBSTVERSTÄNDNIS EINES VERHALTENSTHERAPEUTEN IN DER SUCHTTHERAPIE

Ralf Schneider

Das Thema, wie sich die Bilder wandeln, die ein Therapeut sich von einer Störungsform, mit der er über längere Zeit fortgesetzt konfrontiert ist, und von sich selbst macht, läßt sich distanziert, von einem Außenstehenden wohl am objektivsten abhandeln. Von den Herausgebern bin ich jedoch angeregt worden, als Betroffener eine erkennbar subjektiv gefärbte Darstellung abzugeben. Dies ist also ein eher persönlicher Bericht. Er beruht auf keiner größeren Umfrage bei Verhaltenstherapeuten, die im Feld der Substanzabhängigkeit arbeiten. Aus Gesprächen mit Kollegen weiß ich jedoch, daß einige meiner Erfahrungen - zumindestens für Verhaltenstherapeuten meiner Generation - recht typisch zu sein scheinen. Meine Erfahrungen resultieren aus einer einjährigen Arbeit mit Opiatabhängigen aus einer ambulanten und seit 1977 stationären Therapie mit Alkoholabhängigen, auf die sich dieser Bericht hauptsächlich stützt.

## 1. Zum Selbstverständnis eines Verhaltenstherapeuten

In der zweiten Hälfte der 60er Jahre begann die Verhaltenstherapie sich als eigenständige Therapierichtung an den Universitäten und in der Praxis zu etablieren. Es gab damals nur einige wenige Orte, in denen man Verhaltenstherapie lernen konnte. Als ich 1968 mein Studium der Psychologie aufnahm, wußte ich noch nichts von Verhaltenstherapie. Es war mehr Zufall, daß vor 20 Jahren in Münster eine Verhaltenstherapieausbildung ins Leben gerufen wurde, als ich mein Vordiplom abgelegt und damit eine Voraussetzung für die Aufnahme in den Ausbildungsgang erfüllt hatte. Am Lehrstuhl für Klinische Psychologie von Prof. Kemmler war es eine unruhige Zeit des Aufbruchs von der Diagnostik und Beratung hin zur Therapie. In solchen Zeiten geschieht vieles kooperativ und mit Engagement von allen Seiten. In meiner Erinnerung waren es aber vor allen Dingen Dietmar Schulte und Margarete Reiss, die den dreisemestrigen Ausbildungsgang bis hin zur Supervision der praktischen Fallarbeit gestalteten, also ein begeisterter junger Mann und eine lebenserfahrene, seit vielen Jahren praktisch arbeitende Frau, was ich als gelungene Kombination erlebte.

Während es anfangs noch für kurze Zeit möglich war, Gesprächstherapie und Verhaltenstherapie gleichzeitig zu lernen, wurde infolge des großen Andrangs von Studenten und der begrenzten Kapazitäten ein Entscheidungszwang eingeführt. Nach den Grundseminaren in Gesprächstherapie und Verhaltenstherapie entschied ich mich für Verhaltenstherapie. Was mich zu ihr hinzog, war neben der Faszination des Neuen und dem Wunsch, etwas Exklusives nicht zu verpassen, auch Prinzipielles:

-   Die Verhaltenstherapie war psychologisch fundiert und stand in Übereinstimmung mit vielen sonstigen Lehrinhalten des Psychologie-Studiums, was sich zum Beispiel von der Psychoanalyse und ihrem damaligen Schattendasein im Studium nicht sagen ließ. Den Behaviorismus als wissenschaftliches Prinzip zu akzeptieren schien mir völlig unnötig für die Entwicklung und Ausübung der VT.

- Die VT war offen für die verschiedensten Phänomene, die sie nicht reifizierte und katalogisierte. Sie unterstützte ein sozialwissenschaftliches Störungs- und psychoedukatives Behandlungsmodell, dem Psychologen wie ich nahestanden. Veränderung konnte nach diesem Modell nicht nur durch Änderung am Individuum, sondern genauso gut durch Änderung der Umgebungsbedingungen erzielt werden, ohne daß eines"wertvoller" als das andere wäre.
- Sie war strukturiert, wissenschaftlich fundiert, überschaubar und schien gut lernbar zu sein.
- Sie vermittelte einen großen Optimismus für Therapeuten und Patienten, daß Änderung möglich ist.Verhaltenstherapeuten zweifelten grundsätzlich jeden absoluten Determinismus durch biologische Ausstattung oder frühkindliche Erfahrungen erst einmal an. Diese Haltung entsprach meinen sozialpolitischen Überzeugungen.
- Verhaltenstherapie verstand sich nicht als exklusive und langwierige Psychotherapie, sondern widmete sich fokussiert und im Änderungsanspruch begrenzt auch therapeutisch vernachlässigten Patientengruppen, was ich auf einer Schizophreniestation eines Verhaltenstherapeuten praktisch erleben konnte.
- Die Klienten wurden sehr aktiv in ihre Therapie einbezogen, zum Beispiel durch Selbstbeobachtung und Übung. So wurden sie als selbstverantwortliche Personen behandelt, ohne daß dies verbal in wohltönenden Phrasen betont werden mußte. Die gängige Kritik, daß Verhaltenstherapie mehr als andere Therapien manipuliere, konnte ich - bis auf einzelne, mehr auf der Persönlichkeit des Therapeuten beruhende Fälle - nie teilen.
- Für die Änderung wurden die das Verhalten aufrechterhaltenden Bedingungen als mindestens ebenso wichtig wie seine Entstehungsbedingungen angesehen. Wiederholt praktizierte korrigierende emotionale Erfahrungen, wie zum Beispiel in der systematischen Desensibilisierung, wurden als wesentliches Agens der Veränderungen angesehen, und zwar sowohl Erfahrungen in der Realität wie in der Vorstellung. Das stand mit meiner eigenen Erfahrung, wie sich hilfreiche Änderungen bei mir erzielen liessen, in gutem Einklang. Übrigens bin ich überzeugt, daß kein Therapeut auf Dauer an einer rationalen Erkenntnis bezüglich der "richtigen" Therapie gegen die emotionale Erfahrung der Hilfe aus eigenen psychischen Nöten oder Einschränkungen festhalten kann. Deshalb halte ich eine Selbsterfahrung mit vorwiegend fremden Therapieverfahren in einer Verhaltenstherapieausbildung für dumm.
- Die Verhaltenstherapie war eine sehr individuelle Therapie, von der es hieß, daß sie für jeden Einzelfall ganz neu gestaltet werden müßte, was mit dem gleichzeitigen Einsatz sogenannter Standardtechniken durchaus vereinbar war. Diese Kombination aus Spontaneität und Kontrollierbarkeit, Streben nach verantwortungsbewußter Überprüfbarkeit und Risiken mit Neuem im Einzelfall, schien mir pragmatisch richtig und anregend.
- Die Einbeziehung des sozialen Umfeldes unter dem Aspekt der das Symptom aufrechterhaltenden Bedingungen verwies auf die Möglichkeit, Änderungen nicht nur durch Maßnahmen im Therapieraum und durch den Therapeuten zu erwarten. In diesem Sinne war Verhaltenstherapie sehr lebensnah.

Hinzu kamen motivational günstige Bedingungen, wie eine angenehme Lerngruppe und positive Erfahrungen mit den ersten Fällen. Daß die Verhaltenstherapie eine abschreckende Terminologie hatte, störte mich wenig, denn das war man als Psychologe ja gewohnt. Auch schlossen sich Begeisterung und Kritik in der damaligen Zeit, die noch wenig von

Anerkennungsrichtlinien und verschulten Baukastensystemen überschattet war, überhaupt nicht aus.

Von einem Therapieverfahren ein Menschenbild mitgeliefert zu bekommen, erwartete ich nicht. Da war es mir schon sympathischer, mit einer Therapie zu arbeiten, die sich einem auf allgemeineren Prinzipien fundierten Menschenbild anpassen ließ. Gerade der methodische Aspekt, der kein von gesellschaftlichen Zusammenhängen losgelöstes, normatives Idealbild des Menschseins als therapeutisches Endziel vorgab, sondern konkret Lebensqualität verbessernde Maßnahmen erreichbar machte, war mir wichtig.

Verhaltenstherapie hat - wie jede Psychotherapie - auch bewußtseinsbildende Funktionen. Für mich als Therapeuten hieß das, mein eigenes Bewußtsein wach zu halten, zum Beispiel für die strukturkonservative Kraft (im Sinne Eppler's, 1981) des scheinbar wertneutralen Positivismus, der sich mit seiner Art der Empirie an dem täglich erlebten, bestehenden Menschenbild orientiert und es experimentell dadurch immer wieder bestätigt. Argyris (1975) beschrieb vier Hauptaspekte, die das Handeln der Menschen in den gegenwärtigen Gesellschaften der meisten westlichen Industrienationen bestimmen:

- Die Ziele erreichen, die man selbst als Handelnder setzt.
- Gewinnen, nicht verlieren.
- Unterdrückung negativer Gefühle.
- Rationalität betonen.

Diese kaum noch hinterfragten und gerade in der Suchttherapie sich als problematisch erweisenden Werte ließen sich in der Verhaltenstherapie wiederfinden, aber dadurch eben auch bewußtmachen und kritisieren.

Die ausgesprochene Selbstkritikfähigkeit der Verhaltenstherapie war mir denn auch sehr wichtig. Als diese Fähigkeit sich innerhalb mancher Organisationen, deren Anliegen die Weiterentwicklung und Stärkung der Verhaltenstherapie sein sollte, bis hin zur Selbstzerfleischung und -auflösung auswuchs, wurde meine diesbezügliche Lust geringer, denn die Verhaltenstherapie repräsentierte für mich sehr viel Positives (siehe oben), für das ich nirgendwo in der Therapieszene einen adäquaten Ersatz sah.

Gefestigt wurde mein Selbstverständnis als Verhaltenstherapeut während meiner ersten drei Arbeits- und Lehrjahre am Max-Planck-Institut für Psychiatrie und am Institut für Therapieforschung. Meiner Einstellung zur systematischen Therapieplanung, dem meine Spontaneität am stärksten einschränkenden und oft als lästig empfundenen Teil der Arbeit, mußte ich mich in Schulungskursen für Mitarbeiter ambulanter Dienste widmen, wodurch ich mich sozusagen selbst von den Vorteilen des systematischen Vorgehens überzeugte. Infolge des besonderen Rufes von Prof. Brengelmann und seinem Institut konnte ich viele Verhaltenstherapieexperten kennen- und in Workshops einschätzen lernen. Derartige Kontakte machten es möglich, auch auf Grund der Kenntnis der Personen Präferenzen zu setzen, und sie vermittelten ein Gefühl der Zugehörigkeit zu einer Gruppe.

Schließlich waren die äußeren Bedingungen zur Durchführung von Therapien in den Forschungsprojekten, verglichen mit den meisten anderen Einrichtungen zur Versorgung psychisch Gestörter, sehr günstig, so daß der Anspruch von Verhaltenstherapie unter diesen Bedingungen gut einzulösen war. Alle diese Erfahrungen trugen zur Herausbildung eines Identitätsgefühls als Verhaltenstherapeut bei, und dieses hat, obwohl ich später in Fortbildungen noch des öfteren "fremdgegangen" bin, bis heute m.m. gehalten. Nur den Begriff "Verhaltenstherapie" habe ich mehr als einmal verflucht, wenn er die immer wieder gleichen Mißverständnisse und Vorurteile provozierte. In solchen Momenten wünschte ich mir stets, daß die Verhaltenstherapie doch ganz schlicht (psychologische) Psychotherapie heißen solle.

## 2. Die Anfänge der Verhaltenstherapie in der Behandlung der Substanzabhängigkeit

Im englichen Sprachraum gibt es einen Satz, der in der deutschen Übersetzung ungefähr lautet: "Gib einem kleinen Jungen einen Hammer und du wirst sehen, daß er von diesem Moment an überall Dinge entdeckt, die unbedingt einen Schlag mit dem Hammer benötigen". Auch junge Therapeuten versuchen bei allen möglichen Gelegenheiten, ihr Können auszuprobieren. Und in diesem Sinne ist die Überschrift "Wachs und Siegel" gemeint: Das jeweilige Symptom ist in den Augen der Therapeuten das Wachs, und die Methode, die der Störung sozusagen aufgedrückt wird, das Siegel. Daß die Metapher so nicht stimmt, merkt der junge Therapeut meistens ziemlich rasch. Denn tatsächlich ist es wohl eher so, wie es folgende Beschreibung der Therapeut-Patient-Interaktion definiert und wie es zur Konzeption der VT besser passen würde: Der Therapeut ist das Wachs, das sich dem spröden, rigiden Siegel des Patienten mit seinen symptomatischen Verhaltensweisen plastisch anpaßt, um dann mit Hilfe der in dem warmen Wachs enthaltenen strukturbildenden Energie das Siegel langsam aufzuweichen und zu einer angemesseneren, sich selbst organisierenden flexiblen Form zu verhelfen. Wie dieser Prozeß zwischen Verhaltenstherapie und Sucht ablief, soll nun dargestellt werden.

Der erste "kleine Hammer" der frühen Verhaltenstherapie, der nahezu ideal für den "Nagel" des durch respondente Konditionierungsprozesse entstandenen Verhaltensexzesses "süchtiges Trinken" zu passen schien, war die Aversionstherapie. Die ersten wissenschaftlich begründeten Ansätze dazu finden sich in den 20er und 30er Jahren des 20. Jahrhunderts, nachdem dieses Verfahren aus dem gesunden Alltagsverstand heraus auch in früheren Jahrhunderten schon angewendet worden war. Der Höhepunkt ihrer Erforschung und klinischen Anwendung lag in den 50er Jahren. In den von der Pawlow`schen Lehre noch stärker beeinflußten Ländern, wie zum Beispiel der Sowjetunion, reicht ihr Einsatz als Standardverfahren bis heute. In der Bundesrepublik Deutschland wird sie als chemisches oder elektrisches Aversionsverfahren kaum noch, und auch als "verdeckte", vorstellungsmäßige Therapie nur selten verwendet. Ihr Niedergang in der Popularität unter den Therapeuten war bereits weitgehend abgeschlossen, als ich mich 1974 mit der Abhängigkeit von psychotropen Substanzen zu beschäftigen begann. Lediglich die sogenannte "verdeckte Sensibilisierung" (Cautela, 1978), die dem Modell des operanten Vermeidungslernens folgt, wurde in unseren Therapieprojekten (siehe Vollmer & Kraemer, 1982, Feldhege et.al. 1977) verwendet.

Das Selbstverständnis des Aversionstherapeuten könnte man am ehesten mit "Verhaltenschirurg" umschreiben. Eine störende Verhaltensweise wird aus dem Verhaltensrepertoire quasi herausoperiert. Ziel ist, daß sie gar nicht mehr auftritt. In Bezug auf das Trinkverhalten bedeutet dies, daß Abstinenz das Ergebnis ist. Damit stand die Aversionstherapie in Übereinstimmung mit den üblichen Prinzipien der Suchtbehandlung. Die Maßnahme war gezielt und klar eingegrenzt. Aber sie war auch fatal für das Image der Verhaltenstherapie, denn sie beherrschte bis in die jüngste Zeit sämtliche Darstellungen der Verhaltenstherapie in den allgemeinen Alkoholismuslehrbüchern.

### 3. Vom Verhaltenschirurgen zum Verhaltenstrainer

Gegen Ende der 60er und verstärkt in den 70er Jahren wurde das Bild der Sucht als respondent konditioniertem Verhaltensexzess mehr und mehr ergänzt durch das der operant konditionierten Kompensation von Verhaltensdefiziten. Die in späteren Untersuchungen (Cappell & Hermann, 1972) in ihrer einfachen Version widerlegte Spannungsreduktionstheorie der Alkoholwirkung spielt in diesem Modell noch eine zentrale Rolle.

In etwa parallel dazu, zwischen 1962 und 1968, wurde durch Katamnesestudien und eine Fülle von Laborexperimenten der Zweifel an der Abstinenz als allein tragfähigem Therapieerfolg immer größer. Trainings zur sozialen Kompetenz und das Konzept der Breitbandtherapie (siehe Hamburg, 1975) kamen in Mode.

Auch das Defizitmodell, das logischerweise kontrolliertes Trinken als Therapieziel akzeptierte und favorisierte, weil es das Repertoire an sozialen Verhaltensweisen vergrößern sollte, war in seiner Formulierung weiter sehr distanziert gegenüber den Süchtigen. Man konnte bei der Beschreibung der Störung nie auch nur im entferntesten auf die Idee kommen, daß sozial kompetente und erfolgreiche Psychologen oder Ärzte alkoholabhängig werden könnten. Unwissenheit, unangemessene soziale Verstärkung, Verhaltensdefizite und mangelhafte Selbstkontrollfähigkeiten galt es zu beheben. Ein Bündel entsprechender Maßnahmen wurde zu einem psychoedukativen Therapieprogramm geschnürt, das als ganzes auf seine Effektivität geprüft wurde. Aus den Ingredienzien ließ sich recht gut auf das Störungsverständnis und sogar auf das Menschenbild der Therapeuten schließen.

Das Selbstverständnis des Therapeuten entspricht hier vielleicht am ehesten dem des kompensatorischen Erziehers, des Kontingenzmanagers und Verhaltenstrainers. Positiv an dieser Entwicklung war die Ausdehnung des Störungsverständnisses über das Symptomverhalten hinaus. Negativ an den Programmen war die Herausbildung neuer, falscher Stereotype von Abhängigkeit mit der Überbetonung von Defiziten, gerade so, als würden nur unglückliche, irgendwie eingeschränkte Menschen drogenabhängig.

In der deutschen Suchttherapieszene fühlte man sich in jener Zeit als Verhaltenstherapeut in der Rolle des jungen Rebellen, der alte Zöpfe abschneidet und nach Wahrheit strebt. Besonders das Bezweifeln der Abstinenz als allein möglichem Therapieziel für alle Personen mit Alkoholproblemen, wie Verhaltenstherapeuten in Ablehnung aller "-ismen" ihre Klienten nannten, machte sie zu Putschisten der Suchtszene. Hatte schon die Aversionstherapie es den Gegnern der Verhaltenstherapie leicht gemacht, sie als Dressurmethode in der Öffentlichkeit zu verunglimpfen, so wurde sie jetzt sogar "menschenverachtend" tituliert, weil sie mit ihrem Gerede vom kontrollierten Trinken angeblich Mengen von gutgläubigen Alkoholikern in den Zweifel an der Abstinenz und damit in das Verderben und sogar in den Tod triebe.

Die Richtung dieser Kritik entsprach durchaus dem öffentlichen Verständnis der Sucht. Nachdem die Alkoholabhängigkeit nämlich 1968 als Krankheit anerkannt worden war, wurde auch das Behandlungsziel offiziell als Abstinenz festgelegt. Dadurch war die Verhaltenstherapie in Deutschland mehr oder weniger gezwungen, ihr flexibles Störungs- und Therapiezielkonzept, das Konsum, Mißbrauch und Abhängigkeit als Kontinuum und die Therapieziele demgemäß als zwischen gemäßigtem Konsum, Abstinenz und Einschränkung allzu katastrophaler Rückfälle angesiedelt auffaßte, auf vereinzelte Forschungsvorhaben zu begrenzen. Dieses Konzept und mit ihm vorübergehend die ganze Verhaltenstherapie waren unpopulär geworden.

Die ideologisch und mit Schlägen unter die Gürtellinie - besonders gegen die SOBELLs in den USA - geführte Kontrollierte-Trinken-Kontroverse, stärkte das Ansehen der Verhaltenstherapie in der Öffentlichkeit allenfalls als kämpferisch und kritisch, nicht aber als seriös und humanitär. Ich war damals betroffen von der Wucht und der Art der Angriffe, die besonders von Vertretern der Selbsthilfegruppen gegen unsere Projektgruppe vorgetragen wurden, die eine Therapie für junge Leute mit Alkoholproblemen entwickelt hatte, die es den Klienten ermöglichte, im Therapieprozeß das Therapieziel in Bezug auf das Symptomverhalten festzulegen, die also sowohl mäßigen Alkoholkonsum wie Abstinenz als Therapieziel akzeptierte. Andererseits war ich als Gast einer Münchner AA-Gruppe sehr beeindruckt von der Ehrlichkeit, Direktheit, aber auch Toleranz gewesen, die dort herrschte. Zumindestens in dieser Gruppe hatte ich nichts von "stumpfsinniger Nachbeterei", Dogmatismus oder Sektentümelei und was sonst noch an Vorurteilen gegen die Anonymen Alkoholiker kursierte, bemerken können.

Hier wie auch in meinen Kontakten mit Vertretern christlicher Organisationen, für die ich ein Weiterbildungsprogramm zum verhaltenstherapeutischen Sozialtherapeuten entwickelt hatte, begegneten mir Begriffe wie Kapitulation, Demut, Reue, Schuld, Wiedergutmachung, persönliche Beziehung zu Gott (= höhere Macht) und ihre Bedeutung im therapeutischen Prozeß. Alle diese Begriffe und auch deren Inhalt, die auf Mechanismen des "Kippens" vom Selbstkonzept hinwiesen, waren in der Verhaltenstherapie weitgehend unbekannt oder unbearbeitet. Lediglich bei Bateson (1973) und in der leider unveröffentlichen Arbeit zur "Lebensbilanzübung" von Kaemmerling fand ich Bemühungen zum Verstehen und Erklären dieser Phänomene. In Forschungsprojekten kam man damit aber kaum in Berührung. Wenn man allerdings in der Praxis mit allen an der Suchttherapie beteiligten Organisationen zusammenarbeiten wollte, dann mußte man sich als Verhaltenstherapeut damit früher oder später auseinandersetzen. Für diese Themen gab es jedoch kein öffentliches Forum, so daß die Diskussionen eher in privatem Rahmen und dann auch nur unter Sucht-Verhaltenstherapeuten intern geführt wurden.

Trotz der genannten Hemmnisse bei der Rezeption und Verbreitung der Verhaltenstherapie wurde sie eine der führenden Verfahrensweisen in der Suchttherapie, weil sie auf dem Boden eines sehr allgemeinen Änderungsmodells steht, das sich nicht auf klinische Symptome beschränkt. Wie die Suchtforschung lehrt, ist die soziale Rehabilitation für das Andauern des Therapieerfolges so bedeutsam, daß andere Therapiefaktoren - im Sinne der aufgeklärten Varianz der gemessenen Faktoren - dahinter zurücktreten. Und in allen Störungsbereichen, in denen "oberflächliche" Wirkfaktoren offensichtlich sind, hat man der VT schon immer gerne einen gewissen Stellenwert eingeräumt.

## 4. Selbstkritik und Anpassung

Von außen kommender Widerspruch, Anregungen und Bestätigungen waren sicherlich eine Quelle der weiteren Entwicklung. Aber die meisten Anstöße kamen doch aus den Reihen der Verhaltenstherapeuten selbst. Wenn Verhaltenstherapeuten sich selbst kritisierten und ihre Arbeit planvoll weiterentwickelten, dann mußte es ja wohl auch bei Patienten so etwas wie Pläne des Verhaltens und Selbststeuerung geben. Besonders die Arbeiten von F. Kanfer zum Selbstmanagement und zum Therapieprozeß (deutsch zusammengefaßt in Kanfer et al. 1990) wie auch die von Grawe zur Ausweitung der Verhaltensanalyse in "vertikaler" Richtung (Caspar, F.M. & Grawe, K. 1982) und zur in der Suchtbehandlung so dominierenden Gruppentherapie (Grawe, K. 1980) für die es bis dahin wenig Grundlagen in der VT gab, waren für meine weitere Entwicklung als Verhaltenstherapeut in der Sucht von Bedeutung. In der Praxis der Klinik war täglich erfahrbar, daß der Anzug der VT auch nach der "kognitiven Wende" an vielen Stellen zu eng war. Die Bedeutung der "Abwehrmechanismen" im Suchtprozeß und der Lebenslauf- und Familienrekonstruktion für das Verstehbarmachen des Selbstkonzeptes und die Funktionalität des Trinkens auf diesem Hintergrund führten zu Vorgehensweisen, die oberflächlich betrachtet wenig verhaltenstherapeutisch wirken, und die es, wenn man eine sehr enge VT-Definition bevorzugt, auch nicht mehr sind. Aber ihr Ziel ist in jedem Fall eine angemessene Selbstwahrnehmungs- und Selbsteinschätzungsfähigkeit.

Scheinbar im Gegensatz zur Betonung des Selbstmanagement schien die Bedeutung biologischer Parameter in der Sucht zu stehen. Immer eindeutigere Forschungsergebnisse verwiesen auf eine genetische Komponente bei der Suchtentstehung und auf irreversible biochemische Veränderungen im Belohnungszentrum des ZNS für die Aufrechterhaltung bzw. Chronizität der Störung, selbst nach längerer Abstinenz. Mit anderen Worten: War Sucht bis dahin - unabhängig vom Therapieziel - wie eine akute Störung behandelt worden, so wurde dieses Paradigma von dem der chronischen Krankheit abgelöst. Infolge der rechtlichen Anerkennung als Krankheit und der versicherungsrechtlichen Folgen verschwanden leider auch die Konzepte für Therapien mit alkholgefährdeten Personen größtenteils in der Schublade, denn Prävention ist ein gesonderter Sektor, in dem Therapie nichts zu suchen hat.

Die Rückfallprophylaxe rückte in der Therapie noch stärker in den Mittelpunkt der Behandlung, wozu Marlatt (1977, 1978) die wichtigsten Anstöße gab. Es ging demgemäß gar nicht mehr um das "Wegmachen" einer Störung, sondern um das Leben mit ihr und ihren verdeckten Manifestationen im Zustand der Abstinenz. Der Ausbau vorhandener Ressourcen, die Auswirkungen des veränderten Lebensstils auf das Selbstbild und die sozialen Rollen wurden in der Analyse des Verhaltens mindestens so bedeutsam wie der Ausgleich von Defiziten.

Im Therapiegeschehen selbst wurde für mich, besonders seitdem ich von 1977 an primär stationär arbeitete, die Bedeutung der Interaktion zwischen Therapeut und Patient immer wichtiger. Denn im stationären Rahmen einer therapeutischen Gemeinschaft oder psychosomatischen Klinik begegnen sich Therapeut und Patient in verschiedenen Kontexten und in vielschichtigeren Rollen als während einzelner Therapiesitzungen in der ambulanten Praxis. Die zunehmende Durchdringung und Einbeziehung der Interaktion unterschied unsere Praxis der Verhaltenstherapie vielleicht am stärktsten von dem Bild, daß Außenstehende sich gemeinhin von ihr machten.

Das Selbstverständnis des Therapeuten wandelte sich zu dem eines mehrfachen Rolleninhabers: Der Lehrer, der Kontrolleur und Sittenwächter, der (offizielle) Gruppenleiter, der Verhaltenstrainer, und im psychotherapeutischen Sinn der produktive Anreger, Anstoßgeber, Ordner, Infragesteller und (Un-)Ruhestifter. Hinzu kam mehr Geduld, auf günstige Momente zu warten oder manches einfach häufig zu wiederholen, geboren unter anderem aus Rückmeldungen ehemaliger Patienten in Bezug darauf, welcher vom Therapeuten vielleicht gesagte, aber von ihm vergessene und auch für unwichtig gehaltene Satz oder welche Erfahrung während der Therapie für die Patienten ganz entscheidend gewesen seien.

Am besten einordnen ließen sich solche Erfahrungen in das aus der Suchtforschung entwickelte Änderungsprozeß-Modell von Prochaska & DiClemente (1986) und vor allem in das Therapie-Prozeß-Modell von Kanfer (deutsch in: Kanfer, Reineicker & Schmelzer, 1990).

Therapieprogramme, wie zum Beispiel von Schneider (1982) hatten den Vorteil, daß man ihren Ablauf nach solchen Modellen präformieren konnte, aber den Nachteil, daß individuelle Verläufe nur bedingt zu berücksichtigen waren, was leicht zur "Verschulung" der Therapie führte. Deshalb wurden immer mehr indikative Unterprogramme anstelle von Breitbandkonzepten entwikkelt. Ein gut aufgebautes und theoretisch durchdachtes Gruppenprogramm wurde zum Beispiel von Petry (1985) veröffentlicht.

Während in diesem Sinne Einzelbausteine der Therapie weiterentwickelt wurden, zeigte sich doch an vielen Beispielen, daß dadurch ein Durchbruch in Bezug auf die Effektivitätssteigerung der Therapie kaum zu erzielen war. So wichtig einzelne Techniken zur gegebenen Zeit auch sein mochten, war es doch deutlich, daß eine ganze Reihe der dadurch erzielten und von Therapeut wie Patient positiv bewerteten Fortschritten kein hinreichender Indikator für die Beständigkeit des Therapieerfolges insgesamt waren. Weder soziale Kompetenzen, gemessen am U-Fragebogen (Ullrich & Ullrich, 1977) noch das Ausmaß der erzielten Änderung, gemessen am VEV (Zielke & Kopf-Mehnert, 1978), waren prognostisch verwertbar. Lediglich die rein auf das Symptomverhalten bezogene Selbstwirksamkeitserwartung hat sich in mehreren Untersuchungen als prognostisch aussagekräftig herausgestellt. Auch die als Resultat einer groß angelegten Studie von Küfner & Feuerlein (1989) vorgelegten Prognosekriterien waren für die Gestaltung der Therapie nicht besonders hilfreich. Auf die Wirksamkeit ihrer Therapie besonders stolze Verhaltenstherapeuten wurden außerdem durch die multizentrischen Studien zusätzlich gekränkt, weil sich die Überlegenheit ihrer Therapie nicht eindeutig nachweisen ließ. Diese Situation, in der ein Suchttherapeut sich an anderen Kriterien für seine Selbstbewertung als dem im Endeffekt von den Auftraggebern als wesentlich angesehenen orientieren muß, führt natürlich leicht zu Einstellungen zwischen Zynismus, therapeutischem Nihilismus und Gleichgültigkeit oder zur Entwicklung von persönlichen Kryptotheorien.

Gegen solche Tendenzen können die o.g. Therapieprozeß-Modelle noch am ehesten einen Schutz bieten. Das Selbstverständnis des Therapeuten ist danach ja nicht das eines Abstinenz-Trainers, sondern das eines Begleiters und Führers durch hilfreiche Erfahrungen, die sich - möglichst empirisch überprüft - als wirksam erwiesen haben. Je nach Therapiephase handelt es sich dabei um verschiedene Verfahrensweisen (siehe dazu Prochaska & DiClemente, 1986). Was uns noch weitgehend fehlt und was wir deshalb in unserer Arbeit weiterentwickeln müssen, sind bessere differentialdiagnostische Fähigkeiten, unter anderem in Bezug auf die Persönlichkeit und ihre Bedeutung im Änderungsprozeß, sowie handhabbare Indikationsregeln zwischen Diagnostik und individuellen Therapiemaßnahmen, die - unabhängig von irgendwelchen Therapiedauern - klarere Zielkriterien für die Therapiebeendigung beinhalten.

Was die Verhaltenstherapie in der Suchttherapie von traditionellen Konzepten gelernt und weiterentwickelt hat, ist die regelmäßige Beteiligung der Bezugspersonen an der Therapie, die Bedeutung einer geschlechtsspezifischen Therapie, die Bedeutung vom Aufgeben eines Kontrollanspruches und die daran beteiligten emotionalen Vorgänge, wie Schuld, Angst vor dem Identitätsverlust und Trauer. Bei der Krankheitsbewältigung in Form ihrer Akzeptierung als Tatsache geht es letztlich um nichts Geringeres als einen Paradigmawechsel oder, anders ausgedrückt, eine Akkommodation des Selbst-Schemas an die Tatsache der Unfähigkeit zum dauerhaft kontrollierten und unschädlichen Gebrauch der Droge. In der Sucht wurde immer schon zwischen der kognitiven und emotionalen Akzeptanz der Abhängigkeit unterschieden, was mir anfangs befremdlich vorkam. Jetzt sehe ich den Unterschied darin, daß bewußte Kognitionen eben nur teilweise die Handlungen steuern, und daß der Therapeut, der sagt, ein Patient habe die Abhängigkeit emotional nicht akzeptiert, Inkongruenzen am Patienten wahrnimmt, die dessen ehrlich gemeinten Aussagen widersprechen. Diese Inkongruenzen, ihre verhaltenssteuernden Wirkungen und auch die ihr zugrundeliegenden, dem Patienten mit seinen Mitteln nicht zugänglichen, psychischen Mechanismen gilt es in der Therapie aufzuklären, damit der Patient zu einem angemesseneren Verständnis seiner selbst gelangt. Einige Verhaltenstherapeuten in der Sucht haben sich damit schon vor der kognitiven und emotionalen "Wende" in der VT auseinandergesetzt, manche leider auch auf Kosten einer Aufgabe ihrer VT-Identität.


## 5. Die Sucht und der Therapeut

Unabhängig von Entwicklungstendenzen innerhalb der Verhaltenstherapie, der Alkoholismusforschung und des Versorgungssystems hat das Störungsbild "Sucht" und die gängige therapeutische Antwort darauf unmittelbar Auswirkungen auf jeden Therapeuten, also auch auf den Verhaltenstherapeuten.

Suchtkranke werden fast ausschließlich in Monokulturen betreut. Abgesehen davon, daß "Abwechslung" und "Kontakt" wohl keine auf Dauer besonders tragfähigen Motive für die Ausübung des Therapeutenberufes sind, leben die Suchttherapeuten in Hinblick auf die zu behandelnden Personen doch in einem besonders schwach ausgeprägten Reizklima. Eine typische Frage, die mir und anderen langjährig im Suchtbereich Tätigen, denen man das Zwanghafte und Eintönige nicht leicht als Persönlichkeitseigenschaft zuschreiben kann, denn auch häufig gestellt wird, lautet: "Wird Dir das nicht langweilig, immer nur mit Süchtigen?" Einerseits nein, denn wir behandeln ja nicht ein Symptom, sondern wir arbeiten mit Menschen der verschiedensten Art, die nach Abklingen der nivellierenden Auswirkungen der Abhängigkeit so vielfältig sind wie die meisten Erwachsenen (vorausgesetzt, die Klinik wird von allen Versicherungen belegt!). Das "Nein" zielt also auf die falsche Hypothese ab, daß Suchtkranke sich sehr ähnlich oder sogar im Persönlichkeitstyp identisch sind.

Andererseits berührt die Frage aber gewiß Besonderheiten der Sucht, die vielen Therapeuten doch zu schaffen machen. Es handelt sich um Erscheinungen, die ähnlich durchaus auch in psychosomatischen Kliniken und Reha-Zentren anzutreffen sind. Die Besonderheit liegt mehr in der Kombination der Phänomene, die mir für Suchtkrankeneinrichtungen typisch zu sein scheinen:

- Das öffentlich als allein gültig anerkannte Therapieziel liegt mit der meist vor Behandlungsbeginn gestellten Diagnose schon fest.
- Das Symptomverhalten ist bereits mit Beginn der Therapie beseitigt.
- Sein Wiederauftreten wird sanktioniert.
- Die der Sucht inhärente Ambivalenz des Patienten, zwischen Angst und Lust wieder zu trinken, dies aber ohne Folgen und ohne abhängig zu sein, verführt den Therapeuten leicht dazu, als Anwalt der Abstinenz aufzutreten und dadurch dogmatisch zu werden.
- Die Patienten fühlen sich in der Mehrzahl gesund und normal (Pat.: "Ich will nur das Trinken aufhören." Th.: "Sie haben doch schon aufgehört!" Pat.: "Ja, ich will ja auch nur irgendwie mehr Abstand und Sicherheit bekommen.").
- Die Patienten spüren aktuell in sich wenig Leiden, sind deshalb weniger begierig nach Linderung mit Hilfe eines Psychotherapeuten. Der Therapeut muß also viel rekursive Motivationsarbeit leisten.
- Die Störung hat in der Hierarchie der Wertschätzung sowohl unter Fachleuten (Anforderung an Therapeut, Komplexität des Problems, "In" oder "Out" von Störungsbereichen) als auch in der Öffentlichkeit (Willenssache, eher peinlich) einen niedrigen Rang.
- Der bemühte Therapeut vertritt in der Regel nicht nur die individuell vereinbarten Therapieregeln, sondern als "Ordnungshüter" auch die des Hauses.
- Der Therapeut hat kaum objektiv nachprüfbare Kriterien für die Therapiebeendigung in Bezug auf das Symptom.
- Die allein durch das abstinente Leben in einer suchtmittelfreien Umgebung mit Aktivierung der Person und Ordnung im Tagesablauf erzielten Änderungen sind so bedeutsam, daß sie den Effekt einzelner, eventuell aufwendiger Therapiemaßnahmen "verrauschen".

Diese hier stichpunktartig beschriebene Situation kann den Therapeuten nicht nur zu Resignation, Flucht oder Distanzierung, z.B. in Form einer Forscherhaltung, sondern auch zur Anpassung seines persönlichen Lebensgefühls und -stils führen.

Das Bild vom Suchttherapeuten, das in vielen Köpfen von Kollegen herumgeistert, ist ja wahrscheinlich nicht nur ein Vorurteil, sondern es wird wohl auch intermittierend bestätigt. Im Einzelfall sind Ursache und Wirkung sicherlich schwer zu trennen, denn es kann sich natürlich auch jemand, der Ordnung und klare Ziele liebt, der keine Angst vor der Sucht hat, weil er Selbstkontrollverlust und -aufgabe nicht kennt, der der Beständigkeit und Regelhaftigkeit eher die angenehmen Seiten abgewinnt und der auf Luxus und die weite Welt leicht verzichten kann, aus diesen Eigenschaften heraus für eine Arbeit im Suchtgebiet entscheiden und so dem Vorurteil Nahrung geben, das in etwa der eben gegebenen Beschreibung entspricht.

Aber selbst wer sich mit ganz anderen Eigenschaften auf der Jagd nach einem guten Arbeitsplatz mehr durch Zufall mit der Suchttherapie konfrontiert sieht, kann sich aufgrund der genannten Sucht-Besonderheiten in diese Richtung verändern. In Ergänzung der obigen Vorurteilsbeschreibung würde er ein humorloser, sich an bürokratische Kriterien(wie zum Beispiel vorgegebene Verweildauern) klammernder, rigider, eher grau als bunt gekleideter, ständig mit dem Hausgesetz unter dem Arm herumlaufender Therapeut sein, der seine Erfüllung eher in Heim und Hobby als in der Arbeit sucht, es sei denn, er ist selbst ehemaliger Suchtkranker oder mit sadomasochistischen Tendenzen behaftet. Was in dieser Zusammenstellung als Karikatur erscheint, beschreibt doch mögliche Auswirkungen der gängigen Suchttherapiepraxis auf den Therapeuten.

Wenn wir nun nicht davon ausgehen, daß es sich hierbei um einen positiven, natürlichen Selektionsvorgang handelt, in den man besser nicht eingreifen sollte, dann kann man sich fragen, wie man verhindert, daß der Therapeut in dieser Weise zum Wachs unter dem Zerrbilder erzeugenden Siegel der Sucht und ihrer gängigen Therapiepraxis wird. Einige der möglichen Antworten sind implizit bereits in der Beschreibung der Besonderheiten der Suchttherapie enthalten. Andere betreffen das Versorgungssystem und institutionelle Rahmenbedingungen insgesamt, worauf ich hier aber nicht eingehen möchte. Nur einige der an den Therapeuten gestellten Anforderungen und entsprechende Bewältigungsmöglichkeiten sollen abschließend erwähnt werden.

An erster Stelle sei das Wissen um den Prozeß des Abhängigwerdens und der Befreiung davon genannt. Ich habe Therapeuten gekannt, die mehrere komplette Psychotherapieausbildungen absolviert haben, aber auch nach mehreren Jahren Suchttherapiepraxis noch kein Alkoholismuslehrbuch gelesen hatten oder die von Delirium tremens außer dem Wort wenig wußten. Neben solchem grundlegenden Expertenwissen wäre es günstig, wenn die Ausbildung die Möglichkeit zum praktischen Kennenlernen des gesamten Betreuungssystems bieten würde. Dies umfaßt betriebliche und kommunale Suchtarbeit, Gespräche mit Bezugspersonen, deren Angehöriger gerade in Therapie ist oder vorzeitig von dort entlassen wurde, Entzugssymptomatik und Entzugsbehandlung, die ambulante wie stationäre Entwöhnungsbehandlung und die Selbsthilfegruppen. Das Wissen bezieht sich also sowohl auf die Entwicklung eines adäquaten Änderungsmodells und die Kenntnis der an diesem Prozeß beteiligten Personen und Institutionen als auch auf die Bereitschaft, Wissen und Kenntnis an Patienten zu vermitteln, mithin Freude am pädagogischen Tun zu haben.

Da die stationären Therapien in der Sucht oft lange dauern, braucht der Therapeut einen "langen Atem" und die Bereitschaft, sich mit den Patienten auf vielfältige Weise einzulassen. Ein Rückzug hinter den Interaktionspanzer der Professionalität oder ein Glänzen mit brillanten Einzelinterventionen gelingt auf Dauer kaum. "Humor, Geduld und Güte sind die Regenschirme des Weisen" hat Erich Kästner gesagt. Diese Art der Weisheit, die man nicht beliebig erlernen oder antrainieren kann, sollte sich der Therapeut durch regelmäßige externe und/oder kollegiale Supervision wenigstens erhalten. Außerdem sollte er es als seine menschliche und professionelle Verantwortung betrachten, in seinem Team ein Klima dieser Art zu pflegen.

Antons (1983) hat als weitere spezifische Fähigkeiten des Suchttherapeuten hervorgehoben, daß er sich um Konsequenz und Klarheit, Kontrolle der eigenen Bestrafungsimpulse, Kontakt zum eigenen Suchtverhalten und um eine persönliche Ausgewogenheit zwischen Härte und Verwöhnung - also eine spezielle Art von Güte - bemühen soll.

Außerdem muß sich der Suchttherapeut immer wieder vergegenwärtigen, daß die Abstinenz nicht sein Behandlungsziel ist. Erstens ist es - wenn überhaupt - das des Patienten, und zweitens kann er nur dabei helfen, funktional hilfreiche Zwischenziele als Voraussetzungen und Erleichterungen für die Beibehaltung dieses Lebensstiles zu setzen und zu verwirklichen. Dafür wiederum sollte er sich m. E. um ein empirisch orientiertes Modell des Änderungsprozesses bemühen, das ihm für diese Zwischenziele überprüfbare Anhaltspunkte gibt. Nur so erhält er regelmäßig Rückmeldung über den Erfolg seiner Tätigkeit. Und erfolgreich sein möchte wohl jeder, zumindestens gemessen an den eigenen Ansprüchen.

Ich bin mit Antons der Ansicht, daß die erwähnten Eigenschaften und Fähigkeiten die in der "perversen Tätigkeit des professionellen Helfens" grundgelegten Persönlichkeitsverformungstendenzen von Therapeuten abmildern können, und daß deshalb eine darauf abzielende Selbsterfahrung im Zuge der Verhaltenstherapieausbildung einen wichtigen Platz haben sollte, wo sie ihn nicht schon hat.


## LITERATURVERZEICHNIS

ANTONS, K. (1983). *Die therapeutische Beziehung bei der Behandlung des Alkholismus.* In Zimmer, D.: *Die therapeutische Beziehung.* Weinheim: edition psychologie

ARGYRIS, S. (1975). *Dangers in applying results from experimental social psychology.* Amer. Psychologist 30, 469-485.

BATESON, G. (1973). *The cybernetics of "Self": A theory of alcoholism.* In Baterson, G. (Ed.): Steps to an ecology of mind. London: Granada Publ.

CAPPELL, H. & HERMAN, C.P. (1972). *Alcohol and tension reduction: A review.* QJSA 33, 33-64

CASPAR, F.M. & GRAWE, K. (1982). *Vertikale Verhaltensanalyse (VVA).* Forschungsberichte aus dem Psychologischen Institut der Universität Bern

CAUTELA, J.H. (1978). *Die Behandlung des Alkoholismus durch verdeckte Sensibilisierung (Covert Sensitization).* In Revenstorf, D. & Vogler, R.E. (Hrsg.): Alkoholmißbrauch. München: Urban & Schwarzenberg

EPPLER, E. (1981). *Wege aus der Gefahr.* Hamburg: Rowohlt

FELDHEGE, F.J., KRAUTHAN, G., SCHNEIDER, R., SCHULZE, B. & VOLLMER, H. (1977). *Ein ambulantes Breitbandprogramm zur Behandlung junger Drogenabhängiger.* Wiener Zeitschrift für Suchtforschung 1, 15-32

GRAWE, K. (1980). *Verhaltenstherapie in Gruppen.* München: Urban & Schwarzenberg

HAMBURG, H. (1975). *Behavior therapy in alcoholism: a critical review of broadspectrum-approaches.* Journal of Studies on Alcohol 36, 69-87

KANFER, F.H., REINECKER, H. & SCHMELZER, D. (1990). *Selbstmanagement-Therapie.* Berlin: Springer

KÜNFER, H. & FEUERLEIN, W. (1989). *In-Patient Treatment for Alcoholism*. Berlin: Springer

MARLATT, G.A. (1977-79). *Alkoholverlangen, Kontrollverlust und Rückfall: Eine kognitive Analyse des Verhaltens*. Wiener Zeitschrift für Suchtforschung, 1977/78, Nr. 4, S. 19-24 (1. Teil), 1978/79 Nr. 1, S. 11-20 (2. Teil)

PETRY, J. (1985). *Alkoholismustherapie: Vom Einstellungswandel zur kognitiven Therapie*. München: Urban & Schwarzenberg

PROCHASKA, J.O. & DI CLEMENTE, C.C. (1986). *Toward a Comprehensive Model of Change*. In Miller, W.E. & Heather, N.: Treating addictive behaviors. New York: Plenum Press

REVENSTORF, D. (1986). *Hat Verhaltenstherapie eine Chance?* In Brengelmann, J.C. & Bühringer, G.: Therapieforschung für die Praxis. München: Gerhard-Röttger-Verlag

SCHNEIDER, R. <Hrsg.> (1982). *Stationäre Behandlung von Alkoholabhängigen* (IFT-Texte 8). München: Gerhard-Röttger-Verlag

ULLRICH, R. & ULLRICH, R. (1977). *Der Unsicherheitsfragebogen*. München: J. Pfeiffer

VOLLMER, H. & KRAEMER, S. (1982). *Ambulante Behandlung des Alholismus*. München: Gerhard-Röttger-Verlag

ZIELKE, M. & KOPF-MEHNERT, C. (1978). *VEV- Veränderungsfragebogen des Erlebens und Verhaltens*. Weinheim: Beltz-Testd

*VERHALTENSTHERAPEUTINNEN: MEHRHEITEN - MINDERHEITEN - UNTER-*
*SCHIEDE*

## DIE BEDEUTUNG DER VERHALTENSTHERAPIE FÜR DIE FRAUEN

Alexa Franke

## Einleitung

1974 begann A.A. Lazarus einen Artikel zum Thema "Women in Behavior Therapy" folgendermaßen[4]: "Lange vor dem Entstehen der Frauenbewegung haben Verhaltenstherapeuten Frauen trainiert, selbstversorgend und sozial durchsetzungsfähig zu sein und für ihre eigenen Rechte einzutreten. Anders als in der psychoanalytischen Theorie sind signifikante
Geschlechtsunterschiede kein integraler Teil sozialer Lern- oder Verhaltenstheorie. Im Gegenteil hat verhaltenstheoretische Forschung gezeigt, daß Geschlechtsrollendifferenzen innerhalb jedes Geschlechts größer sind als zwischen Männern und Frauen (Mischel 1966). Es
gibt somit nichts in der Verhaltenstheorie, das zu irgendwelchen sexistischen Haltungen
beitragen kann..." (1974, S. 217).

Mit Brecht (Die Dreigroschenoper) möchte ich Lazarus antworten: "Doch die Verhältnisse,
sie sind nicht so".

Für die Verhaltenstherapie gilt wie für jede andere Therapieform, daß sie sowohl theoretisch
als auch praktisch überfordert ist, den gesellschaftlichen Widerspruch zwischen Weiblich-
Sein und Gesund-Sein zu lösen. Um diesen Konflikt noch einmal zu skizzieren:

Eine Zahl von Verhaltensweisen, die als übereinstimmend mit der weiblichen Geschlechtsrolle bewertet werden, gelten als neurotisch. Erste Untersuchungen hierzu wurden von Broverman und MitarbeiterInnen durchgeführt; die klassische Studie (Broverman et al. 1970).
sei hier noch einmal kurz vorgestellt:

Das Team teilte 79 PsychotherapeutInnen in drei große Gruppen auf und gab allen den gleichen Fragebogen. Anhand dieses Fragebogens hatte eine Gruppe einen gesunden Menschen
zu beschreiben, eine andere einen gesunden Mann und die dritte eine gesunde Frau. Es
zeigte sich,

- daß das Bild des gesunden Menschen mit dem Bild des gesunden Mannes übereinstimmte,
daß aber
- das Bild der gesunden Frau dem eines psychisch gestörten Mannes entsprach:

Die Frauen erschienen gegenüber dem geistig gesunden Menschen als weniger gesund.
Verglichen mit ihm und damit verglichen mit dem gesunden Mann, waren sie submissiver,
weniger unabhängig, weniger abenteuerlustig, weniger objektiv, gefühlvoller, kindlicher,

---

[4] Alle Übersetzungen von der Verfasserin

emotionaler und scheuer. Die geistig gesunde Frau war also verglichen mit dem geistig gesunden Menschen krank.

Inzwischen wurden zahlreiche vergleichbare Untersuchungen durchgeführt. Sherman verglich 1980 16 Studien dieser Art eingehend und kam zu dem Schluß, daß alle methodisch exakten Untersuchungen die Ergebnisse von Broverman et al. bestätigen (siehe auch Broverman et al. 1972). Es liegen inzwischen auch zahlreiche Untersuchungsergebnisse darüber vor, daß die als weiblich bewerteten Charakeristika nicht nur als krank gelten, sondern daß sie gesellschaftlich insgesamt geringer bewertet werden als männliche Rollencharakteristika. (Eine ausführliche Darstellung und Analyse dieser Problematik erfolgt unter anderem bei Franke, 1984, 1985, 1987, 1990; Vogt, 1983).

Eine Zeitlang schien sich ein Ausweg aus dem Dilemma über das Konzept der Androgynie anzubahnen. Dieses geht von einer unterschiedlichen Ausprägung der Geschlechtsrollencharakteristika aus, als deren Konsequenz vier Klassen entstehen: Androgynität mit einem hohen Ausmaß sowohl in maskulinen als auch femininen Variablen, Maskulinität mit hohem Ausmaß an maskulinen und niedrigem an femininen Variablen, Femininität mit einem hohen Ausmaß an femininen und niedrigem an maskulinen Variablen und Undifferenziertheit bei geringer Ausprägung sowohl maskuliner als auch femininer Variablen. Die frühen Ergebnisse von Bem u.a. (Bem 1974, 1975; Bem & Lenney 1976; Bem, Martyna & Watson 1976), denen zufolge ein hohes Ausmaß an Androgynität einhergeht mit einem hohen Maß an psychischer Gesundheit, und dies für Männer und Frauen, hielten späteren Überprüfungen nicht Stand. Eine Meta-Analyse von 26 Studien zur Beziehung zwischen Geschlechtsrollen und psychischer Gesundheit erbrachte, daß, obwohl Maskulinität und Femininität in Teilbereichen mit Maßen psychischer Gesundheit und Anpassung korrelierten, die Effekte von Maskulinität stärker und konsistenter waren als diejenigen von Femininität (Bassoff & Glass 1982) Mit anderen Worten: Androgyne und maskuline Personen werden wegen ihrer höheren Werte in Maskulinität als gesünder und besser angepaßt bewertet als feminine und undifferenzierte.

Man könnte an dieser Stelle die grundsätzliche Frage nach der Anpassungsfunktion von Therapie diskutieren oder die Forderung, Therapie für Frauen abzuschaffen. Ich möchte beides nicht tun, sondern ich werde mich systemimmanent verhalten und im folgenden untersuchen, wie die Verhaltenstherapie mit dem skizzierten Dilemma umgeht.

## Zur gegenwärtigen Berücksichtigung von Frauen in der Verhaltenstherapie

### Negierung

Die häufigste und wohl auch die einfachste Art, mit dem Problem umzugehen, ist, es nicht zu sehen. Sucht man in der verhaltenstherapeutischen Literatur nach Stichwörtern wie Frau, Geschlecht, Geschlechtsrolle, weiblich, oder auch Mann, männlich, so findet man gewöhnlich nichts (Dies ist nicht anders als in der klinischen Psychologie überhaupt; vgl. Vogt 1987). Die in der Verhaltenstherapie Behandelten heißen "Patienten", und das auch da, wo Frauen den größten Anteil an der jeweiligen Population ausmachen. Nur da, wo es um die

Beratung bei familiären Problemen geht, heißen Frauen in der Regel nicht "Patient", sondern "Eltern".

In Angaben über die Klientel (die, nebenbei gesagt, in der Literatur häufig grammatikalisch falsch "das Klientel" genannt wird) fehlen in der Regel Angaben über den Anteil von Frauen und Männern an der Gesamtgruppe. In der Therapieforschung erscheint das Geschlecht - wenn überhaupt - als abhängige Variable, eine unter mehreren zur demographischen und sozialen Parallelisierung von Stichproben. In der Regel werden danach die Effekte nur zwischen den Gruppen geprüft, eine Unterteilung nach Männern und Frauen innerhalb von Therapie- und Vergleichsgruppe und Überprüfung des Geschlechts als unabhängige Variable findet nicht statt.

Bereits 1980 zeigten Orlinsky & Howard an der Re-Analyse eigener Therapie-Outcome-Studien unter Berücksichtigung des Faktors Geschlecht, daß hierdurch die früheren "geschlechtsneutralen" Ergebnisse und Interpretationen hinfällig wurden.

Es zeigte sich zum Beispiel, daß unter Berücksichtigung des Faktors "Art der Störung" keine von einer Therapeutin behandelte schizophrene Frau sich verschlechterte, während bei der Therapie schizophrener Frauen bei einem männlichen Therapeuten in 14% der Fälle Verschlechterungen auftraten. Besserung andererseits trat bei von Therapeutinnen behandelten Frauen mit schizophrenen Störungen doppelt so häufig auf wie bei von Therapeuten behandelten. Patientinnen mit Angststörungen profitierten signifikant deutlicher bei Therapeutinnen. Unter Berücksichtigung sozialer Faktoren ergab sich, daß alleinerziehende Mütter bei einem männlichen Therapeuten die besten Ergebnisse erzielten, wohingegen junge, unverheiratete Frauen am meisten bei Therapeutinnen profitierten. Bei ihnen traten die höchsten Verschlechterungsraten auf, wenn sie von männlichen Therapeuten behandelt wurden.

Orlinsky & Howard entwarfen daraufhin ein Forschungsmodell, in das sie alle Parameter aufnahmen, die im Sinne einer geschlechtsspezifischen Evaluation berücksichtigt werden müßten. Doch trotz ihrer eigenen aufschlußreichen Ergebnisse verhallte ihre Aufforderung ohne Resonanz.

Ich halte es für plausibel davon auszugehen, daß die Problemlösung des Negierens VerhaltenstherapeutInnen um so näher liegt, je mehr sie vom Primat der Methode über die therapeutische Beziehung überzeugt sind. Da, wo davon ausgegangen wird, daß exakte Anwendung einer Methode verantwortlich für den therapeutischen Effekt ist, daß die Technologie neutral gegenüber sozialen Werten ist, kann ja das Geschlecht der behandelten Person gar keine wesentliche Therapievariable sein.

Auf diesem Hintergrund ist es auch nicht verwunderlich, daß standardisierte Programme häufig Übungssituationen anbieten, deren positiver Effekt für Frauen sehr fraglich ist. Warum etwa soll eine Frau lernen, in eine volle Kneipe zu gehen, sich zur Theke durchzudrängeln und mit lauter Stimme ein Bier zu bestellen? Oder in einer Bar eine blonde Frau anzusprechen (vgl. Feldhege & Krauthan, 1979)? Manche Items können von Frauen nur als Zumutung empfunden werden. So etwa die ATP-Standardsituation "Sie üben, körperliche Nähe von Fremden zu ertragen" (Ullrich & Ullrich 1976). Therapeuten, die ihren Patientinnen diese Situation antragen, möchte ich zur Dienstreise in einen marokkanischen Souk verpflichten, damit sie eine Idee bekommen, wie es Frauen z.B. in einer vollen U-Bahn oder im Wartegedrängel für ein Rockkonzert ergeht.

Das Negieren des Dilemmas zwischen Weiblich-Sein und Gesund-Sein ist, wenn auch die häufigste, so doch nicht die einzige Problemlösung in der Verhaltenstherapie.

*Pseudo-Wissenschaftlichkeit*

Eine zweite besteht darin, den epidemiologisch evidenten Zusammenhang zwischen Geschlecht und Störung mittels unsinniger Hypothesen, deren Überprüfung und dann natürlich Widerlegung aus der (therapeutischen) Welt zu schaffen. Das liest sich dann z.B. so: "Im Zusammenhang mit dem in westlichen Industrieländern deutlich überwiegenden (75%) Frauenanteil bei Agoraphobie wurden auch Hypothesen über Zusammenhänge zwischen Zyklusverlauf einerseits und Erstauftreten sowie periodischer Intensivierung agoraphobischer Symptomatik andererseits geäußert. Sie hielten empirischer Überprüfung jedoch nicht stand; sie waren auch wenig plausibel, da andere Angsterkrankungen mit Panikattacken bei Männern sogar häufiger als bei Frauen auftreten (z.B. Herztodphobie)" (Hand 1989, S. 47).

Es braucht übrigens für diese Art der Problemlösung nicht unbedingt die Empirie bemüht zu werden. Auch geschicktes Argumentieren kann - wie folgendes Beispiel zeigt - das Problem beseitigen: "Das subjektive Leiden unter der beschriebenen Symptomatik hängt erheblich von der Qualität einer bestehenden Partnerschaft ab. Bei sehr enger symbiotischer Abstimmung der Lebensführung von Agoraphobikerin und Partner kann die Symptomatik über Jahre und Jahrzehnte ohne subjektive Behinderung in der Lebensführung vorhanden sein" (Hand 1989, S. 46).

Kausales Interpretieren korrelativer Zusammenhänge gehört im übrigen zu den erfolgreichsten frauenfeindlichen Methoden; die Überprüfung funktionaler Zusammenhänge bleibt, wenn es um Frauen geht, gerne auf der Strecke (vgl. Franke 1985).

*Soziale Lerntheorien*

Die dritte Art der Problemlösung ist gleichsam genuin verhaltenstherapeutisch. Während Lösungen 1 und 2 auch für andere Therapieformen nachweisbar sind, besteht diese Art darin, das Problem via sozialer Lerntheorie auszuhebeln.

Diese Methode war insbesondere in den Anfängen der Verhaltenstherapie sehr populär.

Indem sie psychoanalytische geschlechtsbezogene Identifikationstheorien ablehnten und Geschlechtsrollenverhalten als "lediglich gelerntes" Verhalten ansahen, deklarierten Verhaltenstherapeuten das Problem als ein Schein-Problem.

Sie folgten damit in bezug auf Geschlechtsrollenverhalten genau den Argumentationssträngen, die die gesamte frühe VT-Diskussion durchziehen:

Wenn, so diese Argumentation, menschliche Probleme dadurch entstehen, daß die gesellschaftlichen Verhältnisse nun einmal so sind wie sie sind, dann gibt es zwei Möglichkeiten: Entweder, Menschen reduzieren ihr Leid dadurch, daß sie lernen, sich den gesellschaftlichen Verhältnissen entsprechend zu verhalten, oder sie lassen sich vom gesellschaftlichen Erwartungsdruck nicht beeindrucken und werden selbstbestimmt und autonom.

In Bezug auf das Geschlechtsrollenverhalten gestaltete sich diese allgemeine Argumentation so, daß auf der einen Seite gefordert und damit als Therapieziel definiert wurde, daß Menschen lernen sollen, sich möglichst entsprechend den sozialen Rollenerwartungen zu verhalten, da ihnen dies zu größerer Anpassung verhelfe. Solches therapeutisches Bemühen richtete sich allerdings vornehmlich auf Männer. Die frühen intensiven Anstrengungen, homosexuellen Männern zu heterosexuellen, zu "normal"-männlichen Reaktionen zu verhelfen oder auch die Therapien von Rekers und Lovaas (1974) mit Kindergartenjungen, die verlernen mußten, Mädchenspielzeug zu mögen, gehören in diese Sparte. Beispiele dafür, daß Frauen direkt antrainiert wurde, sich weiblich zu verhalten, sind mir - außer im Rahmen von Sexualtherapien - nicht bekannt. Aber als Beispiel für eine Therapie mit einer Frau aus dieser Phase der Verhaltenstherapie ist mir sehr eindrücklich die psychiatrische Patientin in Erinnerung, die lernen mußte, einen Besen zu halten.

Sollte sie damit fegen oder reiten? Experimentelle Therapieforschung hin oder her - aber wer kann sich vorstellen, man hätte einem Mann einen Besen in die Hand gedrückt?

Häufiger jedoch formulierten Verhaltenstherapeuten in bezug auf Frauen nicht das Ziel der Anpassung an bestehende Rollenmuster, sondern das Bekenntnis zur durchsetzungsfähigen Frau. Noch einmal Lazarus: "Das Stereotyp der schutzlosen kleinen Frau ist in der verhaltenstherapeutischen Literatur nie hoch gehalten worden" (1974, S. 218).

Zu den Therapiezielen äußert er sich folgendermaßen: "In der Verhaltenstherapie zielen wir darauf ab, Frauen zu lehren, durchsetzungsfähig zu sein und wahrhaft emanzipiert von einem unterdrückenden Regime häuslicher Plackerei; erfolgreich zu sein ohne jemals ihre intellektuelle Macht (wörtlich: Tapferkeit) zu verbergen und niemals ihre eigenen Leistungen herunterzuspielen; echt uneingeschränkt zu sein, die eigenen Rechte in ihrer Gänze zu erkennen und sanft aber überzeugend ihren ausgebeuteten Schwestern zu zeigen, wie diese einen Großteil der ihnen unglücklich zugeschriebenen Rollen verändern können. Solch eine Frau lebt in Frieden mit Männern, mit Frauen, mit allen Menschen und mit sich selbst" (Lazarus 1974, S. 226).

Siebzehn Frauenbewegungsjahre später wissen wir zumindest, daß die Gesundheit von Frauen nicht da anfängt, wo der Mann den Mülleimer rausträgt. Aber abgesehen von der Naivität:

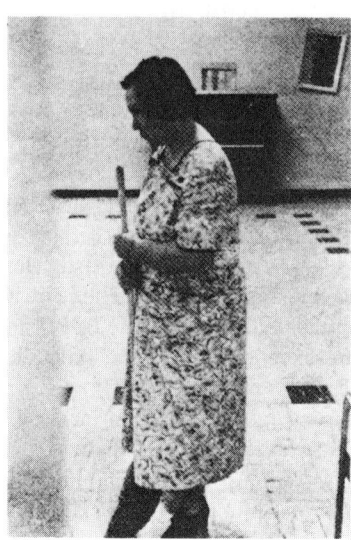

*Abb. 1. Aus: Ayllon, T., Haughton, E. & Hughes, H.B.: "Interpretation of Symptoms: Fact or Fiction", Behav. Res. Ther., 1965, 3, 1-7.*

Lazarus' Äußerung birgt ein eminent schädliches Potential für Frauen schon allein dadurch, daß er einen therapeutischen Imperativ formuliert. Er verletzt massiv das verhaltenstherapeutische Prinzip der gemeinsamen Zielbestimmung von Patient/in und Therapeut/in, drängt Frauen seine Vorstellungen über gesundes Frausein auf. Darüber hinaus schafft er das klassische Paradox: "Sei durchsetzungsfähig".

Selbst wenn es so wäre, daß Verhaltenstherapeuten wirklich lieber durchsetzungsfähige Frauen mögen und mit ihnen leben möchten - die Zahl der Frauen, die mit solch einem Mann in Frieden leben könnten, ist ja nicht so gewaltig. Und abgesehen von dem allgemeinen Paradox und abgesehen von der Kleingruppe der eventuell Glücklichen bleibt für alle übrigen Frauen die Frage, ob sie wirklich so durchsetzungsfähig sein möchten. Lazarus zeigt ihnen einen vermeintlichen Gewinn, aber er sagt nichts über den Preis, den die Frauen zahlen müssen. Ist es wirklich ein Gewinn für eine Frau, sich durchsetzen zu können und dann ihre Freundin zu verlieren? Oder die Akzeptanz innerhalb des Kirchenchores oder auch der Rotarier-Frauengruppe? Vielleicht aber auch ihren Job? Und ggf. auch noch den Mann?

Ich zitiere Lazarus hier exemplarisch. Als Beispiel für eine Argumentation, die das entscheidende Manko der unzulässigen Individualisierung eines gesellschaftlich krankmachenden Prozesses aufweist. In diesem Punkt unterscheidet sich die Verhaltenstherapie nicht von irgendeiner anderen Therapie-Theorie, ausgenommen vielleicht der feministischen Therapie. Für mich persönlich kann ich schon sagen, daß ich mich lieber auf dem Boden einer Therapie-Theorie bewege, in der ich mich z.B. als "assertiv" beschreiben kann und nicht auf dem

Boden einer Theorie, in der mein Verhalten und Erleben als "kastrierend" gilt. Insofern hat die Lerntheorie für mich persönlich Vorteile, ich erlebe sie als weniger wertend. Aber den grundsätzlichen Widerspruch zwischen Frau-sein und Gesund-sein hebt sie nicht auf.

**Mögliche Wege zu einer angemessenen Berücksichtigung von Frauen in der VT**

Ich gehöre zu denjenigen, die davon überzeugt sind, daß Therapeuten und Therapeutinnen wegen ihrer größeren Kenntnis in menschliches Elend und soziale Zusammenhänge und auch wegen ihrer größeren Möglichkeiten, sich der eigenen Person und anderen Menschen nähern und öffnen zu können, potentiell zu einer der Gruppen gehören, die einen entscheidenden Beitrag zu gesellschaftlichen Veränderungen leisten können. Insofern vielleicht auch einen Beitrag in Richtung auf mehr Möglichkeiten für alle Frauen, gesund zu sein.

Dieser Standpunkt kann als idealistisch bewertet und belächelt werden, aus feministischer Perspektive ist er naiv und zeugt von mangelnder Einsicht in die wahren Machtverhältnisse im Patriarchat.

Ich habe Gründe, trotzdem an ihm festzuhalten, kann diese grundsätzliche Auseinandersetzung hier jedoch nicht leisten. Stattdessen möchte ich wie in der Analyse der derzeitigen Situation auch mit den Veränderungsvorschlägen im System bleiben. Denn ich bin überzeugt, daß es auch innerhalb der Verhaltenstherapie möglich ist, sensibler mit dem Problem umzugehen als bisher, und damit den Frauen gerechter zu werden.

1. Den ersten Schritt sehe ich darin, daß Verhaltenstherapeuten und Verhaltenstherapeutinnen lernen, daß ihnen nicht geschlechtslose Wesen gegenübersitzen. Kanfer (1989) hat gezeigt, daß Verhaltenstherapie, die sich vom engen Lernmodell getrennt hat und einem allgemeinen psychologischen Prozeßmodell folgt, folgende Variablen verstärkt einbeziehen muß:
   - die Person und ihre individuellen Variablen,
   - biologische und kognitive (internale) Moderator-Variablen,
   - soziale Variablen inklusive den Behandlungskontext und die TherapeutIn-PatientIn-Beziehung.
   Eine ernsthafte Einlösung dieser Vorgaben kann nur erfolgen, wenn berücksichtigt wird, daß Personen eins von zwei Geschlechtern haben.

2. Innerhalb der Verhaltenstherapie sollte endlich der Forderung von Orlinsky und Howard (1980) gefolgt werden, d.h. es sollten Reanalysen von Datensätzen bzw. Replikationsstudien von Therapie-Outcome-Studien unter Berücksichtigung des Faktors "Geschlecht" erfolgen.

3. In der Ausbildung müssen Interaktionsvariablen stärker berücksichtigt werden. VerhaltenstherapeutInnen sind schlechter als TherapeutInnen anderer Schulen auf die therapeutische Beziehung vorbereitet, und daher besonders gefährdet, typisch weibliche Beziehungsmuster zu verstärken und Änderungsmöglichkeiten von Frauen zu verhindern. (Vgl. Franke, 1989; Hoffmann 1983)

4. Die Verhaltentherapie muß die Ergebnisse frauenspezifischer Forschung in ihren Nachbar- und Grundlagendisziplinen, insbesondere der klinischen Psychologie, medizinischen Soziologie und Gesundheitsforschung stärker berücksichtigen. Bereits 1936 publizierten Terman & Miles "Sex und Personality" und seither haben sich in der Geschlechtsrollenforschung zahlreiche neue Erkenntnisse und wesentliche Veränderungen ergeben (vgl. Lippa & Conelly 1990). Die Integration dieser Ergebnisse in die Therapieforschung fand nicht statt.

Da, wo diese Ignoranz überwunden wurde, haben sich regelmäßig frappierende Ergebnisse gezeigt, die eine therapeutische Umorientierung erforderten. Als Beispiel sei hier die Bulimie erwähnt: Ursprünglich auf dem Hintergrund der Ablehnung weiblicher Reaktionsmuster interpretiert, zeigten Untersuchungen von Einstellungen zu Geschlechtsrolle und Rollenverhalten bei diesen Frauen ganz im Gegenteil Überidentifizierung mit der weiblichen Rolle, Hyperfeminität als Ichideal und Ablehnung männlicher und androgyner Anteile (vgl. Habermas 1990, Klingenspor 1987, 1989).

Auch im Suchtbereich wird zunehmend deutlich, wie therapeutisch ineffizient die Übernahme von an Männern erprobten Konzepten auf Frauen ist (vgl. DHS 1990).

5. Grundlage von Therapieplanung und therapeutischer Veränderungsmessung müssen genaue Verhaltensbeobachtungen sein. Zahlreiche Untersuchungen haben gezeigt, daß globale Verhaltensbeobachtungen und Einschätzungen Frauen als kranker erscheinen lassen als sie es bei quantitativer Verhaltensbeobachtung sind. Globale Verhaltenseinschätzungen sind stärker durch Geschlechtsstereotype beeinflußt, und dies bei männlichen Beobachtern signifikant stärker als bei Beurteilerinnen. (Vgl. Blechmann, 1980; Hammen & Peters 1977)

6. Ein ganz wesentlicher Punkt, die Situation von Frauen in Therapie zu verbessern, besteht darin, mit ihnen die Konsequenzen möglicher Veränderungen abzuklären. Aus dem Dilemma zwischen Weiblich-sein und Gesund-sein ergibt sich für Frauen, daß sie bei Entscheidung in jeder Richtung einen Preis zahlen müssen. Ich halte es für eine therapeutische und moralische Verpflichtung von Therapeuten und Therapeutinnen, die Kosten einer möglichen Veränderung sehr ausführlich mit ihren Patientinnen zu diskutieren und dabei auch Konsequenzen aufzuzeigen, die die Patientin nicht sehen kann.

Ich weiß und möchte es ausdrücklich erwähnen, daß dies kein feministischer Standpunkt ist. Der wichtigste Grund, warum ich Verhaltenstherapeutin geworden bin und es weiter sein möchte, ist der, daß Verhaltenstherapie eine Therapieform ohne Ismen ist. Ich begrüße dies ausdrücklich auch da, wo es um Frauen geht und lehne die Ismen der feministischen Therapie ab. Aber ich möchte die Verhaltenstherapie ernst nehmen in ihrem Anspruch, eine hilfreiche therapeutische Methode für Individuen in ihren je spezifischen Lebensbezügen zu sein.

Diesen Einspruch kann sie nur einlösen, wenn ihre Vertreterinnen und Vertreter lernen, daß diese Individuen Männer und Frauen sind.

# LITERATURVERZEICHNIS

BASSOFF, E.S. & GLASS, G.V. (1982): *The relationship between sex roles and mental health: A meta-analysis of twenty-six studies.* Counseling Psychologist, 10, 105-112

BEM, S.L.(1974): *The measurement of psychological androgyny.* J. couns. clin. psychol., 42, 155-162

BEM, S.L.(1975): *Sex role adaptability: One consequence of psychological androgyny.* J. personality soc. psychol., 31, 634-643

BEM, S.L. & LENNEY, E. (1976): *Sex-typing and the avoidance of cross-sex behavior.* J. personality soc. psychol., 33, 48-54

BEM, S.L., MARTYNA, W. & C. WATSON (1976): *Sex typing and androgyny: Further explorations of the expressive domain.* J. personality soc. psychol., 34, 1016-1022

BLECHMAN, E.(1980): *Behavior Therapies.* In Brodsky, A.M. & R. T. Hare-Mustin (Eds): Women and Psychotherapy (217-244). New York: Guilford

BROVERMAN, I.K., BROVERMAN, D:M., CLARKSON, F.E., ROSENKRANTZ, P.S. & VOGEL, S.R.(1970): *Sex-role stereotypes and clinical judgements of mental health.* J. Consult. Clin. Psychol., 34, 1-7.

BROVERMAN, J.K., VOGEL, S.R., BROVERMAN, D.M., CLARKSON, F.E. & ROSEN-KRANTZ, P.S. (1972): *Sex-role stereotypes: a current appraisal.* J. Soc. issues, 28, 59-78

DHS-DEUTSCHE HAUPTSTELLE GEGEN DIE SUCHTGEFAHREN <Hrsg.> (1990): *Abhängigkeit bei Frauen und Männern.* Friburg: Lambertus

FRANKE, A. (1984): *Frauen brauchen mehr Mut als Männer um gesund zu sein.* Psychol. heute, 11, 64-67.

FRANKE, A.(1985): *Die Gesundheit der Männer ist das Glück der Frauen.* In A. Franke & J. (Hg.): Das Gleiche ist nicht dasselbe. Zur subkutanen Diskriminierung von Frauen (9-31). Tübingen: DGVT-Verlag

FRANKE, A.(1987): *Ist die Frau ein kranker Mensch?* In Frauen - war das wirklich alles? (66-73). Psychologie heute spezial

FRANKE, A.(1989): *Therapeutische Risiken für Frauen.* In Giese, E. & D. Kleiber (Hrsg.): Das Risiko Therapie (93-114). Weinheim: Beltz

FRANKE, A.(1990): *Geschlechtsspezifische Aspekte der Gesundheit.* In Deutsche Hauptstelle gegen die Suchtgefahren (Hrsg.): Abhängigkeit bei Frauen und Männern (14-22). Friburg: Lambertus

HABERMAS, T. (1990): *Die geschlechtstypischen Real- und Idealselbstbilder von bulimischen Patientinnen und Nicht-Patientinnen.* Ztschr. Klin. Psychol., 21 (1), 50-60

HAMMEN, C.L. & PETERS, S.D. (1977): *Differential responses to male and female depressive reactions.* J. consult. clin. psychol., 45, 994-1001

HAND, I. (1989): *Verhaltenstherapie bei schweren Phobien und Panik - psychologische und medizinische Aspekte.* In Hand, I. & H.-U. Wittchen (Hrsg.): Verhaltenstherapie in der Medizin (42-61). Berlin: Springer

HOFFMANN, M. (1983): *Frauen und Therapie - Brauchen Frauen eine andere Therapie als Männer?* In Zimmer, D. (Hrsg.): Die therapeutische Beziehung (250-264). Weinheim: Edition Psychologie

KANFER, F.H. (1989): *Basiskonzepte in der Verhaltenstherapie: Veränderungen während der letzten 30 Jahre.* In Hand, I. & H.-U. Wittchen (Hrsg.): Verhaltenstherapie in der Medizin (1-16). Berlin: Springer

KLINGENSPOR, B. (1987): *Selbstwahrnehmung von Geschlechtsrollenidentifikation, Selbstwertgefühl und Körperbild bei Bulimie*. Verhaltensmodifikation, Verhaltensmedizin, 8, 273-296

KLINGENSPOR, B. (1989): *Bulimarexie: Die Psychologie eines soziokulturellen Phänomens*. In Kämmerer, A. & Klingenspor, B. (Hrsg.): Bulimie. Zum Verständnis einer geschlechtsspezifischen Eßstörung (71-87). Stuttgart: Kohlhammer

LIPPA, R. & CONNELLY, S. (1990): *Gender Diagnosticity: A new Bayesian approach to gender-related individual differences*. J. pers. soc. psychol, 59 (5), 1051-1065

ORLINSKY, D.E. & HOWARD, K.J. (1980): *Gender and Psychotherapeutic Outcome*. In Brodsky, A. M. & Hare-Mustin, R. (Eds.): Women and Psychotherapy (3-33). New York: Guilford

LAZARUS, A.A. (1974): *Women in Behavior Therapy*. In Franks, V. & Burtle, V. (Eds): Women in Therapy (217-229). New York: Brunner/Mazel

REKERS, G.A. & LOVAAS, O.I. (1974): *Behavioral treatment of deviant sex-role behaviors in a male child*. J. applied Beh. Analysis, 7, 173-190

SHERMAN, J.A. (1980): *Therapist attitudes and sex-role stereotyping*. In Brodsky, A. & Hare-Mustin, R.T. (Eds.): Women and psychotherapy (35-66). New York: Guilford Press

ULLRICH, R. & R. (1976): *Das Assertiveness - Training - Program ATP: Einübung von Selbstvertrauen und sozialer Kompetenz*. München: Pfeiffer

VOGT, I. (1987): *Vernachlässigt die Psychologie die Gesundheitsbedürfnisse der Frauen?* In Rommelspacher, B. (Hrsg.): Weibliche Beziehungsmuster (102-109). Frankfurt: Campus

VOGT, I. (1983): *Frauen als Objekte der Medizin: Das Frauensyndrom*. Leviathan, 11, 161-199

# AUF DER SUCHE NACH DEM ÄRZTLICHEN VERHALTENSTHERAPEUTEN

Meinrad Braun

Sie werden sich vielleicht als Leser/in fragen, weshalb ich mich hier auf die Suche nach einer Berufsgruppe begebe, die nachweislich existiert und ohne weiteres im Register der Kassenärztlichen Vereinigung aufgefunden werden könnte. Schließlich kann seit 2 Jahren bei der Vergabe des sogenannten "Zusatztitels Psychotherapie" durch die Ärztekammer ein weiterer Zusatz "Verhaltenstherapie" vermerkt werden, so daß es leicht fällt, den ärztlichen Verhaltenstherapeuten dingfest und aktenkundig zu machen. Er entspricht dem Zusatz eines Zusatztitels in der Ausübung des ärztlichen Berufes.

Zweitens gehöre ich selbst zu der Gruppe, die zu suchen ich angetreten bin, und ich könnte mir denken, daß es wie eine Koketterie wirkt, wenn ich mich hier auf die Suche nach mir selber mache. Man verzeihe mir die im voraus.

Aber als die Herausgeber mir von der Vorbereitung eines Kongresses zum Menschenbild der Verhaltenstherapie erzählte - also zu etwas, dessen Existenz mancherorts bestritten wird -, dachte ich mir, daß hier auch die Suche nach Therapeutenbildern erlaubt sein möge. Ein solches Bild ist das Berufsbild des in ambulanter Praxis tätigen ärztlichen Verhaltenstherapeuten. Für mich besteht dieses Bild vorläufig aus eigenen Versuchen der Darstellung, ohne die Möglichkeit des Vergleichens, der gemeinsamen Beschreibung mit anderen Berufskollegen. Vielleicht komme ich daher zu der Annahme, die ich hier einmal als Behauptung formulieren möchte: Daß es den ärztlichen Verhaltenstherapeuten vielleicht gibt, daß er aber (im Bloch'schen Sinne) erst noch "werden" muß.

In den drei Jahren Arbeit als niedergelassener ärztlicher Verhaltenstherapeut habe ich jedenfalls noch keine zufriedenstellende Antwort auf die Frage gefunden, welcher Berufsgruppe ich eigentlich angehöre.

**Bin ich ein Arzt?**
Dazu befasse ich mich wohl zu wenig mit der Ausübung der somatischen Medizin, wenn man von den Bereitschaftsdiensten absieht, zu denen ich verpflichtet bin und für die ein kleiner Koffer in meiner Praxis bereit steht.

**Oder bin ich schon eher ein Psychologe?**
Ich habe viel mehr mit Psychologen zu tun als mit Ärzten. Mit zweien arbeite ich zusammen, delegiere Therapien an mehrere, mache mit Psychologen zusammen Supervision und mache Therapie, wie Psychologen sie machen. Oder doch nicht? Meine Rolle in der sogenannten "Versorgung" jedenfalls ist eine ganz andere. Ich bin Kassenarzt, führe eine Kassenpraxis, formell als praktischer Arzt mit dem Zusatztitel "Psychotherapie". Aber ich "nutze", um es so auszudrücken, nur einen sehr kleinen Teil dieses ärztlichen Kompetenzbereiches, eben den Zusatz des Zusatztitels, die Verhaltenstherapie.

Wenn ich das in ein räumliches Bild übersetze, dann habe ich meine Zelte am Rande eines Randgebietes aufgeschlagen. Diese zweifelhafte Würde teilen wir ärztliche Verhaltenstherapeuten ja bekanntlich mit den psychoanalytisch tätigen Kollegen, sofern die das tun, was sie selber oft als die "große Psychoanalyse" bezeichnen. Gelegentlich wird auch die Bezeichnung "Elfenbeinturm" für solch einen abgelegenen Ort verwendet. Das ist dann nicht unbedingt positiv gemeint, und doch ertappe ich mich manchmal beim Neid um diesen festgefügten Turm der Psychoanalyse, der von der übrigen Medizin mit Respekt und ehrfürchtigem Halbwissen geschützt und last not least auch von den Kassen mit großzügigen Stundenkontingenten bedacht wird.

In die Verlegenheit, eine solche Kathedrale zu werden, wird die Verhaltenstherapie wohl nicht kommen. Die Begründer ihrer Aufnahme in die Kassenärztliche Versorgung haben dafür gesorgt, daß sie ihrem Ruf: "schnell, effektiv und billig" zu sein, gerecht werden muß. Um im Bilde zu bleiben, ist sie eher ein Reihenhäuschen geworden als ein elfenbeinerner Turm.

Angesichts der Hypothek, die derartige "instant"-Erwartungen an eine Therapie bilden, wünscht sich mancher Verhaltenstherapeut in der therapeutischen Arbeit mit wirklichen Menschen ein paar schützende Mauern mehr. Denn man möchte fragen: "Schnell, effektiv und billig" ist ja gut. Aber: Wohin? Oder: Wozu? Zu welchem Ende?

Wer sucht, stellt Fragen. Ich will dem unbekannten ärztlichen Verhaltenstherapeuten einmal ein paar Fragen stellen - vielleicht bekommen wir ihn dadurch etwas deutlicher zu sehen. Zunächst - ganz passiv und erwartungsvoll: **Woher wird er kommen?** Er ist ja erst vor kurzem auf den Plan getreten, also dürfte sein Werdegang nicht allzu schwer zu verfolgen sein.

Seine Ausbildung findet, wie die aller Ärzte, in Kliniken statt. Bis vor kurzem genügte im Wesentlichen die Teilnahme an klinikinternen Fortbildungsveranstaltungen unter der Schirmherrschaft eines weiterbildungsermächtigten leitenden Arztes und die Teilnahme an einer Selbsterfahrung, um die sehr spärlichen und inhaltlich vagen Kriterien der Weiterbildung zu erfüllen. Wer in Sachen "Verhaltenstherapie" Glück hatte, wurde in der Klinik von Psychologen ausgebildet. Denn die waren - und sind - weit und breit (die Ausnahmen eingerechnet) die einzigen, die - wiederum unter der Schirmherrschaft eines jeweiligen leitenden Arztes - etwas von Verhaltenstherapie verstanden.

Nachdem nun fünf Verhaltenstherapie-Weiterbildungsinstitute existieren, die auch für die Weiterbildung von Ärzten zuständig sind, könnte sich das ändern - die Tatsache nämlich, daß Verhaltenstherapie von Psychologen ausgeübt und gelehrt und von Ärzten verwaltet wird - es ist aber nicht sehr wahrscheinlich. Denn die Ausbildungsanforderungen für Ärzte sind nach wie vor weitaus geringer als diejenigen für die Psychologen. Es reicht halt gerade für den ominösen "Zusatz", aber nicht als Grundlage für eine therapeutische Tätigkeit.

Also hier könnte die Antwort lauten: es kommen zwar zusatzbetitelte Ärzte aus Kliniken und Instituten, aber - neue Frage: **Sind das dann auch tatsächlich hinterher Verhaltenstherapeuten?** In den letzten Semestern der Ausbildung sind jedenfalls die Psychologen an den Instituten unter sich - ohne ärztliche Weiterbildungskollegen. Die haben zu diesem Zeitpunkt ihre Weihen schon erlangt. Dieses Ergebnis kann uns nicht zufriedenstellen. Wir wollen weiter fragen. Mag es doch einige ärztliche Kollegen geben, die trotz der ungeklärten Ausbildungsfrage (Zusatztitel oder Therapeutenausbildung) den Mut - im einen

Fall - oder die Ausdauer - im anderen Fall - entwickelt haben, als Verhaltenstherapeuten aufzutreten.

Also: **Wo sind Sie?**
Hier hilft das KV-Register: ca. 600 Ärzte besitzen den entsprechenden Zusatztitel (zum Vergleich: ca. 1.400 Psychologen besitzen die Kassenzulassung für Verhaltenstherapie). Dazu muß man noch wissen, daß der ärztliche Zusatztitel "Psychotherapie" bis vor 2 Jahren neben tiefenpsychologisch fundierter Psychotherapie auch automatisch zur Verhaltenstherapie befähigte, falls Verhaltenstherapie als "Zusatzverfahren" gewählt wurde. Unter den ca. 4.000 Ärzten tiefenpsychologischer Provenienz könnten wir also auch noch fündig werden. Halten wir zunächst vielleicht einfach fest, daß der ärztliche Verhaltenstherapeut existiert.

Wo das Problem ist, wird deutlicher, wenn wir neugierig bleiben und fragen: **Was macht er?** 1989 wurden insgesamt ca. 18.000 Kurzzeittherapien und 17.000 Langzeittherapien abgerechnet. Von den Kurzzeittherapien waren 92%, von den Langzeittherapien 96% delegiert worden (Zahlen der Kassenärztlichen Bundesvereinigung 1989/90). Rechnet man das einmal nach, dann entfallen auf jeden zusatztitelgemäß prädestinierten Arzt (ohne die tiefenpsychologisch arbeitenden Kollegen) ca. 3 Kurzzeittherapien und 1 Langzeittherapie für das Jahr 1989, die er selbst durchgeführt hat. Das ist nicht eben viel. Es bedeutet: Der in niedergelassener Praxis tätige ärztliche Verhaltenstherapeut therapiert nicht, er delegiert.

Drei Gründe dafür mag es geben:

1. Die unzureichende Ausbildung: Er kann es nicht.
2. Die Tatsache, daß Psychotherapie in der Medizin überwiegend als "Zusatz"-Verfahren in der Behandlung von Krankheiten verstanden wird.

Das Berufsbild des Psychotherapeuten, der keine somatische Medizin betreibt, ist zwar formell möglich, existiert aber außerhalb des psychoanalytischen Elfenbeinturms nicht. Das hat außer ideellen auch handfeste materielle Ursachen. Die liefern den dritten Grund:
3. Psychotherapie rentiert sich nicht.

Wenn ein Arzt nämlich erst einmal eine internistische oder allgemeinärztliche Praxis eingerichtet hat, dann ist für ihn ein Umsatz von ca. 100,00 DM pro Stunde, wie die Psychotherapie ihn liefert, geradezu lächerlich. Das deckt nicht einmal seine Unkosten. Wenn er ambitioniert ist, wird er vielleicht ein paar Therapien machen, als Hobby sozusagen. Aus welchen Erwägungen heraus er die auswählt, maße ich mir hier nicht an zu phantasieren.

Aus dem Arzt, der sich zwischen klinischer Weiterbildungsstelle, Ausbildungsinstitut und Niederlassung bewegt, wird also meistens ein Delegationsarzt. Seine therapeutischen Ambitionen gehen beim Durchgang zwischen diesen drei Instanzen wie in einem Bermuda-Dreieck verloren.

Stellen wir die - vorläufig - letzte Frage: **Wem nützt das?** Wem nützt so ein Zusatztitelpsychotherapeut?

Er nützt zunächst dem Nachweis der "Versorgung". Die Medizin hat, wenn schon nicht die Kompetenz, so doch zumindest die Kontrolle über das Verhaltenstherapieangebot, denn die Psychologen sind von den delegierenden Zusatztitelkollegen abhängig.

Außerdem nützt er dem traditionellen Krankheitsmodell der Medizin. Der Arzt, der nur delegiert, bekommt den Widerspruch, der zwischen ärztlichem Behandlungsmodell und therapeutischem Handeln besteht, nicht zu spüren. Er kann in dem Glauben arbeiten, das ließe sich beides schon irgendwie unter einen Hut bringen.

Auf dem Gebiet der Verhaltenstherapie haben die psychotherapeutisch tätigen Ärzte dem Größenwahn der Medizin, die Psyche einfach "mitbehandeln" zu können, noch keine Antwort gegeben. Vielleicht gerade deshalb, weil die Verhaltenstherapie so "machbar", so "griffig" erscheint, so unbelastet von humanistischem oder ethischem Für und Wider. Nun sind wir Mediziner als ärztlich erzogene Alleskönner, wie ich meine, besonders gefährdet, solche Größenvorstellungen zu entwickeln oder zu vergessen, sie in Frage zu stellen.

Dabei könnte der ärztliche Psychotherapeut - welcher Fachrichtung auch immer - geradezu prädestiniert sein als Vermittler zwischen den Modellen. Nicht nur gegenüber dem Patienten zwischen dem somatisch-medizinischen Behandlungsmodell und dem therapeutischen Handlungsmodell. Er könnte im Dialog mit einem psychosomatisch geschulten Hausarzt in der artenreichen Landschaft des Gesundheitswesens koordinierende Aufgaben für Patienten und Mitbehandler übernehmen, die Wege gangbarer machen und Reibung mindern helfen. Das kann er allerdings nur dann, wenn er sich inhaltlich und konzeptuell, was seine Praxis anbetrifft, auch mit Psychotherapie befaßt.

<u>Psychotherapeuten sind Grenzgänger.</u> Ihre Arbeit bewegt sich auf der Grenze zwischen der Anpassung an gesetzte Normen und der Entwicklung des Besonderen, des eigenartig Menschlichen. Als ärztliche Psychotherapeuten sind wir besonders gehalten, diese Begrenzung und Beschränkung zu akzeptieren, denn sie fehlt dem medizinischen Behandlungsmodell in seiner klassischen Orientierung an der Pathologie weitgehend. Die Medizin vermittelt oft eher den Eindruck, sie sei zu nahezu allem fähig. Das kann durchaus im Doppelsinn des Wortes verstanden werden. Ich meine, daß die Psychotherapie nicht versuchen darf, den Widerspruch zwischen Anpassung und Entwicklung aufzuheben. Sie muß ihn in ihrer Arbeit wahrnehmen und ausdrücken.

Es kommt noch etwas sehr Wesentliches hinzu. Als Psychotherapeuten werden wir in der Arbeit mit Patienten, besonders, wie ich glaube, in der ambulanten Therapie mit ihren längeren Verläufen, von unseren Patienten auf besondere Weise verändert. Wir werden maßvoller, was Veränderbarkeit angeht. Es hilft uns keine allgemeine Pathologie weiter, keine Krankheitslehre, die die richtige Therapie bereits vorgibt. Wir stehen in der paradoxen Situation, unsere Patienten zu Verhaltensänderungen zu motivieren, von deren Effizienz sie sich selber Lebensverbesserungen erhoffen (sollen). Oder wir versuchen, zu erreichen, daß sie akzeptieren, was nicht zu ändern ist. Wir arbeiten in einer Beziehung der gegenseitigen Beeinflussung, in der vieles künstlich ist und doch manches "echt" sein soll.

Das macht uns, wie gesagt, mit der Zeit bescheiden. Es verhilft uns dazu, uns auf den Rahmen zurückzubeziehen, den wir als Therapeuten haben und auf das dazugehörige

"Handwerkszeug". Denn - wie Ivan Illich es gesagt hat: der Mensch kann heilen, aber die Medizin kann es nicht. Und, wie hinzuzufügen wäre: die Psychotherapie kann es auch nicht. Ich möchte diese Haltung der Beschränkung, die für mich eine des Respekts vor dem Menschlichen ist, zum Abschluß mit einer kleinen Anekdote illustrieren. Ich glaube, sie steht bei Paul Parin:

> Der Völkerkundler trifft am Rande eines afrikanischen Dorfes, wo er Befragungen durchführt, einen Mann, der offenbar krank ist. Er hat an beiden Beinen Geschwüre.
> Der Ethnologe fragt den Mann, was er da habe. Der deutet auf sein rechtes Bein und sagt: "Dieses Bein ist verhext. Eine Zauberin aus dem Nachbardorf hat mir das angehängt, eine schlimme Sache, tut sehr weh."
> "Aha", sagt der Ethnologe. "Und was ist das für eine Zauberei an dem anderen Bein?"
> "Wieso Zauberei?" fragt der Mann. "Kennen Sie das nicht? Wenn Schmutz in eine Wunde hinein kommt, fängt es an zu eitern - das weiß doch jeder, das ist eine Infektion!"

Ich erinnere mich gern an die Geschichte, weil sie zeigt, daß der Einzelne mit sich entschieden weiter kommen kann, als der Experte mit ihm.

Zu Beginn habe ich von der Suche gesprochen, auch von eigenen Versuchen, Wege einer psychotherapeutischen Tätigkeit als ärztlicher Verhaltenstherapeut gangbar zu machen. Ich würde mich freuen, wenn Sie als LeserInnen sich mit mir zusammen künftig an der Suche und den Versuchen beteiligen wollten.

# Teil II

# VERHALTENSTHERAPIE -

# IHR MENSCHENBILD

"Es gibt Leute, und ich gehöre zu ihnen, die glauben, das praktisch bedeutsamste Ding an einem Menschen sei seine Weltanschauung. Für eine Wirtin, die einen Mieter ins Auge faßt, ist es zwar wichtig, daß sie sein Einkommen kenne, noch wichtiger aber ist es für sie, daß sie seine Philosophie kenne. Für einen Feldherrn, der einen Feind zu bekämpfen hat, ist es zwar wichtig, daß er die Truppenzahl des Feindes kenne, aber noch wichtiger ist es für ihn, daß er die Philosophie des Feindes kenne. Ja es ist nach meiner Überzeugung gar nicht die Frage, ob die Weltanschauung eines Menschen auf seine Umgebung einen Einfluß ausübt, es fragt sich vielmehr, ob überhaupt etwas anderes als die Weltanschauung einen solchen Einfluß ausübt"[5]. Dies zitiert William James, neben Wundt immer wieder zitierter Urvater der experimentellen Psychologie. Und er fügt hinzu: "Ich denke in dieser Sache so wie Chesterton". Er sagt dies ausgerechnet in seinem philosophischen Hauptwerk über den Pragmatismus. Darf man, so wäre zu fragen, einer praktich tätigen verhaltenstherapeutischen Fachöffentlichkeit heute noch philosophisches und besinnliches über Menschenbilder, Philosophie und Ethik präsentieren? Die Beiträge des zweiten Teiles des Kongresses bzw. dieses Buches beantworten diese Frage für sich selbst. Sie geben Chesterton unumwunden Recht.

Diese Reflexionen darüber, was wir eigentlich denken, wenn wir (auf unsere bestimmte Art) über Patienten nachdenken, bilden stets die Grundlage dafür, daß man "das" ja auch ganz anders sehen und folglich zu ganz anderen Handlungsweisen kommen könnte. Mit anderen Worten: Verhaltenstherapie ist kein Katechismus; ihre Grundannahmen sind selbst veränderbar!

Jedem Verhaltenstherapeuten ist der Vorwurf vertraut, seine Therapieschule würde im Menschen letztlich nur trainierbare Automaten sehen. (Erst kürzlich erschien die deutsche Version eines amerikanischen Buches mit dem Titel: "Verhaltenstherapie bei Hund und Katze!") Wie sollen Verhaltenstherapeuten damit leben, daß sie zwar ihre Grundannahmen aus Tierexperimenten ableiten, in ihrem praktischen Handeln aber täglich mit Menschen reden? Auf welche Probleme stoßen sie dabei - bewußt oder unbewußt? Mit welchen Menschenbildern operieren sie? Können sie diese Reflexion unter "gelöste Probleme" historisch ad acta legen? Diese Fragen stellen sich angesichts einer oftmals technizistischen Definition von Verhaltenstherapie und einer Verschulung ihrer Ausbildungsgänge, wie man es in Deutschland seit ca. 5 Jahren beobachten kann.

Durch die Übersetzung zweier amerikanischer Autoren zu diesem Themenbereich (Zuriff, Theophanous), durch das Übersichtsreferat von Lieb zur amerikanischen Ethikdebatte der siebziger Jahre und durch das Übersichtsreferat von Zitterbarth über die verhaltenstherapeutische Rezeption von Wittgenstein soll (exemplarisch) gezeigt werden, auf welch wertvoller geisteswissenschaftlichen Tradition und Reflexionsbereitschaft die Verhaltenstherapie ruht, wenn sie sich dieser Vergangenheit bewußt ist. Auch wenn einzelne Reflexionen gelegentlich schwer zu verstehen sind, weil sie unser alltägliches Denken grundsätzlich in Frage stellen; auch wenn einige Argumente bei Theophanous oder Zuriff unter fachspezifischen Aspekten heute als geklärt gelten können: Eine Beleuchtung grundsätzlicher Fragen zu unserem Menschenbild und zu unserer eigenen Tradition in diesen Fragen könnten wir uns doch gelegentlich zumuten.

---

[5] Chesterton, Vorrede zu "Heretics" ("Ketzer"), zitiert von W. James: "Pragmatism: A new name for some old ways of thinking". New York, 1907. Deutsche Version: "Der Pragmatismus", Hamburg: Meiner, 1977, S. 1.

Selbst-besinnlich sind auch die empirischen Beiträge: Lutz stellt eine Untersuchung vor, die dem Selbstbild und dem Fremdselbstbild (wie glaube ich, von anderen gesehen zu werden?) nachging. Dabei zeigt sich: Verhaltenstherapeuten sehen sich selbst zwar durchweg positiv, unterstellen anderen aber ein wahrlich verheerendes Bild ihrer selbst: technokratisch, emotionslos, humorlos, technizistisch usw. usw. Mit Wittmann machte sich ein Praktiker ohne große institutionelle Forschungsförderung ans Werk, einem Gefühl nachzugehen, das viele seiner praktisch-tätigen Kollegen kennen: Der erlebten Diskrepanz zwischen den angebotenen akademisch verhaltenstherapeutischen Theoriegebäuden und dem täglichen Fühlen und Handeln in der Therapie. Der Frage, wie erfahrene Praktiker mit dieser Diskrepanz umgehen, ging der Autor in Einzelinterviews nach.

Den Abschluß des Buches wie des Kongresses bildet ein Blick über den Zaun: Wie sehen Analytiker ihr eigenes Menschenbild? Was unterscheidet sie diesbezüglich von der VT? Diesem Thema widmet sich der Beitrag Kutter und die sich daran anschließende Plenardiskussion.

H. Lieb

## 2.1. WELTBILDER - MENSCHENBILDER - VERHALTENS-THERAPIE

## WAS SIND - WIE ENTSTEHEN - WOZU FÜHREN MENSCHENBILDER?

Walter Zitterbarth

Nachdem es schon lange nicht mehr zu den normal erwartbaren Gepflogenheiten gehört, daß der Fachkongreß einer empirischen Disziplin, zumal einer so jungen wie der Verhaltenstherapie, sich zum bloßen Zwecke der Renommee-Erhöhung mit einem Philosophen schmückt, gehe ich davon aus, daß eher sachliche Gründe die Veranstalter bewogen haben mögen, mich einzuladen, um zum Thema "Menschenbilder" Stellung zu nehmen. Doch welche Gründe könnten dies gewesen sein? Hier kann ich freilich nur raten, ich glaube aber, daß ich nicht allzu schief liege, wenn ich etwa folgende Überlegungen, die ich zum Zwecke der Veranschaulichung etwas zuspitzen werde, dabei für ausschlaggebend halte: Selbst dann, wenn man nicht umhin kann, die Existenz und vielleicht sogar Notwendigkeit von Menschenbildern im Aufbau der Psychologie zuzugestehen, so bleiben sie im Rahmen einer sich ganz und gar empirisch verstehenden Wissenschaft doch eine Art Fremdkörper. Solche Fremdkörper aber, so mag diese Überlegung weitergehen, können nur aus der Philosophie stammen; die Philosophie liefert kraft ihrer apriorischen Einsicht in das Wesen der Dinge eine Art anthropologisches Fundament von unbezweifelbarer Geltung, auf dem die verschiedenen Wissenschaften vom Menschen dann weiter aufbauen. So verlockend und schmeichelhaft ein solches Bild von den Aufgaben und Möglichkeiten der Philosophie für einen Philosophen auch sein mag, die Philosophie wird damit hoffnungslos überfordert, wie ich in einem ersten Schritt zeigen möchte. Wenn aber eine substantielle philosophische Anthropologie nicht in der Lage ist, als Lieferant verbindlicher Menschenbilder zu fungieren, wie läßt sich dann deren Status und Stellenwert für die Psychologie angeben? Darüber möchte ich in einem zweiten Schritt sprechen. Und schließlich soll es mir am Schluß darum gehen, einer philosophischen Anthropologie doch wieder einen Platz in der Menschenbilddebatte zuzuweisen, wenn auch einen wesentlich bescheideneren als denjenigen, mit dessen Diskussion ich jetzt beginnen möchte.

Die Aufklärung war einmal mit dem Programm angetreten, das Wesen des wirklichen Menschen in den Mittelpunkt der Philosophie zu stellen und es zum Maßstab und zur Richtschnur des Erkennens und Handelns zu machen. In der Formulierung des Spätaufklärers Feuerbach etwa nimmt dieses Programm die folgende Gestalt an: "Die neue Philosophie macht den Menschen mit Einschluß der Natur, als der Basis des Menschen, zum alleinigen, universalen und höchsten Gegenstand - die Anthropologie also, mit Einschluß der Physiologie, zur Universalwissenschaft"[1]. Diese emphatische Ankündigung steht in guter Übereinstimmung mit Kant, der ebenfalls die gesamte Philosophie auf Anthropologie hinauslaufen lassen möchte und alle ihre Fragen in der einen Frage: "Was ist der Mensch?" gipfeln läßt. Doch es muß auffallen, daß bereits Kant's Antwort auf diese Frage eher bescheiden und defensiv ausfällt. Und wenn wir den weiteren Verlauf der Philosophie- und Wissenschaftsgeschichte betrachten, dann wird deutlich, welche Bürde sich die Philosophie mit dieser selbstgestellten Aufgabe auflädt: Ein so hochkomplexer Gegenstand wie der

Mensch soll ganz am Anfang philosophischer Bemühung und unter Verzicht auf die Hilfestellung bereits ausgewiesener Wissenschaften vom Menschen behandelt werden. Das kann nur auf eine von zwei Weisen schiefgehen: entweder ergeht sich eine solche Philosophie in unausgewiesenen Spekulationen, oder aber, soweit sie auf Begründung ihrer Aussagen nicht verzichten will, ist sie gezwungen, triviale Selbstverständlichkeiten von sich zu geben. So ist es denn wenig verwunderlich, daß die Entwicklung nach Feuerbach im Materialismus des späten 19. Jahrhunderts gerade den umgekehrten Weg einschlug: nicht die Physiologie wurde Teil der Anthropologie, sondern diese wurde ein Teil von jener. Die Wissenschaften vom Menschen lagerten sich zunehmend aus der Philosophie aus und formulierten mit Hilfe empirischer Verfahren positives Wissen über den Menschen, ohne den Anspruch auf Wesensaussagen weiter zu tradieren. Die philosophische Anthropologie unseres Jahrhunderts, die sich an Namen wie Max Schneider, Helmuth Plessner und Arnold Gehlen knüpft, ist dementsprechend auch nur noch eine reaktive und verarbeitende Disziplin, die ihr Wissen nicht mehr primär aus philosophischen Quellen schöpft, sondern einzelwissenschaftlich erarbeitetes Wissen über den Menschen nachträglich zu einer Art Gesamtschau zusammenfügt. So weit man bezüglich solcher Erkenntnisse von Menschenbildern sprechen will, so sind es abgeleitete Menschenbilder sekundärer Natur, die keinesfalls als Fundament irgendeiner Einzelwissenschaft wie der Psychologie oder einer ihrer Anwendungen dienen können.

Wir sollten daher die Idee eines direkten Menschenbildimportes von der Philosophie in die Humanwissenschaften begraben. Die Wissenschaften müssen selbst für ihre Menschenbilder sorgen und tun dies auch in der Regel. Dennoch besitzt der vorhin erwähnte Eindruck, daß Menschenbilder auf eine noch näher zu bestimmende Weise einen Fremdkörper darstellen in einer sich mit Stolz rein empirisch verstehenden Wissenschaft, einen wahren Kern, und ihn gilt es jetzt zu bestimmen. Meine diesbezügliche These lautet kurz und bündig: Menschenbilder sind Modelle. Nun ist die Rede von Modellen durchaus mehrdeutig und viel wissenschaftstheoretischer Scharfsinn wurde darauf verwandt, verschiedene Bedeutungen des Modellbegriffs sorgfältig auseinanderzuhalten. Der Architekt stellt uns beispielsweise ein Sperrholzmodell eines neuen Krankenhauses vor, und hier erwarten wir, abgesehen von der Größe und den verwendeten Baumaterialien, eine ziemliche Ähnlichkeit und weitgehende Übereinstimmung mit dem fertigen Krankenhaus. Von solchen konkreten Modellen kann natürlich im Bereich der Menschenbilder keine Rede sein. Eher schon von den abstrakten Modellen, wie wir sie aus dem naturwissenschaftlichen Unterricht kennen, wenn der Physiklehrer etwa dem Schüler das Fließen des Stromes durch einen Draht anhand des Fließens von Wasser durch eine Röhre erklärt. Ein solches Modell bildet Realität selektiv ab und stellt daher eine Vereinfachung der Realität dar, eine Abbildung der Wirklichkeit unter bewußter Hervorhebung gewisser Bestandteile dieser Wirklichkeit bei gleichzeitiger Vernachlässigung anderer Merkmale. Vorgenommen werden solche Vereinfachungen vorwiegend unter dem Gesichtspunkt der Nützlichkeit, sei es, daß mit dem Modell größere Anschaulichkeit verbunden ist als mit dem modellierten Gegenstand, oder sei es, daß das Modell es erlaubt, das Nachdenken über den Gegenstand klarer zu ordnen und die Fragerichtung seiner Untersuchung zu präzisieren. Damit sind wir den Menschenbildmodellen der Psychologie schon einen entscheidenden Schritt näher gekommen, haben sie aber noch nicht ganz erreicht. In den Naturwissenschaften haben wir es meistens mit Gegenständen zu tun, über die wir bereits theoretisch und experimentell verfügen, das Modell verfolgt dann vor allem illustrierende Zwecke, es stellt eine vereinfachende Repräsentation der Realität dar, wobei wir über diesen Realitätsausschnitt aber auch ohne diese Vereinfachungen wissenschaftlich gültige Aussagen treffen können. Modelle als selegierende Repräsentationen setzen also voraus, daß die repräsentierte Wirklichkeit anschaulich oder theoretisch bereits bekannt ist, so daß man weiß, wovon im Modell abstrahiert wird. Bei psychologischen Modellen ist dies aber normalerweise nicht der Fall. Nur selten lassen sich klare Angaben über das Verhältnis dieser Modelle zur Wirklichkeit treffen, da über eine angemessene Darstellung dieser Wirklichkeit selbst keine Einigkeit herrscht. Doch ohne hinreichenden Konsens über die psychische Wirklichkeit haben wir auch keine Möglichkeit anzugeben, welche Aspekte der Wirklichkeit von dem Modell vernachlässigt werden. Vor der Modellbildung haben wir in der Psychologie also gar keinen fest umrissenen Gegenstand, so daß den Menschenbildern hier wesentlich ein den psychologischen Forschungsgegenstand überhaupt erst konstituierender Charakter zukommt.

Natürlich darf man sich den Gegenstand der Psychologie vor seinem modellhaften Zuschnitt nicht als völlige black box vorstellen. Wir sind mit ihm alltagsweltlich vertraut und aus dieser alltäglichen Erfahrung stammen auch überhaupt erst die Anstöße für unsere psychologischen Fragestellungen. Doch so, wie wir uns aus den alltäglichen vorwissenschaftlichen Zusammenhängen vertraut sind, taugen wir nicht zum Objekt wissenschaftlicher Erkenntnisbemühungen. Die wissenschaftlichen Objektivitätsstandards fordern nicht nur äußerste methodische Disziplinierung im Umgang mit den Phänomenen, sondern auch eine strikte Eingrenzung des jeweiligen Gegenstandsbereiches. Auch aus diesem Grunde kann also der Gegenstand der Psychologie nicht "gefunden" oder "entdeckt" werden, sondern muß "geschaffen" werden. Entgegen einem weitverbreiteten empiristischen Vorverständnis von Psychologie haben wir es hier eindeutig mit einem konstruktiven Element zu tun, was auch von dem Psychologen Traxel erkannt wird: "Die vertraute Vorstellung von einem offen und unberührt ... zutage liegenden Gegenstand der Psychologie, der nur darauf wartet, von uns aufgegriffen, betrachtet und verarbeitet zu werden, sollten wir uns abgewöhnen ... Den Gegenstand der Psychologie machen wir selbst ..., insofern als wir ihn nicht einfach vorfinden, sondern ihn erst durch unser Denken als Vorgefunden konstruieren"[2].

Dieses Verständnis von Menschenbildern als Modellen hat wichtige Konsequenzen. So lassen sich Modelle empirisch nicht bestätigen oder widerlegen, sie können weder wahr noch falsch sein. Das Kriterium der Wahrheit oder Bestätigbarkeit bleibt Theorien vorbehalten. Empirische Daten, die unter Voraussetzung eines bestimmten Modelles gewonnen werden, können niemals das Modell bestätigen, wie erfolgreich eine mit dem Modell verbundene Theorie auch immer sein mag. Die Daten gewinnen vielmehr ihren Sinn als erfolgreiche Realisierungen des unterstellten Menschenmodelles, das heißt der Forscher erklärt seine Daten damit, daß der untersuchte Mensch so funktioniert, als würde er dem gewählten Modell entsprechen. Das wird ganz deutlich in der Diskussion rationaler Menschenmodelle bei Wiberg: "Wenn wir sagen, daß wir mit dem Modell eines rationalen Menschen arbeiten, dann heißt das, daß das Modell von der Art ist, daß jeder Mensch, der alle Bedingungen des Modells erfüllen würde, in extremer Weise reflektiert, überlegt und vernünftig wäre (ganz zu schweigen von seinen anderen Eigenschaften, wie derjenigen, nahezu allwissend zu sein). Wenn wir also zeigen können, daß das Modell eines rationalen Menschen gut mit den Daten aus kontrollierten Experimenten übereinstimmt, dann heißt das nicht, daß wir besonders rationale Menschen gefunden haben; es heißt höchstens, daß wir Menschen gefunden haben, die unter sehr spezifischen Umständen so handeln, wie der rationale Modellmensch handeln würde. Außerdem zeigt die Übereinstimmung nicht einmal, daß die von uns beobachteten

Menschen tatsächlich all die Überlegungen und Kalkulationen bewußt durchgeführt haben, sondern nur, daß sie sich so verhalten, als ob sie es getan hätten"[3].

Welche Kriterien können wir an Modelle anlegen, wenn nicht die der Wahrheit, der Falschheit? Nun, Modelle können sich instrumentell bewähren, können mehr oder weniger nützlich sein. Damit sind Modelle nicht nur Modelle von etwas, sondern auch Modelle zu einem bestimmten Zweck. Diese pragmatische Dimension von Menschenmodellen erinnert an die Funktion der Wissenschaft als Werkzeug zur Verbesserung menschlicher Bedürfnisbefriedigung, eine Funktion, die nur allzu oft hinter der Repräsentationsfunktion von Wirklichkeit zurücktritt. Gleichzeitig ist die pragmatische Verankerung der Modelle auch ein Verweis auf die Rolle von Werten und Normen in der Wissenschaft.

Obwohl also Modelle nicht empirisch widerlegt werden können, bedeutet das nicht, daß keine Kritik an ihnen möglich wäre. Doch die einzige Möglichkeit, Modelle in Frage zu stellen, sind andere Modelle, die mit dem Anspruch auftreten, ein Forschungsfeld auf eine Weise zu strukturieren, die größere theoretische Fruchtbarkeit verspricht. Somit gibt es in der Psychologie zwar keine empirisch begründete Entscheidung über das Aufgeben eines Modelles, doch wie der Wissenschaftsphilosoph Thomas Kuhn gezeigt hat, haben wir allen Anlaß zu der Vermutung, daß das in den Naturwissenschaften nicht anders ist. Ein wichtiger Unterschied zu den Naturwissenschaften bleibt allerdings. Während es bei kosmologischen Modellen so zu sein scheint, daß sich historisch ein echter Verdrängungswettbewerb ausmachen läßt, scheint die Konkurrenz psychologischer Menschenmodelle nicht auf eine Eliminierung, sondern auf eine pluralistische Vermehrung hinauszulaufen.

Wie und nach welchem Vorgehen aber entstehen als Modelle fungierende Menschenbilder? Hier kann ein Gedanke des italienischen Aufklärungsphilosophen Giambattista Vico unserem Verständnis auf die Sprünge helfen. Er stellte eine berühmt gewordene These auf, die besagt, daß der Mensch nur das von ihm Geschaffene wirklich erkennen kann bzw. daß sein Erkenntnisvermögen nur so weit reicht, wie er im zu erkennenden Gegenstand seine eigenen Schöpfungen wiederzuerkennen vermag. Auf unsere Menschenbilder angewandt heißt das, daß wir sie bevorzugt mit einer Rationalität und Durchsichtigkeit ausstatten, die wir für unser eigenes wissenschaftliches Handeln und deren Produkte in Anspruch nehmen. Dies läßt sich ganz besonders gut an dem wohl innerpsychologisch erfolgreichsten und weitverbreitesten Modell, dem Modell des Menschen als Maschine darstellen, was auch durch die Worte von Miller, Galanter und Pribram bestätigt wird: " Die Schaffung eines Modells ist der Beweis für die Klarheit der Einsicht. Wenn wir eine Sache so gut verstanden haben, daß wir sie uns selber bauen können, muß unser Verständnis fast perfekt sein"[4]. Dementsprechend impliziert das Maschinenmodell, das auch Pate gestanden hat zumindest bei der Entstehung der Verhaltenstherapie, u. a. die folgenden Merkmale:

- die Möglichkeit vollständiger Voraussage;
- leichte Quantifizierbarkeit der wirksamen Faktoren;
- ein Verständnis von Veränderungen als deterministisch-kausale Mechanismen;
- ein Atomismus der Elemente, die als diskret und voneinander unabhängig konzipiert werden;
- eine grundsätzliche Passivität, die nur durch äußere Kräfte unterbrochen werden kann.

Doch nicht nur das Maschinenmodell läßt sich nach dem Vico'schen Prinzip verstehen. Auch da, wo wir den Menschen beispielsweise nach dem Modell des rational Handelnden konzipieren, liegt die Anziehungskraft des Modells in der rationalen Durchsichtigkeit strenger Mittel-Zweck-Kalkulationen, die nicht von verwirrenden Gefühlszuständen oder irrationalen Wertsetzungen durchbrochen werden.

Um es noch einmal deutlich zu machen: Modelle in dem hier vorgetragenen Verständnis sind perspektivische Sichtweisen der Realität und treffen keine Aussagen darüber, wie die Wirklichkeit tatsächlich beschaffen ist. Es wäre unvernünftig, empirische Belege dafür finden zu wollen, daß der Mensch lediglich ein Computer sei oder ein Rollenbündel, denn damit haben wir nur Implikationen unserer Modelle ausbuchstabiert, statt empirische Aussagen zu treffen. Hat man dies eingesehen, so wird auch deutlich, wie wichtig eine möglichst präzise Trennung von Modell- und Theorieaussagen wird.

Doch Menschenbilder leisten noch mehr, als nur eine Klammer für Theoriefamilien zu sein, solche Familien also zusammenzuhalten und integrationsfähig zu machen. Von ebenso großer Relevanz ist ihre Bedeutung für die Selektion bestimmter Forschungsmethoden. Solche Methoden lassen sich nicht unabhängig von einer Konzeption des Gegenstandes, den sie erfassen sollen, entwickeln. "Reine" Methoden, abgelöst von allen theoretischen Bestimmungen, kann es nicht geben, wenn aber psychologische Theorien ohne Annahmen über ein Modell des Menschen nicht formulierbar sind und Methoden auf eine theoretische Gegenstandskonzeption bezogen sind, dann impliziert jede psychologische Forschungsmethode ein Menschenmodell.

Ähnliches gilt auch für die Anwendung psychologischer Erkenntnisse. Sobald die Psychologie über den Prozeß der Erkenntnisgewinnung hinausgeht und ihr Wissen in Praxisfelder einfließen läßt, importiert sie nicht voraussetzungsfrei gewonnene Erkenntnisse, sondern Erkenntnisse unter der Voraussetzung bestimmter Annahmen über das Funktionieren des Menschen, die im Prozeß der Anwendung mitangewandt werden. Ein solches, im empirischen Wissen gleichsam unsichtbar verpacktes Menschenmodell aber wird, sobald die Maßnahmen der Psychologie praktische Wirksamkeit entfalten, rückwirkend dadurch an Prestige und Einfluß gewinnen, daß die erfolgreichen Anwendungen neue Realisierungsfälle und -möglichkeiten für das zugrunde liegende Menschenbild schaffen. Somit können etwa Theorien auf der Basis eines streng individualisierten Menschenbildes durch ihre Anwendung sowohl gesellschaftliche Tendenzen der Individuation wie solche der Isolierung verstärken, während erfolgreiche Anwendungen von Maschinenmodellen Prozesse der Mechanisierung des Menschen verstärken können. Doch es kann nicht nur die erfolgreiche Anwendung von Menschenbildern dazu führen, daß sich die Wirklichkeit den Modellen annähert, es kann vielmehr auch umgekehrt eine Veränderung der Wirklichkeit beabsichtigt und ins Auge gefaßt werden, genau zu dem Zwecke der verbesserten und vermehrten Anwendungsmöglichkeiten von Modellen. Eine etwas Gruseln bereitende Überlegung hierzu stammt von Westmeyer: "Eine korrekte Erklärung und Prognose bestimmter Entwicklungsprozesse würde allerdings das Aufwachsen in einer völlig kontrollierten Umgebung erfordern!" und weiter: "Diese Kenntnis können wir nur erlangen, wenn das Individuum von Anfang an in einer kontrollierten und programmierten Umgebung aufwächst, so daß ausschließlich bekannte und registrierte Einflüsse auf sein Verhalten einwirken können"[5]. Westmeyer ist nicht blind für die ethischen Probleme, die sich dabei stellen würden, betont aber dennoch, daß sich in diesem Bild das der Verhaltenstheorie zugrunde liegende Rationale spiegelt.

Wenn wir aber davon ausgehen, daß jedes Menschenbildmodell eine notwendige Vereinfachung, eine unvermeidliche Reduktion darstellt, so läuft jede gesellschaftliche Implementierung von Menschenbildern auf eine Entdifferenzierung kultureller Vielfalt hinaus, und dafür besitzt die Wissenschaft keinerlei Legitimation, egal ob man eine derartige Folge direkt anstrebt, wie bei Westmeyer, oder ob man auf indirektem Wege auf sie zusteuert, durch Prozesse der Anwendung psychologischen Wissens. Man kann die Konsequenz auch nicht ohne weiteres vermeiden oder beseitigen durch einen Austausch einzelner Menschenbilder zugunsten anderer, weil dadurch oftmals nur die spezielle Ausrichtung der Reduktion verändert wird. Als Abhilfe gegen diese in der Arbeit mit Menschenbildern liegende Gefahr kristallisiert sich in den letzten Jahren bei Psychologen ganz unterschiedlicher Provenienz ein Verfahren der Koppelung von Menschenbildern heraus. So schlägt Walter Herzog[6] vor, im Forschungsprozeß von einem Organismus-, einem Maschinen- und einem Handlungsmodell auszugehen, wobei das Organismusmodell den natürlichen Ausgangszustand abgeben soll und in Fällen gelungener Selbstverwirklichung zum Handlungsmodell überleitet, im Falle zunehmender Selbstentfremdung jedoch durch das Maschinenmodell ersetzt wird. Ein etwas stärker ausgearbeiteter Vorschlag mit ähnlicher Stoßrichtung stammt von Norbert Groeben[7]. Er will zu Forschungszwecken jedenfalls von einem Handlungsmodell ausgehen und erst da, wo sich keine realisierenden Daten finden lassen, dieses Modell durch ein nur noch teilweise durch Intentionalität bestimmtes Bild menschlichen Tuns ersetzen und erst im Mißerfolgsfall auch dieses Bildes auf ein Modell bloßen Verhaltens zurückgehen. In den beiden bisher genannten Fällen stehen Forschungsüberlegungen im Vordergrund, wenn auch Anwendungskonsequenzen explizit mitgedacht werden. Unmittelbar mit Blick auf die psychoanalytische Therapie möchte Jürgen Körner[8] ein Maschinen-, ein Handlungs- und ein "Mensch-als-Erzähler"-Modell miteinander verknüpfen.

Diese Entwicklungen sind begrüßenswert, es bleibt aber die Frage, ob sie für alle Probleme, die aus der Menschenbildverwendung resultieren, ausreichen. Wir haben oben davon gesprochen, daß wir so, wie wir uns alltagsweltlich kennen, in keiner Wissenschaft mehr Platz finden. Damit aber droht unser lebensweltliches Verständnis unserer selbst in die Bedeutungslosigkeit abzusinken und durch die diversen Menschenbildmodelle ersetzt zu werden. Nachdem wir erfolgreich die Natur aller Menschenähnlichkeit entkleidet und sie auf bloße Gegenständlichkeit reduziert haben, läuft ein Verständnis unserer selbst als bloßer Teil einer solchen Natur auf die Abschaffung unserer selbst als Menschen hinaus. Der Mensch ist sich dann selbst zu einem Anthropomorphismus geworden, der diese Botschaft nur noch nicht ausreichend zur Kenntnis genommen hat. Der Schriftsteller Heimito von Doderer drückte dies einmal so aus: "Der Mensch, wenn er dauernd mit einer wissenschaftlichen Terminologie umgeht, wird schließlich sprachlos im Verkehre mit sich selbst: er kann sich da nicht mehr verständlich machen und wird von seinem eigenen Ich auch nicht mehr verstanden; dieses ist so nicht ansprechbar".

Die einfache Vermehrung von in objektiv-distanzierter Einstellung gewonnenen Antworten auf die Frage "Was ist der Mensch?" kann uns aus dieser selbsterzeugten Verstrickung nicht mehr befreien. Erst in der Transformation dieser Frage zu "Wer sind wir?"[9] werden selbstreflexive Potentiale aktiviert, die sich mit den Auskünften der Wissenschaft allein nicht mehr zufrieden geben. Hier erwächst ein Aufgabenfeld für eine bescheiden gewordene philosophische Anthropologie in pragmatischer Hinsicht, die mit Kant danach fragt, was der Mensch "aus sich selber macht, oder machen kann und soll". Wissenschaftliches Wissen ist auch zur Beantwortung dieser Frage vonnöten, aber es hat dabei nicht mehr das letzte Wort, sondern muß sich interpretierend und reflexiv mit den Bildern vermitteln lassen, die wir im Alltag und in anderen Kulturbereichen von uns selbst angefertigt haben. Will man bezüglich des Ergebnisses solcher Vermittlungen auch von einem Menschenbild sprechen, so ist dieses Bild jedenfalls kein Modell mehr im hier definierten Sinne, sondern ein Interpretationsangebot der Philosophie, das auf dem Wege der Stiftung von Identität zuerst einmal die Reflektierenden selbst, im weiteren aber, so wäre zu hoffen, nicht nur sie, sondern alle Teilnehmer an unserer Kultur vor Selbstverlust schützt.


## ANMERKUNGEN

1 L. FEUERBACH. *Grundsätze der Philosophie der Zukunft*, § 54.

2 W. TRAXEL (1976). *Der Gegenstand der Psychologie als Produkt und Problem psychologischen Denkens*. In G. Eberlein & R. Pieper (Hrsg.): Psychologie - Wissenschaft ohne Gegenstand? (111). Frankfurt

3 H. WIBERG (1972). *Rational and Non-Rational Models of Man*. In J. Israel & H. Tajfel (eds.): The Context of Social Psychology - A Critical Assessment (342). London

4 G.A. MILLER, E. GALANTER & K.H. PRIBRAM (1973). *Strategien des Handelns - Pläne und Strukturen des Verhaltens*. Stuttgart, S. 50.

5 H. WESTMEYER (1973). *Kritik der psychologischen Unvernunft*. Stuttgart, S. 78, 98.

6 W. HERZOG (1984). *Modell und Theorie in der Psychologie*. Göttingen

7 N. GROEBEN (1986): *Handeln, Tun, Verhalten als Einheiten einer verstehend-erklärenden Psychologie*. Tübingen

8 J. KÖRNER (1986). *Drei Menschenmodelle in der Psychoanalyse*. Forum der Psychoanalyse 2, S. 277-293.

9 H. SCHNÄDELBACH (1989). *Die Philosophie und die Wissenschaften vom Menschen*. In C. Bellut & U.M. Müller-Schöll (Hrsg.): Mensch und Moderne. Beiträge zur philosophischen Anthropologie und Gesellschaftskritik. Würzburg

## SIND VERHALTENSTHERAPEUTEN ETHISCHE RELATIVISTEN? ZUR ROLLE DER PERSON IN DER VERHALTENSTHERAPIE

Hans Lieb

Ethik verhält sich zur Psychologie wie der katholische Katechismus zur sexuellen Lust: warnend, regelnd und genußfeindlich. Ethiker sind Moralisten, und Moralisten sind steif, logisch, langweilig und haben stets einen langen Zeigefinger. Kommen sie mit diesem daher, dann sehen wir schon den schwarzen Talar des Richters, riechen die Sterilität der Saubermänner, schmecken die bittere Galle der Wahrheit und fühlen das Schwert der Justitia. Aber: Die Psychologie hat die Moral entlarvt - mit Nietzsche, Schopenhauer und Freud als verwandelte Triebe oder verinnerlichte Gesellschaftskontrolle. Mit Ellis und Beck als irrationale kognitive Variable. Nun stehen sie nackt da, die Moralapostel, und gegen ihre Bazillen haben wir ein perfektes Immunsystem: aufdeckendes Durcharbeiten hier, rationaler Diskurs dort.

Nicht ganz! Selbstkritisch, wie wir Psychotherapeuten nun einmal sein wollen, gibt es da ja noch einen ethischen Sonderbereich: den Aspekt unserer therapeutischen Macht. Als Seelen- oder Verhaltensdoktoren sehen wir uns hier Reihe an Reihe mit Chirurgen oder Genetikern und stellen uns die ethische Frage: Wie weit dürfen wir gehen mit unserer unendlichen Macht? Als laute die einzige, uns verbliebene ethische Frage: Ab wann haben wir uns zu bescheiden?

Von einer solchen Ethik, wie sie hier skizziert wird, soll im folgenden nicht gesprochen werden. Denn das ist, wie der amerikanische Philosoph Michael Walzer (1990) feststellt, immer eine Moral, die von außen kommt. Seiner Meinung nach hatten und haben wir Menschen drei Möglichkeiten, zu moralischen Systemen zu kommen: den Pfad der Entdeckung, den Pfad der Erfindung und den Pfad der Interpretation.

Die Entdeckung ist der religiöse Pfad: Irgend jemand geht auf den Berg, erhält dort von Gott die Offenbarung und bringt sie uns dann. Dieser Weg ist uns seit der Aufklärung versperrt.

Seither haben sich die Menschen auf den Pfad der Erfindung begeben: Weil es keinen von Gott gerechtfertigten Moralentwurf gibt, müssen wir ihn selbst erfinden. Seither erschaffen Philosophen das, was Gott erschaffen hätte, wenn es ihn gäbe. Und am Ergebnis, der konstruierten Moral, müssen wir uns moralisch messen.

Den dritten Pfad, den ich in meinem Beitrag beschreiten möchte, ist der der Interpretation: Er geht davon aus, daß wir Moral weder finden noch erfinden müssen, weil sie immer schon da und in uns ist. Aber wir müssen sie immer wieder neu auf unser Tun anwenden - und das nennt Walzer *interpretieren*.

In diesem Sinne möchte ich im folgenden das, was Verhaltenstherapeuten immer schon tun und denken, moralisch interpretieren. Die Frage ist also nicht, was Therapeuten tun sollten, sondern was sie intuitiv tun. Und um die Frage im Titel gleich zu beantworten: Dabei wird sich zeigen, daß der sogenannte ethische Relativismus ein gescheiterter Versuch war, sich genau der Erkenntnis zu entziehen, daß wir immer schon in einer bestimmten Moral leben. Das Konzept des ethischen Relativismus in der VT war die Programm gewordene Illussion, man könnte als Therapeut außerhalb einer Moral leben und denken.

Mein Beitrag hat 3 Teile:

*   Ich werde die große *Ethikdebatte* der amerikanischen Verhaltenstherapeuten in den 70er Jahren nachvollziehen.

*   Ich werde darzustellen versuchen, daß dabei eine ethisch sehr relevante Frage "übrig" geblieben ist: nämlich die nach der Rolle der *Person* in der Verhaltenstherapie.

*   Ich werde auf ein konzeptuelles moralisches *Dilemma* in der VT aufmerksam machen und daraus Schlußfolgerungen für die Therapie und für die Ausbildung in der Therapie ziehen.

### Die Ethikdebatte in den USA

In Amerika gab es in den 70er Jahren eine lange, differenzierte, auf sehr hohem Niveau geführte und schließlich produktive Auseinandersetzung zu der Frage, ob bzw. wie "ethisch" die "Behaviour Therapy" - damals noch unter dem Begriff "Behaviour Modification" - sei. Dieses Verfahren war in die öffentliche Debatte geraten im Anschluß an ebenso öffentlich gewordene Skandale. Es hatte sich nämlich herausgestellt, daß hospitalisierte Patienten auf der einen und Insassen von Gefängnissen auf der anderen Seite zur Teilnahme an sogenannten Verhaltensmodifikationsprogrammen gezwungen worden waren. Ja noch mehr: Dabei waren aversive Methoden in wahrlich dilettantischer Weise angewandt worden. Am berüchtigsten ist sicher das "Anectin-Experiment" von Reimringer u. a. (1970), bei dem die Autoren ihren Patienten Syccinylcholine verabreichten, wenn diese unerwünschte Verhaltensweisen gezeigt hatten. Diese Substanz simuliert den Tod: 30 - 40 Sekunden nach Injektion tritt eine Paralyse der gesamten Muskulatur inclusive des kariovasculären Systems ein. Der Patient kann sich nicht mehr bewegen und nicht mehr atmen und bleibt doch bei vollem Bewußtsein.

Aufgeschreckt durch solche Skandale diskutierte die amerikanische Öffentlichkeit nicht nur diese extremen Beispiele, deren ethische Beurteilung nicht schwer fällt, sondern schließlich auch das dem doch offenbar zugrundeliegende Menschenbild der Verhaltensmodifikation selbst. Schließlich schaltete sich auch der Gesetzgeber mit dem Verbot von solchen Modifikationsprogrammen 1974 ein. Die APA reagierte unter ihrem ersten Vorsitzenden, Albert Bandura, mit dem Einsatz einer Ethikkommission unter Leitung von Frau Dr. Stolz. Diese legte 1978 ihren lesenswerten Ethikbericht vor (Stolz 1978). Er enthält außer einer detaillierten Analyse ethischer Grundprobleme der Verhaltenstherapie einen elaborierten Katalog von Lösungsstrategien für ethische Probleme. Die AABT (Association for the Advancement of Behaviour-Therapy) veröffentlichte einen ethischen Fragenkatalog, anhand dessen sich Therapeuten selbst beurteilen können.

Diese Debatte, das erscheint mir für uns heute besonders wichtig, hatte enorme Auswirkungen auf die Entwicklung verhaltenstherapeutischer Konzepte selbst. Das im einzelnen zu beschreiben, würde ein eigenes Buch füllen. Hier nur einige der wertvollsten Resultate dieser Diskussion:

* Es wurden sogenannte Grundrechte von Patienten in Institutionen definiert (Wexler, 1974, S. 288).

* Es wurde herausgearbeitet, welche Elemente ein verhaltenstherapeutischer Vertrag zwischen Patient und Therapeut enthalten muß (z. B. Goldiamond, 1976, S. 37 u. S. 14).

* Es wurde vor allem die Bedeutung der sogenannten informierten Zustimmung seitens der Patienten zu einer Therapie erkannt (Stolz, 1978).

* Es wurden örtliche Ethikkommissionen eingerichtet, an die sich Betroffene ebenso wie die interessierte Öffentlichkeit im Konfliktfall wenden konnten (Stolz, 1978, S. 29).

Das Ergebnis war nicht nur eine Sensibilisierung für ethische Probleme, sondern auch die Veränderung der Verhaltenstherapie selbst. Denn: Die offensichtliche Verletzung allgemein akzeptierter Grundwerte wie Freiwilligkeit und Autonomie von Personen hatte selbst unter expliziter Berufung auf den behavioristischen Denkansatz stattgefunden. Denn dieser hatte, vor allem unter der Führung von Skinner, doch gerade erst das Konzept des freien Willens wissenschaftlich eliminiert.[2] Die Frage nach dem Menschenbild der Verhaltenstherapie wurde neu diskutiert, und ich weiß nicht, ob eine andere Therapieform jemals so früh und so intensiv gezwungen war, sich solchen Fragen zu stellen. Auf der Strecke blieb ein Ethikkonzept: das des ethischen Relativismus.


*Was ist ethischer Relativismus?*

Der Grundgedanke erscheint einfach und gut, weil tolerant. Er besagt: Da nicht alle Menschen das gleiche gut finden, ist gut stets relativ. Und die Frage danach, was gut ist, war immer schon die Kernfrage der Ethik. Am deutlichsten hatte sich hierzu Skinner selbst geäußert: Gut ist das, was ein Verstärker ist, d. h.: gut ist, was ein C + ist. Und da sich das, was ein Verstärker ist, dadurch definiert, daß es *für jemanden* ein solcher ist, ist gut relativ: " Was gut ist für den Trophriant-Isländer, ist gut für den Throphriant-Isländer - und das ist alles" (Skinner, zitiert nach Kitchener 1980, S. 1). Den Verhaltenstherapeuten gefiel das: Wer verhaltenstherapeutische Techniken anwendet, ist demnach ethisch fein heraus. Man lasse Herrn A. sagen, welches Ziel er habe und verhelfe ihm dazu mit Technik X. Das gleiche tue man mit Frau B. und ihrem Ziel. So sind wir immer gut!

Die wichtigsten Argumente gegen das Konzept des ethischen Relativismus sind:

1. Schon der Skinnersche Denkansatz bzw. der der VT überhaupt innewohnende Gedanke, Therapie solle ihre Patienten dazu in die Lage versetzen, möglichst viele C + durch ein möglichst breites Verhaltensrepertoire zu erlangen, ist selbst ein bestimmtes

ethisches Grundkonzept. Es beinhaltet u. a., daß der Therapeut sich selbst außerhalb der Ethik befinden könne.

2. Bei der Verteidigung der Verhaltensmodifikation haben sich deren Vertreter immer wieder explizit auf ethische Werte bezogen, u. a. auf die Werte Freiheit, Autonomie und Lebensglück. Das ist unschwer als das grundlegende ethische Wertemuster der amerikanischen Leistungsgesellschaft zu erkennen.

3. Eine sehr beliebte Version des Relativismus war (und ist) jene, die dem Patienten die sogenannte "freie Entscheidung" über seine Therapieziele zuschreibt (und daraus dann das Freisein von möglicher Schuld und Verantwortung seitens des Therapeuten ableitet). Dieses Argument ist ein logischer Widerspruch in sich selbst, wenn er von Verhaltenstherapeuten vertreten wird. Sehr klar hat das Mahoney zum Ausdruck gebracht: "Die Ironie rührt von der Tatsache her, daß der Behaviorist Entscheidungen von einem deterministischen Rahmen aus betrachtet. Er sagt, Entscheidungen des Klienten seien nicht Manifestationen des freien Willens, sie sind Produkte der gegenwärtigen Einflüsse und der früheren Lerngeschichte. ... Wenn (aber) eine Entscheidung tatsächlich ein determiniertes Verhalten ist, das aus vergangenen und gegenwärtigen Einflüssen resultiert, kann der Therapeut nicht sich selbst auf magische Weise als Einfluß ausnehmen. ... Indem wir ethische Entscheidungen dem Klienten überlassen, legen wir die Verantwortlichkeit in die sichere Entfernung seiner vergangenen Erfahrungen. Im Grunde beschließen wir, daß wir vermeiden wollen, ein neuer Bestandteil der Lerngeschichte zu werden, die die gegenwärtigen Wertvorurteile erzeugte. Ich schlage hier vor, daß wir die Unangemessenheit des Argumentes der Entscheidung des Klienten anerkennen, um uns selbst von der ethischen Verantwortlichkeit in der Therapie freizusprechen. ... Daß wir aufhören sollten, uns selbst zu täuschen, indem wir denken, daß wir unsere Hände von ethischen Schwierigkeiten reinwaschen können, einfach indem wir Wertentscheidungen dem Klienten überlassen." (1977, S. 321 u. 322). Dem ist nichts hinzuzufügen.

Wenn Verhaltenstherapeuten keine ethischen Relativisten sein können: Welche Werte verkörpern sie dann? Wie bereits angedeutet, haben sich Verhaltenstherapeuten, auf jeden Fall in ihrer amerikanischen Version, vor allem an folgenden Werten orientiert: Freiheit des Willens und Autonomie des Individuums. Unter Berufung auf diese Werte hatten renommierte Vertreter der VT diese ethisch verteidigt. Natürlich mußte das nun zu einer Veränderung des Verhaltenstherapiekonzeptes selbst führen: Stand nämlich zu Beginn der Ethikdebatte in den USA die Kritik an der offensichtlichen Orientierung der Verhaltensmodifikation an dem Konzept der *Fremdkontrolle* im Vordergrund, so finden wir an deren Ende die Entwicklung des Konzeptes der *Selbstkontrolle*. Das führte bekanntermaßen zur sogenannten kognitiven Wende, die untrennbar ist von der Entwicklung des Selbstkontrollverfahrens. Vom renommiertesten Vertreter des letzteren, Frederick Kanfer, stammt ein Beitrag für dieses Buch.

Das behaviorale Modell wurde in dieser Zeit um zwei Aspekte erweitert:

1. Man anerkannte die Tatsache, *daß* der Mensch *denkt* und
2. daß er sich damit *selbst steuert*.

Mit der Einführung sog. "kognitiver Variablen" glaubte man sich des Vorwurfes, die VT sehe im Menschen nur Maschinen, endgültig entledigt zu haben - v. a. seit man ihm neuerdings auch noch den Bereich der Emotionen zuspricht. Aber wie der mit der philosophischen Literatur zum Thema "künstliche Intelligenz" vertraute Leser weiß, reicht die Installation kognitiver Variablen eben *nicht*, um den Menschen von einer Maschine zu unterscheiden (wie die Zuschreibung von Emotionen nicht dazu führt, ihn vom Tier zu unterscheiden). Mit anderen Worten: Die Akzeptanz kognitiver (wie emotionaler) Elemente thematisiert (noch) nicht, _was_ da denkt, plant und fühlt und wie Verhaltenstherapeuten ihren Kontakt zu diesem Etwas, *das sich* verhält und *sich* Gedanken macht, gestalten. Ich verwende dafür - mangels eines besseren Ausdrucks - den philosophisch sicher nicht unbelasteten Begriff der "Person". Dem werde ich mich nun widmen.


**Die Rolle der Person in der Verhaltenstherapie**

Der/die LeserIn kann den Terminus "Person" durch jenen ersetzen, den er/sie in ihrem Leben ohnehin dafür verwendet, bewußt oder unbewußt. Sie finden ihn, wenn Sie folgende Frage beantworten: Welche Einheit sprechen Sie in Ihrer Praxis an, wenn Sie zu Ihrem Patienten "Sie" sagen? Seine Kleidung meinen Sie sicher nicht und auch nicht seine Ohren! Wie nennen Sie das, was Sie da ansprechen und was Sie niemals anreden, wenn Sie sich dem Auto oder auch nur dem Hund des Patienten zuwenden? Was sprechen Sie an, wenn Sie solche Fragen stellen: "Wie ist das für *Sie*?" Welcher Einheit erläutern Sie Ihr therapeutisches Modell? Dem "Ich" des Patienten, dem "Selbst", seinem "Geist" oder, wie ich es eben nenne, der "Person"? Es ist klar, daß ich damit etwas völlig anderes meine, als das, was in der Differentialpsychologie "Persönlichkeit" genannt wird!

So selbstverständlich wir solche Begriffe umgangssprachlich verwenden, so schwer tut und tat sich die verhaltenstherapeutische Theorie damit. Die Klassiker der Verhaltenstherapie hatten ganz bewußt auf die Verwendung solcher Begriffe verzichtet, weil sie genau jene mentale, sich frei und aus eigenen Beweggründen heraus entscheidende Einheit unterstellen, die sie wissenschaftlich eliminieren wollten. Die Gründe waren im wesentlichen dreierlei: Erstens würden solche Konzepte nur zu Tautologien führen, die das Verhalten einer Einheit (z. B. "Schlagen") nur durch sich selbst erklären (z. B.: weil die Person "aggressiv" sei). Zweitens führe das zu Endlosketten von Erklärungen z. B. derart, daß in der Person wiederum eine Art Homunculus angenommen werden muß, die sich für die "Aggression" entschieden habe. Und drittens führe das letztlich zu einem Dualismus zwischen Geist und Materie, der die physiologisch-biologische Realität des Verhaltens (z. B. "Schlagen") durch wissenschaftlich unzugängliche "mentale Akte" erkläre.[3]

Aber: Das Ziel, Verhalten ohne Verwendung solcher Begriffe zu beschreiben, konnten nicht einmal die Epigonen dieses Ansatzes bei der Beschreibung einer Ratte einhalten, wie Zuriff (1975) in seiner ausgezeichneten, in diesem Buch erstmals in Deutsch veröffentlichten Analyse festgestellt hat. Schon die Aussage: "Die Ratte bewegte sich (!) hin und her" verletzt das eigene Programm, weil es eine handelnde Einheit suggeriert.

Wie bereits erwähnt, bestätigt die Einführung kognitiver Variablen *allein* dieses Programm und das darin enthaltene Menschenbild mehr als daß sie davon abrückt. Die Definition:

"Eine Person ist das, was sie erwartet, denkt und plant" - hat die Frage nach der Person jedenfalls nicht gelöst, wohl aber über Jahre hinweg gut kaschiert: Sie hat nämlich in guter, aber seit den Erkenntnissen der modernen Quantenphysik *veralteter* naturwissenschaftlich orientierter Manier das Gedachte vom Denken, die Sprache vom Sprechenden ebenso isoliert wie früher der radikale Behaviorist die Reaktion vom Reagierenden bzw. die Handlung vom Handelnden. (Das bestätigt auch Wittgenstein, indem er nachweist, daß die Einführung kognitiver Variablen weder eine notwendige noch eine hinreichende Bedingung dafür ist, automatisiertes von menschlich intelligentem Handeln zu unterscheiden. Diese Trennung zwischen der denkenden oder handelnden Person von ihren Produkten, dem Gedachten bzw. dem Verhalten, verführt dazu, letzteres mit ersterem zu identifizieren: Dann gibt es nicht nur irrationale Gedanken, sondern auch irrationale Personen, nicht nur vermeidendes Verhalten, sondern auch "Vermeider"!. Das wäre so, als hielte man den Honig für die Biene - oder das Gift für die Schlange.

Diesen Punkt gilt es näher zu betrachten und zu verstehen. Denn er verweist aus meiner Sicht auf einen permanenten Widerspruch, in dem sich die Verhaltenstherapie befindet, seit es sie gibt. Ich will im folgenden zeigen, daß Verhaltenstherapeuten eine mentale, aus freiem Willen tätige Person konstruieren - weil sie anders gar nicht können! Ich referiere dazu fünf Aspekte:

1.  Die sprachliche Konstruktion der Person
2.  Attributionstheoretische Gründe für die Erfindung der Person
3.  Die Person in der Verhaltenstherapie: Ein Vorschlag
4.  Zur dialektischen Einheit des Mentalen
5.  Die Eigenschaften der Person


*Die sprachliche Konstruktion der Person*

Schon die Verwendung des deutschen Begriffes "Verhalten" verrät die Selbstrückbezüglichkeit von Person und Verhalten. Wir können zwar sagen "X lebt" oder "X atmet", aber niemals "X verhält". Immer muß es heißen: "X verhält *sich*". Das drückt auch unsere Beschreibung kognitiver Akte aus: Ich überlege *mir* - ich entscheide *mich*.[4] Stets trennen *und* vereinen wir hier zwischen einer Person als handelndem Subjekt und ihren Aktionen. Einen Gedanken ohne Denkenden, eine Sprache ohne Sprechenden können wir aus wissenschaftlichen Gründen hypothetisch annehmen, im praktisch-lebendigen Diskurs mit Menschen ist das unmöglich.

Klassische Behavioristen sprechen, ganz entgegen ihrem eigenen Programm, unentwegt eine solche Sprache. Auch verhaltenstherapeutische Lehrbücher sind entgegen ihrem eigenen Programm voll davon. Ich weiß nicht, ob darauf hinzuweisen einer Entdeckung oder einer Platitüde gleichkommt. Man lasse, stellvertretend für unendlich viele Zitate, einmal folgenden Satz von L. Krasner (1976) auf sich wirken: "Das Ziel des Programmes für ein Individuum ist es, es zu Entscheidungen ("Choices") in seinem Leben zu befähigen" (S. 643). Ich frage: Was ist ein In-dividuum? *Wer* wählt oder entscheidet da? Und was ist das überhaupt: wählen und entscheiden? Von wessen Leben ist hier die Rede - wem gehört dieses Leben?

In einer hervorragenden Analyse hat Locke 1971 nachgewiesen, daß auch Wolpe - ein erbitterter Gegner der mentalen Sprache - unentwegt von, über und vor allem mit dieser geistig-mentalen Einheit "Person" spricht. Nur ein Beispiel: Obwohl er das Konzept des freien Willens ablehnt, spricht Wolpe ihn direkt an, wenn er einen Patienten auffordert, Muskeln anzuspannen und zu entspannen. Wie sich hier geistiger Wille in Muskelaktivität umsetzt - das ist die alte philosophische Frage des Verhältnisses von Geist und Körper seit 2000 Jahren.

Ein anderes Beispiel: Fiedler (1989) kommt in seiner Analyse der Entwicklung der Verhaltenstherapie zum Schluß, daß sie sich immer mehr zu einem "psychoedukativen Verfahren" entwickle mit folgendem primären Wirkfaktor:

"Die Unterstützung der Patienten beim *Verstehenlernen* ihrer eigenen psychischen Störung sowie Information und Transparenz bezüglich der Therapieziele und ihre plausible Begründung ..." (S. 139). Ich stimme zu. Nur: Was ist das für eine Einheit, *die* da verstehen will oder verstehen soll? Was setzt verstehen voraus? Was ist der Unterschied zwischen einem Herzphobiker, der sein Herzrasen versteht, einem Hund, der den Wink seines Herrchens mit der Peitsche versteht, und schließlich einem Fernsehapparat, der das Funksignal seiner Fernsteuerung versteht? Wittgenstein betont[5], daß ein Gedanke für sich allein nichts anderes ist als ein weiteres Teilglied in einer Kette von Ereignissen, die erst dann zu *"Verstehen"* werden, wenn wir eine *sinnstiftende Einheit* annehmen, *für die* etwas einen Sinn ergibt. Weizenbaum (1991) nimmt an, daß Verstehen ein zeitliches Kontinuum einer sich selbst erfahrenden Einheit, mit anderen Worten: eine persönliche Geschichte voraussetzt. Das gleiche gilt nach Margolis (1979) für den Begriff der *Information*: "There is no way to understand or identify (such) information except on the basis of a model of speech or language available *only to persons*. So the information is first specified in a form appropriate only to a *molar* (cognitive) *agent*." (S. 104) (Hervorhebung durch H.L.). Hinsichtlich des Terminus der *Wahrnehmung* kommt die einschlägige Literatur zu ähnlichen Resultaten: Ohne Annahme einer mentalen, der Wahrnehmung Sinn *verleihenden* Person kommt man nur um den Preis einer physikalistischen Reduktion der Person auf eine Ansammlung operierender Nervenzellen aus (vgl. Neisser, 1979; Natsoulas, 1977).

Wenden wir uns nun einer naheliegenden Frage zu: Warum konstruieren Personen, wenn sie miteinander zu tun haben, sich gegenseitig als "Personen"?

*Attributionstheoretische Gründe für die Erfindung der Person*

Hätten die Therapeuten die Person nicht längst entdeckt, sie müßten sie schon aus attributionstheoretischen Gründen erfinden. In dieser Theorie geht es um die Frage, wem oder was Menschen die Gründe von Ereignissen oder Handlungen zuschreiben. Einer der Klassiker auf diesem Gebiet, Fritz Heider, führte schon 1944 zu der Frage, welche Rolle Personen dabei spielen, aus: "Die Zuordnung zu einem Ursprung ist ein Fall von Erfahrungsorganisation und die Folge von der *Suche des Individuums nach Bedeutungen*. Wenn Veränderungen einer einzigen konkreten Einheit als Quelle zugeschrieben werden, entsteht bestimmt eine einfachere Organisation als die, die auf dem Weg einer Analyse von Kausalverbindungen mit vielen möglichen Verbindungen zu erreichen ist" (in Heider, 1969, S. 30). Und mit Bezug auf Fauconnet (1928): "Es gibt eine dem Menschen eigene Kausalität, die anders ist als jene, die Naturerscheinungen verbindet. Der Mensch ist in gewissem Sinne eine erste Ursache, wenn vielleicht auch nicht der körperlichen Bewegungen, die seine Handlungen konstituieren, so doch ihrer moralischen Qualität ... Dieser vollkommenen Kausalität entspringt seine Verantwortung...: Gut oder schlecht, die Handlung ist ausschließlich und absolut die meine. Zwischen dieser Idee und dem wissenschaftlichen Begriff der Kausalität besteht ein echter Antagonismus: Erstens kennt die Wissenschaft nur sekundäre Ursachen; jede Ursache ist auch ihrerseits eine Wirkung, jede kausale Klärung eine Regression ohne denkbares Ende ... *Die als Ursache gedachte Person dagegen ist eine erste Ursache; der Akt, sagt Aristoteles, beginnt in sich selbst.*" Und schließlich: "Was ist denn eine erste Ursache und persönliche Ursache anderes als eine Ursache, die man sich vorstellt, daß sie *verantwortlich* gemacht werden kann, daß sie etwas festes und unveränderliches zu bieten hat, dem Sanktion erteilt werden kann?" (Fauconnet, 1928, zitiert nach Heider, 1944) (Hervorhebung durch H.L.).

*Die Person in der Verhaltenstherapie: Ein Vorschlag*

Wir stehen vor der Frage, wie wir auch in der Verhaltenstherapie von einer selbstverantwortlich handelnden Einheit sprechen können, ohne die Exaktheit in der Beschreibung ihrer Produkte - Verhalten, Denken, Fühlen - zu verlieren.

Mein Vorschlag hierzu: Wir können das, wenn wir die prinzipielle *Selbstrückbezüglichkeit* von Verhalten und Denken anerkennen und in unser Konzept aufnehmen. Was heißt das?

Verhalten ist demnach immer Verhalten *von jemandem*. Gedanken verweisen stets auf jemanden, der/die denkt - auf eine(n) Denkende(n). Daraus ergeben sich 3 Konsequenzen:

1.  Das Verhalten eines Menschen kann nur von diesem Menschen selbst erzeugt werden. Mit anderen Worten: Therapeuten können kein Patientenverhalten erzeugen - sie können weder solches "aufbauen" noch "abbauen": Nicht durch Techniken, nicht durch Überzeugungsarbeit, nicht durch Kontingenzmanagement. Das gleiche gilt für die Phänomene des Denkens und Fühlens!

2.  Fremdkontrolle ist praktisch nicht möglich. Entsprechende Konzepte können allenfalls eine Anleitung zum Handeln von Therapeuten sein und gehören somit zu deren selbstreferentem Denken und Handeln. Der Begriff suggeriert die Möglichkeit der Fremdsteuerung von etwas, was allein der Selbststeuerung unterliegt und erzeugt daher folgenreiche Illusionen. Die Anerkennung der Selbstreferenz von Verhalten und Denken verweist demnach auf die Grenzen therapeutischer Kontrollmöglichkeit: Diese liegt genau dort, wo "mein" Verhalten endet und "sein/ihr" Verhalten beginnt.

3.  Im therapeutischen Kontakt zum Patienten haben wir es niemals nur mit *einer* Seite einer *dialektischen Einheit* zu tun: Obgleich jede Äußerung, jede Geste, jede Bewegung, die wir wahrnehmen, auf die dieses "Produkt" erschaffende Einheit verweist, begegnen wir dieser niemals als "reine Person" oder als "reinem Selbst". Umgekehrt gilt: Im Wissen um die "Anwesenheit" der Person - und sei es "nur" als unser eigenes,

unverzichtbares Konstrukt - bei jeder ihrer Äußerungen, können wir auch niemals bloßem Verhalten oder Denken begegnen.

## Zur dialektischen Einheit des Mentalen

Mit diesem Konzept der dialektischen Einheit einer Person und ihrer Produkte bzw. der Selbstrückbezüglichkeit ihres Verhaltens und Denkens stoßen wir auf ein philosophiegeschichtlich bekanntes Thema.[6] Es geht um die offensichtliche Spaltung in Geist und Körper[7] einerseits und um die Spaltung des Mentalen in Denken und Gedachtes andererseits. Haben wir hier doch zu jedem (menschlichen) Körper jemanden, "zu dem" er gehört und den dieser bewegt und dort immer nur Gedanken, die jemand denkt (was z. B. zu der Erkenntnis führt, daß wir uns selbst eigentlich immer nur "fertiger" Gedanken bewußt sein können, uns aber niemals beim Denken selbst beobachten können). Diese Spaltung in ein Subjekt und ein Objekt (derer sich interessanterweise gerade die Quantenphysiker *aufgrund* ihrer Erkenntnisse bewußt werden, vgl. z. B. Schrödinger, 1989) können wir vermutlich - wenn überhaupt - nur in sehr seltenen sog. "außergewöhnlichen Bewußtseinszuständen" wie z. B. der Meditation aufheben.

Die griechische Philosophie war mit diesem Thema vertraut: Schon in der Apologie (Plato, zitiert nach Schulz, 1989, S. 75) unterscheidet Sokrates zwischen dem, was zur Seele gehört und der Seele selbst. Nach Hegel beginnt bei Sokrates die "Reflexion des Bewußtseins in sich selbst, das Wissen des Bewußtseins von sich als solchem" (S. 75). Schon Sokrates hatte also das Problem des Selbstbezuges, der Rückbezüglichkeit unseres Denkens entdeckt. Und erst mit dieser Entdeckung wird der viel später formulierte, in klassischer Weise selbstrückbezügliche Satz verständlich: "Ich weiß, daß ich nichts weiß".

Der Soziologe Niklas Luhmann geht darauf in einer für uns Verhaltenstherapeuten interessanten Weise ein: Meint er in seiner Analyse des Bewußtseins (1985) doch, wir benötigen diese Spaltung auch aus lerntheoretischer Sicht, um bestimmte Angstreaktionen verstehen zu können. Zur Frage nämlich, wie das sogenannte "one trial learning" nach aversiven Erfahrungen zustande komme, führt er aus: "Auch diesem Verfahren liegt bewußtseinsintern die Einheit der Differenz von Fremdreferenz und Selbstreferenz zugrunde" (S. 419). (Zur Erläuterung: Mit Fremdreferenz ist der Inhalt eines Gedankens gemeint, der sich auf ein äußeres Ereignis bezieht, mit Selbstreferenz jenes Denken, das sich auf die eigenen Gedanken selbst richtet.) Seine Argumentation zur Entwicklung einer Hundephobie nach einmaligem Hundebiß ist folgende: Erstens wisse man nun, daß Hunde gelegentlich beißen (Fremdreferenz). Zweitens wisse man fortan auch von der eigenen Reaktion darauf (Selbstreferenz): Schmerz und Angst. Und erst die Konzentration auf dieses *Wissen um die eigene Angst* führt dazu, daß man Hunde nunmehr meidet und sich die Möglichkeit korrigierenden Lernens nimmt. Mit anderen Worten: Nur weil es ein Subjekt gibt, das sich dieses Wissens (als Objekt des eigenen Wissens) bewußt ist und das diese Vergangenheit auf die eigene Zukunft anwendet, ist "one trial learning" möglich.

Bei einer philosophisch-ethischen Reflexion des Menschenbildes der VT sollte ein Aspekt nicht unerwähnt bleiben, der mit ihrem weitgehenden Verzicht auf eine Beschreibung dessen, was "der Mensch" ist und sein soll, zu tun hat: Die Beschränkung auf methodische Fragen hat Verhaltenstherapeuten/innen zwar die Existenz handelnder Subjekte theoretisch leugnen lassen, dafür aber auch viele Freiräume für Patienten und Therapeuten offengehalten. Die Abstinenz, positiv zu definieren, was eine Person ist (was nicht heißt, deren Existenz zu leugnen), hütet einen auch davor, damit implizit Un-Personen zu bestimmen. Adorno nannte diesen Verzicht eine *negative Dialektik*, die vor dem letztlich diktatorischen Anspruch schütze, ein Modell für alle verbindlich zu erklären.

### Die Eigenschaften der Person

Welche Eigenschaften werden gewöhnlich allein der menschlichen Person im Unterschied zu anderen biologischen oder sozialen lebenden Systemen zugeschrieben? Viktor Fankl hat das einmal in "10 Thesen über die Person" zusammengefaßt (1982, S. 108 f.), die mir, obwohl aus einer anderen Therapieschule, auch für unsere Perspektive vollständig und brauchbar erscheint.

Ich fasse zusammen:

1. Die Person ist ein Individuum - etwas Unteilbares.

2. Die Person ist auch in-summabile, d. h. nicht mit anderem verschmelzbar, weil sie nicht nur Einheit, sondern auch Ganzheit ist.

3. Jede einzelne Person ist ein absolutes Novum.

4. Die Person ist geistig und steht als solche in heuristischem und fakultativem Gegensatz zum psycho-physischen Organismus. Die Person bedarf aber auch ihres eigenen Körpers, um handeln und sich artikulieren zu können. Er hat für die Person einen Nutzwert. Der Gegenbegriff für die Person selbst hierzu ist die Würde - sie kommt allein ihr zu.

5. Die Person ist existentiell - mit anderen Worten: Sie ist kein faktisches, sondern ein fakultatives Wesen - sie existiert als eine *Möglichkeit*, für oder gegen die sie sich entscheiden kann. Sie entscheidet jeweils erst noch, was sie im nächsten Augenblick sein wird.

6. Die Person ist "obligat unbewußt": "Im Ursprung, im Grunde, ist der Geist unreflektierter und insofern eben unbewußter reiner Vollzug". (Hierher lokalisiert Frankl die "angeborene Beziehung des Menschen zur Transzendenz".)

7. Die Person ist nicht nur Einheit und Ganzheit, sie stiftet auch Einheit: Sie stiftet die leiblich-seelisch-geistige Einheit und Ganzheit, die das darstellt, was den Menschen ausmacht. (Deshalb bleibt z. B. die Person sie selbst, auch wenn ein Teil ihres Körpers, z. B. ein Arm amputiert wurde.)

8. Die Person ist dynamisch, indem sie sich von ihrer eigenen psychophysischen Existenz geistig zu distanzieren und abzuwenden vermag. In diesem sich selbst Gegenübertreten offenbart sich die Person sozusagen vor sich selbst.

9.u.10.  Ich fasse hier zusammen: Die Person lebt und gründet sich in ihrer Existenz durch ihre Beziehung zu einem übergeordneten Sinn - sowohl zur "Umwelt" wie auch zur "Überwelt": "Ob er es will oder nicht - der Mensch glaubt an einen Sinn, solange er atmet" (S. 118).

Dem ist nichts hinzuzufügen. Außer diesem: Wenn wir dem zustimmen - wie könnten wir in der kognitiv-behavioralen Höhle darüber reden? Und wenn wir das tun, dann verlangt es nach M. Walzer doch ganz offensichtlich nach einer moralischen Interpretation.


## Das verhaltenstherapeutische Dilemma

Wie eingangs mit Bezug auf den Philosophen Michael Walzer angekündigt, will ich im folgenden das, was Verhaltenstherapeuten tun und denken, im Lichte des bisher Dargestellten interpretieren. Ich bemühe mich dabei darum, dies aus Sicht der der Verhaltenstherapie immer schon immanenten Moral zu tun. Das entspricht dem bereits eingangs erwähnten "Pfad der Interpretation", der explizit darauf verzichtet, eigenes Handeln an einer Moral zu messen, die von außen kommt.

Hat uns die Ethikdebatte in den USA eine Frage offengelassen? Ich meine: ja. Es gibt immer noch oder wieder ein verhaltenstherapeutisches Dilemma, das, wenn wir es ernst nehmen, zu ebenso fruchtbaren konzeptuellen Veränderungen führen könnte wie ehedem in der "behavioralen Welt" in den 70er Jahren.

Aber das Dilemma erscheint mir heute grundsätzlicher. Ging es damals um den Widerspruch zwischen einer im behavioralen Programm selbst angelegten Orientierung an therapeutischer *Fremdkontrolle* einerseits und der in der amerikanischen Verfassung und in den Menschenrechten angelegten Forderung nach freier Selbstbestimmung und Autonomie des Individuums andererseits, so konnte das noch mit dem Konzept der *Anleitung zur Selbstkontrolle* gelöst werden. Das einem (veralteten) naturwissenschaftlichen Denken entsprechende Streben nach Kontrolle und Vorhersage von Ereignissen selbst blieb davon unberührt. Heute sieht das in allen Wissenschaften anders aus. Die Beschäftigung mit der "Person in der Therapie", wie ich sie hier vorgenommen habe, zeigt das überdeutlich. Wir stehen vor einem viel grundsätzlicheren Spannungsverhältnis: Dem zwischen Kontrollansprüchen überhaupt und der Begegnung mit der prinzipiellen Unkontrollierbarkeit selbstrückbezüglicher Systeme (die in unserem Falle Gedanken, Gefühle und Verhalten erzeugen). Mit anderen Worten: Wir stehen vor dem Gegensatz zwischen therapeutischen Kontroll- und Veränderungsansprüchen von Personen auf der einen und deren genereller Unkontrollierbarkeit auf der anderen Seite.

Folgt man nämlich der in diesem Beitrag vorgenommenen Beschreibung von "Personen" und ihren Eigenschaften, dann muß man zwangsläufig als Bestandteil dieser Definition anerkennen, daß es eine Einheit ist, die ihre Produkte selbst erzeugt. Sie ist - obwohl in aktiver Interaktion mit ihrer Umgebung - nicht von dieser determinierbar. Aber auch Selbstkontrollansprüche sind letztlich illusorisch: Selbstreferente Systeme können sich auch selbst nicht determinieren. Denn auch dies ist eine Eigenschaft sich selbst rückbezüglich verhaltender Systeme: daß es in ihnen keinen Teil gibt (z. B. das bewußte Denken), das den

Rest beliebig steuern oder kontrollieren könnte. Also hat auch Selbstkontrolle ihre Grenzen; wir können unser Verhalten, unser Denken und unsere Gefühle eben nicht nach Wahl steuern. Das ginge nur, wenn dieses steuernde "Ich" der Person nicht rückbezüglich mit seinen eigenen Produkten verbunden wäre. Wenn es sozusagen eine außerhalb seiner selbst liegende Kontrollinstanz gäbe, auf die nicht zurückwirkt, was sie tut.[8] Daß sich die Seele nicht selbst beliebig manipulieren kann, darauf hat schon Sokrates hingewiesen: "In der Seele" so sagt er, sind "Besorgender und zu Besorgendes identisch". Sie kann sich nicht selbst durch ein technisches Verfahren ändern, denn "der Abstand fehlt, mit dem der Handwerker ein Werk herstellt" (Sokrates, zitiert nach Schulz, 1989, S. 59). Und zum gleichen Ergebnis kommt, wenngleich aus einer anderen Perspektive, Margolis (1977), wenn er feststellt, daß sich Menschen gerade dadurch von Maschinen unterscheiden, daß sie jeweils neu entscheiden, wie sie bzw. auf welche Reize sie zu einem bestimmten Zeitpunkt reagieren (Margolis, 1977, S. 66). (Bleibt anzumerken: Und daß sie nicht einmal selbst definitiv wissen können, wie sie sich entscheiden werden. In der gegenteiligen Annahme, man wisse a priori um seine zukünftigen Entscheidungen, hätte man von sich selbst das Bild einer determinierbaren Maschine!) Das sind andere Umschreibungen der Tatsache, daß Personen nicht kontrollierbar sind.

Vielleicht könnte die verhaltenstherapeutische Modellentwicklung, wenn sie sich diesem Dilemma bewußt stellt, ihre historische Linie so fortsetzen: Von "unkontrolliert - fremdkontrolliert - selbstkontrolliert" hin zum Konzept eines *"kontrollierten Kontrollverzichtes"*. Die Motive hierzu könnten ebenso wissenschaftliche wie ästhetische und moralische sein.

### Was ist Therapie: Interaktion oder Technik?

Selbstverständlich kann die Behandlung von Patienten dann, wenn diese selbstrückbezüglich handelnde Einheiten sind, nicht als Anwendung von Techniken konzipiert werden. Vielmehr muß es sich um die Interaktion zweier selbstrückbezüglicher Einheiten oder Personen handeln, die sich jeweils an ihren Äußerungsformen (Verhalten, Sprechen) erkennen. Eine therapeutische Technik ist aus dieser Perspektive kein objektives Werkzeug, das von jedem, der es in die Hand nimmt, mit gleicher Wirkung benutzt werden kann. Therapie ist vielmehr (therapeutisches) *Handeln* auf seiten des Therapeuten und als solches von diesem zu verantworten. (Das schließt allerdings nicht aus, daß dieses Handeln gründlich zu lernen und zu üben ist: Mit diesem Teil in der therapeutischen Ausbildung unterscheidet sich die Verhaltenstherapie von anderen Verfahren.)

### Stichwort Verantwortung

Auf der Suche nach der Ethik, die dieser Perspektive innewohnt, gelangt man zu einer etwas anderen Interpretation als der eingangs zitierten: Nicht auf ethische Bescheidenheit im Umgang mit unserer therapeutischen Macht kommt es an, sondern auf die Verantwortung *beider Seiten* für ihr jeweiliges Handeln: für Patienten und Therapeuten. Handelt es sich bei der einen ethischen Orientierung eher um die sog. "utilitaristische" Ethik, so geht es bei der anderen um die Verantwortungsethik. Zu den höchsten verbindlichen Werten der Utilitaristen gehört die auf Nützlichkeit orientierte Frage: Wie kann ich Gutes für möglichst viele tun (weshalb manchmal gut ist, was ich angesichts meiner eigenen Moral verwerfen müßte). Die Summe der durch mein Handeln bewirkten Güter (für Patienten, deren Angehörigen oder für die Gesellschaft) sollte dann möglichst objektiv erfaßt werden. In der Verantwortungsethik ist demgegenüber gerade das von hohem Wert, was in der Statistik oft "Fehlervarianz" genannt wird: die Beteiligung (oder die Verantwortung) der Person des Therapeuten an seinen Handlungen und Entscheidungen. Sich derer bewußt zu sein, wäre demnach "gut".

## Die Würde der Person

An welchen Werten könnten sich ihrer selbst bewußte Therapeuten orientieren? Mit Blick auf die Patienten als Personen fällt die Antwort nicht schwer: Wir können auf Immanuel Kant zurückgreifen. Der Wert einer Person, so definiert er, kann nicht im Nutzen seiner Handlungen liegen, sondern in sich selbst. Das ist eine Umschreibung dessen, was mit "Würde der Person" gemeint ist. Würde definiert sich nach Kant als Zweck in sich selbst - sie kann nicht mehr an anderen Werten oder Funktionen gemessen werden: weder der Patient an seiner Pathologie noch der Therapeut am Therapieerfolg! Auf utilitaristische Erfolgsmessungen müßte (und darf wohl aus der Perspektive einer Leistungsgesellschaft) nicht verzichtet werden; sie müßte aber um den Aspekt einer ästhetischen Betrachtung erweitert werden. Nicht, weil dies irgend jemand fordere, sondern weil es der immanenten Logik therapeutischen Handelns entspringt. Als Hypothese einer empirischen Fragestellung formuliert: Therapeutische Effekte im utilitaristischem Sinne sind größer, wenn die Therapie dem ästhetischen Prinzip eines kontrollierten Kontrollverzichtes folgt.

## Was ist würdigen?

Meines Erachtens kann und darf diese Frage nicht positiv beantwortet werden. Es gibt keine "Checklisten" für "Würdigungsverhalten". Ich beschränke mich hier darauf zu sagen, was es sicherlich nicht bedeutet bzw. womit "würdigen" häufig verwechselt wird. Es heißt nicht, dem Patienten immer freundlich zu begegnen im Bemühen, stets nett und fürsorglich zu sein. Im Gegenteil: Eine solche Art unverbindlicher netter Harmonie kann die Person des anderen gezielt ignorieren. Würdigung der Person des Patienten/der Patientin zeigt sich dagegen oft in einem Verhalten, das diesem/dieser sehr hart und sehr konfrontativ erscheint. Denn als Person gewürdigt, erhält er/sie auch Verantwortung für sein/ihr Denken und Handeln - sowohl hinsichtlich der Symptome wie des therapeutischen Prozesses. Denn der Gegenstand der Therapie - Denken, Verhalten, Fühlen - gehört fortan ja in den von der Einheit "Patient" selbstverantworteten und geschaffenen Bereich und nicht - wie viele Patienten es bevorzugen oder gelernt haben - in den von ihr unabhängigen Bereich der Natur, deren sich in der Krankheit zeigende Pathologie die Störung verursache.

## Die Rolle der Frage in der Therapie

In vielen verhaltenstherapeutischen Lehrbüchern, die sich dem Kontrollparadigma verpflichtet fühlen, wird die *Frage* eigentlich zu einem Manipulationsinstrument degradiert. Ein Beispiel ist die sog. "Columbo-Technik": Hier tut der Fragesteller ja nur so, als hätte er eine Frage. In Wirklichkeit weiß er schon, welche Reaktion er mit ihr bewirken will. Oder sie ist aus dem Blickwinkel eines Interviews oder einer Anamnese gestellt ein Datenerhebungsinstrument für den Therapeuten, der sie für *seinen* Therapieplan verwendet. Im Lichte des oben Gesagten erhält die vom Therapeuten gestellte Frage eine ganz andere Rolle: *Sie wird selbst zur Therapie*. Denn Fragen sind dann Provokationen von Antworten, die Patienten geben und an denen sie selbst gesunden.[9]

*Ausbildung in Verhaltenstherapie*

Hier fasse ich mich kurz: Ausbildung ist *zwar auch* ein "Skilltraining" und eine Einübung in "Selbstmodifikation". Sie muß aber entschieden mehr sein: Nämlich auch eine Entwicklung von Verantwortung und Selbstbewußtsein auf seiten des Therapeuten. Das beinhaltet z. B. ein Bekenntnis zur jeweils eigenen Moral, die ja im Sinne Walzers nicht erst in der Ausbildung entwickelt wird, sondern immer schon vorhanden und von Therapeut zu Therapeut verschieden ist. Es beinhaltet auch das Eingeständnis, daß diese Moral jede therapeutische Entscheidung wesentlich beeinflußt - also auch den therapeutischen Prozeß und dessen Resultate. Ausbildung ist also auch "Autoritätsschule".

Dieser Gedanke soll abschließend am Beispiel des moralischen Gewissens und des Schuldempfindens, also eines explizit ethischen Themas verdeutlicht werden: Aus einer technizistischen Kontrollperspektive sehen Therapeuten/innen darin nämlich gerne eine unsinnige Last, zu deren Beseitigung sie über diverse therapeutische Interventionen verfügen. Einen ganz anderen Stellenwert würden wir diesen Phänomenen zumessen, wenn wir darin eine (sprachliche oder vorsprachliche) *Äußerungsform* der Einheit "Person" sehen. Erlebte oder empfundene "Schuld" auf der einen oder "Kränkung" auf der anderen Seite ist dann nicht Pathologie, sondern etwas ganz anderes: das darin zum Ausdruck kommende Verlangen der Person nach Würdigen oder Würdigung. Sensibilisieren wir Therapeuten in der Ausbildung für solche Personen-Variablen, finden sie nicht nur besser zu ihren eigenen Grenzen und Werten, sondern erkennen auch leichter, wenn sie solche bei ihren Patienten verletzen bzw. wie sie diese respektieren können.

## ANMERKUNGEN

[1] Vgl. Lieb: "Die verhaltenstherapeutische Lösung ethischer Probleme - Eine Rezension der amerikanischen Ethikdebatte", in diesem Buch.

[2] "Seine (d. h. des sich selbst steuernden Menschen - Anmerkung H.L.) Abschaffung ist seit langem überfällig. Der >autonome Mensch< ist ein Mittel, dessen wir uns bei der Erklärung jener Dinge bedienen, die wir uns nicht anders erklären können. Er ist ein Produkt unserer Unwissenheit ... Wir können froh sein, wenn wir uns von diesem Menschen im Menschen befreit haben. Nur wenn wir ihn seiner Rechte entsetzen, können wir uns den echten Ursachen menschlichen Verhaltens zuwenden" (Skinner, 1971, dt. Ausgabe S. 205).

[3] Vgl. hierzu Theophanous in diesem Buch.

[4]Diese Rückbezüglichkeit bringt auch die englische Sprache zum Ausdruck: z. B. "I thought by myself"!

[5]Vgl. hierzu den Beitrag von Zitterbarth über die ver-haltenstherapeutische Wittgensteinrezension in diesem Buch.

[6]Warum - so darf hier einmal gefragt werden - wird der/die Philosoph(in) eigentlich nie in das sonst so oft beschworene Konzert der *Multiprofessionalität* einer bio-psycho-sozialen Verhaltenstherapie oder Verhaltensmedizin aufgenommen? Kann man sich ihn/sie nur monetär - sozusagen als Luxusartikel - nicht leisten, oder gibt es noch andere Gründe?

[7]Vgl. hierzu Lieb (1991) für den Bereich der Psychosomatik.

[8]Für viele Störungsbilder ist es denn auch so, daß die Symptome eher Ausdruck illusorischer Selbstkontrollansprüche sind denn eines Mangels daran. Und wie viele glänzend dargestellte Therapieprogramme laufen nicht Gefahr, diese Illusion zu fördern. Mit solchen Ansprüchen an eine Therapie konfrontierte Therapeuten können ihr Lied davon singen.

[9]Die von der Verhaltenstherapie meines Wissens überhaupt nicht zur Kenntnis genommenen logischen Kategorien des Lernens nach Bateson (1972) könnte das verständlicher machen: Demnach gibt es stets eine höhere logische Form des Lernens, die die jeweils niedrigere organisiert bis hin zur höchsten Stufe des Lernens in Form des Bewußt-seins. Fragen dürften in diesem theoretischen Rahmen die jeweils höhere logische Stufe des Patienten dazu anregen, die jeweils niedrigere neu zu organisieren.

## LITERATURVERZEICHNIS

ADORNO. TH.W. (1966). *Negative Dialektik.* Frankfurt am Main: Suhrkamp

BATESON G. (1972). *Steps to an Ecology of Mind.* Collected Essays in Anthropology, Psychiatry, Evolution and Epistemdogy. Chandler Publish. Comp. Dt. Version: Ökologie des Geistes (1985). Frankfurt am Main: Suhrkamp

FIEDLER P. (1991). *Wirkfaktoren und Änderungskonzepte in der Verhaltenstherapie.* Verhaltenstherapie und psychosoziale Praxis, 2, 131 - 143

FRANKL V. E. (1972). *Zehn Thesen über die Person.* In Frankl, v.: Der Wille zum Sinn (108-119). Bern: Hans Huber

GOLDIAMOND, I. (1976). *Protection of Human Subjects and Patients.* Behaviorism, 4-1, 1-42

HEIDER F. (1969). *Soziale Wahrnehmung und phänomenale Kausalität.* In Maus M. u. Fürstenberg F. (Hrsg.): Texte aus der experimentellen Sozialpsychologie (26-56). Neuwied: Luchterhand

KITCHENER R. F. (1980). *Ethical relativism and behavior therapy.* J. of cons. and clin. Psychology, 48, 1-7 und 14-16

KRASNER L. (1976). *Behavior Modification: Ethical Issues and Future trends.* In Leitenberg H. (Ed.): Behavior Modification and Behavior Therapy (627-649). New Jersey: Prentice-Hall

LIEB H. (1990). *Sucht und Psychosomatik - das Ganze ist mehr als die Summe seiner Teile.* In Heide M. & Lieb H. (Hrsg.): Sucht und Psychosomatik. Bonn: H. N. Druck

LIEB H. (1991). *Psychosomatik: Ununterscheidbare Einheit, instruktive Interaktion oder strukturell gekoppelte Koevolution.* Unveröffentlichtes Manuskript.

LOCKE E. A. (1971). *Is >behavior therapy< behavioristic? An analysiss of Wolpes therapeutic methods.* Psychol. Bull. 76, 318 - 327. Dt. Version: Ist die VT behavioristisch? Eine Anlayse von Wolpes psychotherapeutischer Methode. In Westmeyer H. & Hoffmann N. (Hrsg.): Verhaltenstherapie - Grundlegende Texte (78-91). Hoffmann & Campe

LUHMANN N. (1985). *Die Autopoiese des Bewußtseins.* Soziale Welt, 4, 402 - 446

MAHONEY M. J. (1977). *Kognitive Verhaltenstherapie.* München: Pfeiffer

MARGOLIS J. (1977). *Cognitive Agents, Mental States, and Internal Representation.* Behaviorism. 5-1, 63-74

MARGOLIS J.& MARGOLIS C. G. (1979). *The Thory of Hypnosis and the Concept of Persons.* Behaviorism. 7-2, 97-112

NATSOULAS T. (1977). *On Perceptual Aboutness.* Behaviorism. 5-1, 75-97

NEISSER U. (1976). *Creation and Reality Principles and Implications of Cognitive Psychology.* Dt. Version: Kognition und Wirklichkeit. Stuttgart: Klett-Cotta, 1979

REIMRINGER M. J., MORGAN S. W. & BRAMWE II P. F. (1970). *Succinylcholine as a modifier of acting-out behavior.* Clinical Medicine, 77-7, 28-29

SCHRÖDINGER E. (1959). *Geist und Materie.* Braunschweig: P. Zsolnay Verlag Gesellsch.

SCHULZ W. (1989). *Grundprobleme der Ethik.* Pfullingen: Neske

SKINNER B. F. (1971). *Beyond Freedom and dignity.* New York. Dt. Version: Jenseits von Freiheit und Würde. Reinbek: Rowohlt, 1973

STOLZ S. B. (1978). *Ethical Issues in Behavior Modification.* Report of the American Psychological Association Commission. San Francisco: Jossey-Bass-Publishers

WALZER M. (1987). *Interpretation and Social Criticism.* London: Harvard Press. Dt. Version: Kritik und Gemeinsinn. Rotbuch Verlag, 1990.

WEIZENBAUM J. (1991). *Das Menschenbild der künstlichen Intelligenz.* Vortrag auf dem Kongreß: Das Ende der Großen Entwürfe und das Blühen systemischer Praxis. Heidelberg, 3.-7. April 1991. Heidelberg: Aufnahme Carl-Auer-Verlag

WEXLER D. B. (1973). *Token and taboo: Behavior Modification, token economies, and the law.* California Law Review, 61.

## WISSENSCHAFTLICH-WIRKSAM-WIRTSCHAFTLICH: VERHALTENSTHERA-PIE UND DIE LÖSUNG DER SOZIALEN FRAGE

Klaus Dörner[1]

Der Titel des Beitrages verweist auf zwei Themenbereiche: Hier die Verhaltenstherapie und dort die sogenannte soziale Frage. Es geht also um den Zusammenhang zwischen einer speziellen psychotherapeutischen Schule und der Lösung eines mindestens zweihundertjahrealten sozialen Problems. Der folgende Beitrag wird sich auf den zweiten dieser beiden Themenbereiche konzentrieren: auf die sogenannte soziale Frage - genauer auf die diversen Versuche, diese so bezeichnete Frage zu lösen. Welchen Stellenwert dabei die Psychotherapie im allgemeinen und die Verhaltenstherapie im besonderen einnimmt, wird sich dabei von selbst beantworten. Die entscheidenden persönlichen Schlußfolgerungen für Verhaltenstherapeuten mögen die Leser selbst ziehen. Es geht dabei auch, aber nicht nur um Menschenbilder. Jedes Menschenbild ist zugleich auch ein Gesellschaftsbild, ein Weltbild. Und hierzu sollen im folgenden zwei solche Weltbilder dargestellt und einander gegenübergestellt werden: Das ökonomische und das ökologische. Diese können, wie gezeigt werden soll, aus einer geschichtsphilosophischen Interpretation der Gesellschaftsentwicklung abgeleitet werden. Es ist dem Leser überlassen, ob, wo und wie er sich in dem einen oder anderen Weltbild wiederfindet.

Die hier in gebündelter Form vorgetragenen Gedanken entstammen im wesentlichen nicht der Feder des Autors, sondern zwei Unternehmungen bundesrepublikanischer Art: einmal dem eigenartigerweise exakt 1980 einsetzenden Bemühen von in psychiatrischen Institutionen Tätigen, sich mit der Geschichte ihrer Anstalt, ihres psychiatrischen Krankenhauses bzw. ihrer Einrichtung für geistig Behinderte in der Zeit des dritten Reiches zu beschäftigen. Daraus ist ein bundesweiter Arbeitskreis entstanden, der aus diesen psychiatrischen Laienhistorikern besteht und der sich seit 1983 zweimal im Jahr irgendwo in der Bundesrepublik trifft. Eines der wichtigsten Erkenntnisse dieses Arbeitskreises im Laufe der Zeit war, daß man die eigene Anstalt in der Zeit des dritten Reiches nur verstehen kann, wenn man davon ausgeht, daß die Menschen damals weder besser noch schlechter waren als wir heute. Man muß wesentlich weiter in die Geschichte zurückgehen, um auch nur ansatzweise so etwas wie ein Verstehen für diese Zeit und diese "Nazi-Menschen" zu entwickeln.

Das andere Unternehmen war die Entlassung von Langzeitpatienten in Gütersloh. Beide Bewegungen hatten sich wechselseitig befruchtet. Eine detailliertere Darstellung dieser Thematik, als das dieser Beitrag hier erlaubt, enthält das Buch: "Tödliches Mitleid" (Dörner, 1988).

### Der Dichter und der Sozialkonstrukteur: Zwei Geschichten

Beginnen wir mit zwei Kurzgeschichten, die sich beide zu Beginn des 19. Jahrhunderts zugetragen haben. Im Jahre 1806 war der allseits bekannte Dichter Friedrich Hölderlin so psychotisch geworden, daß das Selbsthilfenetz aus Familienangehörigen und Freunden nicht

---

[1] Von Hans Lieb überarbeitetes Referat vom 08.06.1991 in Emstal-Merxhausen

mehr dazu in der Lage war, ihn zu tragen. Schon damals ging man in einem solchen Falle zum Experten - da es allerdings noch keine Psychiater gab, verstanden alle Ärzte etwas von psychischen Störungen. In der Angelegenheit Hölderlin wandte man sich nun an die Universität Tübingen: dort war der berühmte Professor Autenrieth tätig - also wurde er konsultiert. Dieser hatte gerade eine Dienstreise durch die USA beendet, wo er die Konzentration "der Irren" in riesigen Gebäuden erlebt hatte. Ähnliche Ansätze sah er damals auch schon in Württemberg. Er selbst war ein erbitterter Gegner dieses Konzentrationsansatzes. Die von ihm vorgeschlagene Alternative, für die er von den meisten Zeitgenossen damals ob ihres angeblich illusionären Charakters als unverbesserlicher Romantiker angesehen wurde, war diese: er empfahl, die psychisch Kranken möglichst gleichmäßig über die Gesellschaft zu verteilen und dies in doppelter Absicht. Zum einen sollte somit das schwer Erträgliche oder auch das Unerträgliche an ihnen auf möglichst viele Schultern verteilt werden. Zum anderen könnte somit aber auch das Konstruktive und Sensible, das Kreative und Originelle, kurz all das Seismographische, das verrückte Menschen an sich haben, von der Gesellschaft registrierbar und ihr so erhalten bleiben. Diesem Ansatz folgend wurde denn auch Friedrich Hölderlin dem Tischlermeister Zimmer in Familienpflege gegeben, wo er dann auch jahrzehntelang als Bürger Tübingens lebte. Er konnte sich dort frei hin und her bewegen und hat bekanntermaßen in dieser Zeit wesentliche Teile seines Werkes geschaffen. Es ist unwahrscheinlich, daß es hierzu gekommen wäre, hätte man ihn in eine der zeitgleich entstehenden Irrenanstalten eingewiesen. Dies war die erste Geschichte.

Die zweite Geschichte beginnt 15 Jahre früher, im Jahre 1791. In diesem Jahr schrieb der bekannte Jeremy Bentham, als wohl klügster Erfinder des utilitaristischen Denkens in England, ein Buch mit dem Titel: Das panoptische Prinzip (von griechisch "panoptein" = überall hinsehen). Er sucht darin nach dem zentralen Thema der Gegenwart (also 1800) und findet sie in folgender Frage: wie könne man mit möglichst wenig Mitteln möglichst viele Menschen möglichst gut kontrollieren. Und die Antwort fand er mit einem Blick in die Natur im Spinnennetz: im Idealfalle sitzt ein Kontrollbeamter im Zentrum und überblickt die von diesem Zentrum ausgehenden Gänge. Dort sieht er - je nach Aufgabengebiet - Zellen, Betten oder Arbeitsplätze. Diesem Strickmuster folgend sollte man alle nicht leistungsfähigen Menschen institutionalisieren. Bentham ist vermutlich und wohl nicht ganz zufällig auch der Erfinder des Begriffes "Psychopathologie". Für ihn war dies die Basis jeder Psychologie im Sinne von "pathämata" (griechisch: Leidenschaften oder Leidenszustände des Psychischen). Auf dieser Basis aufbauend könne man seiner Meinung nach auch alle übrigen, nicht leidenschaftlich gesteuerten oder nicht leidenden psychischen Zustände erklären und so zum Gesamtgebäude der Psychologie gelangen. Das war die zweite Geschichte.

Wir alle wissen, daß sich von diesen beiden Sozialreformern - Prof. Autenrieth hier und J. Bentham dort - letzterer historisch durchgesetzt hat. Über Autenrieth hat man mitleidig den Kopf geschüttelt; in Bentham's Ideen sahen alle fortschrittlichen Menschen die Lösung der offenbar anstehenden sozialen Probleme.


**Von der Kooperationsgemeinschaft zur gesellschaftlichen Segmentierung**

Das Grundmuster des menschlichen Zusammenlebens während der gesamten Menschheitsgeschichte bis ca. 1800 hatte der Version Bentham's gar nicht entsprochen: bis dahin hatten nämlich relativ große Gruppen von Menschen in Kooperationsgemeinschaften gelebt, bei denen sich alltägliches Leben, Wohnen und vor allem auch Arbeiten im wesentlichen am gleichen Ort abspielten, unabhängig davon, ob es sich dabei um landwirtschaftliche, handwerkliche oder um gewerbliche Bereiche handelte. Die Existenz schwächerer Mitglieder dieser Gemeinschaften im leistungsmäßigen Sinne - z.B. die geistig behinderten Kinder, der geistig altersverwirrte Großvater oder die unverheiratete paranoide Tante - waren damals noch kein Massenproblem. Sie alle gehörten als selbstverständliche Mitglieder dieser Gemeinschaften dazu - auch im produzierenden Tun in dem Maße, wie sie es konnten und wollten. Und mit derselben Selbstverständlichkeit waren die Wortführer des Produzierens nie nur produktiv tätig, sondern immer auch im Sinne der Sozialfürsorge oder der sozialen Kontrolle. Es sind diese umfassenden Kooperationsgemeinschaften, auf die sich der Begriff des "Oikos" (griechisch = Hausgemeinschaft) bezieht. Niemand wäre hier auf die Idee gekommen, daß man irgendwelcher besonderer Institutionen für die sozial Schwächeren dieser Gesellschaft bedürfe.

Nun soll hier aber keineswegs eine Geschichtsfälschung betrieben werden, indem diese Zeit sozusagen als Idylle beschrieben würde. Das war sie keineswegs. Es waren ja z.B. nicht nur Selbsthilfe- , sondern auch Selbstjustizgemeinschaften. Selbsthilfe hat ja immer etwas mit Selbstjustiz zu tun und natürlich gerieten auch diese Systeme an die Grenze ihrer Tragfähigkeit. Wenn diese erreicht war, war man gewiss nicht zimperlich und schloss den einen oder anderen aus der Gemeinschaft auch einfach aus: man jagte ihn aus dem Dorf, legte ihn im Keller an Ketten oder tötete ihm im schlimmsten Falle auch. Das waren allerdings seltene Ausnahmen. Diesem Grundmuster folgte die Menschheitsgeschichte trotz aller kulturellen Unterschiede. Aber dieses wurde zerschlagen durch eine ganze Reihe von Revolutionen, die ca. um 1800 herum stattfanden: zum einen die politischen Revolutionen, zum anderen die industrielle Revolution und schließlich die am meisten verdrängte, die marktwirtschaftliche Revolution. Ideen wie jenen von J. Bentham folgend glaubte man nunmehr folgendes: Wenn man nur das Individuum, das einzelne Individuum dazu ermuntere oder darin verstärke, sich nach eigenen Kräften zu entfalten, sich zu verwirklichen - ggf. auch mit Zuhilfenahme der Ellenbogen - dann könne die Produktivität der Gesamtwirtschaft so extrem gesteigert werden, daß das zum Schluß auch für die zu kurz gekommen, für die sozial oder leistungsmäßig schwachen Menschen selbst von Vorteil sein würde. Mit anderen Worten: auf diesem Weg glaubte man das größte Glück für die größte Zahl zu erwirken. (Man erkennt darin unschwer das oberste Prinzip jeder utilitaristischen Ethik). Eine Rechnung, die ja teilweise auch aufging!

Diese verschiedenen Umwälzungen, diese revolutionären Bewegungen waren es, die die alten Kooperationsgemeinschaften im wahrsten Sinne des Wortes zersprengten, sozusagen einem sozialen Urknall gleich.

## Die Segmentierung der Gesellschaft

In der Folge lösten sich, was zuvor eine "oikologische" Einheit war, in drei Segmente auf: in den Sektor Produktion und Arbeit, in den Sektor Sozialfürsorge und in den zuletzt noch verbleibenden Sektor Privatleben. Am Anfang dieses Prozesses wurde das Produzieren, das Arbeiten aus dem Spektrum der Gesamttätigkeiten der Menschen herauspräpariert und ausgegrenzt. Diesen Prozeß nannte die Arbeiterklasse später auch Entfremdung, weil man das Arbeiten sozusagen in eigene, nur zu diesem Zweck geschaffene Räume einsperrte und diesen den Namen "Fabriken", später "Büro`s" gab. Und dort fand nun eine für die Menschheitsgeschichte geradezu atemberaubende Verhaltensmodifikation statt - sozusagen auf ambulanter Ebene. Man hatte jetzt Menschen dadurch, daß man sie einer möglichst großen ökonomischen Not ausetzte (sonst hätten sie das gar nicht mit sich machen lassen), zu etwas in der Menschheitsgeschichte bis dato völlig Unbekanntem und vermutlich auch Unphysiologischem, weil der Natur des Menschen Wiedersprechendem, gebracht: nämlich dazu, morgens zu einer ganz bestimmten Uhrzeit das Haus zu verlassen, in die sogenannte Fabrik zu gehen, dort in einer festgesetzten Zahl von Stunden im wesentlichen dieselbe Tätigkeit zu verrichten, um dann auf einen bestimmten Glockenschlag, auf einen bestimmten Glocken-Stimmulus hin diese Fabrik wieder zu verlassen und wieder in jenen Bereich zurückzugehen, der von nun an als "privat" oder "Familienbereich" bezeichnet wurde. Wann hat es jemals ein so umfassendes und erfolgreiches Verhaltensmodifikationsprogramm gegeben?

Das Entscheidende an diesem Programm war nun natürlich die Konzentration auf ein einziges Bewertungskriterium, wenn es darum ging, Sinn und Zweck dieser Umwälzung zu beurteilen und zu bewerten: das Produkt. Die Menschen sollten in Fabriken nicht sozial sein, weder sozial fürsorgerisch, noch sozial kontrollierend. Sie sollten eben nur produzieren. So neu das damals auch war - heute haben wir das alle gelernt und finden es normal.

### Gesellschaftliche Segmentierung und die Bewertung des Menschen

Dieser Operation folgte notgedrungen eine weitere, auf die auch der Beitrag von H. Lieb in diesem Buch eingeht: es ist die Ausweitung des bereits angesprochenen Bewertungsprozesses vom Produkt auf den Produzenten, vom Leistungsresultat auf den Leistenden, auf die Person. Das Leistungsdenken an sich gibt es natürlich schon seit Adam und Eva - seit die Menschen sich ihr eigenes Brot erschaffen müssen. Das ist kein Novum. Aber daß die Wertigkeit von Menschen oder die Bewertung von Menschen so stark, so penetrant und so federführend unter den Leistungsaspekt gestellt wurde und daß dabei vom Produkt auf die Person inklusive ihrer körperlichen und geistigen Ebene geschlossen wurde, das hängt wesentlich mit diesen sozialen Umwälzungen zusammen. Erst diese Segmentierung der Lebensbereiche nach 1800, diese Aufspaltung einer Einheit macht es möglich und ihrer eigenen Logik gemäß sogar notwendig, das Individuum im Arbeitsbereich nun seinerseits als Ganzes zu bewerten. Aber als Kriterium dient nun nicht mehr jener traditionelle Wert der abendländischen Philosophie: die Würde des Menschen, sondern eben eine rein marktwirtschaftliche Kategorie, nämlich die des Wertes. Bezogen auf den Menschen ist das dessen Leistungswert. Wir sollten hier nicht vergessen, daß der Begriff "Wert" aus der Ökonomie stammt - auch und gerade wenn er im psychotherapeutischen Kontext verwendet wird, z.B. vermittels des terminus technikus "Selbstwert".

Es ist makaber genug, daß der juristische Steigbügelhalter der Nationalsozialisten Prof. Karl Schmitt 1961 in seinem Aufsatz "Die Tyrannei der Werte" genau diesen Gedanken aufgreift. Er führt darin aus, daß es im Abendland bis ca. 1800 üblich war, den Menschen im Lichte seiner Würde zu sehen, während es die danach einsetzende marktwirtschaftliche Revolution bewerkstelligte, ihm fortan auch "Werte" zuzubilligen, die es bis dahin nur für Sachen gab.

Diese ökonomische Wurzel des Wertes, letztlich also auch des Selbstwertes, aus der Ökonomie heraus, vergessen wir nur allzu leicht. So übersehen wir auch, daß wir in dem Augenblick, in dem wir Menschen positiv zu bewerten beginnen, natürlich zugleich anderen negative Werte zuschreiben. Dieser Prozeß ist von großer philosophischer und gesellschaftlicher Tragweite, denn fortan ist kein Mensch mehr unter dem philosophischen oder menschenrechtlichen Dachbegriff der Würde geschützt. Dieser Begriff ist "außer Kurs" gesetzt. Die Abspaltung der Produktion vom sonstigen gesellschaftlichen Leben und die damit einhergehende Dominanz des Leistungswertes erzeugte also nicht nur "leistungsstarke", sondern auch "leistungsschwache" Mitmenschen. Und auf den Umgang mit diesem letzteren Teil der Menschheit bezog sich das Konzept von J. Bentham: Dem panoptischen, dem alles sehenden Prinzip folgend sollte für alle diese Gruppen von sozial schwächeren oder störenden Menschen, also für den Sand im Getriebe, ein flächendeckendes Netz von Spezialinstitutionen geschaffen werden: Arbeitshäuser, Irrenhäuser, Einrichtungen für geistig Behinderte, Krüppelheime, Gefängnisse, Waisenhäuser, Kindergärten usw..

Im Grunde ist das der Entwurf jener sozialen Landschaft, in der wir heute noch leben. Damit aber ging dem ursprünglichen Oikos, der ursprünglichen Kooperationsgemeinschaft natürlich ein weiteres Segment verloren, erlitt sie einen weiteren extremen Funktionsverlust. Das, was ihr verblieb, nannte man "das Familiäre". So bildete sich gewissermaßen der Privatbereich "pur" heraus mit der erst so möglichen bürgerlichen Kultivierung des Psychischen. Das stellt im Grunde genommen die historische oder gesellschaftliche Matrix dafür dar, daß irgendwann einmal ein Bedürfnis nach Psychotherapie entstehen konnte. Anders wäre die gesellschaftliche Verankerung von Psychotherapie kaum denkbar.

Die Menschen, derer sich das soziale Netzwerk mit seinen Institutionen nun annahm, wurden ihrer ursprünglichen Einheiten, ihren Hausgemeinschaften natürlich entrissen - zu einem großen Teil für immer. Es ist dies auch eine Form von Entfremdung, die so allerdings von niemandem bezeichnet wurde. Der öffentliche Labelingprozeß bevorzugte hierfür - ganz im Sinne seines neuen Wertesystems - ganz andere Begriffe: Caritas, Wohltätigkeit, Erziehung, Behandlung, Therapie und erst sehr viel später Psychotherapie. Und erst mit der gesellschaftlichen Erzeugung dieser Sonderbereiche entstand jene Frage, die damals mit Sicherheit auch in positiv-aufklärerischer Absicht gestellt wurde: die soziale Frage. Diese aufklärerische Gesinnung sollte nicht verkannt werden angesichts der fatalen Form, mit der sie im dritten Reich "für immer" gelöst werden sollte.


## Die soziale Frage

Was sind das eigentlich für Menschen, deren sich die diversen Wohlfahrts- und Fürsorgeinstitutionen anzunehmen hatten? Warum oder wofür sind sie überhaupt da? Was sind sie im Lichte der neuen Leitwerte, die wir haben? Wieviel wollen wir sie uns eigentlich kosten lassen? Und vor allem: wie könnten wir die Institutionen, die wir für sie geschaffen haben, dazu nutzen, sie das zu lehren, was andere offensichtlich von Natur aus können: in Fabriken oder ähnlichen Räumlichkeiten zu arbeiten. Denn davon war man überzeugt, daß jeder Mensch gemäß der ihm innewohnenden oder in ihm schlummernden Vernunft dazu gebracht werden kann, sein Verhalten so zu ändern, daß diese Vernunft sich verwirklichen kann. Es ging sozusagen um die beste Form einer "stationären Verhaltensmodifikation", um eine Art "instituioneller Nacherziehung".

Immerhin befanden sich bis zu 15 % der Bevölkerung damals in solchen "Umerziehungslagern". Man darf nicht übersehen, daß auch die Nationalsozialisten in der Errichtung der Konzentrationslager zunächst eine solche Umerziehungsmaßnahme gesehen hatten. Auch sie waren überzeugt davon, daß die Menschen, wenn man sie nur richtig erzieht, in ihrem Sinne vernünftig werden würden. Denn warum sollte sich eine Person weigern, den richtigen Weg zur gesunden, guten und glücklichen Gesellschaft zu beschreiten, wenn ihr die richtige Hilfe dazu angeboten wird? Das war der Grundgedanke der Spätaufklärer der ersten Hälfte des 19. Jahrhunderts.

## Wissenschaftliche Segmentierung und die Entstehung des medizinischen Modelles

Zeitgleich mit der Sektorierung der Gesellschaft fand natürlich eine Parallele auf ideologisch-wissenschaftlichem Gebiet statt. Beispielhaft ist die Art, wie die Religion und später mit ihr die Philosophie ihrer Prägekraft verlustig ging: Hatte sie früher die Kraft und die Macht, das allgemeine Dach darzustellen und auch zu formulieren, was für alle verbindlich war und unter wessen Schutz folglich alle Menschen standen, so wurde dieser Generalanspruch zunehmend als einengend, hemmend und wissenschaftsfeindlich angesehen und verworfen. Hatten beispielsweise früher alle deutschen Idealisten innerhalb ihres philosophischen Systems auch ihre eigenen Psychiatrien, so trennte sich die Psychiatrie später von der Philosophie. Wie die gesellschaftlichen Sektoren das Oikos, so ersetzten nunmehr Einzelwissenschaften in einem als Emanzipation erlebten Prozeß den Ganzheitscharakter und den Ganzheitsanspruch der großen philosophischen Systeme. Dabei darf aber nicht vergessen werden, daß diese Spezifizierung auch die Grundlage für die Entstehung einzelner Humanwissenschaften gewesen ist. Je nach dem, um welche Institution, um welche Fürsorge- oder Umerziehungseinrichtung mit welchem Klientel (das fortan als solches bezeichnet werden konnte) es sich handelte, förderten sie dort die Entwicklung einzelner Wissenschaftsbereiche mit den ihnen jeweils eigenen Aspekten der Humanität. Und auch innerhalb dieser Institutionen setzte sich der Diversifizierungsprozeß weiter fort. So finden wir schließlich einen Teil der Bevölkerung, sagen wir ca. 10 %, segmentiert in Objekte der Administration und der Verwaltung, in solche der Wissenschaft und in Gegenstände der Erziehung, der Umerziehung und später auch der Behandlung "verwandelt". Dabei entstand das Behandlungs- oder Therapiekonzept erst um ca. 1850 - und das aus gutem Grunde.

Eine sich so verändernde Gesellschaft erhöht natürlich ständig ihr eigenes Transformationstempo und damit auch die Erwartungshaltung an ihre eigenen Fürsorgesektoren. Von ihnen wurde erwartet, daß sie die ihr anvertrauten Menschen zur Teilhabe an diesem Wandlungsprozeß möglichst optimal präparieren. Und aus dem Anspruch, daß alle Menschen vernünftig sein sollten, wurde der, daß sie das sehr rasch und sehr gründlich tun sollten. Mit anderen Worten: die Geduld für und der Glaube an die Pädagogik als greifendes Mittel zur Umerziehung ließ allmählich nach. Denn es hatte sich herausgestellt, daß ein großer Teil der Menschen trotz pädagogischer Maßnahmen sich in penetranter und hartnäckiger Weise jeder Veränderung widersetzte. Sie ließen sich auf diesem Wege einfach nicht von ihrer Unvernunft abbringen (ein beredtes Beispiel ist der Wandel des Alkoholismuskonzeptes vom Ausdruck einer moralischen Sünde über das Modell unverschuldeter mangelnder Erziehung hin zur Vorstellung einer zugrundeliegenden Krankheit). Diese konzeptuellen Veränderungen stellen einen Spiegel der Veränderung jener gesellschaftlichen Erwartungen da, die an die fürsorgerischen Institutionen gerichtet waren. Da erschien ein anderes Denkmuster - heute würden wir mit Thomas Kuhn sagen ein anderes wissenschaftliches Paradigma - schon erfolgversprechender: das medizinische Modell. Dieses versprach ganz im Sinne des Titels dieses Beitrages, wissenschaftlich, wirksam und wirtschaftlich zugleich zu sein. Es bot sich als ein Mittel an, das wesentlich einschneidender, durchgreifender und mit Sicherheit schneller und billiger diese Menschen zu verändern vermochte. Allerdings verlangte dieses neue Paradigma bei der Beschreibung ihres Klientels bzw. deren Schwächen eines anderen Etiketts: Die Störungen seien nicht Ausdruck einer fehlerhaften Moral, auch nicht Ausdruck mangelhafter Erziehung, sondern sie seien Symptome einer zugrundeliegenden Krankheit. Veränderung ist fortan nicht mehr Umerziehung, sondern Behandlung.

Die Diskussion darum, ob eine sogenannte Verhaltensstörung Ausdruck einer individuellen Lerngeschichte oder das Symptom einer tieferliegenden Krankheit ist, gehört ja zu den Geburtsstunden der Verhaltenstherapie. So sehr sie sich ursprünglich vom medizinischen Krankheitsmodell abgewandt hatte, so sehr fühlt sie sich parallel zu ihrer Verankerung im öffentlichen Gesundheitswesen und des dort verankerten Krankheitsbegriffes ja wieder diesem Modell verpflichtet. In dieser den ursprünglichen Absichten eigentlich entgegenstehenden Reorientierung auf Diagnose und Krankheit könnte man ebenfalls einen Spiegel der Art und Weise sehen, in der das öffentliche Sozialwesen auch heute noch eine Beantwortung der "sozialen Frage" erwartet: als rasche Veränderung gestörten Verhaltens. Denn auch davor sollte man die Augen nicht verschließen, daß ebenso wie die Definition von leistungsstarken Menschen immer die von leistungsschwachen nach sich zieht, die Diagnose einer Krankheit stets den Anspruch auf dessen wirkungsvolle Behandlung i. S. einer Beseitigung impliziert.

In diesem Zusammenhang sei ein kurzer berufspolitischer Exkurs erlaubt: Wie bereits erwähnt, stammt der Begriff der "Psychopathologie" von J. Bentham, der ihn zur Grundlage eines ganzen Psychologiegebäudes gemacht hat. Insofern gehört dieser Begriff, wie alle, die ihn als Grundlage einer Psychologietheorie verwandten, zur Psychologie. Es ist deshalb erstaunlich, daß sich die Psychologen diesen doch eigentlich wunderschönen Begriff "Psychopathologie" einfach von Medizinern haben aus der Hand nehmen lassen. Die Medizin usurpierte nämlich diesen Begriff und baute ihrerseits eine neue Wissenschaft, die Psychiatrie, darauf auf. Es wäre wissenschaftsgeschichtlich und berufspolitisch interessant, der Frage nachzugehen, warum die Psychologen das zugelassen haben. Sie hätten eigentlich Originalitätsanspruch, sozusagen Urheberrecht.


**Von der Lösung zur Endlösung der sozialen Frage**

Einer der weltweit bekanntesten sozialreformerischen Psychiater zu Beginn des 20. Jahrhunderts war der Schweizer Psychiater August Forel. Er hatte sich zu allen möglichen Themen dieses Gebietes sehr kompetent geäußert, also auch zu der von J. Bentham aufgeworfenen Frage, was das Gebot der Stunde sei. Ihm gelang es dabei, das eigentliche gesellschaftliche Ideal und den darin liegenden Wunsch nach einer Endlösung der sozialen Frage wohl stellvertretend für seine ganze damalige Ärztegeneration zu beantworten. Er war auch ein Sprachrohr der damaligen bürgerlichen Industriegesellschaft, wenn er sagt: "Wir bezwecken keineswegs, eine neue menschliche Rasse, einen Übermenschen zu schaffen, sondern nur die defekten Untermenschen .... durch willkürliche Sterilität der Träger schlechter Keime zu beseitigen, und dafür bessere, sozialere, gesündere und glücklichere Menschen zu einer immer größeren Vermehrung zu veranlassen" (Forel, 1913).

Das ist zweifellos ein sozialmedizinisches Präventionsprogramm, bei der durch die Versachlichung von Menschen deren defizitären Teile langfristig durch Sterilisierung beseitigt werden sollten. Im Umgang mit Sachen ist das Tätigkeitswort "beseitigen" sicherlich auch richtig gewählt. Es kommt aber auch die positive Absicht dieser Konzepte zum Ausdruck: Aus Forel`s Sicht ging es um das sozialreformerische, aus ethischer Sicht um das utilitaristische Ziel einer besseren, sozialeren, gesünderen und glücklicheren Menschheit. Das war das Gesellschaftsprogramm um 1900. Dieses Programm entsprang einer ganz allgemeinen und sehr verbreiteten Mentalität. Einer Mentalität, die ganz selbstverständlich von Untermenschen, von Minderwertigem sprach und die weit über die verschiedenen politischen Fraktionen von links bis rechts einschließlich der Kirchen verbreitet war. Man war sich darin einig und es gab keine Kritik an dieser Haltung. Damit ist das von Binding und Hoche 1920 formulierte Programm der Nationalsozialisten zur Vernichtung des sogenannten "lebensunwerten Lebens" längst vorgeprägt gewesen. Schon damals ging es um den Anspruch der Endlösung der sozialen Frage. Die Nationalsozialisten haben diese Endlösung also ideologisch nicht erfunden - sie wollten sie nur endlich in die Tat umgesetzt haben. Sozusagen nach dem Motto: Die Philosophen und Reformer haben nur interpretiert, wir schreiten zur Tat! Mit einer oft als heroischen Befreiungsakt verstandenen Bereitschaft zur Konsequenz glaubten sie, nur einmal zur Brutalität, auch zur Kriminalität, derer sie sich durchaus bewußt waren, bereit sein zu müssen - zu einer einmaligen revolutionären Kriminalität, um so die Gesellschaft mit einem Schlage von ihrem ganzen Ballast zu erlösen und glücklich zu machen. Dieses Opfer sollte gebracht werden für eine Gesellschaft, die erstens wirtschaftlich und militärisch nicht mehr schlagbar sei und zweitens eine leidensfreie Gesellschaft aus leidensfreien Menschen sein würde.


## Konkurrenz zwischen ökonomischem und ökologischem Weltbild

Es handelt sich schon um einen aufregenden und schwer zu erklärenden Prozeß, der dazu geführt hatte, daß nach 1945 weltweit und systematisch in allen Industriegesellschaften eine Gegenbewegung zu dieser Art der Lösung der sozialen Frage zu verzeichnen ist: trotz nach wie vor weiter bestehender Tendenzen der Ausgrenzung auf der einen Seite, finden wir nun plötzlich völlig gegenläufige Tendenzen der Integration, der Deinstitutionalisierung, der Entkolonialisierung. Die Annahme liegt nahe, daß es sich hierbei auch um eine eher unbewußt - intuitive als bewußt erarbeitete Reaktion auf das handelt, was die Nazis auf diesem Gebiet angerichtet hatten. In gewisser Weise fühlte man sich wohl gezwungen, der nationalsozialistischen Verabsolutierung einer 150 Jahre betriebenen Ausgrenzungsmentalität etwas entgegensetzen zu müssen. Und in dieser Gegenbewegung befinden wir uns ja auch heute noch. Insofern können wir in unseren Tagen feststellen, daß der seinerzeit als Romantiker verspottete Psychiater Autenrieth heute urplötzlich als Prototyp des Gemeindepsychiaters zu Ehren kommt mit der Idee, die psychisch Kranken, die Irren möglichst gleichmäßig über die Gesellschaft zu verteilen. So tritt jetzt neben das selbstverständlich nach wie vor gültige Menschen-, Gesellschafts-, und Weltbild der Ökonomie, also neben das ökonomische Gesellschaftsbild ein ökologisches. Es handelt sich heute um zwei konkurrierende Weltbilder, die - zugespitzt formuliert - einander so gegenüberstehen: Hier das ökonomische Menschen- und Gesellschaftsbild, das die Welt als ein Territorium mit einer bestimmten Anzahl von Menschen versteht und das dieses Territorium im Dienste der maximalen Effektivität verwalten möchte. Zu diesem Zwecke bedarf es Maßnahmen der Selektion, der Beeinflussung, der sozialen Kontrolle und Steuerung und gelegentlich auch der Ausgrenzung. Dem gegenüber konzipiert das ökologische Gesellschaftsbild zwar auch ein festes Territorium mit einer bestimmten Anzahl von Menschen, aber es verpflichtet dazu, jeden dieser Menschen so zu belassen und so zu akzeptieren, wie er ist. Es erlaubt nicht, Menschen zu modifizieren, ja nicht einmal sie modifizieren zu wollen. Es stellt uns stattdessen vor die Aufgabe, ggf. die Bedingungen zu modifizieren, unter denen Menschen leben. Und dies so lange, bis das Miteinander von starken und schwachen Menschen gelingt, tertium non datur. Diese Gegenüberstellung stellt sozusagen den Extrakt der hier skizzierten geschichtsphilosophischen Analyse dar.

Und hierher paßt eine Erfahrung, die wir durch die Entlassung von Langzeitpatienten in Gütersloh gemacht haben: Daß wir nämlich genau in dem Augenblick Fortschritte mit diesen Menschen gemacht hatten, als wir aufhörten zu denken, wir müßten sie verändern. Als wir - ganz im Sinne des ökologischen Weltbildes - erkannten, daß wir Menschen weder modifizieren können noch müssen. Zu modifizieren waren aber unsere eigenen Einstellungen diesen Menschen gegenüber und in Folge davon der Kontext, in dem sie leben: Das Krankenhaus oder - dies vor allem - die Gemeinde, die Kommune, die Stadt Gütersloh. In dem Augenblick war es möglich, daß Menschen die Institution verlassen konnten, in der sie zuvor 10-20-30- bis zu 40 Jahren gelebt hatten. Darüber lohnt es sich schon anhaltend und gründlich nachzudenken und es ist erstaunlich, wie sehr diese Schlußfolgerung jenem Postulat für einen "kontrollierten Kontrollverzicht" gleicht, zu dem H. Lieb in seinem Beitrag in diesem Buch gelangt. Erfahrungen in anderen Psychiatrien bestätigen den Erfolg dieser Umorientierung - sei es in Blankenburg bei Bremen oder hier in Merxhausen. Diese Erfolge sind nur möglich, wenn man aufhört, Menschen verändern zu wollen. Das klingt sehr einfach, aber es steckt eine sehr schwer zu erkennende Weisheit dahinter. Man muß den Auftrag, den einen die Wände der Institutionen wie von selbst anzutragen scheinen, der anscheinend so selbstverständlich auf einen zukommt und den man verinnerlicht, ohne darüber nachzudenken, erst einmal erkennen, um ihn dann abzulehnen und zurückzuweisen.

Die Entlassung von Langzeitpatienten hat aber noch ein weiteres gelehrt, was sich auf die Beziehung zwischen den seit ca. 1800 getrennten Bereichen von Wirtschaftssystem und Sozialsystem bezieht. Diese Trennung hat nämlich beiden Seiten nicht gut getan. Wir haben bei der Entlassung von Langzeitpatienten die empirische Erfahrung gemacht, daß wir hier sozusagen unbewußt "Wiedervereinigungszonen" zwischen Wirtschaft und Sozialsystem geschaffen hatten: Denn alle, auch der behinderte Mensch, wollen sowohl produzieren wie sozial leben. Nur ist es vor allem die Arbeitszeit, hinsichtlich derer die Menschen verschieden sind: Für manchen reicht eine Stunde am Tag, in der er arbeitet, um seinen Anteil am produzierenden Gemeinwesen zu erfüllen und sein Bedürfnis danach zu befriedigen. Hier mußten wir erst begreifen, daß das für diesen Menschen genausoviel bedeutet, wie für andere acht oder zehn Stunden Arbeit. Das ist so, das darf so sein und das muß auch nicht modifiziert werden. Die sogenannten Zuverdienstfirmen, die Selbsthilfefirmen und zum Teil auch schon die Werkstätten für Behinderte sind erste schüchterne Versuche, Zonen einer solchen Wiedervereinigung von Wirtschaft und Sozialsystem zu schaffen.

Ein weiteres Beispiel einer solchen "Wiedervereinigung" aus einem ganz anderen Bereich - es spricht für sich - stellt ein jüngst in Dänemark erlassenes Gesetz dar. Demnach gewährt die Kommune einem Angehörigen einer Familie, in der jemand zum Sterben kommt, für ein Jahr die Ausbezahlung des überwiegenden Teiles seines Gehaltes. Das soll ihm ermöglichen, am Sterben seines zu ihm gehörenden Familienmitgliedes teilzuhaben bzw. diesen darin zu begleiten. Das ist einer der traumhaftesten Schritte in die richtige Richtung.

Und es gibt noch einen Punkt zu erwähnen, der nach einem 200-jährigen Prozeß der Objektivierung, der Vergegenständlichung, der Versachlichung des sozial oder leistungsmäßig schwächeren oder störenden Teiles der Bevölkerung gerade für Psychotherapeuten von großer Bedeutung ist. Wenn wir uns dieses Prozesses bewußt sind, haben wir uns als Betreuer, Therapeuten, Pfleger so zu verhalten, daß nicht nur wir, sondern auch die "Gegenstände" unseres Tuns - also das, was wir Patienten, Klienten, oder Behinderte nennen - in dem selben Maße zu ihrer Subjektivität und _Individualität_ finden, wie wir das für uns reklamieren. Ein Prototyp der Behinderten, der diesen Punkt in der bundesrepublikanischen Nachkriegszeit wohl am eindrucksvollsten zum Ausdruck gebracht hat und der darüberhinaus um die Wahrung und die Würdigung seiner Subjektivität als Behinderter gekämpft und gelitten hat, ist Fredi Saal aus Mülheim. Ein Mensch mit einer spastischen Lähmung, der, da zusätzlich auch noch sprachbehindert, als geistig Behinderter galt. Erst in seiner Pubertät hatte einer der Diakonissen in einer Anstalt für geistig Behinderte bemerkt, daß es sich bei ihm um ein ebenso fühlendes wie denkendes Wesen handelt und hat ihm auch noch zu schulischem Unterricht verholfen. Fredi Saal hat dann zeit seines Lebens um seine Behinderung gekämpft. Dies aber nicht in der Therapeuten eher vertrauten Weise, daß er für deren Behandlung kämpfte, also für die Behinderung als Objekt einer therapeutischen Maßnahme oder für sich als Leistungsschwächerer, der dafür der Hilfe der Stärkeren oder der Experten bedürfte. Sein Kampf galt seiner Behinderung als Teil von sich selbst - als Teil, den man ihm nicht wegnehmen könne und auch nicht wegnehmen dürfe. Schon in dem Ansinnen, so hat er es formuliert, das ihm als Mitleid herangetragen würde, erkenne er etwas, das ihn seiner Würde, seiner Subjektivität beraube. Deshalb soll am Ende dieses Beitrages ein Zitat von Fredi Saal stehen: "Als wirklich schwer behinderter Mensch, der nur mit allergrößter Schwierigkeit ohne die Hilfe anderer den Alltag überstehen könnte, habe ich das Recht, ja die Pflicht, mich meiner Umwelt zuzumuten. Ich bin ein Teil des Ganzen im menschlichen Kosmos. Ich trage dazu bei, daß niemand vergißt, dieses Ganze zu sehen, wie ich auch von anderen mit ihrer eigenen Individualität darauf gestoßen werde, in ihnen einen Teil des Ganzen zu sehen, ohne den es den Menschen nicht gibt in seiner Totalität". (F. Saal, 1989, S. 113)

## LITERATURVERZEICHNIS

BINDING, K. & HOCHE, A. (1920). _Die Freigabe der Vernichtung lebensunwerten Lebens._ Leipzig.

DÖRNER, K. (1988). *Tödliches Mitleid. Zur Frage der Unerträglichkeit des Lebens oder: Die soziale Frage.* Gütersloh: Jakob van Hoddis.

FOREL, A. (1913). *Die soziale Frage.* München: Reinhard.

SAAL, F. (1988). *Persönlicher Brief an K. Dörner.* Abgedruckt in: Dörner, 1988, 98-113.

# DISKUSSION: DAS MENSCHENBILD DER VERHALTENSTHERAPIE
(im Anschluß an die Referate Zitterbarth, Lieb, Dörner)


TEILNEHMERIN: Vielleicht ist das Denken in Defiziten und Exzessen, das wir ja als Verhaltenstherapeuten gerne verwenden, schon ein verfehlter Ansatz. Vielleicht ist schon der Gedanke, wir müßten etwas Neues trainieren, bezüglich dessen wir jemanden als defizitär empfinden, verfehlt. Vielleicht geht es wirklich darum, eher Blockaden zu lösen und wieder neue Perspektiven zu eröffnen. Möglicherweise sollten wir also nicht so sehr darüber nachdenken, was Personen nicht können und was wir meinen, ihnen beibringen zu müssen.

TEILNEHMER: In der ehemaligen DDR ist zur Zeit ja eine Bedingungsveränderung im Gange. Dazu wäre meine Frage: Wie verhalten sich Psychotherapeuten in historisch so undefinierten Situationen. Das ist eine Frage zur Gegenwartsgeschichte.

DÖRNER: Eigentlich sind das mehr Fragen an die anwesenden Verhaltenstherapeuten als an mich, aber ich versuche trotzdem eine Antwort. Ich möchte zuerst meine Provokation in Bezug auf das Defektdenken, das Sie eingebracht haben, fortsetzen. Ich denke, es ist wirklich an der Zeit, daß die Zunft der Psychotherapeuten - egal welcher Provenienz - noch einmal durch eine historische Reflexion hindurchgeht und überlegt, warum eigentlich fast alle Kernbegriffe des Psychotherapierens der Medizin entliehen worden sind! Bis hin zum Begriff der Therapie selbst, denn Therapie und Therapieren sind nun einmal dezidiert medizinisches Tun. Die Frage ist, was man bei diesem Sprachtransfer an Haltungen mitübernommen hat, beispielsweise eben das Denken in Defekten. Auf das andere einzugehen, ist schwieriger. Mit meinen Ausführungen hierzu wollte ich sagen: Bevor man in einer therapeutischen Beziehung, in einem als Psychotherapie verstandenen Kontakt daran geht, in dieser Beziehung Veränderungen vorzunehmen mit der Absicht, daß dieser Mensch sich ändert - bevor man mit diesem Ansinnen an einen bestimmten Menschen herantritt, ist man aus wissenschaftlich-empirischen ebenso wie aus ethischen Gründen gehalten, den realen Kontext dieses Menschen genau zu erfassen. Vor dem Postulat: "Ändere dich!" gilt es demnach herauszufinden, ob es nicht die eine oder die andere Bedingung ist, die zu modifizieren wäre. Und erst dann, wenn ich merke, daß es eine solche nicht gibt oder sie nicht modifizierbar ist, habe ich gewissermaßen die ethische Legitimation, mich mit der Veränderung des Menschen selbst zu beschäftigen. Und zwar in dieser Reihenfolge der Schritte; sie ist, glaube ich, nicht umkehrbar!

TEILNEHMER: Sie haben vorhin in ihrem Vortrag den individuellen Pol hervorgehoben, aber ich glaube, wir stehen immer zwischen der Gemeinschaft der Gruppe und dem Individuum. Deshalb denke ich, daß ein System gesellschaftlicher Art bzw. jede Gruppe sowohl eine integrative, wie auch eine aussondernde Funktion hat. Sie haben die aussondernden Funktionen betont, aber ich denke, daß dabei auch die anderen Funktionen stets "mitlaufen" und daß sie in der sogenannten caritativen Argumentation auch enthalten waren. Dann haben Sie gesagt, daß damals die gesellschaftlichen Entwicklungen sich beschleunigt hätten und hierzu denke ich, daß sich dadurch der Pol sehr auf ein Übergewicht der Ausgrenzung verschoben hat.
Man muß sich auch immer klar darüber sein, daß die Psychiatrie eine Grenzfunktion hat. Zum einen soll sie ihre Patienten ruhigstellen, weil sie in der Gesellschaft nicht nur den Pro-

duktionsprozeß, sondern auch die Familien stören. Der Psychiater hat also erst einmal ruhigzustellen. Danach muß er sich entscheiden, ob er weiter ausgrenzen, d.h. den Betroffenen einsperren will, oder ob er versucht, ihn zu integrieren: Will er z.B. Psychotherapie, Pharmakotherapie oder etwas ganz anderes machen. Und wenn ich mich hierzu auf die Psychotherapie beziehe, von der die Verhaltenstherapie ja nur eine der möglichen Formen darstellt, dann ist das nicht einfach, wenn ich mich damit auf die Seite des Integrierens stelle. Denn dann stellt sich die Frage: Welche Funktion hat das Verhalten des Individuums im Kontext zur Gruppe? Was passiert, wenn ich ihm sein Verhalten "wegtherapiere"? Hole ich ihn dann aus seiner singulären Stellung gegenüber der Gruppe heraus? Und wenn ja: Schwäche ich dann nicht seinen individuellen Pol? Mit anderen Worten: Ich kann durch Therapie genauso vernichtend wirken, wie ich dem Einzelnen dadurch in seinem Wachstum weiterhelfen kann. Und dieses Wachstum heißt dann evtl. auch, daß sich der Betreffende ganz bewußt und vielleicht sogar aggressiv gegen die Gesellschaft stellt.

LIEB: Ich möchte zu der vorhergehenden Frage noch etwas sagen: Der Frage nach den äußeren Bedingungen, die ja aufgrund der aktuellen Veränderungen in der ehemaligen DDR gestellt wurde. Ich habe ihre Frage so verstanden: Wie verhalten sich Verhaltenstherapeuten angesichts äußerer Bedingungen, die sich von selbst verändern? Wenn Sie damit meinen, wir könnten in diesen historischen Wandlungsprozeß als Therapeuten eingreifen oder Politiker würden in dieser Situation auf Psychotherapeuten besonders hören, würde ich das für eine Illusion halten. Aber ich habe einen anderen Gedanken zum Thema "Bedingungen": Ich meine, Verhaltenstherapeuten und Verhaltenstherapeutinnen sollten sehen, daß ihre eigenen Modelle immer auch Bedingungen sind. Mit anderen Worten:
Wir können nicht mit Patienten arbeiten, ohne ihnen damit implizit ein bestimmtes Menschenbild sozusagen als Bedingung zu präsentieren. Hier möchte ich mich auf Herrn Dörner beziehen. Er sagte, eine unserer Aufgaben bestünde darin - ich finde, er hat das in einer schönen Metapher beschrieben, den impliziten Anspruch, der einem aus den Wänden der Psychiatrie entgegenwehe, zu erkennen und zurückzuweisen. Sie können dieses Bild in den jeweiligen Bereich transferieren, in dem Sie arbeiten: In den Rahmen des Kassenwesens, des Rentenversicherungswesens, der Industrie, der Schule oder wo immer Sie tätig sind. Was mutet uns da an impliziten Aufträgen an? Haben Sie das übernommen und transportieren es hinein in Ihr Bild, in Ihr Menschenbild, das Sie Ihren Patienten dann präsentieren? Z. B. in Form von Erwartungen darüber, wie man sein und wie man nicht sein sollte, und die jedes Menschenbild enthält? Diese Präsentation stellt eine Bedingung dar, unter der Sie und Ihre Patienten Therapie machen.
Ein Beispiel hierzu hat gestern Herr Schwarz genannt: Wenn Sie einem/einer Patienten/in vermitteln, er/sie sei so schwer gestört, daß er/sie stationärer Behandlung bedürfe, dann erzeugen Sie mit diesem Modell auch einen Kontext: So wie du bist, bist du a) zu korrigieren und b) habe ich als Experte auch etwas in der Hand, das dich korrigieren wird - nämlich eine Institution für schwere Fälle wie dich. Das ist nicht nur ein Modell, das ist auch eine Bedingung, die den Patienten beeinflussen wird (z. B. wird er daraus seinerseits einen Anspruch auf Korrektur ableiten oder auch ein bestimmtes Bild über sich selbst, das er in seinem Verhalten verwirklichen wird). So etwas zu reflektieren, finde ich, wäre eine Aufgabe für Therapeuten, für Verhaltenstherapeuten.
Die Sicht, daß wir in unserer Funktion als Therapeuten quasi außerhalb der Gesellschaft stehen und deshalb deren reale Bedingungen, deren Gegebenheiten verändern könnten (weshalb Politik und Wirtschaft in besonderem Maße auf uns hören sollten), teile ich nicht.

Da sollte man nicht dem Größenwahn verfallen zu glauben, Therapeuten oder Psychologen könnten Kraft ihrer Modelle definieren, welche Bedingungen gesund sind. Wer das für alle definieren wollte, müßte einen objektiven Standpunkt außerhalb der Gesellschaft haben - und den gibt es nicht. Wer das für sich beansprucht, lebt in einer Illusion.

TEILNEHMER: Eigentlich wollte ich genau dasselbe sagen: Daß nämlich die Diskussion gestern gezeigt hat, daß der Begriff "Gesundheit" überhaupt nicht genau durchdacht war. Dieses schöne Koordinatensystem von Krankheit hier und Gesundheit dort, bei der jede Seite einen eigenen Nullpunkt hat, wird auf Seiten der Gesundheit nun plötzlich ausgefüllt mit irgendeinem "plus". Mit anderen Worten: Es wird Gesundheit definiert. Das hat z. B. Freud getan, der hierzu ja gut Mythen bilden konnte, indem er Gesundheit als Leidensfähigkeit, Leistungsfähigkeit und Liebesfähigkeit definiert hat. Die WHO hat noch Sozialfähigkeit und die Psychologen Anpassungsfähigkeit hinzugefügt. Die Kommunisten haben gesagt, Gesundheit sei Kommunismusfähigkeit - und steckten die Nichtfähigen in die Psychiatrie. Mit solchen positiven Definitionen von Gesundheit befinden wir uns plötzlich im Bereich der praeskriptiven Normen und nicht mehr der statistisch ratifizierbaren Normen! Das wurde gestern überhaupt nicht erwähnt!

DÖRNER: Ich will mich noch einmal auf Herrn Lieb beziehen. Die Schwierigkeit bei dem, was er eben formuliert hat, ist meines Erachtens folgende: Wenn der Anspruch besteht, daß ein Mensch so, wie er jetzt nunmal gerade ist, sich in einem Zustand befinde, der so nicht bleiben könne und wenn dieser Mensch das am Ende auch selbst so sieht - wenn also die Definition eines Menschen in diese Richtung geht, dann ergibt sich nur noch eine ganz eingegrenzte Zahl von Umgangsmöglichkeiten mit ihm. Beispielsweise bleibt nur noch die "therapeutische". Deswegen - und das gilt für mein ganzes Leben - habe ich vermutlich nie etwas so intensiv gelernt wie anläßlich der Entlassung der Gütersloher Langzeitpatienten!
Das fiel nämlich gerade in die Zeit der beginnenden Arbeitslosigkeit. Damals jammerten und schimpften alle über diese Kapitalisten und Ausbeuter. Wir waren drauf und dran zu sagen: Die gesellschaftlichen Bedingungen haben sich zwar geändert, aber wir wollen unsere Patienten nach wie vor zu ganz bestimmten positiven Zielen hintherapieren. Da die Arbeitsfähigkeit jetzt nicht mehr zu diesen Zielen gehören kann, machen wir doch aus den Patienten die ersten "Revolutionäre für das Leben in einer Freizeitgesellschaft"! Wir hatten uns aber immerhin noch die Größe bewahrt, darauf zu achten, wie die Patienten hierauf reagierten. Wir brauchten dann eine Hülle und Fülle von Lernschritten (ich könnte Ihnen jeden Einzelnen benennen und mich dabei furchtbar schämen), um zu diesem schlichten und naheliegenden Gedanken zu kommen, den ich bereits erwähnt hatte: Daß ein Mensch vielleicht nur - ich formuliere das jetzt bewußt pathetisch - einer einzigen Stunde am Tag bedarf, in der er gemeinschaftlich mit anderen Gegenstände der Natur zum Nutzen Dritter bearbeitet! Und daß es sich dabei um etwas handelt, was zur Würde des Menschen dazugehört und daß eine Stunde für den einen Menschen ebensoviel von dieser Würde bedeutet, wie acht Stunden für einen anderen. Natürlich gegen einen handelsüblichen Salär, denn das Geld, das er damit verdient, muß auch wieder in den ökonomischen Kreislauf zurückfließen - diese Bedingung fehlte noch. Und wir haben gelernt, daß in dem Maße, indem es uns gelungen ist, vermehrt Menschen solche Möglichkeiten zu schaffen, sich eine Hülle und Fülle an Therapiebedarf erübrigte. Ich sage nicht aller Bedarf, aber eine ganze Menge! Ich denke also, daß wir alle ethisch dafür verantwortlich sind, zuerst die äußeren Bedingtheiten des Lebens eines Menschen zu prüfen, und erst, wenn wir das getan haben, ethisch legitimiert

sind, uns der Person sozusagen individualtherapeutisch zuzuwenden. Denn sonst sieht das so aus, als könne man Psychotherapie völlig unabhängig von den sozialen Gegebenheiten, quasi allein von Mensch zu Mensch betreiben - und das ist ein Irrtum.

TEILNEHMER: Ich war sehr gespannt auf den heutigen Vormittag und fand ihn bisher sehr gelungen. Auf eines wollte ich noch hinweisen: Wir haben drei Redner gehört, die recht verschiedene Aspekte zum Thema Menschenbild angeführt haben. Wir Menschen sind nicht in der Lage, auch nicht als Verhaltenstherapeuten, ein Menschenbild der Verhaltenstherapeuten oder ein generell alles umfassendes Menschenbild zu entwerfen. Sondern wir müssen damit leben, daß jeder von uns ein anderes Menschenbild hat und wir sollten uns auch die Freiheit lassen, mit verschiedenen Bildern - je nach Situation - zu operieren. Was dabei gegeben sein müßte - das ist vielleicht heute bis auf Ihren letzten Beitrag, Herr Prof. Dörner, ein bißchen zu kurz gekommen - ist, daß wir unser Menschenbild auch verantworten müssen vor dem jeweils Nächsten, wer immer das auch sein mag.

KUNZE: Der marxistische Satz stimmt ja noch immer: "Das Sein bestimmt das Bewußtsein!" Und wir leben - egal ob in der Klinik oder in der Ambulanz - unter den Finanzierungsbedingungen, die unser Bewußtsein prägen. Und jetzt geht es mir darum, ob wir uns ein Stück daraus befreien nach dem anthropologischen Paradoxon: Wie verändern wir die Verhältnisse, die uns geprägt haben? Wenn wir den Vorschlag, den Klaus Dörner eben gemacht hat, unmittelbar umsetzen, dann katapultieren wir unsere Tätigkeit und die Patienten aus der Sozialversicherung heraus! Denn das klassische Krankheitsmodell besagt ja: Ich behandele zielgerecht Symptome und löse dadurch die Kostenzuständigkeit der Krankenkasse aus. Wenn ich aber die Verhältnisse verändere, in denen die Menschen leben, weil es ihnen dann besser geht im Sinne der Therapieziele, dann laufe ich Gefahr, daß das nicht mehr Behandlung ist. Das gilt sowohl für die stationären, wie für die ambulanten Redner. Wie können wir also ein Krankheitsverständnis in dem Sinne herbeiführen, daß es auch in unser Sozialversicherungssystem paßt - daß diese sozialen Konsequenzen nicht eintreten? Es gibt hierzu vielleicht ganz schmale Ansatzpunkte.
Einen solchen haben wir z. B. in der höchstrichterlichen Rechtsprechung im Hinblick auf den stationären Bereich der Psychiatrie erlebt. Dort wurde nämlich nicht der soziale Charakter einer therapeutischen Tätigkeit als konstitutiv für ihre Zulässigkeit definiert, sondern die funktionale Beziehung auf ein Ziel, das wir behandlungsmäßig bestimmen. Man müßte also zur Überzeugung der höchstrichterlichen Rechtssprechung den Ansatz: "Verändere die Lebensverhältnisse der Person so, daß sie unter diesen Lebensverhältnissen mit ihrer psychischen Besonderheit besser zurechtkommt" funktional definieren, um ihn in der Sozialversicherung belassen zu können. Ein ganz banales Beispiel im Sinne einer paradoxen Intervention: Man könnte ja auch sagen, daß bei einem schwer depressiven Menschen die Zeitberentung eine therapeutische Intervention sei, um ihn endlich aus seinem eigenen subjektiven Clinch herauszuführen. Denn im Rahmen dieses depressiven Clinches führt der Anspruch, gesund und leistungsfähig zu werden, nur zu einer weiteren Verstärkung der depressiven Stimmung selbst. Erst wenn ich diesen Menschen von seiner selbstauferlegten, depressiogenen Zielsetzung durch die soziale Definition: "Du bist Rentner und Rentner auf Zeit" entlaste, kann er wieder arbeitsfähig werden. Das wäre so eine funktionale Definition einer Kontextveränderung.
Ein anderes Beispiel: Es gibt in der psychiatrischen Personalverordnung eine Fußnote, in der die Soziotherapie im stationären Raum - als Teil der stationären psychiatrischen Gesamtbe-

handlung - sinngemäß so definiert wird: Soziotherapie ist jede soziale Intervention, und zwar unabhängig davon, ob in der Klinik oder im natürlichen Umfeld, die die Funktion hat (ich sage das jetzt kassentechnisch banal), die psychiatrischen Symptome wegzumachen.

DÖRNER: In diesem Sinne vielleicht noch ein ganz pragmatischer Tip. Herr Kunze hat das bereits angesprochen. Bei der Finanzierung der Modifikation von Lebensbedingungen haben wir im Augenblick größere Schwierigkeiten, als bei der Finanzierung der Modifikation des Verhaltens einzelner Menschen. Ein Teil des Problems besteht nun darin, daß sich die Kostenträger - z. B. kommunale Zuständigkeit und Pflichtversorgung - darüber streiten, wer für eine Gemeindepsychiatrie zuständig sei. Denken Sie nur an den Begriff der "gemeindepsychiatrischen Pflichtversorgung", der auf einer Fortbildungswoche in Gütersloh einmal erfunden worden ist und den wir jetzt dem Kostenträger immer vorhalten. Hier befinden wir uns zur Zeit insofern in einer spannenden Situation, als alle Bundesländer gezwungen sind, noch in diesem Jahr ihr Psych-KG zu novellieren. Bei dieser Gelegenheit sollte jeder in seinem eigenen Bundesland dafür kämpfen, daß diese Verantwortlichkeit der Kommunen deutlicher als bisher in dieses novellierte Psych-KG hineingeschrieben und dort auch organisatorisch und planerisch operationalisiert wird. Gelänge dies, wären wir in dieser Hinsicht alle ein gutes Stück weiter.

# DIE VERHALTENSTHERAPEUTISCHE LÖSUNG ETHISCHER PROBLEME EINE REZENSION DER AMERIKANISCHEN ETHIKDEBATTE

Hans Lieb

In den 70er Jahren wurde in der US-Öffentlichkeit wie in entsprechenden Fachkreisen eine vehemente Debatte über die ethischen Grundlagen der Verhaltenstherapie geführt. Ausgelöst worden war sie durch ein Konglomerat von Ereignissen, die die VT in ein nicht gerade positives Licht gerückt hatten: Skinner provozierte mit dem Titel seines vieldiskutierten Buches das ethische Empfinden der US-Öffentlichkeit: "Beyond freedom and dignity" (1971). In Gefängnissen waren Gefangene zur Teilnahme an sogenannten Verhaltensmodifikationsprogrammen gezwungen worden (vgl. Holland 1975) und in Kliniken hatten einige Dilettanten, die sich unter Bezug auf die Lerntheorie "Verhaltenstherapeuten" nannten und darin ein Schnellverfahren zur Veränderung von Menschen sahen, ihre Patienten in menschenverachtender Manier mit aversiven Techniken traktiert (z. B. Reimringer u. a. 1970). Das hatte zum einen ein unglaublich negatives Image der "Behavior Therapy" in den US-Medien zur Folge (vgl. Turkat & Feuerstein 1978). Zum anderen war aber gerade dieses negative öffentliche Bild zum Stimulus für die Verhaltenstherapeuten geworden, sich nicht nur zu verteidigen, sondern auch die eigene Moral kritisch zu durchleuchten. So geriet - historisch gesehen - die Verrufung der VT zu deren eigenem Nutzen: Noch nie war eine Therapierichtung so früh und so vehement gezwungen worden, sich ihrer eigenen ethisch-moralischen Grundlagen und ihrer Menschenbildannahmen bewußt zu werden. Zeigte sich dabei doch, daß sich die ethisch relevanten Fragen - etwa die nach dem Schutz von Patientenrechten - in der Verhaltenstherapie zwar offensichtlicher als in anderen Verfahren, in ihr aber keineswegs alleine stellten, wie z. B. Farkas (1981) richtig anmerkt. Ja mehr noch: Die Annahme, Therapeuten anderer Schulen seien ob deren ethisch-moralisch doch viel "humaneren" Grundlagen ihrer Theorien a priori "gut", wird sich dann, wenn diese an den nachfolgend dargestellten und von Verhaltenstherapeuten erarbeiteten Ethikwerten gemessen würden, schnell als das erweisen, was sie ist: Eine unhinterfragte Grundannahme.

Am Ende der US-Debatte steht ein fruchtbares Resultat, das in diesem Beitrag zusammengefaßt vorgestellt werden soll. Da bei der Diskussion ethisch-moralischer Probleme weniger deren Ergebnisse das eigentlich Fruchtbare sind, sondern vielmehr der Diskussionsprozeß selbst, sollte es uns bei einer Bewertung dieser Debatte auch nicht nur um deren Endresultate gehen. Wir sollten uns auch ergänzend fragen: Welches Niveau an Selbstbesinnung und Selbstkritik und - vielleicht auch - welche Angst vor einer verurteilenden Öffentlichkeit muß hier zugange gewesen sein? Können wir in unserem Sprachraum sagen, wir hätten diesen Prozeß auch hinter uns?

Um Prozeß und Resultat dieser Debatte gleichermaßen aufzuzeigen, werden in diesem Beitrag folgende Themenbereiche referiert:

* Ethische Probleme in der Verhaltenstherapie
* Die Definition von Patientenrechten
* Ethik-Richtlinien: Pro und Contra
* Ethik-Richtlinien für Verhaltenstherapeuten/innen

* Checklisten zur ethisch-moralischen Selbstbestimmung
* Therapie als ethisches Handeln

**Ethische Probleme in der Verhaltenstherapie**

Am 24.02.1974 hatte die "Law Enforcement assistance administration (LEAA)" sozusagen als Kulminationspunkt einer breiten antiverhaltenstherapeutischen Welle die Anwendung von sogenannten Verhaltensmodifikationsprogrammen in Gefängnissen verboten. Schon am nächsten Tag setzte die American Psychological Association (APA) eine achtköpfige, hochkarätig besetzte Kommission ein, die Gebrauch und Mißbrauch von Verhaltensmodifikationsverfahren in ihren diversen Anwendungsfeldern (Gefängnis, Klinik, Schule, Einzelpraxis) untersuchen und ethisch bewerten sollte. In ihrem Abschlußbericht 1978 (Seite 17f) faßt diese 8 Aspekte zusammen, die in der Verhaltenstherapie aus ethischer Sicht Probleme aufwerfen können:

*1. Identifikation des Klienten*

Hierzu wird darauf verwiesen, daß dieser Begriff zwei Bedeutungen hat, die streng voneinander zu unterscheiden seien: Ein Klient kann einerseits jene Person sein, "Who's behavior is to be changed", er kann andererseits aber auch jene Person oder Institution sein, die den Therapeuten beauftragt und dafür bezahlt, die Person, die Patient genannt wird, zu verändern. Ethische Probleme entstehen sofort, wenn dieser Unterschied verwischt wird. Wenn sich z. B. zwischen diesen beiden Gruppen ein Konflikt hinsichtlich des Therapiezieles ergibt, steht die Therapeutin vor der Frage, wem sie sich mehr verpflichtet fühlt. Dies vor allem im Wissen, daß die bezahlende Einheit meist sowohl pekuniär wie hinsichtlich der sozialen Schicht am "längeren Hebel" sitzt.[1]

*2. Problemdefinition und Zielbestimmung*

Wer bestimmt, welches Verhalten ein Problem ist und mit welchen impliziten moralischen Prämissen? Für Verhaltenstherapeuten im medizinisch-klinischen Tätigkeitsfeld stellt sich die Frage gelegentlich so: Welches Dilemma ergibt sich, wenn das Verhaltensziel, das der Patient benennt, ein anderes ist, als das, was sich aus einer Diagnose ergibt, die eine ganz andere Person gestellt hat? Ein klassisches Beispiel aus dem Suchtbereich ist das Dilemma zwischen dem aus der Diagnose "Abhängigkeit" abgeleiteten Therapieziel "Abstinenz" auf der einen und dem von vielen Patienten präferierten Ziel "kontrolliertes Trinken" auf der anderen Seite: Wie löst der Therapeut dieses Dilemma?

*3. Auswahl des Behandlungsverfahrens*

Dieses sollte möglichst ökonomisch und praktikabel sein und den Patienten so wenig wie möglich beeinträchtigen oder in seinen Freiräumen einengen. Mit anderen Worten: Es soll möglichst wenig restriktiv sein. Nur: Verfahren, die dem entsprechen, sind bekanntlich die wirkungslosesten! Wie steht es hier beispielsweise mit den sogenannten "Aversiven Techniken", deren positive Effekte nachgewiesen worden waren (vgl. Lovaas et al, 1969) und von denen alle Autoren zurecht sagen, daß sie auch von anderen Therapieschulen verwendet, nur dort eben anders benannt werden. Welche Maßnahmen seitens der Therapeuten müssen in diesem Zusammenhang aus ethischer Perspektive als Zwangsmaßnahmen angesehen werden, die den Patienten zur Teilnahme an therapeutischen Verfahren zwingen (vgl. hierzu Punkt 6)?

## 4. Aufklärungspflicht

Hier geht es darum, daß der Patient über die Auswirkungen einer Therapie in ihren vielfältigen, miteinander verwobenen Bereichen informiert sein sollte. Also auch Aufklärung über mögliche Auswirkungen auf Verhaltens- und Lebensbereiche, die nicht in primären Zielkatalog einer Maßnahme enthalten sind. Und schließlich geht es auch um die Frage, wer in welchem Kontext darüber aufzuklären ist: Die Eltern bei der Therapie von Kindern? Die Lehrer bei Maßnahmen in der Schule? Die Patienten in jedem Falle? Die Angehörigen?

## 5. Qualitätsbestimmung der Therapeuten und ihrer Methoden

Wer hat das Recht und die Kompetenz, zu bestimmen, was "ein/e qualifizierte(r) Verhaltenstherapeut(in)" oder was eine "qualifizierte Verhaltenstherapie" ist? Soll sich ein solches Qualitätsurteil eher auf das durchgeführte Verfahren oder mehr auf die das Verfahren durchführende Person beziehen - und woran ist die Legitimation derer zu messen, die hierfür Kriterien aufstellen? Welches sind die Hauptkriterien für solche Beurteilungen?[2] Diese Frage hat sowohl berufspolitische wie ethisch-moralische Implikationen, denn mit der jeweiligen Antwort findet auch ein Ausschluß von Therapeuten aus der Verhaltenstherapie statt. Und schließlich hängt von der Antwort auch ab, welche Richtlinien für die Ausbildung in Verhaltenstherapie gelten. Man kann es auch so formulieren: Wem gehört die Verhaltenstherapie?

Eine weitere ethische Implikation des Themas "Qualitätssicherung" ist die Verpflichtung für Therapeuten, zu erkennen, ab wann das von ihnen gewählte Verfahren bzw. ihr therapeutisches Setting zu keinem Erfolg führt bzw. keinen Transfer des erreichten Erfolges in den Alltag des Patienten erwarten läßt. Verhaltenstherapeuten wären (wie alle anderen) in einer solchen Situation zumindest gehalten, die Therapie nicht einfach fortzuführen, sondern die Situation mit ihren Klienten zu erörtern.

## 6. Datenerhebung und Datenschutz

Wer, so wäre hier zu klären, erhebt welche Daten und für wen; wer weiß von dieser Erhebung und wer hat schließlich Zugang zu den Daten? Jede dieser Fragen kann ein ethisches Dilemma beinhalten. Der Beispiele gibt es genug: Videoaufnahmen, Gewichtskurven, Therapieberichte, Auskunft an Dritte über den Therapieverlauf (z. B. Zuweisungsarzt) usw.

## 7. Schutz der Patientenrechte

Es geht hier noch nicht darum, welche Rechte Patienten haben, sondern wer dafür sorgt, daß sie beachtet, eingehalten und geschützt werden. Gibt es in größeren Institutionen z. B. sogenannte "Beratergremien", in denen auch Patienten vertreten sind und an die sich alle Beteiligten - z. B. Angehörige von Patienten oder deren gesetzliche Vertreter - in Konfliktfällen wenden können? Die APA-Autoren verweisen darauf, daß die Einrichtung solcher Komitees allein aber keine Gewähr für ein ethisch gerechtfertigtes Handeln bietet - vor allem wenn damit allzu viele bürokratische Hindernisse für die Durchführung von Therapien verbunden sind (vgl. Sawaj 1977, S. 537). Aber sie bieten möglicherweise eine günstige Gelegenheit, ethisch relevante Probleme oder Interessenskonflikte zu erkennen, zu erörtern und zu lösen.[3] Als eines der zentralen Rechte von Patienten nicht nur in der Psychotherapie, sondern im Gesundheitswesen überhaupt gilt das Recht auf die sogenannte "Informierte Zustimmung". Ob seiner großen Bedeutung wird auf diesen Aspekt noch gesondert eingegangen.

## 8. Die Rolle der Forschung in der Therapie

Berührt sind Aspekte des Datenschutzes, aber auch jene ethischen Dilemmata, die sich aus einem möglichen Interessenskonflikt zwischen Forschungsprogrammen einerseits und Beforschten andererseits ergeben (z. B. hier das Streben nach Erkenntnisgewinn und dort die Störung des therapeutischen Prozesses).

## Patientenrechte

Welche Rechte haben Patienten? Als Bürger eines Staates haben sie die gleichen Rechte wie alle Bürger - letztlich also die in der jeweiligen Verfassung festgelegten oder die aus den Menschenrechten ableitbaren. Die Frage wird aber schwieriger, wenn es um die Rechte von Patienten als Patienten geht, weil die Verwirklichung des Rechtes auf Therapie möglicherweise (vorübergehend) andere Rechte einschränkt. Es geht in solchen Fällen also um die Frage: Welche Rechte haben Priorität? Welche Rechte dürfen unter keinen Umständen, also auch nicht "aus therapeutischen Gründen" eingeschränkt werden? Z. B. wird das ansonsten jedem Erwachsenen zugestandene Recht auf Bewegungsfreiheit in stationären Behandlungsmaßnahmen häufig aus therapeutischen Gründen eingeschränkt, ohne daß dies zu einer Ethikdebatte führt: Alkoholiker dürfen die Klinik gar nicht oder nur in Gruppen und Anorektikerinnen ihre Zimmer nur nach Gewichtszunahme verlassen. Wir sind hier unmittelbar mit zwei ethischen Grundfragen konfrontiert: Einerseits der der Hierarchie von Werten und andererseits der ihrer sogenannten Letztbegründung. Denn gerade die Einschränkung von Rechten kann nur mit Bezug auf ein übergeordnetes Recht erfolgen und an der Spitze dieser Hierarchie können nur noch Werte stehen, die nicht mehr weiter ableitbar sind (wie z. B. der freie Wille einer Patientin, wenn eine aversive Maßnahme von ihrer Zustimmung abhängig gemacht wird oder die "Würde des Menschen" in der Philosophie Kant's).

In den USA waren Verhaltenstherapeuten mit dieser Problematik z. B. konfrontiert, als sie in psychiatrischen Einrichtungen sogenannte Kontingenz- oder Tokenprogramme einführten.

Diese sehen z. B. vor, daß Patienten nur dann gewisse Verstärker erhalten, wenn sie sich diese durch "erwünschtes Verhalten" verdient hatten. Es geht dabei natürlich immer um Verstärker, die ihnen im sonstigen Leben insofern "frei" zugänglich sind, als dort keine Person für sich in Anspruch nimmt oder nehmen darf, bestimmte Verstärker von bestimmten Verhaltensweisen abhängig zu machen. Um es lerntheoretisch zu formulieren: Die sich erlaubt, Verstärker und Verhalten miteinander "kontingent" zu machen. Beispiele für Verstärker, auf die freie Bürger in einem freien Staat ein Recht haben, sind z. B.: Im Bett zu liegen; zu essen, wo und was man will; zu schlafen, wann und wo man will; zu arbeiten, wo und wie lange man möchte; Sport zu treiben, wo, wann und wie es einem beliebt usw. usw. Welche solcher Rechte dürfen in einem VT-Programm kontingent, also abhängig von sogenanntem "adäquatem Verhalten" gemacht werden? Kontingenzen führen vor allem dann zu einem ethischen Dilemma, wenn das, was seitens der Gesetzgeber als absolutes und nicht veräußerbares Recht definiert wurde, weitgehend identisch wird mit dem, was Verhaltenstherapeuten als disponiblen Verstärker ansehen.

Vom Gesetzgeber wurde 1972 durch eine in der Fachliteratur als "Wyatt vs. Stickney" bekanntgewordene Entscheidung bestimmt, daß folgende Rechte nicht mehr durch Verhaltensmodifikationsprogramme eingeschränkt werden dürfen (vgl. Wexler, 1974, S. 288):

1. Recht auf eine Privat- oder Intimsphäre
2. Recht auf kontinuierliches ernährungsphysiologisch angemessenes Essen
3. Recht auf Besuche
4. Recht auf Teilnahme an religiösen Veranstaltungen sowie auf Ausübung religiöser Tätigkeiten
5. Recht auf das Tragen eigener und gewaschener Kleidung
6. Recht auf regelmäßige, wöchentliche körperlich-physiologische Betätigung, auch außerhalb von Institutionen
7. Recht auf Kontakt mit Mitgliedern des anderen Geschlechtes.

Diese Rechte leiten sich aus dem übergeordneten Recht darauf ab, daß der Kontext (bzw. die darin entscheidende Person), in dem der Patient lebt, diese Rechte so wenig wie irgend möglich einschränken darf - auch nicht um des Zieles der Therapie willen.[4]

Für Verhaltenstherapeuten/innen ist dies insofern ein brisantes Thema, als sie gemäß ihrer lerntheoretischen Grundannahmen dazu neigen, "Rechte" mit "positiven Verstärkern" zu identifizieren (vgl. z. B. Davison & Stuart 1976; Vargas 1975). Das führt unweigerlich zur Frage, ab wann Therapie zum Zwang wird: Ist es z. B. ein "Zwang" zur Veränderung, wenn ein Patient die Möglichkeit, Besuch oder verlängerten Ausgang zu erhalten, nur bekommt, wenn sich damit eine "therapeutische Aufgabe" oder gar deren Lösung verbindet? Wer mit solchen Programmen unter Berufung auf die Lerntheorie arbeitet, ist gezwungen, die ethisch ohnehin problematischen Begriffe "Freiheit" und "Zwang" eben aus dieser Lerntheorie selbst heraus zu definieren. Das hat in hervorragender und praktikabler Weise Goldiamond (1974, 1976) getan, auf den im Rahmen dieses Beitrages nur verwiesen werden kann.

## Ethik-Richtlinien: Pro und Contra

Der Weg der Therapie ist für Therapeuten vollgepflastert mit der Notwendigkeit, ethische Entscheidungen zu treffen. Da liegt es - vor allem für Verhaltenstherapeuten/innen - nahe, diesen Entscheidungsprozeß und seine Resultate so weit wie möglich der Beliebigkeit subjektiver Normen zu entziehen, ihn also zu objektivieren. Diesem Ziel dienen die sogenannten Ethik-Richtlinien ("guidelines"), die im Sinne einer normativen Ethik vorschreiben, was ein Therapeut zu tun oder zu lassen habe. Zukünftige wie vergangene Handlungen oder Entscheidungen sollten nach solchen Richtlinien möglichst objektiv als gut oder schlecht qualifiziert werden können. Diesem Ziel dienen übrigens auch alle berufsethischen Checklisten, die sich fast alle Berufsgruppen selbst gegeben haben (für Psychologen z. B. die 1986 neu herausgegebene "Berufsordnung für Psychologen").

Jeder Ethik-Kodex ist in einer sogenannten "präskriptiven", das heißt vorschreibenden Form abgefaßt: "Du sollst" und "Du sollst nicht". Er dient berufspolitisch in sogenannten "Ehrgerichtsbarkeitsverfahren" dazu, Konflikte zu lösen (vgl. Stech, 1986). Aber dienen solche Werke auch dem Patienten? Helfen sie dem Therapeuten? Nutzen sie der Verhaltenstherapie? Soll es einen speziellen Ethik-Kodex für Verhaltenstherapeuten geben ? Das für und wider zu diesen Fragen wurde auch in der US-Debatte erörtert; die wichtigsten Argumente sollen hier wiedergegeben werden:

Pro Ethik-Richtlinien:

* Sie können in der Ausbildung von Therapeuten als Richtschnur dienen - sozusagen als ethischer VT-Katechismus.
* Die Genehmigung von Verhaltensmodifikationsprogrammen in bestimmten Institutionen durch dafür befugte Komitees kann von der Einhaltung solcher Richtlinien abhängig gemacht werden. Das verbürgt Objektivität, Uniformität und Transparenz des Entscheidungsprozesses.
* Sie bilden die ethisch-normative Basis für das gemeinsame Handeln aller an der Durchführung eines bestimmten Programmes beteiligten Personen und Berufsgruppen (vgl. zusammengefaßt Sawaj 1977).

Contra Ethik-Richtlinien

* Die Erstellung spezieller ethischer Richtlinien für Verhaltenstherapeuten suggeriert, daß dieses Verfahren ethisch einer besonderen Überwachung bedürfe, also besonders fragwürdig sei. Es ist aber so, daß alle Therapien im Grunde vor den gleichen ethischen Problemen stehen.
* Die Unterziehung neuer verhaltenstherapeutischer Interventionen einer speziellen ethischen Prüfung wirke wie eine Bestrafung auf jeden, der solche entwickeln oder anwenden möchte. Es besteht dann die Gefahr, daß sich Therapeuten lieber anderen Verfahren oder Schulen zuwenden, die einer solchen Prüfung nicht bedürfen. Für die Verhaltenstherapie würde sich das kreativitätshemmend auswirken.

*Die Einführung von Richtlinien hat in der Praxis tatsächlich zu einem oft bürokratischen und trägen System geführt, bei dem z. B. bis zu 11 (!) Instanzen unabhängig voneinander eine Maßnahme überprüfen und sich dann in ihren Resultaten auch noch untereinander abstimmen mußten.

*Richtlinien werden häufig mißbraucht, indem ein aus anderer Perspektive fragwürdiges Verfahren durch eine solche Prüfung den Nimbus der Tadellosigkeit erhält.

*Richtlinien lösen keine komplexen Probleme, die sich aus komplexen Interaktionen ergeben. Sie täuschen aber eine rezeptartige Lösbarkeit solcher Probleme vor.

*Richtlinien tendieren dazu, wahrheitsgetreu angewandt zu werden und verhindern so den fruchtbareren Prozeß des Reflektierens und Nachdenkens. Das führt zu einem Mangel an moralischer Sensibilität und moralischer Eigenverantwortung derer, die Therapien durchführen (zusammengefaßt bei Stolz, 1978).

Die Kommission der APA entschied sich mit Bezug auf die Kontra-Argumente gegen die Einführung spezieller Richtlinien für Verhaltenstherapeuten. Denn: "Wichtiger als eine Ansammlung von Regeln ist der Prozeß, in dem solche Regeln entstehen" (Krasner 1976, S. 636) und an dem alle - auch die Patienten - beteiligt sein sollten. Das wohl bekannteste Beispiel eines speziellen VT-Ethik-Kodex wird im nächsten Abschnitt dargestellt. Die Alternative zu Richtlinien besteht darin, "to raise issues, not to resolve them" (Stolz, 1978). Die APA schlägt deshalb als Alternative die Formulierung von Fragen vor, die sich jeder selbst stellen kann und die sozusagen der ethischen Selbstreflexion dienen.


## Ethik-Richtlinien für Verhaltenstherapeuten/innen

Zahlreiche Verbände und Einrichtungen haben jeweils für ihre Bereiche (Kliniken, Heime, Gefängnisse, Schulen) ethische Richtlinien für die Anwendung von Verhaltenstherapieprogrammen erstellt. Einer Übersicht der APA-Kommission zufolge (1978, S. 103) beinhalten diese in der Regel:

*Die Installation von Komitees zur Überwachung der Intervention
*Die Einbeziehung von Personen, deren Verhalten sich ändern soll (bzw. deren verantwortliche Repräsentanten) und von Vertretern der regionalen Öffentlichkeit
*Explizite Angaben darüber, daß und wie eine "informierte Zustimmung" zu etablieren ist
*Die Vorschrift einer längeren Zeitspanne zwischen Planung und Implementierung einer Maßnahme
*Die Abstimmung mit den jeweils gültigen und bekannten Gesetzen bzw. wissenschaftlichen Erkenntnissen über das geplante Verfahren
*Angaben über die Mindestqualifikationen des die Intervention durchführenden Personals

Das bekannteste, detaillierteste und der Öffentlichkeit archiviert zugängliche Beispiel eines solchen Kodex sind die von der "National Association for retarded citizens (NARC)" 1975 publizierten "guidelines for the use of Behavior procedures in state programs for retarded persons" (May et al 1975). Hier werden auf 75 Seiten detaillierte Anweisungen gegeben, wie alle oben genannten ethischen Aspekte berücksichtigt werden können. Auf eine eingehendere Darstellung kann im Rahmen dieses Beitrages verzichtet werden. Ein anderes Beispiel eines verhaltenstherapeutischen Ethik-Kodex ist das von Mac Donald (1986) veröffentliche

Evaluationsmanual über ethische Standards für therapeutische Programme (vgl. Tabelle 1), das nach Angaben des Autors die ethischen Minimalanforderungen für Verhaltenstherapeuten enthält. Es formuliert für jeden Aspekt zuerst eine ethische Grundregel und exemplifiziert dies dann durch einige nachfolgende Aussagen. Sie sind so formuliert, daß sie für einen laufenden therapeutischen Prozeß entweder zutreffen oder nicht zutreffen. Mit Hilfe eines Evaluationsteiles am Ende des Manuals besteht die Möglichkeit zu vergleichenden Studien verschiedener Therapieprogramme oder Einrichtungen miteinander oder über die Zeit hinweg.[5]

*Tabelle 1: Minimale Ethik-Standards für Verhaltenstherapie. MacDonald 1986*
(Übersetzung M. Koch)

(1) BEHANDLUNGSZIELE
   Grundregel: Die Behandlungsziele sollten sorgfältig bedacht und ganz im Interesse des Klienten sein.

1.1 Es existiert ein schriftliches Dokument über die kurzfristigen therapeutischen Ziele jedes Klienten. — ja/nein

1.2 Kurzfristige Ziele werden quantitativ definiert, so daß zwei Personen sich darüber einig werden können, ob ein Ziel erreicht worden ist. — ja/nein

1.3 Für jedes Ziel wird ein genau definiertes Erfolgskriterium gebildet. — ja/nein

1.4 Die Ziele jedes Klienten sind allen für die Behandlung mitverantwortlichen Personen bekannt — ja/nein

1.5 Es existiert ein schriftliches Dokument über den langfristigen Behandlungsplan jedes Klienten. — ja/nein

1.6 Der Klient (oder sein Vormund) versteht die kurzfristigen Ziele und langfristigen Behandlungspläne so gut, daß er sie mündlich oder schriftlich wiedergeben kann — ja/nein

1.7 Es existiert ein schriftlicher Vertrag zwischen Therapeut und Klient (oder dessen Vormund), der sicherstellt, daß sich beide über die Therapieziele einig sind. — ja/nein

(2) WAHL DER BEHANDLUNGSMETHODEN
   Grundregel: Die Auswahl der therapeutischen Maßnahmen sollte sorgfältig bedacht und ganz im Interesse des Klienten sein.

2.1 In der Literatur lassen sich mindestens zwei Untersuchungen finden, die die Wirksamkeit der therapeutischen Maßnahme bestätigen, diese Untersuchungen werden in der Ausarbeitung des Therapieplanes zitiert — ja/nein

2.2 Der Klient (oder sein Vormund) ist über alternative Vorgehensweisen, die er möglicherweise wegen geringerer Nachteile oder kürzerer Behandlungszeiten bevorzugt, unterrichtet. — ja/nein

2.3 Wenn es gegen eine geplante Intervention aus öffentlichen, gesetzlichen oder fachlichen Gründen Bedenken gibt, wird eine professionelle Hilfe von außen hinzugezogen — ja/nein

2.4 Bei verhaltensorientierten Behandlungen müssen erst "weniger stark eingreifende" Maßnahmen erfolgos eingesetzt worden sein, bevor "stärker eingreifende" Maßnahmen herangezogen werden. — ja/nein

2.5 Eine negative Maßnahme wird nicht eingesetzt, solange der Therapeut nicht selbst der maximalen Stärke der aversiven Konsequenzen ausgesetzt worden ist. — ja/nein

2.6 Aversive Programme werden nur mit ärztlichem Attest durchgeführt, damit sicher ist, daß
das unangemessene Verhalten nicht auf eine körperliche Bedingung zurückgeht, die durch medizinische Maßnahmen korrigierbar wäre.　　　　　　　　　　　　　　　　　　　　　　ja/nein

(3) FREIWILLIGE TEILNAHME
Grundregel: Der Klient sollte, wann immer es möglich ist, aktiv und freiwillig am therapeutischen Prozeß beteiligt sein.

3.1 Ein schriftlicher Vertrag stellt sicher, daß der Klient zu jeder beliebigen Zeit ohne
Bestrafung oder finanziellen Verlust von der Behandlung zurücktreten kann.　　　　　ja/nein
3.2 Über 3.1 hinaus stellt der Vertrag sicher, daß der Klient eine spezifische therapeutische
Maßnahme ablehnen kann.　　　　　　　　　　　　　　　　　　　　　　　　　　ja/nein
3.3 Wenn ein Klient gemäß 3.2 eine bestimmte therapeutische Maßnahme ablehnt, bietet der Therapeut
dem Klienten eine alternative Behandlung an.　　　　　　　　　　　　　　　　　　ja/nein
3.4 Wenn eine Behandlung gerichtlich verfügt ist, werden dem Klienten eine Reihe von Behandlungsmethoden sowie eine Auswahl an Therapeuten angeboten.　　　　　　　　　　　　　ja/nein

(4) INTERESSEN DES KLIENTEN
Grundregel: Ein Vormund oder eine Institution, die für den Behandlungsverlauf eines Klienten
verantwortlich ist, sollte genau prüfen, ob die Behandlung ganz im Interesse des Klienten ist.

4.1 Der Klient ist über die kurzfristige Behandlungsziele unterrichtet.　　　　　　　　ja/nein
4.2 Der Klient ist über den langfristigen Behandlungsplan unterrichtet.　　　　　　　　ja/nein
4.3 Der Klient hat im Rahmen seiner Möglichkeiten an der Erarbeitung der kurzfristigen
Behandlungsziele mitgewirkt.　　　　　　　　　　　　　　　　　　　　　　　　ja/nein
4.4 Der Klient hat im Rahmen seiner Möglichkeiten an der Erarbeitung der langfristigen
Behandlungsziele mitgewirkt.　　　　　　　　　　　　　　　　　　　　　　　　ja/nein
4.5 Wenn der Klient, sein Vormund, sein Anwalt oder die für ihn verantwortliche Institution
gegen die Behandlungsziele oder -methoden Einwände erheben, muß eine Konfliktlösung
angestrebt werden.　　　　　　　　　　　　　　　　　　　　　　　　　　　　　ja/nein
4.6 Außerhalb der Behandlungsinstitution wird eine schriftliche Beschreibung der Vorgehensweise niedergelegt, die der Klient, sein Vormund, sein Anwalt und die Mitarbeiter der Institution einsehen können.　　　　　　　　　　　　　　　　　　　　　　　　　　　ja/nein
4.7 Es steht eine Beratungsstelle als Teil des gesamten Therapieprozesses zur Verfügung.　ja/nein

(5) ANGEMESSENHEIT DER BEHANDLUNG
Grundregel: Es sind genaue und vollständige Aufzeichnungen nötig, um sicherzustellen,
daß ein Therapieprogramm die gesetzten Ziele erreicht.

5.1 Über jeden behandelten Klienten existiert eine Akte, die zumindest folgende systematisch sortierten
Unterlagen enthält: medizinische/soziale Vorgeschichte, diagnostische Information und
Behandlungsinformationen　　　　　　　　　　　　　　　　　　　　　　　　　　ja/nein
5.2 Die Behandlungsinformation in der Klientenakte enthält mindestens folgende Inhalte: kurzfristige
Ziele (oder das Zielverhalten), Behandlungsmethoden und Erfolgsparameter.　　　　ja/nein
5.3 Der Klient (oder sein Vormund) erhält eine regelmäßige schriftliche Dokumentation über
die Wirksamkeit seines Behandlungsprogrammes.　　　　　　　　　　　　　　　　ja/nein
5.4 Alle Therapieinformationen und fachliche Beurteilungen werden vom verantwortlichen

Therapeuten geprüft und unterzeichnet. ja/nein

5.5 Wenn der Klient in einer bestimmten Zeit nur unzureichende Erfolge erzielt, muß der
Behandlungsplan überprüft werden. ja/nein

5.6 Mindestens alle 6 Monate wird über jeden Klienten ein Erfolgsbericht verfaßt. ja/nein

5.7 Sollte die Behandlung nicht erfolgreich verlaufen, wird der Klient zu einem anderen Therapeuten
oder an eine andere Institution verwiesen. ja/nein

5.8 In Institutionen mit Verhaltensprogrammen muß ausreichend Personal vorhanden sein, um ein
hohes Maß an Behandlungskonsistenz zu gewährleisten ja/nein

(6) VERTRAULICHKEIT

Grundregel: Die Arbeitsbeziehung zwischen Klient und Therapeut sollte vertraulich behandelt werden.

6.1 Bevor irgendeine Klienteninformation an Dritte weitergegeben werden darf, muß der Klient
(oder sein Vormund) eine "Schweigepflichtsentbindung" unterzeichnen. ja/nein

6.2 Der Klient (oder sein Vormund) wird schriftlich darüber informiert, daß er jederzeit auf Wunsch
Einsicht in seine Akte nehmen darf. ja/nein

6.3 Die Klientenakte ist nur autorisierten Personen zugänglich. ja/nein

6.4 Alle an der Behandlung beteiligten Mitarbeiter verpflichten sich zum Einhalten der Schweige-
pflicht. ja/nein

6.5 Zum Schutz der Aufzeichnungen und Unterlagen und um deren Verlust oder Zerstörung
zu vermeiden, werden entsprechende Sicherheitsvorkehrungen getroffen. ja/nein

(7) THERAPEUTISCHE KOMPETENZ

Grundregel: Der mit der Behandlung beauftragte Experte sollte für alle Bestandteile des
Behandlungsplanes qualifiziert sein.

7.1 Der Therapeut ist in der Behandlung von Problemen des Klienten geübt und erfahren. ja/nein .

7.2 Sollten unqualifizierte Therapeuten an der Behandlung beteiligt sein, ist der Klient hierüber
zu informieren ja/nein

7.3 Sofern Mediatoren an der Behandlung beteiligt sind, müssen sie von einem qualifizierten Therapeuten angemessen supervidiert werden. ja/nein

7.4 Ist der Therapeut nicht ausreichend qualifiziert, um dem Klienten weiterhelfen zu können, wird
der Klient an eine andere Stelle verwiesen. ja/nein

## Checklisten zur ethisch-moralischen Selbstbestimmung

Die APA-Kommission und mit ihr auch die Vereinigung der amerikanischen Verhaltenstherapeuten, die "Association for advancement of behavior therapy (AABT)", hatte sich aus genannten Gründen gegen die Entwicklung eines speziellen Ethik-Kodex für Verhaltenstherapeuten ausgesprochen. Als Alternative wurde ein Fragenkatalog entwickelt, der zur ethisch-
moralischen Selbstreflexion anregen soll und der nach Meinung der Autoren explizit auf alle
Formen therapeutischer Hilfe anwendbar ist. Dabei komme es weniger auf die Antwort als
vielmehr auf den Reflexionsprozeß selbst an. Tabelle 2 gibt den hierzu vorgelegten Fragenkatalog der AABT wieder (1977[6]).

*Tabelle 2: Orientierungsfragen zur ethischen Selbstreflexion von Psychotherapeuten (AABT, 1977)*

A) WURDEN DIE ZIELE DER BEHANDLUNG ANGEMESSEN BERÜCKSICHTIGT?

1. Sind die Ziele explizit, sind sie schriftlich?　　　　　　　　　　　　　　　ja/nein
2. Hat man sich vergewissert, daß der Klient die Ziele verstanden hat, indem er sie　ja/nein
   schriftlich oder mündlich wiedergeben muß?
3. Sind sich Therapeut und Klient über die Ziele der Behandlung einig?　　　　　ja/nein
4. Steht die Unterstützung der Interessen des Klienten im Gegensatz zu den Interessen　ja/nein
   anderer Personen?
5. Wird die Unterstützung der gegenwärtigen Interessen des Klienten im Gegensatz zu den　ja/nein
   Langzeitinteressen stehen?

B) WURDE DIE AUSWAHL DER BEHANDLUNGSMETHODEN ANGEMESSEN BERÜCKSICHTIGT?

1. Zeigt sich in der Fachliteratur, daß das Verfahren das bestmögl. für das Problem ist?　ja/nein
2. Wenn es keine Fachliteratur bezüglich der Behandlungsmethode gibt: ist die Methode im　ja/nein
   Einklang mit allgemein akzeptierten Anwendungen?
3. Wurden dem Klienten alternative Verfahren, die ihm vielleicht wegen entscheidender　ja/nein
   Unterschiede bezüglich Unbehagen, Behandlungszeit, Kosten, Effektivität sympathischer
   sind, vorgestellt?
4. Wenn das ausgewählte Verfahren öffentlich, gesetzlich oder fachlich kontrovers ist:　ja/nein
   wurde formeller fachlicher Rat eingeholt, wurde die Reaktion des betroffenen Teiles der
   Bevölkerung berücksichtigt, und sind die alternativen Behandlungsmethoden besonders genau überdacht worden?

C) NIMMT DER KLIENT FREIWILLIG AN DER BEHANDLUNG TEIL?

1. Wurden mögliche Quellen des Zwanges auf die Teilnahme des Klienten berücksichtigt?　ja/nein
2. Wenn die Behandlung gesetzlich vorgeschrieben wird; wurde die verfügbare Breite an　ja/nein
   Behandlung und Therapeuten angeboten?
3. Kann der Klient ohne Strafe oder finanzielle Einbuße, die die Klinikkosten übersteigt,　ja/nein
   aus der Behandlung aussteigen?

D) WENN EINE ANDERE PERSON ODER KÖRPERSCHAFT ERMÄCHTIGT IST, EINE THERAPIE ZU
   VERANLASSEN, WURDEN DIE INTERESSEN DES UNTERGEORDNETEN KLIENTEN AUS-
   REICHEND BERÜCKSICHTIGT?

1. Wurde der untergeordnete Klient über die Behandlungsziele informiert und hat er an der　ja/nein
   Auswahl der Behandlungsverfahren mitgearbeitet?
2. Wenn die Fähigkeit zu entscheiden bei dem untergeordneten Klienten beschränkt ist: hat　ja/nein
   der Klient oder auch der Vormund an den Behandlungsgesprächen in einem solchen Ausmaß,
   wie es die Fähigkeit des Klienten erlauben, teilgenommen?
3. Wenn sich die Interessen der untergeordneten Person mit denen der Aufsichtsperson oder　ja/nein
   -behörde widersprechen; wurden Versuche unternommen, durch die Berücksichtigung beider
   Interessen den Konflikt zu vermindern?

E) WURDE DIE ANGEMESSENHEIT DER BEHANDLUNG BEURTEILT?

1. Wurden quantitative Messungen des Problems und seiner Verbesserung erreicht?     ja/nein
2. Wurden die Messungen des Problems und seiner Verbesserungen dem Klienten während der    ja/nein
Behandlung zugänglich gemacht?

F) WURDE DIE VERTRAULICHKEIT DER BEHANDLUNGSSITUATION GEWAHRT?

1. Wurde dem Klienten gesagt, wer Einsicht in seine Behandlungsprotokolle hat?     ja/nein
2. Sind diese Daten nur autorisierten Personen zugänglich?     ja/nein

G) VERWEIST DER THERAPEUT DEN KLIENTEN, WENN ES NOTWENIDG IST,
AUF EINEN ANDEREN THERAPEUTEN?

1. Wird der Klient, wenn die Behandlung ohne Erfolg bleibt, auf einen anderen Therapeuten    ja/nein
verwiesen?
2. Wurde dem Klienten gesagt, daß, sollte er mit der Behandlung unzufrieden sein, er ver-    ja/nein
wiesen wird?

H) IST DER THERAPEUT FÜR DIE BEHANDLUNG GENÜGEND QUALIFIZIERT?

1. Hat der Therapeut eine Ausbildung oder Erfahrung in der Behandlung von den Problemen,    ja/nein
die der Klient hat?
2. Wenn es Mängel in der Qualifikation des Therapeuten gibt, wurde der Klient darüber in-    ja/nein
formiert?
3. Wenn der Therapeut nicht genügend qualifiziert ist, wird der Klient dann zu anderen    ja/nein
Therapeuten verwiesen oder wurde ein qualifizierter Therapeut als Aufsicht organisiert?
Ist dem Klienten die Funktion der Aufsichtsperson bekannt?
4. Wenn die Behandlung von Mediatoren durchgeführt wird, sind diese von einem qualifizier-    ja/nein
ten Therapeuten angemessen beaufsichtigt worden?

Der Fragenkatalog der APA gleicht weitgehend dem der AABT und enthält darüber hinaus einige ergänzende Fragen wie z. B. diese: "Wurde dem Klienten mitgeteilt, daß er die Behandlung zu jedem Zeitpunkt ohne persönlichen Nachteil beenden kann?".

## Therapie als ethisches Handeln

In diesem Abschnitt sollen therapeutische Denk- oder Handlungsansätze i. R. der Verhaltenstherapie dargestellt werden, die sui generis von ihrem Ansatz her viele der genannten ethischen Probleme lösen oder erst gar nicht aufkommen lassen. Die Erstellung ethischer Richtlinien folgt nämlich implizit der Auffassung, es gebe eine Aufteilung in therapeutische Maßnahmen hier und solche zu deren ethischer Absicherung dort. Bei den im folgenden dargestellten Strategien handelt es sich demgegenüber um solche, die sowohl therapeutisch effektiv wie auch reflektiert ethisch sind. Mit anderen Worten: Therapie ist hier angewandte

Ethik. Sie wurden als solche auch explizit in die Debatte um die Ethik der Verhaltenstherapie in den USA eingeführt.

## Informierte Zustimmung

Dieser Terminus technicus stellt in der Medizingeschichte den Kernpunkt aller Klientenrechte dar und hat dort eine lange Tradition - nicht zuletzt als Folge der Diskussion um die zahllosen Verletzungen dieses Rechtes im deutschen Faschismus. Es handelt sich um ein gesetzlich geschütztes Patientenrecht und bezeichnet den Anspruch eines/einer Patienten/Patientin, frei über seine/ihre Teilnahme an einer therapeutischen Maßnahme zu entscheiden (im organmedizinischen wie im psychotherapeutischen Bereich), nachdem er/sie über diese Maßnahme aufgeklärt worden ist. Nach Friedman (1975) beinhaltet die informierte Zustimmung drei Komponenten:

* Wissen bezieht sich auf Informationen über die Maßnahmen: Über deren Ziele, über gegebenenfalls zu erwartende unangenehme Auswirkungen, über alle Rechte der Patienten (z. B. die Teilnahme jederzeit und ohne persönlichen Nachteil beenden zu können) und über mögliche alternative Verfahren. Von verschiedenen Autoren wird darauf hingewiesen, daß bei bestimmten Klienten (z. B. Kindern oder geistig Behinderten) die Eltern/Angehörigen oder andere Vertreter diese Informationen und gegebenenfalls noch folgende weitere Informationen erhalten müssen: Was gehört alles zur Therapie? Welche Probleme könnten sich für sie (die Angehörigen) dabei ergeben? Was sind die Ziele der Therapie und wie können sie sich selbst daran beteiligen - was sollten sie nicht tun? Richtlinien dafür, unter welchen Bedingungen eine Information "klar" ist und ab wann sie mehr verwirrt als klärt gibt Stuart (1981, S. 722f.).
* Freiwilligkeit betrifft die Vorsorge dafür, daß der Patient seine Entscheidung ohne jeden Zwang trifft.
* Kompetenz bezieht sich auf die Bemühung des Therapeuten, die Information so zu geben, daß der Patient sie in seinem Zustand verstehen und verarbeiten kann. (Zur Operationalisierung von Kompetenz siehe Stuart, 1981, S. 719f.)

Man sollte hinsichtlich des Wissens prüfen, ob der Patient die Information aufgenommen hat, indem man sie sich schriftlich oder mündlich wiederholen läßt. Schwierig aus Sicht der Verhaltenstherapie erweist sich der Umgang mit dem Prinzip der Freiwilligkeit, weil die VT Entscheidungsprozesse ja stets als durch Umweltereignisse determiniert ansieht. Hierzu bietet die Definition von Freiheit/Freiwilligkeit nach Goldiamond (1974) eine wertvolle und doch VT-systemimmanente Operationalisierung. Zum Thema informierte Zustimmung in der Praxis verweisen diverse Autoren übereinstimmend darauf, daß Patienten empirischen Untersuchungen zur Folge sich sehr selten in diesem eigentlich gesetzlich vorgeschriebenen Zustand befinden (vgl. z. B. Gray, 1975) und daß der Prozeß zur informierten Zustimmung häufig zum bloßen Rechtfertigungsritual verkommt. Woraus zu folgern wäre: Wenn dieses Thema nicht selbstverständlicher Teil der Therapie selbst ist, sollte er auch nicht aus bloß formalen Gründen "eingeführt" werden!

Die Beziehung zwischen Menschen als "Gesellschaftsvertrag" zu sehen, hat philosophiegeschichtlich Tradition seit Locke und Rousseau. Beziehung als gelebter Kontrakt: dem entspricht auch die ethische Schule der Kontraktualisten. Für sie ist der Vertrag denn auch die Grundlage, um therapeutisches Handeln ethisch zu rechtfertigen. Dieser (rationalen) Tradition dürften sich auch intuitiv viele Verhaltenstherapeuten verpflichtet fühlen, scheint ihr Verfahren mit seiner Bemühung um Transparenz und Zielklarheit diesem philosophisch-soziologischen Ansatz doch am ehesten zu entsprechen. Als genialer Vertreter dieser Richtung darf Israel Goldiamond gelten, der diesen Ansatz über Jahrzehnte hinweg entwickelt und "behavioral" zu Ende gedacht hat. Er vereint Therapie und Ethik, indem er zwei Prinzipien miteinander verbindet: Die Aushandlung von therapeutischen Verträgen zwischen Patient und Therapeut einerseits mit der von ihm so bezeichneten "konstruktiven Orientierung" (als Gegenpol zu der im klassischen organmedizinischen Betrieb üblichen und heute in der VT gelegentlich Renaissance feiernden "pathologischen Orientierung") andererseits: "Constructional orientation is defined as an orientation whose solution to problems is the construction of repertoires rather than the elimination of repertoires ... Pathological approaches often consider the problem in terms of a pathology which is to be eliminated. The focus here is on the production of desirables through means which directly increase available options ... rather than indirectly doing so as a by-product of an eliminating procedure" (1974, S. 14).

Die Verbindung zwischen dem Aushandeln eines Kontraktes (ob schriftlich oder mündlich) und einer so definierten konstruktiven Orientierung macht therapeutisches Handeln nach Goldstein ebenso fruchtbar wie ethisch legitimiert. Ein Kontrakt setzt nämlich die Gleichwertigkeit der verhandelnden Parteien voraus (im Falle von behinderten Patienten oder Kindern sind das die gesellschaftlich befugten Vertreter). Die konstruktive Orientierung auf positiv definierte Therapieziele beinhaltet notgedrungen auch die Mitarbeit an und die Verantwortung für die Erreichung dieser Ziele. Auf der Elimination von Pathologien ausgerichtete Kontrakte laufen demgegenüber Gefahr, die gesamte Verantwortung dem Therapeuten zu überlassen. Und sie verlängern Therapien unnötig, weil sie den Patienten (wenn auch unbeabsichtigt) pathologisieren. Sie verleiten schließlich im psychotherapeutischen Bereich auch noch dazu, den Respekt vor der "Person" zu verlieren, wenn sich die pathologische Orientierung auch auf die sogenannte "Persönlichkeit" erstreckt - wenn sie "pathologische Personen" konstruiert.

Demgegenüber verhilft das Prinzip der "konstruktiven Orientierung" dazu, auch im gestörten Verhalten des Patienten die darin liegenden Ressourcen zu erkennen, sie so zu benennen und in der Therapie zu nutzen. Goldstein hat für Form und Inhalt konstruktiv orientierter Kontrakte ebenso wie für das Procedere dorthin explizite Modelle und Beispiele veröffentlicht (vgl. 1974, s. 76-80). (Zu Prozeß und Inhalt therapeutischer Verträge insgesamt vgl. auch Stuart, 1975 und Kanfer, 1977.)

Die APA-Kommission hat in ihrem Bericht wiederholt auf ein potentielles Dilemma hingewiesen, das sie damals als Sonderfall ansah und das sich ergibt, wenn Patient und Auftraggeber bzw. Kostenträger der Therapie nicht identisch sind. Die Verankerung der Verhaltenstherapie im Gesundheitswesen hat diesen Sonderfall bei uns zum Regelfall gemacht. Aus der Perspektive des/der Therapeut/in spaltet sich ihr/sein Klientel demzufolge in den eigentlichen Patienten und gegebenenfalls dessen Angehörige hier und die Kostenträger bzw. deren Vertreter dort (z. B. Rentenversicherer und Krankenkassen, Kassenärztliche Vereinigungen sowie Gutachter). Die Frage ist nun: Inwiefern verändert sich der Kontrakt zwischen Therapeut und Patient, wenn eine solche "dritte Partei" involviert ist? In diesem Fall hat jede der beteiligten Parteien zugleich zwei Verträge: Die Kostenträger (Rentenversicherung oder Kassen, vertreten durch KBV) jeweils mit Therapeuten und Patienten; der Therapeut mit Patienten und Kostenträgern sowie der Patient mit Kostenträger und Therapeut[7]. Diese Konstellation ist jedem Organmediziner vertraut. Nun gehört es aber nach Goldiamond zum Kernpunkt jeder guten Psychotherapie, daß der eigentlich therapeutische Kontrakt allein zwischen dem "change agent", also dem Therapeuten und jener Partei geschlossen werden muß, die das Subjekt der Änderung sein wird, also dem Patienten: "Thus if parents are concerned about their child and come to see me, I contract with them to help change their repertoires so that they can improve relations with their child. I do not contract with them to change their child's behavior." (Goldiamond, 1974, S. 44). Wenn also z. B. ein Rentenversicherungsträger einer Klinik per Vertrag den Auftrag gibt, bestimmte Patienten zu behandeln und diese dafür bezahlt, so werden sich fraglos dieser Vertrag und jener zwischen Therapeuten und Patienten gegenseitig beeinflussen. In diesen Vertragsverhältnissen wird zunächst die vom Therapeuten durchgeführte Therapie und dann das Verhalten des Patienten, mit dem er auf diese Therapie reagiert, zu einer entscheidenden Funktion, die die Beziehung zwischen Klinik und Rentenversicherer aufrechterhalten, verändern oder gar auflösen kann. M.a.W.: Der Patient hat hier letztlich eine Kontrolle nicht nur über sein Verhalten, sondern auch über die Beziehung zwischen Therapeut bzw. Klinik und Kostenträger. Die Veränderung des Patienten in erwünschter Richtung ist für die Beziehung zwischen Therapeuten und Kostenträger ein Verstärker; unerwünschte Veränderungen oder Stagnationen in seinem Verhalten wären hier ein "C-" und müßten, sollten sie sich zahlenmäßig summieren, zu einer Veränderung des Vertrages zwischen Kostenträgern und Klinik oder zu dessen Auflösung führen.

Ullmann & Krasner (1969) meinen hierzu, daß das Recht des Patienten, sein Verhalten zu ändern oder auch nicht zu ändern (z. B. also sein Recht, krank zu bleiben) von höherem moralischem Wert sei als das Recht der Gesellschaft, ihre Mitglieder in ihrem Sinne gesund zu erhalten. Aus diesen Beziehungen von verschiedenen Verträgen zueinander ergeben sich zwar nicht immer, doch aber gelegentlich ethische Dilemmata für einzelne Beteiligte. Deren bekanntestes ist für Kliniker wohl der Konflikt zwischen dem Interesse des Rentenversicherers, die Arbeitsfähigkeit durch den Abbau einer Störung wieder herzustellen, und dem des Patienten, mit eben dieser Störung (unbewußt) die Rente zu erhalten. Für solche Konstellationen gibt es keine rezeptartigen Lösungen - auch in der US-Literatur finden sie sich nicht. Aber vielleicht können folgende Strategien als Lösungsansätze dienen:

* Eine "konstruktive Orientierung" im Vertrag zwischen Therapeut und Patient kann verhindern, daß diese Beziehung von (unrealistischen) Erwartungen belastet wird, die eigentlich aus dem Vertrag zwischen Patient und Versicherer oder Therapeut und Versicherer resultiert: Letztere sind notgedrungen "pathologisch" orientiert, weil sie im Rahmen der RVO die Behandlung (Elimination) von Krankheiten vorsehen müssen und nicht das Erreichen positiver Lebensziele! Mit dieser Orientierung aber ist eine Erwartung an den Therapeuten verbunden, die ihm zugleich eine Macht und eine heilende Kraft zuschreibt, wie er sie im psychotherapeutischen Bereich gar nicht haben kann und die deshalb stets zu einem ausgesprochen kontraproduktiven Erwartungsdruck führt.[8]

* Klarheit über potentielle Differenzen zwischen verschiedenen Kontrakten wirkt sich für die Beteiligten stets fruchtbar aus. Deshalb empfiehlt es sich, mit einem Patienten potentielle Unterschiede hinsichtlich der Therapiezielerwartungen zwischen ihm, seinem Zuweiser, seinem Kostenträger und eventuell anderen Personen oder Institutionen offen zu erörtern und die darin erkennbaren Konflikte in die therapeutische Gesamtstrategie bewußt einzubeziehen. (Ein Beispiel: Das Ziel eines "Angstabbaus" ist, wenn erreicht, ein C+ für die Beziehung zwischen Klinik und Kostenträger; sie kann aber für den Patienten ein C- sein, wenn er dadurch die erwünschte Rente verliert. Kann über diesen Konflikt offen gesprochen werden, finden sich auch Lösungen: Die Therapie kann vorerst beendet und gegebenenfalls erst nach einem Rentenbescheid wieder aufgenommen werden oder es lassen sich Therapieziele entwickeln, die nicht in diesen Konflikt geraten.)

* Verträge zwischen Kostenträgern und Institutionen können - im ideellen wie im schriftlichen Teil von Verträgen - so formuliert sein, daß sie auch bei Interessenskonflikten zwischen Versicherer und Patient eine konstruktiv orientierte Therapie erlauben. Mit anderen Worten: Daß sie es dem einzelnen Therapeuten ermöglichen, seine individuelle Wertehierarchie zu verfolgen, auch wenn diese in Konflikt mit übergeordneten Interessen der Versicherungsgemeinschaften gerät.[9]

* Vielleicht hilft in dieser Auseinandersetzung auch ein Denkansatz von Goldiamond (1978) weiter, der in dieser Differenz (auch) den Ausdruck einer Kontroverse zwischen dem klassisch-medizinischen "Vertrauensmodell" der Therapie und dem "Kontraktmodell" der Verhaltenstherapie sieht: Bei ersterem begibt sich der Patient "vertrauensvoll" in die Hände des Experten. Dieser weiß aufgrund seiner fachlichen Kompetenz zu handeln und zu behandeln. Deshalb werden im Rahmen solcher Modelle auch eher die Rechte und Pflichten der Behandler exakt niedergeschrieben, kaum aber die der Patienten und schon gar nicht deren Verpflichtungen als Partner in der Therapie. Demgegenüber schließt das Kontraktmodell zwei zum Aushandeln eines gemeinsamen Konsens verpflichtete Parteien voraus, die diesbezüglich gleichberechtigt, gleich aktiv und v.a. gleich verantwortungsvoll zusammenarbeiten müssen. Fraglos folgt die Verhaltenstherapie von ihren ursprünglichen Ansätzen her dem zweiten Modell und muß so zwangsläufig (offen oder versteckt) in einen Konflikt mit dem im Gesundheitswesen üblicherweise etablierten ersten Modell geraten.[10]

*Liberale Verhaltenstherapie?*

Ein Überblick über das Bemühen so vieler verhaltenstherapeutischer Väter (und sehr weniger Mütter), sich angesichts eines ausgeprägt negativen Image der VT nicht nur zu verteidigen, sondern sich auch kritisch mit den eigenen moralischen Grundlagen und Menschenbildannahmen auseinanderzusetzen, verweist auf alles andere als auf sture Technizisten. Daran sollte gerade in einer Zeit erinnert werden, in der die VT den Erfolg ihrer Etablierung im Gesundheitswesen feiert. Sie kann sich dabei daran erinnern, welch wertvoller selbstkritischen und denkfähigen Tradition sie entspringt. Sie kann aber auch darauf achten, daß sie sich dieser Tradition nicht entledigt, indem sie sich selbst nur noch als Ansammlung von Techniken versteht oder indem die öffentlichen Vertreter der VT ihre Hauptaufgabe darin sehen, "nicht-echte" Verhaltenstherapeuten/innen aufzuspüren, um sie auszuschließen. Offenheit und Liberalität der Diskussion in den USA waren und sind beeindruckend. Mit dem Plädoyer eines Fürsprechers einer liberalen Verhaltenstherapie soll deshalb dieser Beitrag enden (Farkas, 1981, S. 24):

"Die letzten 10 Jahre waren sehr fruchtbar, um herauszufinden, was man unter "Verhaltenstherapie" versteht. Heute können wir uns fragen, ob alle generellen Ideale ihrer Urheber und ihrer Praktiker am besten dadurch bewahrt werden, daß man zwischen Verhaltenstherapie und anderen psychologischen Bemühungen zu unterscheiden versucht. Ich glaube das nicht. Wir haben gesehen, welche Schwierigkeiten es macht, zwischen verschiedenen ambulanten und direkten therapeutischen Dienstleistungen zu unterscheiden. Wir haben auch die negativen Reaktionen der Öffentlichkeit und anderer Berufsgruppen auf den Begriff "Verhaltenstherapie" kennengelernt.

Welche Kräfte führen nun eher zu einer Partisanentätigkeit als zu einem Pluralismus? Es sind zumindest vier Faktoren, die wie Stützpfeiler gegen die Akzeptanz einer pluralistischen Identität in der Psychologie der Verhaltensveränderung wirken: Prestige, Trägheit, Geld und Macht.

*   <u>Prestige</u> wird natürlich durch die Anerkennung innerhalb einer begrenzten Bezugsgruppe erreicht. Ein entsprechender Titel ist viel leichter innerhalb eines zahlenmäßig begrenzten Kollektives zu erreichen, das sich in ihren Werten einig ist, als in einer großen, sehr diversifizierten Organisation.
*   <u>Trägheit</u> beschreibt die Tendenz, größeren Veränderungen zu widerstehen. Das vergangene Verhalten ist für Organisationen ebenso wie für Individuen die beste Vorhersage für zukünftiges Verhalten. Und, wenn man nicht durch unwiderlegbare Erwägungen zu anderem gezwungen wird, tendiert man politisch dazu, alles beim alten zu belassen.
*   <u>Geld</u> kann man in der westlichen Kultur als Eckpfeiler für organisierte und professionelle Entscheidungsprozesse ansehen. Organisationen entscheiden sich selten dafür, sich aufzulösen, weil sie ihre ursprünglichen Ziele erreicht haben; viel eher findet man neue weitreichende Ziele. In ähnlicher Weise finden Individuen lukrative Verträge, um Bücher zu schreiben oder Journale herauszugeben, die es nicht gäbe, würde es dafür nicht einen identifizierten und homogenen Markt geben.
*   <u>Macht</u> ist die vierte Variable, die zu Widerstand gegen Pluralismus führt. Die Möglichkeit, Organisationen und Menschen zu beeinflussen, ist ein beachtenswerter Ver-

stärker, den es in diesem Ausmaß nicht gäbe, wenn es weniger Organisationen und weniger Bürokratie gäbe.

Diese vier Faktoren gelten natürlich keineswegs ausschließlich für verhaltenstherapeutische Organisationen, Autoren und Therapeuten. Es liegt nicht nur in der Verantwortung von Verhaltenstherapeuten, eine generellere Identität zu entwickeln, sondern ebenso von Humanisten, Rogerianern und anderen." (Übersetzung durch den Verfasser)

## ANMERKUNGEN:

[1] Uns ist dieses Thema insofern vertrauter als den Kollegen in den USA, als sich die Spaltung auf der Klientelebene durch die Verankerung der VT im Gesundheitswesen zur Standardsituation entwickelt hat. Aus dieser Perspektive stellen die Krankenkassen und deren Gutachter ebenso Klienten dar, denen sich Therapeuten verpflichtet fühlen, wie die eigentlichen Patienten - mit allen Folgeproblemen.

[2] Vergleiche hierzu die entsprechende Diskussion zwischen Begutachteten und Gutachtern in diesem Buch

[3] In Anwendung dieser Gedanken auf den ambulant-klinischen Bereich wäre z. B. zu überlegen, welche Vor- und Nachteile eine Beteiligung von Patienten am Gesamtgutachterverfahren haben könnte und wie diese gegebenenfalls zu konkretisieren wäre, ohne die Arbeit bürokratisch zu stören. Warum (wo es im Gutachterverfahren doch eindeutig um die Rechte der versicherten Patienten geht) sollte dieser Gedanke a priori verworfen werden?

[4] Die ethische Legitimation, derzufolge ansonsten garantierte Grundrechte aus therapeutischen Gründen eingeschränkt werden dürfen, folgt meistens der sogenannten "utilitaristischen Ethik": Demnach ist gut, was einem guten Zweck für möglichst viele dient. Ein alternativer ethischer Ansatz hierzu wäre die sogenannte "Verantwortungsethik", wonach die moralische <u>Verantwortung</u> einer Handlung im Lichte der <u>eigenen Moral</u> der handelnden Person zu den obersten Richtlinien gehört. Ein empirischer Vergleich dieser beiden Ethiken ergab eine interessante Überlegenheit der letzteren über die erstere: Wexler (1974, S. 93f.) zeigt, daß das Behandlungsprogramm von Fairweather ( vgl. Fairweather et al. 1964) bei schwergestörten Patienten im Vergleich zu den behavioralen token-economy-Programmen wesentlich erfolgreicher war. Bei Fairweather mußten die Patienten untereinander und nach Diskussionen miteinander selbst bestimmen, wer welche Privilegien entbehren bzw. haben durfte. Und sie mußten diese Entscheidung allein vor sich und vor ihren Mitpatienten <u>verantworten</u>.

[5] Hier handelt es sich um ein Beispiel jener Moral, die nach Meinung des Philosophen M. Walzer (1990) <u>von aussen</u> kommt: Statt die aus seiner Sicht immer schon vorhandene, aber im Lichte des <u>eigenen</u> (Therapie-)Modelles stets neu zu interpretierende Moral zu identifizieren, wird hier vorgeschlagen, sich an anscheinend "objektiven" (= göttlichen?) Ethik-Kriterien zu messen.

[6] Die Tabelle enthält den Fragekatalog der AABT in der von Wipplinger übersetzten deutschen Version (Wipplinger 1986).

[7] Dabei ist für die Therapeuten einer Klinik deren Arbeitsvertrag mit ihrem Arbeitgeber noch gar nicht berücksichtigt.

8 Die zahlreichen Diskussionen zu diesem Thema verweisen immer wieder darauf, daß die notgedrungen diagnostisch-pathologische Orientierung der RVO unvereinbar ist mit einer konstruktiven Orientierung. Das führte und führt zum Ausschluß ansonsten hochwirksamer Therapieverfahren aus den Psychotherapie-Richtlinien, weil diese sich von ihrem Grundansatz her von einer pathologischen Orientierung abgrenzen (z. B. die systemisch orientierte Familientherapie). Wer allerdings die oft außerordentlich hohe Effektivität kennt, mit der die Abwendung von einer pathologischen und die Hinwendung zu einer konstruktiven Sicht von Störungen gerade für die Patienten selbst verbunden ist, wird das Bemühen nicht aufgeben, auch bei der "Krankenbehandlung" eine konstruktive Orientierung unterzubringen.

9 Dem Autor ist nicht bekannt, ob in dieser Richtung jemals ein öffentlicher und offener Dialog zwischen Versicherungsgemeinschaften und Therapieinstitutionen stattgefunden hat, der dazu verhilft, dieses Dilemma zu lösen. Seine Erfahrungen als Supervisor weisen aber darauf hin, daß dieses Problem auch eine intraindividuelle Seite hat: Wenn es dem jeweiligen Therapeuten gelingt, sich seiner inneren Bilder und seiner Vermutungen über die mutmaßlichen Forderungen solcher "höheren Instanzen" bewußt zu werden, dann kann er so manche seine Kreativität unnötig einschränkende "innere Verträge" auch "innerlich" kündigen.

10 Es wäre fruchtbar, mit dieser Unterscheidung einmal das Gutachterverfahren zu durchleuchten: Zu vermuten wäre, daß viele Therapeuten sich in ihrem Handeln dem konstruktiv orientierten Kontraktmodell verpflichtet fühlen, während sie sich in ihren Anträgen (manchmal verkrampft) bemühen, in Sprache und Inhalt dem pathologischen oder Vertrauensmodell zu folgen.

## LITERATURVERZEICHNIS

AMERICAN PSYCHOLOGICAL ASSOCIATION (APA) (1978). *Ethical issues in Behaviour Modification*. Report of the American Psychological Association Commission: San Francisco: Jossey-Bass-Publishers.

ASSOCIATION FOR ADVANCEMENT OF BEHAVIOR THERAPY (1977). *Ethical issues for human services*. Behavioral Therapy, 8, 763-764.

BERUFSVERBAND DEUTSCHER PSYCHOLOGEN (1986). *Berufsordnung für Psychologen*. Bonn: Schriftenreihe dpv-Deutscher Psychologenverlag.

DAVISON, G.C. & STUART, R.B. (1976). *Behavior Therapy and Civil Liberties*. Annual Review of Behavior Therapy, 40-57.

FAIRWEATHER, G., SANDERS, D., MAYNARD, H., CHESSLER, D. & BECK, D. (1969). *Community Life for the Mental Ill: An Alternative to Institutional Care*. In Fairweather, G. (Ed.): Social Psychology in Treating Mental Illness: An Experimental Approach.

FARKAS, G.M. (1981). *Toward a Pluralistic Psychology Behavior Change*. Progress in Behavior Modification, 11, 1-30.

FRIEDMAN, P.R. (1975). *Legal regulation of applied behavior analysis in mental institutions and prisons*. Arizona Law Review, 17, 39-104.

GOLDIAMOND, I. (1974). *Toward a Constructial approach to Social Problems*. Behaviorism, 2-1, 1-84.

GOLDIAMOND, I. (1976). *Protection of Human Subjects and Patients.* Behaviorism, 4-1, 1-42.

GRAY, B.H. (1975). *An Assessment of institutional review committees in human experimentations.* Medical Care, 13, 318-328.

HOLLAND, J.G. (1975). *Behavior Modification for Prisoners, Patients and Other People as a Prescription for the Planned Society.* Mexican Journal of the Analysis of Behavior, 1, 81-95.

KANFER, F.H. (1977). *Selbstmanagement-Methoden.* In Kanfer, F.H. & Goldstein, A.P. (Hrsg.): Möglichkeiten der Verhaltensänderung. München: Urban & Schwarzenberg, 350-406.

KRASNER, L. (1976). *Behavioral Modification: Ethical Issues and Future Trends.* Inc. Leitenberg, H. (Ed): Behavior Modofication and Behavior Therapy. Englewood-Chiffs: Prentice-Hall, 627-649.

LOVAAS, O.I., SCHAFFER, B. & SIMMONS, J.Q. (1965). *Building Social Behavior in Autistic Children by Use of Electric Shock.* Journal of Experimental Research in Personality, 1, 99-109.

MAC DONALD, L. *Ethical standards for therapeutic programms in human services. An evaluation manual.* The Behavior Therapist, 9, 213-216.

MAY, J.G., RISLEY, T.R., TWARDOSZ, S. FRRIEDMANN U.A. (1975). *Guidelines for the use of Behavioral procedures in state programs for retarded persons.* M.R. Research, 1.

REIMRINGER, M.J., MORGAN, S.W. & BRAMWELL, P.F. (1970). *Succinylcholine as a Modifier of Acting-Out-Behaviour.* Clinic Medicine, 77-7, 28-29.

SAWAJ, T. (1977). *Issues and implications of establishing guidelines for the Use of Behavioral techniques.* Journal of Applied Behavioral Analysis, IC, 531-540.

SKINNER, B.F. (1971). *Beyond Freedom and Dignity.* New York: Alfred A. Knopf. Deutsch: *Jenseits von Freiheit und Würde.* Reinbek bei Hamburg. Rowohlt. 1973.

STECH, F. (1986). *Berufsethik und Ehrengerichtsbarkeit in der Klinischen Psychologie - einige Nützlichkeitserwägungen.* Verh.ther. und psychosoziale Praxis, 1, 26-34.

STOLZ, S.B. (1978). *Why no guidelines for Behavior Therapy.* Annual Review of Behavior Therapy, 65-74.

STUART, P.B. (1981). *Ethical Guidelines for Behavior Therapy.* Inc. Turner, S.M., Calhoun, K.S. & Adams, H.E. (Ed's): Handbook of Clinical Behavior Therapy. New York: John Wiley & Sons.

TURKAT, I.D. & FEUERSTEIN, M. (1978). *Behavior Modification and the Public Misconception.* American Psychologist, ..., 194.

ULLMANN, L.P. & KRASNER, L. (1969). *A psychological Approach to abnormal behavior.* Englewood Cliffs: Prentice-Hall.

VARGAS, E.A. (1975). *Rights: A Behavioristic Analysis.* Behaviorism, 3-2, 178-190.

WALZER, M. (1990). *Kritik und Gemeinsinn.* Berlin: Rothbuch-Verlag.

WEXLER, D.B. (1974). *Token and taboo: Behavior Modification, Token economies and the law.* Annual Review of behavior therapy, 279-309.

WIPPLINGER, R. (1986). *Ethische Probleme in der Verhaltenstherapie.* Verhaltenstherapie und psychosoziale Praxis, 1, 7-25.

WYATT VS. STICKNEY, F. SUPP., 373 (M.D. Ala. 1972). (Bruce & Searcy Hospitals).

# DIE VERHALTENSTHERAPEUTISCHE REZEPTION VON WITTGENSTEIN

Walter Zitterbarth

In den frühen sechziger Jahren trafen sich an der Rice-University eine Reihe bekannter Philosophen und Psychologen zu einem Symposium zum Thema "Behaviorismus und Phänomenologie". Schon nach dem ersten Vortrag von Sigmund Koch, in dem dieser wortgewaltig den Niedergang und die Versteinerungstendenzen des klassischen Behaviorismus beschrieb, klagte der ebenfalls anwesende B.F. Skinner über ein Gefühl von Einsamkeit und Verlassenheit in der Teilnehmerrunde. Seine trübe Stimmung hellte sich erst wieder auf, nachdem Norman Malcolm, ein Schüler und ehemals enger Vertrauter des Philosophen Ludwig Wittgenstein, über den Behaviorismus als Philosophie aus einer Wittgenstein'schen Perspektive gesprochen hatte. Malcolms Ausführungen, die den Behaviorismus keineswegs unkritisch behandelten, empfand Skinner als Ermutigung und es gelang ihm somit offenbar, in Wittgenstein einen Bundesgenossen im Geiste zu sehen. Seit diesem denkwürdigen Ereignis[7] wird immer wieder die Frage diskutiert, welchen Beitrag das Denken Ludwig Wittgensteins für behavioristische Theorien und ihre verhaltenstherapeutischen Konsequenzen haben könnte.

## Wittgenstein - ein Behaviorist?

In Wittgenstein's Aussagen selbst findet man zwar zahlreiche Bezugnahmen auf den Behaviorismus, doch wer sich davon unzweideutige Stellungnahmen erhofft, wird, wie so oft bei Wittgenstein, eher in jenen Zustand produktiver Verwirrung geraten, der nachhaltig zum selbständigen Weiterdenken auffordert. In den "Philosophischen Untersuchungen " (PU)[8] läßt er an einer Stelle seinen imaginären Dialogpartner und Gegenspieler mit der Frage zu Wort kommen. "Bist du nicht doch ein verkappter Behaviorist? Sagst du nicht doch, im Grunde, daß alles Fiktion ist, außer dem menschlichen Benehmen?" (§ 307)[9]. Wittgenstein's Antwort darauf ist typisch für den Stil seines Philosophierens. Er lehnt diese Zuschreibung nicht einfach ab (freilich bestätigt er sie auch nicht), sondern versucht sie weiter zu klären. "Wenn ich von einer Fiktion rede, dann von einer *grammatischen* Fiktion" (ebda.). Damit möchte Wittgenstein darauf hinweisen, daß er einerseits seelische Zustände nicht einfach für metaphysische Hirngespinste hält, daß wir andererseits aber auch nicht in der Weise über sie reden können, wie der Introspektionismus dies tut und die von Descartes inspirierten dualistischen Philosophien.

Es gibt auch noch andere Äußerungen, die vielleicht noch deutlicher die Nähe Wittgensteins zum Behaviorismus betonen. So heißt es in den "Zettel(n)" (Z)[10] einmal: "Unser Sprachspiel ist ein Ausbau des primitiven Benehmens. (Denn unser *Sprachspiel* ist Benehmen.)

---

7 Die Vorträge dieses Symposiums samt der sich daran anschließenden Diskussion sind dokumentiert in: T.W. Wann, Behaviorism and Phenomenology. Contrasting Bases for Modern Psychology. Chicago 1964.
8 Frankfurt am Main 1969
9 Zur Verständigung mit Verhaltenstherapeuten darf man wohl von einer großen semantischen Nähe der Begriffe "Benehmen" und Verhalten" ausgehen.
10 In: Ludwig Wittgenstein, Über Gewißheit. Frankfurt am Main 1984, S. 259-443.

(Instinkt)" (§ 545). Und die folgenden Passagen könnten unmittelbar einem Handbuch zur Konditionierung entsprungen sein: "Ich bin zu einem bestimmten Reagieren auf diese Zeichen abgerichtet worden und so reagiere ich nun" (PU § 198). "Einer Regel folgen, das ist analog dem: einen Befehl befolgen. Man wird dazu abgerichtet und man reagiert auf ihn in bestimmter Weise" (PU § 206). Doch von einer vollständigen Vereinnahmung Wittgensteins durch den Behaviorismus kann trotzdem keine Rede sein. Dagegen sprechen immer wieder eingestreute ironische Bemerkungen wie diese: "Wir möchten in der Philosophie beides sehen: die Absurditäten in den Aussagen der Behavioristen und die in den Aussagen ihrer Gegner"[11] (Übersetzung vom Verfasser).

In der Sekundärliteratur, soweit sie sich der Frage nach dem Verhältnis von Wittgenstein zum Behaviorismus überhaupt annimmt, herrscht weitgehende Uneinigkeit über das Maß an Übereinstimmung zwischen beiden Positionen, eine Uneinigkeit, die zurückgeführt werden kann auf den fehlenden Konsens über die Wesensmerkmale des Behaviorismus. Man kann dies bereits feststellen, wenn man nur die positive Stellungnahmen berücksichtigt, die Wittgenstein auf die eine oder andere Weise dem Behaviorismus zuschlagen möchte. Sie kommen nämlich fast durch die Bank nicht aus, ohne eine nähere Qualifizierung der besonderen Art von Behaviorismus, in dessen Rahmen sie Wittgenstein's Philosophie gestellt sehen möchten. Für Garth Hallet ist Wittgenstein ein "methodologischer" Behaviorist, im Gegensatz zu einem "substantiellen"[12], C.W.K. Mundell plädiert dafür, in Wittgenstein einen "linguistischen" Behavioristen zu sehen[13], John Hems macht aus ihm einen traditionellen Behavioristen im Sinne des Funktionalismus und Mechanismus[14], C.S. Chihara und J.A. Fodor argumentieren, daß Wittgenstein's Behaviorismus auffallende Ähnlichkeit mit C.L. Hulls "logischem" Behaviorismus besitzt[15], und W.F. Day ist schließlich davon überzeugt, daß es viele Ähnlichkeiten zwischen Wittgenstein und B.F. Skinner gibt[16].

### Zur Rolle des Mentalen bei Wittgenstein

Vielleicht läßt sich dieses gedankliche Gestrüpp ein wenig aufhellen, wenn wir versuchen anzugeben, welche der von Wittgenstein immer aufs Neue umkreisten Gedanken und Thematiken denn überhaupt die Idee nahelegen, er fechte dieselben Abwehrschlachten wie die Behavioristen. Als erstes muß man hier wohl verweisen auf Wittgenstein's Thesen zur Rolle, die mentale Ereignisse in handlungstheoretischen Begründungszusammenhängen spielen können. So hält er vor allem den Versuch, solche Ereignisse zur entscheidenden Instanz zu machen, um zwischen intelligentem Handeln und bloßen Verhaltensereignissen zu unterscheiden, für aussichtslos. Anders als im radikalen Behaviorismus möchte Wittgenstein nicht die Existenz seelischer Zustände und Ereignisse in Abrede stellen, ihm kommt es nur darauf an zu zeigen, daß die Vorstellung absurd ist, daß es für jedes äußere menschliche Tun

---

[11] C. Diamond (ed.), Wittgensteins Lectures on the Foundations of Mathematics, Cambridge 1939. Sussex 1976, S. 111.

[12] Gart Hallet, A Companion to Wittgenstein's Philosophical Investigations. Cornell 1977, S. 625.

[13] C.W.K. Mundell, "Private Language" and Wittgenstein's Kind of Behaviorism. Philosophical Quarterly, 16, 1966, S. 35.

[14] John Hems, Husserl and/or Wittgenstein. International Philosophical Quarterly, 8, 1968, S. 569.

[15] C.S. Chihara & J.A. Fodor, Operationalism and Ordinary Language: A Critique of Wittgenstein. American Philosophical Quarterly, 2, 1865, S. 282 ff.

[16] W.F. Day, On Certain Similarities Between the Philosophical Investigations of Ludwig Wittgenstein and the Operationism of B.F. Skinner. Journal of the Experimental Analysis of Behavior, 12, 1969, S. 498-506.

eine begleitende oder vorangehende innere mentale Aktivität geben müsse, die nur deshalb eingeführt wird, weil man sie für notwendig hält, um intelligentes und verstehbares menschliches Handeln von bloß physikalisch beschreibbaren Verläufen unterscheiden zu können.

Nehmen wir folgendes Beispiel: ein Thermostat kann so eingestellt sein, daß er bei einer Raumtemperatur von 20°C die Heizung abschaltet. Dies wäre ein Beispiel für einen bloßen Automatismus. Wir können nun, gemäß der von Wittgenstein kritisierten These, sagen, der Mensch, der ebenfalls bei 20°C die Heizung abschaltet, handelt im Unterschied zum Thermostaten deshalb intelligent, weil seinem Tun die folgende Ereigniskette vorangeht: sein Blick fällt auf das Thermometer und er interpretiert seine Wahrnehmung als das Meßergebnis: "Die Raumtemperatur beträgt 20°C". Daraufhin denkt er sich, daß diese Tempertur ausreicht, und er erinnert sich, daß in der Vergangenheit sein Wunsch, die Temperatur nicht weiter ansteigen zu lassen, dadurch befriedigt wurde, daß er die Heizung abstellte.

Mit Wittgenstein können wir nun fragen, wie es kommt, daß der Blick auf das Thermometer gerade diese Kette von inneren Ereignissen in Gang setzte und nicht eine x-beliebige andere. Entweder handelt es sich dabei um ein unerklärliches Widerfahrnis, das selbst den Charakter eines bloßen Automatismus besitzt. Dann wird es aber unerfindlich, wieso das Hinzutreten eines unverständlichen mentalen Ereignisses mit Widerfahrnischarakter aus dem bloßen Bewegungsablauf des Abschaltens eine intelligente, verstehbare Handlung machen soll. Oder aber wir sehen in den Vorgängen des Erinnerns usw. selbst intelligente Tätigkeiten, dann müssen sie nach Voraussetzung von weiteren mentalen Ereignissen begleitet sein, für die dann dasselbe gilt, was uns in einen unendlichen Regreß führt. Aus diesem Dilemma führt nach Wittgenstein's Ansicht nur eine dritte Möglichkeit heraus, die darin besteht, in der Kette unserer inneren Ereignisse, ihrer Hervorbringung und Auswahl, wohl eine intelligente Tätigkeit zu sehen, eine solche aber, die einer Begleitung durch weitere innere Prozesse nicht bedarf. Wir haben in der Ereigniskette, die vom Blick auf das Thermometer bis zum Akt der Erinnerung führt, somit eine verstehbare, intelligente Handlung, die zugleich ohne weitere kognitive Akte, ohne zusätzliche Überlegungen zustande kommt, d.h. als eine Art Automatismus. Doch wenn es solche intelligenten Automatismen gibt, und Wittgenstein's Überlegungen machen dies sehr plausibel, warum können wir dann nicht gleich die Tätigkeit des Abschaltens der Heizung selbst als intelligent und automatisch zugleich betrachten, ohne dafür überhaupt erst weitere mentale Zustände in Anspruch zu nehmen. Nicht die mentalen Begleiterscheinungen machen aus einem äußeren Bewegungsablauf eine verständliche Handlung, sondern der größere Kontext, in dem er steht, sein Bezug zu Ereignissen, die ihm voraus liegen, und zu solchen, die ihm nachfolgen[17]. Damit ist nicht die Möglichkeit geleugnet, daß manchmal unsere Handlungen tatsächlich von solchen Gedanken und Bildern begleitet werden, wie dies für den Beispielfall unterstellt wurde. Bestritten wird lediglich die Notwendigkeit ihres Auftretens und die damit verbundene nahezu "magische" Fähigkeit, Bewegungen in Handlungen zu transformieren.

---

17 G.E. Zuriff, Where is the Agent in Behavior? Behaviorism, 3, 1975. Deutsch: Wer verhält sich beim Verhalten? in diesem Buch.

## Zur Rolle der Introspektion

Ein weiteres Element in Wittgenstein's anti-dualistischem Denken, das ihn in die Nähe des Behaviorismus rückt, sind seine Vorbehalte gegen die Introspektion und ihre Ergebnisse[18]. Er wird nicht müde, auf die begrifflichen Konfusionen hinzuweisen, in die es führt, wenn man versucht, ein System von Erkenntnissen auf einem Wissensfundament zu errichten, das ausschließlich der Bekanntschaft mit dem eigenen Innenleben entstammt. Ein bekanntes Beispiel für ein solches Vorgehen besteht in dem sog. "Analogieargument", bei dem versucht wird, die Annahme der Existenz seelischer Ereignisse bei anderen Menschen auf Basis der beiden folgenden Prämissen zu rechtfertigen: (1) Wir besitzen ein direktes und unmittelbares Wissen über unsere eigenen privaten Zustände und Ereignisse; (2) unsere äußeren, öffentlichen Verhaltensweisen besitzen Ähnlichkeit mit den Verhaltensweisen anderer. Zeigt ein anderer daher ein Verhalten, das wir von uns selbst kennen, schreiben wir ihm unsere eigenen, mit diesem Verhalten bei uns korrespondierenden inneren Zustände zu.

Wittgenstein nun bezweifelt die Möglichkeit dieses Übergangs von einem angeblichen Wissen über uns selbst zu einem daraus abgeleiteten Wissen über andere. Er hält den Anspruch für uneinlösbar, auf der Grundlage einer die eigenen inneren Zustände betreffenden reinen Selbsterkenntnis, Wissen über die privaten Zustände anderer Personen zu bilden. "Wenn ich von mir selbst sage, ich wisse nur vom eigenen Fall, was das Wort Schmerz bedeutet, muß ich *das* nicht auch von den Anderen sagen? Und wie kann ich denn den *einen* Fall in so unverantwortlicher Weise verallgemeinern? Nun, ein Jeder sagt es mir von sich, er wisse nur von sich selbst, was Schmerzen seien! - Angenommen, es hätte Jeder eine Schachtel, darin wäre etwas, was wir "Käfer" nennen. Niemand kann je in die Schachtel des anderen schauen; und Jeder sagt, er wisse nur vom Anblick *seines* Käfers, was ein Käfer ist. - Da könnte es ja sein, daß Jeder ein anderes Ding in seiner Schachtel hätte. Ja man könnte sich vorstellen, daß sich ein solches Ding fortwährend veränderte" (PU, § 293). Anders gesagt:Damit eine Person in der Lage ist, sinnvoll und allgemein verständlich ihre eigenen privaten Erfahrungen namhaft zu machen, muß sie gelernt haben, was es heißt und wovon es abhängt, diese Erfahrung jemand anderem zuzuschreiben. Wittgenstein's Analyse stellt das Analogieargument also gleichsam auf den Kopf, indem sie zeigt, daß das Wissen über das Innenleben anderer Menschen nicht mehr nachträglich zu einem Wissen über unser eigenes Innenleben gebildet wird, sondern diesem vorangehen muß. Was aus dualistischer Perspektive als sicheres und unmittelbares Wissen erscheint, nämlich das Wissen um unsere eigenen privaten Zustände, ist in Wittgenstein's Augen parasitär und nur zu gewinnen in Abhängigkeit von Kriterien, die es erlauben, dieselben Zustände auch anderen zuzuschreiben. Doch wenn wir Kriterien für private Zustände bei anderen besitzen, brauchen wir kein Analogieargument mehr.

Doch was genau macht eigentlich den Begriff einer vorgängigen und von keinem auf andere Weise gewonnenen Wissen abhängige Selbsterkenntnis über die eigenen seelischen Prozesse so suspekt? Für Wittgenstein's diesbezügliche Argumentation ist neben dem Einwand vom "Käfer in der Schachtel" auch seine These von der Unmöglichkeit einer "Privatsprache" einschlägig. Wir können auf dieses vielschichtige und vieldiskutierte Theorem Wittgenstein's

---

[18] Gerade diese Vorbehalte waren es denn auch, die die klassischen Behavioristen zum Ausgangspunkt ihres theoretischen Gebäudes gemacht haben.

hier nicht näher eingehen. Es soll deshalb nur versucht werden, den Grundgedanken zu skizzieren und ihn durch ein längeres Wittgenstein-Zitat näher zu beleuchten. Für Wittgenstein ist jeder Erkenntnisanspruch, der sich losgelöst hat von allen begrifflichen Verbindungen zu öffentlichen (im Gegensatz zu privaten) Ereignissen und Kriterien, letzten Endes auf der Vorstellung einer privaten Sprache gegründet. Eine solche Sprache ist aber eine Fiktion, sie gibt nur vor, eine wirkliche Sprache zu sein, da es ihr an wirklichen Regeln mangelt[19]. Sie besitzt nur den täuschenden Anschein solcher Regeln, wie es durch die folgende Überlegung veranschaulicht wird:

"Stellen wir uns diesen Fall vor. Ich will über das Wiederkehren einer gewissen Empfindung ein Tagebuch führen. Dazu assoziiere ich sie mit dem Zeichen "E" und schreibe in einem Kalender zu jedem Tag, an dem ich die Empfindung habe, dieses Zeichen. Ich will zuerst bemerken, daß sich eine Definition des Zeichens nicht aussprechen läßt. - Aber ich kann sie doch mir selbst als eine Art hinweisende Definition geben! - Wie? Kann ich auf die Empfindung zeigen? - Nicht im gewöhnlichen Sinne. Aber ich spreche oder schreibe das Zeichen, und dabei konzentriere ich meine Aufmerksamkeit auf die Empfindung - zeige also gleichsam im Innern auf sie. - Aber wozu diese Zeremonie? Denn nur eine solche scheint es zu sein! Eine Definition dient doch dazu, die Bedeutung eines Zeichens festzulegen! - Nun, das geschieht eben durch das Konzentrieren der Aufmerksamkeit; denn dadurch präge ich mir die Verbindung des Zeichens mit der Empfindung ein. - "Ich präge sie mir ein" kann doch nur hießen: Dieser Vorgang bewirkt, daß ich mich in Zukunft *richtig* an die Verbindung erinnere. Aber in unserem Fall habe ich ja kein Kriterium für die Richtigkeit. Man möchte hier sagen: richtig ist, was immer mir als richtig erscheinen wird. Und das heißt nur, daß hier von "richtig" nicht geredet werden kann" (PU, § 258).


### Wider das reduktionistische Menschenbild

Ein Punkt, an dem sich Wittgenstein zumindest von älteren, noch stark der empirischen Philosophie und Wissenschaftstheorie verpflichteten behavioristischen Auffassungen entfernt, ist seine Gegnerschaft zu allen Formen des Atomismus und Reduktionismus. Wittgenstein sieht in der im naturwissenschaftlichen Bereich so erfolgreichen Methode, jeden Gegenstand auf eine möglichst geringe Anzahl möglichst einfacher Elemente zu reduzieren, eine beständige Versuchung für die Humanwissenschaften, der es zu widerstehen gilt. Er argumentiert, daß sich Emotionen und solche Tätigkeiten wie Verstehen, Erkennen, Erwarten oder Hoffen nicht auf physiologische Zustände oder innere, mentale Prozesse und Empfindungen reduzieren lassen, aber ebensowenig auf bloß äußere, beobachtbare Verhaltensereignisse. "Liebe ist kein Gefühl. Liebe wird erprobt, Schmerzen nicht. Man sagt nicht: "Das war kein wahrer Schmerz, sonst hätte er nicht so schnell nachgelassen". (Z, § 504)[20]. Wenn ich die ungarische Sprache verstehe, wann und wie findet dieses Verstehen

---

[19] Siehe hierzu auch die Ausführungen bei: D.A. Begelman, Wittgenstein, Behaviorism, 4, 1976, S. 201-207.

[20] Mit anderen Worten: Unsere "Sprachspiele" mit Bezug auf mentale Prozesse und Empfindungen sind andere als die, die wir mit Gefühlsworten spielen: "Schmerz" gehört demnach als Begriff für eine Empfindung zu einem anderen Spiel als der Begriff "Liebe". Die Generierung sinnloser Sätze wie des zitierten durch eine unzulässige Kontaminierung verschiedener Sprachspiele zeigt dies. Eine ähnliche Verwirrung entsteht z.B. in der Psychotherapie dann, wenn das "medizinische" Sprachspiel, in dem der Patient nicht als verantwortlich handelnde Einheit erscheint, mit sogenannten aktionistischen oder handlungstheoretischen Sprachspielen vermischt wird, in denen er das tut.

dann statt? Nur wenn ich gerade Ungarisch lese oder höre? (Nein) Zu jedem Zeitpunkt? (Das läßt sich kaum bejahen, denn verstehe ich denn Ungarisch, wenn ich schlafe?) Man könnte einwenden, daß es sicherlich einen definitiven Zeitpunkt gab, an dem ich überhaupt kein Ungarisch verstand, doch dem ließe sich entgegnen, daß wir auch noch von der unbekanntesten Fremdsprache durch Gesten und ihre allgemeine Einbettung in eine Umgebung etwas verstehen können. Es mag aber schon genügen, den Gegensatz zu beachten, wie er besteht zwischen der genauen Bestimmung des Zeitpunktes, zu dem das Verstehen einer fremden Sprache beginnt, und der genauen Bestimmung des Zeitpunktes zu dem der scharfe Schmerz eines Messerstichs beginnt.

Dieselbe Art von Gedankenexperimenten, wie sie soeben am Beispiel des Verstehens vorgenommen wurde, läßt sich auch mit Bezug auf die Tätigkeiten des Hoffens, Beabsichtigens, Erkennens usw. durchführen. Anders als Empfindungen lassen sich alle diese Aktivitäten nicht in Raum und Zeit lokalisieren. "Man fühlt die Trauer so wenig im Körper, wie das Sehen im Auge" (Z, § 495); oder "Absicht (Intention) ist weder Gemütsbewegung, Stimmung, noch Empfindung oder Vorstellung. Sie ist kein Bewußtseinszustand. Sie hat nicht echte Dauer" (Z, § 45). Wenn ich hoffe und dann zu pfeifen beginne, höre ich deswegen nicht auf zu hoffen während des Pfeifens (Z, § 64); auch ist die Natur des Beabsichtigens so, daß man darin nicht gestört werden kann und deshalb handelt es sich nicht um einen Bewußtseinszustand (Z, § 50). Solche und ähnliche Gründe lassen es Wittgenstein angemessener erscheinen, mit Bezug auf die genannten Tätigkeiten nicht von Tatsachen des Lebens, sondern von *Lebensformen* zu sprechen[21].

Wittgenstein macht deutlich, daß diese Lebensformen eine einzigartige Erscheinung im menschlichen Lebensbereich darstellen, da Tiere z. B. weder aufrichtig sein, noch heucheln können. Nur wer die Verwendung einer Sprache beherrscht, die selbst ein Beispiel für eine komplizierte Lebensform ist, kann hoffen. Für Wittgenstein ist daher die im frühen Behaviorismus als große Errungenschaft gefeierte Reduktion menschlichen Verhaltens auf tierische ausgeschlossen, und er lehnt auch die Annahme universaler Gesetze, durch die menschliches wie tierisches Verhalten gleichermaßen bestimmt wird, nachhaltig ab. Angesichts der großen Vielfalt von Sprachspielen[22] und Lebensformen hält Wittenstein sogar das menschliche Verhalten allein für nicht bestimmt durch universale Gesetze, die Prognosen ermöglichen.

Obwohl wir einem klugen Hund viele schlaue Tricks beibringen können, können wir ihn nicht dazu abrichten, aufrichtig zu sein, zu heucheln oder zu hoffen. Der Grund dafür liegt nicht einfach in fehlenden Organen des Tieres und nicht einmal allein in der fehlenden Sprachfähigkeit, denn: "Wenn ein Löwe sprechen könnte, wir könnten ihn nicht verstehen" (PU, S. 356). Tiere teilen einfach nicht die menschliche Lebensform. Um an dieser teilzunehmen, wäre es nötig, daß die sprachliche Äußerung des Löwen eingebettet wäre in eine "*Umgebung*", d.h. in einen weiteren Kontext sprachlicher und nicht-sprachlicher Handlungen, der der Äußerung erst ihren Sinn verleihen würde. Menschen sind im Gegensatz zu Tieren in Geschichten verstrickt und eingebunden.

---

[21] N.F. Gier, Wittgenstein, Intentionality, and Behaviorism. Metaphilosophy, 13, 1982, S. 52.
[22] Dieser für die Wittgenstein'sche Philosophie zentrale Begriff meint die geregelte Verwendung sprachlicher Äußerungen im Rahmen nicht-sprachlicher Verhaltenskontexte.

Wittgenstein's Position, daß Formen und nicht Tatsachen den Leitfaden für die Analyse menschlichen Handelns abgeben, enthält auch einen Hinweis auf seine Vorbehalte gegen kausale Erklärungen in diesem Bereich. Wenn er behauptet, daß bestimmte psychologische Phänomene keine physiologischen Korrelate haben könnten, oder daß Erinnerungen nicht als mechanisch im Nervensystem "gespeichert" gedacht werden müssen, ist er sehr weit entfernt von den Kausalanalysen des klassischen Behaviorismus. "Warum soll es keine psychologische Gesetzmäßigkeit geben, der *keine* physiologische entspricht? Wenn das unsere Begriffe von der Kausalität umstößt, dann ist es Zeit, daß sie umgestoßen werden" (Z, § 610). Solche in regelhafter Weise auftretenden psychologischen Vorgänge wie Hoffen, Heucheln usw. werden nicht durch andere physische Gegenstände oder empirische Bedingungen verursacht, sondern in einem soziolinguistischen Rahmen *konstituiert*, für den Wittgenstein bisweilen auch den Begriff einer "Weltanschauung" erwägt. Lebensformen sind daher vor allem formale Bedingungen, die "Muster auf dem Band des Lebens", die ein sinn- und bedeutungsvolles Leben erst möglich machen.

### Ich & Er? Reden über mich - Reden über andere

Häufig wird insbesondere von einem ganz bestimmten Aspekt der Philosophie Wittgensteins angenommen, er ließe sich nur schwer mit einer behavioristischen Perspektive verbinden. Es handelt sich dabei um Wittgenstein's Behauptung einer Asymmetrie zwischen Aussagen in der ersten Person Singular Präsens und solchen in der dritten Person. Für die Verifizierung der Aussage "Er hat Schmerzen" gibt es öffentliche Kriterien, doch dies gilt nicht in gleicher Weise für die Aussage "Ich habe Schmerzen". Nach Wittgenstein ist es normalerweise nicht der Fall, daß wir erst unser Sich-Krümmen beobachten müssen, um festzustellen, daß wir Schmerzen haben, oder unser Gähnen, um zu bemerken, daß wir müde sind. Nur bei anderen Personen bedürfen wir solcher Anzeichen, um ihnen erlebnisbezogene Zustände zuzuschreiben. Hier erhebt sich allerdings die folgende Frage: Wenn es nicht der Fall ist, daß ich meine Aufgeregtheit durch die Wahrnehmung des Zitterns meiner Hände verifiziere, wie verifiziere ich sie dann? Normalerweise überhaupt nicht. Daß ich Kopfschmerzen habe, verifiziere ich nicht durch eine Reihe von Tatsachen, wie die, daß ich meinen Kopf in den Händen halte und gerade eine Aspirin genommen habe. Der Begriff der Verifikation läßt sich auf eine Vielzahl von psychologischen Äußerungen in der ersten Person Singular nicht anwenden, gerade weil solche Äußerungen nicht auf Beobachtungen beruhen. Der Introspektionist begeht an dieser Stelle den schon besprochenen Irrtum zu glauben, daß solche Äußerungen auf der Beobachtung innerer mentaler Zustände beruhen. Es sieht nun so aus, als beginne der Behaviorist einen dazu komplementären Irrtum, indem er solche Äußerungen auf der Beobachtung äußerer Ereignisse oder physischer Ereignisse im Körper gründen läßt. Damit würden die beiden sonst so konträren psychologischen Grundkonzeptionen des Introspektionismus und des Behaviorismus eine falsche Annahme teilen, diejenige nämlich, nach der psychologische Aussagen in der ersten Person Singular Berichte sind über etwas, was der Sprecher glaubt, beobachtet zu haben.

Doch ist der Behaviorismus wirklich gezwungen, Aussagen in der ersten Person auf diese kritikwürdige Weise zu verstehen? Skinner macht hierzu einen Alternativvorschlag[23], der in

---

23 Wann (siehe Fußnote 1), S. 156.

guter Übereinstimmung mit Wittgenstein's allgemeinen Intentionen steht, erlebnisbezogene Begriffe so zu analysieren, daß sie weder auf äußerliche Bewegungsabläufe, noch auf das Geschehen auf einer imaginären inneren Bühne Bezug nehmen, sondern auf eine geregelte soziale Praxis. Unter Verwendung eines Argumentationstyps, dessen sich auch Wittgenstein häufig bedient, fordert Skinner dazu auf, sich nicht von der syntaktischen Form eines Satzes wie "Ich bin ärgerlich" täuschen zu lassen. Was wie die Beschreibung eines Zustandes aussieht, ist in Wirklichkeit gar keine deskriptive Aussage, sondern eine Aussage, die dem Zweck dient, bei anderen gewisse Reaktionen hervorzurufen, sie auf bestimmte Weise zu beeinflussen. So können Aussagen, die Intentionen betreffen, etwa "Ich habe die Absicht zu kommen", je nach Kontext vielleicht warnen wollen, Beistand ankündigen, einzuschüchtern versuchen usw.

Damit erweist sich zwar die Hürde der Wittgenstein'schen Analyse von psychologischen Aussagen in der ersten Person als durchaus überwindbar für den Behaviorismus, doch haben wir jetzt ein neues Problem. Oben sahen wir, daß der Gebrauch unseres Empfindungsvokabulars in der ersten Person seinen Gebrauch in der dritten Person voraussetzt. Soeben analysierten wir den Gebrauch dieses Vokabulars in der ersten Person aber als nicht-deskriptiv, und wenn dies ein von der dritten Person-Sprache abgeleiteter Gebrauch sein soll, so müßte auch sein Gebrauch in der dritten Person nicht-deskriptive Komponenten enthalten. Nach der Ansicht Kripkes[24] ist dies bei Wittgenstein tatsächlich der Fall und Kripkes Gedankengang hierzu stellt faktisch eine Ausweitung des Skinner'schen Vorschlags dar. Kripke stellt die Frage, warum wir überhaupt anderen Menschen Empfindungen zuschreiben, nachdem diese Empfindungszuschreibungen ja abhängig sein sollen von Verhaltensbeschreibungen. Warum beläßt man es nicht bei der Behauptung, daß sich ein anderer auf diese oder jene Weise verhält? Kripke's Antwort ist zweigeteilt: (1) Es ist wesentlich einfacher zu sagen: "Er sah ärgerlich aus", als diesen Ausdruck des Ärgers in einer Terminologie zu beschreiben, die für psychische Zustände keine Worte hat; (2) in der Benutzung eines psychischen Vokabulars drückt sich eine Einstellung aus, wie wir sie nur gegenüber Menschen, nicht aber gegenüber physischen Systemen an den Tag legen. Wittgenstein faßt sie in die Worte: "Meine Einstellung zu ihm ist eine Einstellung zur Seele. Ich habe nicht die *Meinung*, daß er eine Seele hat" (PU, S. 489). Doch welches ist die einschlägige Einstellung zu Menschen, im Gegensatz etwa zu Maschinen, und wie zeigt sie sich bei der Zuschreibung von Empfindungswörtern? Wenn wir uns auf Wittgenstein's häufig gebrauchten Fall der Schmerzen beziehen, erhalten wir ein klares Bild. Wenn wir etwa jemanden sehen, der sich windet vor "Schmerzen", so ruft dies bei uns Mitleid hervor. Vielleicht fühlen wir uns aufgefordert, ihm zu Hilfe zu eilen, oder wir versuchen, ihn zu trösten usw. Bei der Verwendung des Vokabulars, das für "Seelisches" steht, im Hinblick auf andere Menschen, läßt sich also ebenso eine interaktive Komponente auffinden, wie Skinner sie mit Bezug auf Selbstzuschreibungen behauptet hat.

Angesichts Wittgenstein's massivem Skeptizismus bezüglich der Autonomie privater seelischer Ereignisse und seiner Betonung der Bedeutsamkeit von öffentlich zugänglichem Verhalten, scheint es kaum rechtfertigbar zu sein, eine enge Verbindung von Wittgenstein's Philosophie mit dem Behaviorismus zu leugnen. "Aber Vergnügen geht doch jedenfalls mit einem Gesichtsausdruck zusammen ..." (Z, § 508). Freilich ist der Begriff des Behaviorismus selbst so schillernd, daß es ohne eine genauere Qualifizierung nicht abzugehen scheint, denn

---

24 S.A. Kripke, Wittgenstein über Regeln und Privatsprache. Frankfurt am Main, 1987.

wie wir sahen, gibt es durchaus Züge im klassischen Behaviorismus, dessen Atomismus und Reduktionismus etwa, die Wittgenstein nicht teilt. Vielleicht wird man Wittgenstein am besten dann gerecht, wenn man ihn als "sozialen Behavioristen" kennzeichnet und ihn damit in Verbindung mit Theoretikern wie Maurice Merleau-Ponty und George Herbert Mead bringt. Er teilt jedenfalls mit ihnen die Ansicht, daß die soziale Welt und ihre interaktive Organisation sozialer Tätigkeiten grundlegend ist für das Verstehen des Geisteslebens. Wirkliche Intentionen, wirkliche Motive und wirkliche Gedanken sind durch und durch soziale Phänomene.

## Philosophieren als Therapie

Es mag für eine Beschäftigung mit Wittgenstein aus verhaltenstherapeutischer Sicht nicht uninteressant sein, daß Wittgenstein in der Tätigkeit des Philosophierens selbst eine Form von Therapie sah und zwar eine Therapie von Zuständen geistiger Verwirrung, wie sie eintreten können durch einen illusorischen Gebrauch sprachlicher Bilder und Analogien. Dabei sind, vielleicht mehr noch als manche Themen seiner Philosophie, bestimmte grundsätzliche Haltungen und Einstellungen, an denen ihm sehr viel gelegen war, durchaus übertragbar auch auf psychologische Therapien[25]. Er wollte seinen "Philosophischen Untersuchungen" ursprünglich das Shakespeare-Wort: "I'll teach you differences" voranstellen und in der Tat bringt dieser Satz eines der tiefgründigsten Anliegen Wittgenstein's auf den Punkt. Hinter einem gleichartigen syntaktischen Aufbau von Sätzen können sich ganz unterschiedliche grammatische Tiefenstrukturen verbergen und die übereinstimmende Bezeichnung verschiedener Gegenstände mit dem gleichen Ausdruck mag uns zu der irrtümlichen Annahme verleiten, alle diese Gegenstände müßten in mindestens einer Eigenschaft übereinstimmen. Doch wie Wittgenstein überzeugend am Beispiel der ganz unterschiedlichen Tätigkeiten, die wir gleichermaßen als "Spiele" bezeichnen, demonstriert, liegen hier höchstens "Familienähnlichkeiten" vor. In einer Familie mag der Sohn die Nase des Großvaters haben, die Tochter die Augen der Mutter, und so hat jeder gewisse Ähnlichkeiten mit ein, zwei anderen Familienmitgliedern, aber keine einzelne Eigenschaft findet sich bei allen. Gegen die Suggestion der *einen* Eigenschaft, die alle Träger des gleichen Namens besitzen müssen, man denke nur an bestimmte Krankheitsdiagnosen, und zugunsten der Suche nach "Familienähnlichkeiten" versteht Wittgenstein seine Aufforderung: "Denk nicht, sondern schau!" (PU, § 66)[26].

## Zweifel und Gewißheit

In der allerletzten Zeit seines Lebens befaßte sich Wittgenstein ausgiebig mit dem Problem der Gewißheit unserer Überzeugungen und kam dabei zu Aufschlüssen von großer Prägnanz

---

[25] In diesem Sinne kann ein therapeutischer Dialog dann zur "heilenden Klarheit" werden, wenn er a) selbst Sprachspielverwirrungen vermeidet und b) dadurch solche auf Seiten des Patienten aufdeckt. Therapeutisch (klares) Nachfragen vermag den Patienten z. B. zu ent-wirren: Was genau meint er, wenn er sagt "Ich habe Angst" oder "Er versteht mich nicht" oder "Ich bin depressiv"? Welche Informationen tilgt er dabei (z. B. "Angst wovor?")? Mit wem spielt er das Sprachspiel? Wem sagt er es? Was erwartet er dabei? Oder für den Therapeuten selbst: Was meint er z. B. mit: "Mhm"?

[26] Dieser Gedanke wird fruchtbar gemacht in: J. Germana, Wittgenstein/WITTGENSTEIN. Behaviorism, 5, 1977, S. 61f.

und Tragweite. Die Beschäftigung mit der Frage: "Worauf kann ich mich verlassen?" (Über Gewißheit[27] (=G), § 508) führte ihn zu der Einsicht, daß eine vollkommen negative Antwort auf diese Frage unakzeptabel für uns ist. "Wer keiner Tatsache gewiß ist, der kann auch des Sinnes seiner Worte nicht gewiß sein" (G, § 114). "Die *Wahrheit* gewisser Erfahrungssätze gehört zu unserem Bezugssystem" (G, § 83). Wir können also auf Gewißheiten nicht verzichten, und dennoch gibt es keine Möglichkeit, die Gewißheit auf unerschütterliche Wahrheiten über die Welt zu gründen. "Ich handle mit *voller* Gewißheit, aber diese Gewißheit ist meine eigenen" (G, § 174). D. h. wir müssen ständig ein Stück Sumpf zum Festland erklären und darauf die Gebäude unserer Theorien und Überzeugungen errichten. "Das Wissen gründet sich am Schluß auf der Anerkennung" (G, § 378). Daß unserem Denken und Glauben somit letzte ontologische Sicherheiten fehlen, macht aber unsere Projekte und Pläne deshalb nicht weniger wert- und bedeutungsvoll. Die Tatsache, daß sie mehr in uns selbst als in der Welt verankert sind, mehr von uns selbst abhängig sind als von einer unabänderlichen Wirklichkeit, hat zur Folge, daß wir immer mit der Möglichkeit von Spielräumen und Alternativen konfrontiert sind. Das ist nicht nur ein Umstand, der den Therapeuten und seine Methoden betrifft, sondern ebensosehr den Klienten. Man kann Klienten als Menschen betrachten, die den Zweifel ausgeschlossen haben, der es erlaubt, bestimmte Vorstellungen einer erneuten Prüfung zu unterziehen[28]. Ihre Gedankensysteme wurzeln in letzten Wahrheiten, die die Wirklichkeit wiedergeben, "wie sie wirklich ist" und in denen jede Form von Skepsis außen vor bleibt. Viele Menschen mit Lebensproblemen haben so durch feste Zuschreibungen ihre Umwelt zementiert, befinden sich in dogmatischer kognitiver Erstarrung und können alternativen Deutungen ihrer Situation kein Recht mehr zukommen lassen. Hier wäre ein fruchtbarer Prozeß gemeinsamer Entwicklung denkbar, bei dem sich die Denk- und Verhaltensoptionen des Klienten in Bezug auf sein Leben und des Therapeuten in bezug auf seine therapeutische Einschätzungen und Handlungen erweitern und verändern durch zunehmende Beachtung und Befolgung des Wittgenstein'schen Satzes: "Alles, was wir überhaupt beschreiben können, könnte auch anders sein" (Tractatus[29] 5.634).

---

[27] siehe Fußnote 4

[28] So etwa bei: A. Wrede, Über meine Bereitschaft, gewisse Dinge zu glauben. Zeitschrift für systemische Therapie, 8, 1990, S. 94-102.

[29] L. Wittgenstein, Tractatus logico-philosophicus, Frankfurt am Main 1969.

# WER VERHÄLT SICH BEIM VERHALTEN?[1]

Von G. E. Zuriff

Seit Watson muß sich die Lerntheorie den Vorwurf gefallen lassen, den Menschen als Roboter zu betrachten. Nach lerntheoretischen Erklärungen handeln Organismen, weil sie dazu konditioniert wurden. Automatisch "löschen" Umgebungseinflüsse "Reaktionen" oder rufen sie hervor. Der Organismus selbst, so wird oft behauptet, scheint im lerntheoretischen Konzept keine aktive Rolle bei der Ausrichtung seines Verhaltens zu spielen. Der Organismus (und im folgenden insbesondere der Mensch <Anmerkung der Übersetzerin>) ist quasi ein passiver Beobachter seines eigenen Handelns, der dazu gebracht wird, bestimmte Handlungen auszuführen, der aber nicht selbst handelt. Wir selbst hingegen erleben uns und andere nicht als Automaten, sondern als Handelnde - als Wesen, die aktiv ihre Handlungen hervorbringen. Diesen Begriff des Handelns haben Kritiker am lerntheoretischen Modell vermißt.

1926 hatte Mc Dougall "Dr. Watson und seine Anhänger" folgendermaßen angegriffen:

"Der Lerntheoretiker behauptet, daß jede gezeigte Bewegung eine reflexhafte Reaktion auf einen Sinnesreiz ist ... Aber alle aufeinanderfolgenden Bewegungen haben nur dann eine Bedeutung ... für uns und sind uns als Verhalten verständlich, wenn wir sie als Ereignisse eines willentlichen Prozesses betrachten. Die Mechanisten unter den Psychologen verlangen von uns, Menschen als ... Roboter zu sehen. Wir hingegen werden weiterhin die Arbeitshypothese benutzen, daß sie es nicht sind ... Wir werden weiterhin voll Freude annehmen, daß die Menschen sind, was sie zu sein scheinen, nämlich absichtsvoll, intelligent Handelnde, die mit einigem Erfolg versuchen, voranzukommen" (S. 102).

Fast ein halbes Jahrhundert später kommt das Echo auf diese Kritik von Chein (1972):

"Das unter Psychologen vorherrschende Menschenbild ist das eines machtlosen Reagierers. Verhalten ist stets eine automatische Folge der Interaktion zwischen Körper und Umwelt. Der Mensch als solcher spielt keine Rolle bei der Bestimmung des Resultats dieser Wechselwirkung ... Er wird folglich als Roboter gesehen (S. 6). ... Die Konditionierung als Prototyp allen Lernens wird auf eine Weise dargestellt, die von einem roboterähnlichen Bild des Menschen ausgeht" (S. 12).

Mc Dougall und Chein sind nur zwei von vielen Kritikern, die behaupten, das lerntheoretische Handlungsmodell sei mit dem Konzept des Handelns unvereinbar. Die Absicht der folgenden Ausführungen besteht darin, diese unterstellte Unvereinbarkeit zu untersuchen.

---

[1] Original: "Where is the Agent in Behavior?" Behaviorism. 3-1, 1975, 1-22. Veröffentlichung mit freundlicher Genehmigung durch das Cambridge Center for Behavioral Studies.
Übersetzung: Monika Koch, Dipl.Psych., Worms

Dabei geht es um Ereignisse in der Umgebung außerhalb des Organismus, wie z. B. "Stimuli" (wie Futterpillen, Licht, Hebel), um das beobachtbare Verhalten des Organismus wie z. B. Reaktionen (englisch: responses[2]) (wie Hebeldrücken, Bewegungen von Gliedmaßen) oder um quasi-physiologische Ereignisse (wie Antriebsreduktion, Muskelkontraktionen), die mit geeigneten Instrumenten beobachtet werden können. Darüber hinaus werden in allen lerntheoretischen Erklärungen gesetzmäßige Kausalzusammenhänge zwischen diesen beobachtbaren Ereignissen angenommen. Automatisch und scheinbar unabhängig vom Handelnden folgen Reaktionen auf Reize.

Im Gegensatz dazu würden die Berichte naiver Beobachter dem Organismus eine viel aktivere Rolle zuschreiben. Hebeldrücken wäre etwas, das der Organismus tut, und nicht eine rein mechanisch konditionierte Reaktion auf einen Stimulus. Was hier auf die Ratte zutrifft, sollte beim Menschen umso mehr gelten.

Dieser Begriff eines Handelnden scheint eine sehr grundlegende konzeptuelle Kategorie für unsere Erfahrung der Welt und für uns selbst zu sein. Er kann im Vergleich einer Armbewegung, die beispielsweise eine Wasserpumpe bedient, mit der Bewegung eines Uhrzeigers veranschaulicht werden. Beide bewegen sich wiederholt und auf stereotype Weise, und dennoch sehen wir im ersten Fall einen Mann, der seinen Arm bewegt, während wir im zweiten Fall die Uhr selbst nicht als Bewegerin der Zeiger wahrnehmen.

Ein anderer Einwand gegen Konditionierungserklärungen besteht darin, daß sie diese Unterscheidung zwischen den Bewegungen von mechanischen Systemen wie Uhren und denen von Menschen vernachlässigen. Nach Meinung des Verhaltenstheoretikers bewegen sich die Uhrzeiger aufgrund bestimmter mechanischer Gründe genau so, wie der Mensch seine Glieder aufgrund bestimmter auf sein Verhalten einwirkender Umgebungsvariablen bewegt. Wenn diese Unterscheidung zwischen der Uhr und dem Mann, zwischen Handelndem und Nicht-Handelndem erhellt werden kann, werden wir sehen, ob etwas bzw. was dem verhaltenstheoretischen Modell fehlt.


**Bewegung und Handlung**

Offensichtlich schließen wir nicht allein aufgrund der Komplexität und des Bewegungsflusses von Verhalten auf eine dahinterstehende Handlungsabsicht. Denn auch die Bewegung eines Uhrzeigers ist fließend und die dahinterstehende Mechanik komplex. Dennoch sind wir nicht in Versuchung zu sagen: "Die Uhr bewegt ihren Zeiger". Auch ist die Unterscheidung nicht einfach darauf zurückzuführen, daß die eine Bewegung von einem lebenden Organismus herrührt und die andere nicht. Nicht alle Bewegungen von Teilen menschlicher Organismen stellen Aktionen von Handelnden dar: Wenn ich meine Hand hebe, um ein Taxi herbei zu winken, ist das Heben meiner Hand eindeutig etwas, das ich als Handelnder tue. Aber nicht alle Bewegungen meines Körpers sind Handlungen. Ausnahmen sind z. B.:

1. Die Bewegung meines Körpers, wenn ich die Treppe hinunterfalle, oder wenn eine andere Person meinen Arm ergreift und anhebt.

---

[2] Der Terminus "response" wurde im folgenden stets mit Reaktion übersetzt.

2. Gliederbewegungen, die aus einem Muskelspasmus, Tic oder epileptischen Anfall resultieren.
3. Gliederbewegungen, die durch elektrische Stimulation von in Gehirnzentren oder direkt an Muskeln angebrachten Elektroden entstehen.
4. Das Wachstum meiner Haare und Nägel sowie die meisten Drüsensekretionen.
5. Reflexe wie das Hochschnellen des Unterschenkels beim Beklopfen des Knies.

Zusätzlich gibt es Grenzfälle, in denen die Anwesenheit eines Handelnden fraglich ist:

1. Das bizarre Verhalten eines Geisteskranken
2. Bewegungen des Kleinkindes
3. Verhalten unter Hypnose
4. Die stereotypen fixierten Handlungsmuster instinktiven Verhaltens bei niederen Tieren sowie weniger stereotype angeborene Verhaltensweisen, wie das Spinnen eines Netzes.

Im folgenden werden unter "Handlung" das Heben einer Hand zum Herbeirufen eines Taxis und alle anderen "Taten", die von Handelnden ausgeführt werden, verstanden. Die Bewegungen, die, wie oben aufgeführt, keine Handlungen repräsentieren, werden "Nicht-Handlungen" genannt. Manche Beschreibungen von Körperbewegungen sind bezüglich ihrer Zuordnung zu "Handlung" oder "Nicht-Handlung" neutral. "Sein Arm hob sich" könnte sich z. B. auf eine Nicht-Handlung beziehen (wenn jemand anders ihn heben würde) oder auf eine Handlung (wenn er das Taxi herbeiwinken würde). Die Begriffe Reaktionen und Reagieren werden bei dieser Diskussion in diesem handlungsneutralen Sinn gebraucht. Wenn eine Handlung abläuft und mit handlungsneutralen Begriffen wie "Bewegung" oder "Reaktion" beschrieben wird, dann können diese Bewegungen oder Reaktionen eine Handlung repräsentieren und lassen somit die Frage offen, ob Handlungen bestimmten Reaktions- oder Bewegungstypen entsprechen. Eine Übersicht darüber, wie Philosophen mit dem Handlungskonzept umgegangen sind, findet sich bei Shaffer (1968, Kapitel 5), Care & Landesman (1968) und White (1968).

Diese Grenzfälle machen deutlich, daß die Unterscheidung zwischen Handlungen und Nicht-Handlungen unpräzise ist. Wir können den Zeitpunkt, zu dem ein Kleinkind zum Handelnden wird, nicht genau angeben und wir können auch nicht exakt bestimmen, ab wann ein Psychotiker kein Handelnder mehr ist. Nichtsdestoweniger haben wir ein intuitives Verständnis für den Begriff einer Handlung. Wir wissen, wann die Bewegung von Gliedmaßen von uns hervorgebracht wird und wann sie uns einfach unabhängig von uns selbst widerfährt. In der Regel können wir diese Unterscheidung auch für das Verhalten anderer treffen.

Es liegt die Hypothese nahe, daß diese Unterscheidungen auf geistigen Prozessen beruhen, die vor oder während des Verhaltens ablaufen. Ein Roboter könnte beispielsweise darauf programmiert sein, alle Aktivitäten zu wiederholen, die ein bestimmter Mensch an einem bestimmten Tag ausgeführt hat. Dennoch wäre der Roboter kein Handelnder. Da aber gemäß der Hypothese das Verhalten des Menschen und des Roboters dasselbe ist, kann der Unterschied zwischen einem Handelnden und einem Automaten nicht im Verhalten liegen. Sinnvollerweise sollte man daraus schließen, daß der Unterschied in etwas gefunden werden muß, das dem Verhalten zugrunde liegt, also in so etwas wie geistigen Abläufen, die dem äußeren Verhalten vorausgehen oder es begleiten. Da der Lerntheoretiker diese inneren Abläufe entweder mißachtet oder leugnet, wird oft behauptet, daß seine Erklärungen für Automaten, aber nicht für Handelnde gelten.

Wir könnten nun sagen, daß sich Handlungen von Nicht-Handlungen dadurch unterscheiden, daß erstere durch einen Akt des Willens hervorgerufen werden. Ein Handelnder handelt, weil er den Willen zum Handeln hat, während ein Automat sich bewegt, weil er dazu gebracht wird. Da Lerntheoretiker den Willen übergehen und sich auf Ursachen konzentrieren, behandeln sie in diesem Punkt den Menschen zwangsläufig wie einen Automaten. Allerdings steckt der Begriff des Willens - oft auch Willenskraft (oder "Wollen") genannt - voller Schwierigkeiten. Zum einen ist der Wille selbst eine Handlung oder eine Nicht-Handlung; im ersten Falle würde auch er wieder eine vorgeschaltete Willenskraft benötigen. Und dieser ebenso, denn jedes Wollen erfordert ja ein früheres Wollen. Jede Handlung würde dann nur nach einer endlosen Anzahl von Willensakten geschehen.

Wenn nun andererseits das Wollen keine Handlung ist, stehen wir vor der entgegengesetzten Situation, bei der Handlungen, die eigentlich von dem Handelnden ausgeführt werden, von Ereignissen hervorgerufen werden (z. B. einer Willenskraft), über die der Handelnde keine Kontrolle hat. Darüberhinaus finden wir, wenn wir beim Handeln in uns hineinhorchen, selten vor jeder einzelnen Handlung einen geistigen Ablauf, der als Wollen ausgelegt werden könnte. Schließlich müßten wir, wenn tatsächlich vor jeder Handlung ein Willensakt stattfände, feststellen können, wieviele stattfinden und wann. Aber können wir bestimmen, wieviele Willensakte bei einem Pianisten, der einen Lauf spielt, stattfinden? "Will" (im Sinne von "beschließt" <Anmerkung der Übersetzerin>) er jede einzelne Fingerbewegung? Muß er, um seinen Finger heben zu können, erst "wollen" ("beschließen" - siehe Anmerkung), daß sein Finger die halbe Strecke zurücklegt, und dann "wollen", daß er sich die andere Hälfte weiterbewegt? Oder "will" er es in Dritteln? Die Auseinandersetzung mit dem "Wollen" scheint unser Handlungsverständnis nur zu verwirren (Ryle, 1949; Thalberg, 1967).

Ein anderes mögliches Ereignis außerhalb der Verhaltensebene, das Handlungen von Nicht-Handlungen unterscheidet und von Konditionierungsmodellen unberücksichtigt bleibt, sind kognitive Handlungen. Im Unterschied zu Automaten, die auf Umgebungsfaktoren automatisch reagieren, reagieren Handelnde intelligent. Sie verstehen zunächst Anzeichen in der Umgebung und handeln dann im Bewußtsein ihres Tuns. Für das ursprüngliche Beispiel heißt das, daß eine Ratte, die den Hebel drückt, weil diese Reaktion durch ein Licht hevorgerufen wurde (entsprechend der Annahme des Lerntheoretikers), eigentlich ein Automat ist, während hingegen die Ratte, die den Hebel drückt, weil sie die Bedeutung des Lichtes versteht, mehr als Handelnde angesehen werden müßte. Der Unterschied besteht darin, daß im zweiten Fall drei Schritte nötig sind: Erstens die Lichtpräsentation, zweitens ein Akt des Verstehens dieses Zeichens und drittens die Handlung des Hebeldrückens. Für den "behavioristischen Automaten" gibt es nur zwei Schritte, den ersten und dritten. Wir wollen alle solche Reaktionen als "Automatismen" bezeichnen, die direkt auf ein Zeichen hin und ohne Vermittlung oder Begleitung eines geistigen Aktes ausgeführt werden.

Viele der späteren Arbeiten von Wittgenstein sollen die Annahme widerlegen, der Unterschied zwischen Körperbewegungen und intelligenten Handlungen bestehe allein im Auftreten innerer kognitiver Abläufe. Obwohl es natürlich nicht in Wittgenstein's Absicht lag, die

Vereinbarung von Konditionierungsmodellen mit dem Konzept intelligenten Handelns auf-zuzeigen, können viele seiner Argumente zu diesem Zweck verwendet werden. Folgende Themen aus Wittgenstein's Schriften können zur Argumentation genutzt werden:

1. Das Auftreten eines intervenierenden geistigen Prozesses ist keine notwendige Bedingung für das Auftreten einer intelligenten Handlung.
2. Das Auftreten eines intervenierenden geistigen Prozesses ist keine hinreichende Bedingung dafür, daß eine Körperbewegung eine intelligente Handlung ist.
3. Wenn einige Handlungen intelligente Handlungen eines Handelnden sind, dann sind manche von ihnen auch Automatismen (1965, S. 15, 88, 143).

Ein in Wittgenstein's späteren Schriften immer wiederkehrendes Thema ist, daß die geistigen Abläufe, die angeblich eine Körperbewegung zu einer intelligenten Handlung machen, selbst intelligente Handlungen sind (1953, S. 107; 1965, S. 3, 12). Man kann beispielsweise annehmen, daß eine Ratte das Einschalten des Lichts insofern als Zeichen versteht, erkennt oder erinnert, als sie ein geistiges Erinnerungsbild aus der Vergangenheit hat - ein Bild von sich selbst beim Drücken des Hebels und dem Erhalten von Nahrung. Oder übertragen auf den Menschen: Sein Verstehen und Wiedererkennen von etwas besteht darin, daß er sich selbst sagt: "Oh ja, dieses Licht bedeutet, daß ich Essen bekomme, wenn ich den Hebel drücke." Wie auch immer: Woher weiß das Subjekt, welches Bild angemessen ist oder gebildet werden soll und welcher Gedanke der richtige ist? Um den angemessenen geistigen Prozeß zu durchlaufen, muß das Subjekt die Bedeutung des Lichts ja bereits verstanden, erkannt oder erinnert haben.

Wir haben die Wahl zwischen drei Möglichkeiten. Zunächst könnten wir annehmen, daß, so-bald das Licht angeht, der richtige Gedanke oder das Bild automatisch und ohne irgend-welche anderen geistigen Prozesse dem Subjekt in den Kopf schießt.

Daraus würde folgen, daß der geistige Ablauf von Verstehen oder Erinnern kein intelligenter Akt eines Handelnden ist, da er ohne ein anderes geistiges Ereignis abläuft. Allerdings würde eine derartige Sichtweise mit sich bringen, daß das Hebeldrücken, das wir für eine intelligente Handlung eines Handelnden gehalten haben, durch einen geistigen Denkablauf ausgeführt wird, der weder intelligent noch eine Handlung ist. Dieses Modell menschlichen Handelns ist ebenso automatenhaft, wie es vom Lernmodell behauptet wird.

Wenn wir diese erste Möglichkeit verwerfen, könnten wir eine zweite Position einnehmen, nach der der geistige Prozeß des Verstehens selbst eine intelligente Handlung des Handeln-den ist. Wenn aber Ereignisse deshalb Handlungen eines Handelnden sind, weil ihnen gei-stige Prozesse vorausgehen oder sie begleiten, würde der geistige Akt des Verstehens selbst wiederum andere geistige Handlungen benötigen, die ihm vorausgehen oder ihn begleiten. Natürlich läßt sich dieses Argument auch auf diese zweite Gruppe geistiger Handlungen an-wenden usw. Jede intelligente Handlung würde eine unendliche Anzahl geistiger Prozesse erfordern, die ihr vorausgehen oder sie begleiten.

Uns bleibt nun noch die dritte Möglichkeit: Der geistige Vorgang des Verstehens, wie auch immer man ihn sich vorstellt, ist selbst eine intelligente Handlung, die aber keine weiteren intervenierenden geistigen Handlungen erfordert. Sobald das Licht angeht, vollführt das

Subjekt die richtige geistige Handlung als eine intelligente Handlung, die nicht von anderen geistigen Handlungen begleitet wird. Damit wäre das Ausführen der richtigen geistigen Handlung sowohl eine intelligente Handlung als auch ein Automatismus. Aber wenn dies hier der Fall sein sollte, warum wäre dasselbe nicht auch beim Hebeldrücken denkbar? Wenn das Drücken eines Hebels sowohl eine intelligente Handlung als auch ein Automatismus sein kann, wozu sollte man dann innere kognitive Handlungen annehmen? Diese Argumente sollen nicht leugnen, daß wir, wenn wir intelligente Handlungen ausführen, gelegentlich zuerst zu uns selbst sprechen oder Bilder formen oder andere innere Handlungen vollführen. Es wird jedoch verneint, daß solche Vorgänge notwendig sind, um unsere Bewegungen als intelligent anzusehen bzw. sie als Repräsentation unserer Handlungen gelten zu lassen (1953, S. 84, 85, 88, 110, 132, 157; 1965, S. 88-89).

Ein zweites Thema von Wittgenstein zeigt, daß das Auftreten solcher internaler Handlungen keine hinreichende Bedingung dafür ist, daß eine Bewegung eine intelligente Handlung eines Handelnden darstellt. Während sich das erste Thema auf die Beziehung zwischen dem ersten Schritt (dem Zeichen oder Stimulus) und dem zweiten Schritt (der geistigen Handlung) konzentrierte, bezieht sich dieses zweite Thema auf den Zusammenhang zwischen dem zweiten und dritten Schritt (das offene Verhalten). Wittgenstein zeigt auf vielfältige Weise, daß auch der Übergang vom zweiten zum dritten Schritt Intelligenz erfordert (1953, S. 54-56, S. 128; 1965, S. 5, 34, 36). Gemäß unseres Betrachtungsmodells geht also das Licht an, das Subjekt vollführt irgendeine geistige Handlung des Verstehens dieses Zeichen - z. B. stellt es ein Bild her oder hat einen Gedanken - und drückt dann den Hebel. Aber woher weiß das Subjekt, was es zu tun hat, nachdem es die geistige Handlung vollzogen hat? Wittgenstein wird nicht müde daran zu erinnern, daß das Bild oder der Gedanke (oder jedes andere geistige Geschehen) nichts weiter ist als ein weiteres Zeichen, das selbst wiederum angemessen genutzt werden muß, und daß erst dieser sinnvolle Gebrauch richtiges Verstehen mit sich bringt. Vielleicht repräsentiert das Bild, das die Ratte von sich selbst beim Drücken eines Hebels hat, ja auch ihren Wunsch, durch das Drücken eines Hebels leicht Nahrung zu bekommen. Es könnte auch die Erinnerung an einen Traum sein oder ein Bild davon, was nicht zu tun ist, um Nahrung zu bekommen. Dem Bild ist kein Hinweis über seine Nutzung inhärent (1953, S. 132; 1965, S. 97). Die Nutzung des Bildes als Hinweis, was als nächstes zu tun ist, erfordert vom Subjekt wiederum ein korrektes Verständnis dieses Bildes.

Ebenso muß das Subjekt auch den Gedanken richtig interpretieren. Möglicherweise ist der Satz: "Dieses Licht bedeutet, daß ich durch Drücken des Hebels Nahrung bekomme" nur eine Erinnerung an irgendein Spiel. Möglicherweise ist er auch ein Witz oder ein Wunsch. In jedem Fall muß das Subjekt die Bedeutung der Worte seines Gedankens verstehen und erinnern, um sie nutzen zu können. Somit erfordert das Handeln auf der Basis eines inneren geistigen Handelns - ob in Form eines Bildes, eines Gedanken oder einer Erinnerung - Interpretation, Verstehen, Erinnern, etc. (1953, S. 168, S. 181).

Nun stehen wir wieder vor drei Möglichkeiten: Wir könnten erstens daran festhalten, daß das zu seiner sinnvollen Nutzung notwendige Interpretieren und Verstehen des geistigen Vorgangs eine weitere Handlung erforderlich macht. Aber dann benötigt natürlich auch diese zweite geistige Handlung Interpretation und Verstehen, um sinnvoll genutzt werden zu können usw. Es müßten eine endlose Anzahl geistiger Handlungen ablaufen, bevor eine intelligente Handlung entstehen könnte.

Zum zweiten könnten wir argumentieren, daß das Subjekt nur deshalb bei seinem offenen Reagieren auf das Licht intelligent handelt, weil es dazwischen überhaupt eine intervenierende geistige Handlung gibt. Bei der angemessenen Reaktion auf diese geistige Handlung aber reagiert das Subjekt automatisch und nicht intelligent, weil es hier keinen intervenierenden Denkablauf gibt. Das Problem dieses Modells besteht darin, daß es davon ausgeht, daß intelligente Handlungen von geistigen Ereignissen hervorgebracht werden, die selbst jedoch auf unintelligente Weise ohne Kontrolle des Handelnden genutzt werden. Dadurch müssen dem Modell dieselben Einwände entgegengebracht werden wie dem Lernmodell, das es ersetzen sollte.

Die verbleibende dritte Position besteht darin einzuräumen, daß die Ratte, die das geistige Zeichen nutzt und den Hebel drückt, das Bild oder den Gedanken wohl ohne irgendwelche weiteren geistigen Handlungen interpretiert und versteht. Die geistige Handlung läuft ab, das Hebeldrücken läuft ab. Das Subjekt tut nichts weiteres, man kann einfach davon ausgehen, daß es die geistige Episode versteht. Somit ist das Hebeldrücken in sich eine intelligente Handlung, wenn es in Übereinstimmung mit dem geistigen Ablauf steht, obwohl es in Bezug auf das geistige Ereignis ein Automatismus ist (1953, S. 80, 82, 84, 85; 1965, S. 88).

Ein von Wittgenstein (1953, S. 58, 60, 73; 1865, S. 113) häufig verwendetes Beispiel stellt diesen Punkt klarer heraus. Nehmen wir an, das Verstehen einer Zahlenreihe würde bedeuten, daß man die die Reihe bildende algebraische Formel in Gedanken kennen müßte. Wenn jemand die Formel im Kopf hätte, die Zahlenreihe aber nicht fortsetzen und nicht einmal sagen könnte, ob eine bestimmte Zahl dazugehört, würde er so betrachtet, als hätte er die Reihe nicht verstanden, obwohl er die richtige geistige Handlung ausgeführt hat. Der geistige Vorgang selbst muß verstanden werden, die äußere Vollstreckung der geistigen Handlung ist zum Verständnis nicht ausreichend.

Ein drittes Thema bei Wittgenstein ist, daß wir beim genauen Betrachten von Beispielen unserer intelligenten Handlungen oft keine geistigen Handlungen finden, die diesen vorausgehen oder sie begleiten (1953, S. 157, 165, 166; 1965, S. 40, 151, 156). Wenn ich spreche, verstehe ich, was ich sage, aber ich habe nicht den Eindruck, dabei eine Reihe von Verstehens-Handlungen auszuführen. Bei einer grünen Ampel trete ich ohne zu denken oder andere geistige Handlungen auszuführen auf das Gaspedal. Wenn dieser Tritt auf das Gaspedal, der ja ein Automatismus ist, andererseits meine Handlung ist, warum ist dann nicht auch der Tastendruck der Ratte, sobald das Licht angeht, eine Handlung, selbst wenn er auch ein Automatismus ist?

Diese drei Themen aus Wittgenstein's späteren Schriften zeigen andeutungsweise, daß nicht der Vollzug unbeobachtbarer geistiger Handlungen zusätzlich zum Tastendrücken dieses zur Handlung macht. Stattdessen kann der Tastendruck sogar dann eine intelligente Handlung sein, wenn das Subjekt nichts anderes getan hat, als beim Einschalten des Lichtes den Hebel zu drücken (1953, S. 132). Diese Behauptung leugnet nicht, daß erstens Millionen physiologischer Veränderungen des Nervensystems des Subjekts während des Diskriminationslernens und während des Zeitraumes zwischen Lichteinschalten und Tastendruck stattgefunden haben. Sie leugnet zweitens auch nicht, daß diese physiologischen Veränderungen notwendige und hinreichende Bedingungen für die Bewegung des Hebeldrucks sind und daß es drittens möglich wäre, diese physiologischen Veränderungen in Begriffen der Informationsverarbeitungsfunktionen wie "Kodieren", "Speichern", "Vergleichen" und "Entscheiden" zu erfassen. Negiert wird jedoch, daß diese physiologischen Veränderungen Handlungen des Handelnden sind.

## Handlungen und Reaktionen

Es sieht so aus, als bestehe der Unterschied zwischen Handlungen und Nicht-Handlungen, zwischen der An- und der Abwesenheit eines Handelnden nicht im Auftreten vermittelnder geistiger Handlungen zwischen Reiz und Reaktion. Wenn Konditionierungstheorien tatsächlich nicht mit dem Handlungskonzept zu vereinbaren sind, so liegt das nicht daran, daß die Konditionierungstheorien keine vermittelnden geistigen Handlungen berücksichtigen. Dennoch ist es wahr zu sagen, daß ein als Handlung bezeichnetes Ereignis mehr als eine Bewegung ist. Einem außerirdischen Wesen, das nicht weiß, wie Erdbewohner aussehen, und das nur einen flüchtigen Blick auf eine Ratte wirft, die einen Hebel drückt, stünde es nicht zu zu sagen: "Das Ding hat eine seiner Extremitäten bewegt". Es könnte das genausowenig über die Ratte sagen wie über eine Uhr, nachdem es kurz die Bewegung des Sekundenzeigers beobachtet hat. Am ehesten gerechtfertigt wäre für dieses Wesen, sowohl bei der Ratte als auch bei der Uhr zu sagen: "Die Extremität dieses Dings war in Bewegung".

Der Verhaltenswissenschaftler ("the behaviorist") steht mit seinem Beharren auf wissenschaftlicher Objektivität vor einem ähnlichen Problem: Seine Datensprache besteht sowohl aus Verhaltensbeschreibungen als auch aus der Beschreibung von Umwelteinflüssen. In der Regel liefern die Naturwissenschaften angemessene Kriterien, um zu bestimmen, wann eine bestimmte Beschreibung auf ein Ereignis aus der Umwelt oder die Bewegung eines Organismus zutrifft. Welche objektiven Kriterien hat nun der Verhaltenswissenschaftler für die Beschreibung einer Handlung? Wie kann er die Aussage rechtfertigen, "die Ratte hat ihre linke Pfote angehoben", die ja beinhaltet, daß etwas mit dieser Bewegung geschehen ist, etwas darüberliegendes. Welcher beobachtbare Unterschied besteht zwischen der Bewegung der Pfote bei der Ratte und der Bewegung des Uhrzeigers?

Der Verhaltenswissenschaftler kann nicht mit Hilfe von Analogien argumentieren. Sonst könnte ein Beobachter die Bewegung eines anderen als Handlung bewerten, weil er weiß, daß es sich bei seinen eigenen ähnlichen Bewegungen um Handlungen handelt. Doch für den Verhaltenswissenschaftler ist dieses Argument nicht überzeugend. Diese Schlußfolgerung ist zunächst höchst zweifelhaft. Der Beobachter generalisiert von einem einzigen Fall, seinem eigenen, und über verschiedene Arten hinweg, vom Mensch zur Ratte. Zweitens wäre das Urteil höchst subjektiv. Jeder Beobachter müßte bei der Entscheidung, wann seine eigenen Bewegungen Handlungen sind, seine eigenen Kriterien anlegen.

Und letztlich würde die behavioristische Datensprache auf den Introspektionen jedes Beobachters beruhen, was keine für Behavioristen akzeptable Technik ist.

Überdies widersprechen Beschreibungen, die das Auftreten von Handlungen enthalten, den für Behavioristen geltenden datensprachlichen Regeln. Mac Corquodale und Meehl (1954), (vgl. auch Skinner 1938, S. 7) stellen dazu fest:

"Wir beginnen mit dem unentwegten Aktivitätsfluß über die Zeit hinweg ... Jedes beliebige Intervall dieses Flusses kann durch Zeitpunkte markiert und auf bestimmte Eigenschaften hin untersucht werden. Die operationale Definition einer beschreibbaren Eigenschaft in einem Zeitabschnitt erlaubt den Gebrauch von Begriffen über den sichtbaren Körperbau von Tieren, von Worten, die den rein physikalischen Teil der Sprache beschreiben sowie von speziellen Begriffen, die wir ausdrücklich als solche definieren. Solche Beobachtungssätze werden mit solchen Begriffen gebildet und müssen keinen Bezug zu anderen Intervallen des Stromes aufweisen ... ." (S. 220-221)

Wenn der Verhaltenswissenschaftler bei seinem Bericht über eine Reaktion, wie z. B. den Hebeldruck, nur den Zeitabschnitt betrachtet, in dem die Reaktion auftritt, ist er in derselben Lage wie der oben beschriebene außerirdische Beobachter. Kein Verhaltensmerkmal eines isoliert betrachteten Zeitabschnittes rechtfertigt die Schlußfolgerung, daß gerade eine Handlung stattfindet.

Deshalb zwingt die selbstauferlegte Verpflichtung zur Objektivität den Behavioristen dazu, Verhaltensbeschreibungen handlungsneutral zu formulieren. Die abhängigen Variablen sollten ebenso wie die Verhaltensgesetze in Begriffen von Reaktionseigenschaften und nicht Handlungseigenschaften gefaßt werden. Es haben sich jedoch nicht alle Behavioristen diesem Grundsatz verschrieben. Die Schriften der vier repräsentativen Verhaltenswissenschaftler ("behaviorists") Watson, Guthrie, Hull und Skinner zeigen, daß dieser Grundsatz häufiger verletzt als befolgt wurde.

Unter ihnen waren Watson's Definitionen am wenigsten systematisch. Einerseits schreibt er oft so, als wäre seine Ausgangsbasis die handlungsneutrale Reaktion im Sinne des Physiologen. Aber andererseits hat er ganz klar Handlungen im Kopf:

"Unter Reaktionen verstehen wir alles, was das Wesen tut - wie z. B. sich zum Licht hin- oder davon abwenden, auf ein Geräusch hin springen und auch höher organisierte Aktivitäten wie den Bau eines Wolkenkratzers, Pläne zeichnen, Kinder kriegen, Bücher schreiben und ähnliches" (1924, S. 7).

Guthrie war zumindest in seinen theoretischen Schriften weniger ehrgeizig. Ihm war daran gelegen, Verhalten nicht bezüglich seiner Auswirkungen zu diskutieren. Daher würde er eine Beschreibung: "Die Ratte drückte den Hebel" nicht zulassen, da sie mehr die Folge des Verhaltens als das Verhalten selbst beschreibt. Mit seinen Worten:

"Handlungen bestehen aus Bewegungen, dem Resultat von Muskelkontraktionen, welche direkt durch das Assoziationsprinzip bestimmt werden (Guthrie und Horton., 1946, S. 7). Das Benennen einer Handlung beschreibt nicht das tatsächliche muskuläre Aktivitätsmuster. Wenn man Assoziationen oder Konditionierungen mit Veränderungen im Nervensystem in Verbindung bringen will, muß man sich mit ganz spezifischen Bewegungsmustern befassen" (1952, S. 28).

Natürlich wären Verhaltensbeschreibungen, die ausschließlich in Begriffen von "Muskelkontraktionen" oder "spezifischen Bewegungen" abgefasst werden, handlungsneutral. Dann müßte Guthrie's Datensprache aus Sätzen bestehen wie "Muskelkontraktion X, Y,

Z ist aufgetreten" und "die Katzenpfote bewegte sich von der Raumkoordinaten (A, B, C) nach den Koordinaten (D, E, F). Dies ist jedoch nicht der Fall. In seiner größten empirischen Arbeit (Guthrie und Horten, 1946) sind Guthrie's Berichte vorwiegend in Handlungsbegriffen abgefaßt, z. B.:

"Katze A ... streifte mit ihrer Flanke die Stange, indem sie sich vor- und zurückbewegte ... Die Katze stand anders herum und scharrte an der Stange (S. 17) ... Sie stand auf dem Sockel ... bevor sie drückte, als ob sie sich befreien wollte ... Sie ging weiter ... und hob ihr rechtes Hinterbein" (S. 20-21).

Obwohl sich Guthrie in seinen theoretischen Erörterungen streng auf Reaktionen auszurichten schien, wurden in der Praxis seine Datenberichte in der Handlungssprache abgefaßt. Bemerkenswerterweise scheint es so, als hätte Guthrie in seiner letzten großen Schrift (1959) seinen theoretischen Standpunkt geändert. Er scheint den Gedanken aufgegeben zu haben, daß sich die Psychologie prinzipiell auf Muskelkontraktionen und reine Bewegungen beschränken könnte.

Die bei Guthrie gefundene Aufspaltung in Theorie und Praxis findet man auch in Hull's Arbeiten. Wie Guthrie benutzt Hull den Begriff "Reaktionen" in handlungsneutralem Sinne. Er faßt darunter Muskelkontraktionen, Drüsensekretionen, elektrische Reaktionen des Nervensystems, Reflexe und konditionierte Reflexe. Hull benutzte sogar bei allen dieselben Konditionierungsprinzipien. Darüber hinaus sind alle seine gemessenen abhängigen Variablen (Latenz, Anzahl der Durchgänge bis zur Löschung, Wahrscheinlichkeit und Größe) handlungsneutral. Idealerweise wäre seine gesamte Datensprache handlungsneutral. Er bemerkt:

"Unserer üblichen gedankenlosen Gewohnheit gemäß sprechen wir von Verhaltenszyklen, indem wir bloß ihr Ergebnis, ihre Wirkung oder ihr Endresultat nennen und die verschiedenen Bewegungen, die zu diesem Endstadium führten, unbeachtet lassen ... Eine optimal angemessene Theorie müßte eigentlich ... mit den farblosen Bewegungen und reinen Rezeptorimpulsen als solchen beginnen" (1943, S. 25).

Hätte sich Hull auf "farblose Bewegungen und reine Rezeptorimpulse" beschränkt, wäre seine Datensprache handlungsneutral gewesen. In der Praxis jedoch beschreiben Hull's Experimente Ratten, die "durch Labyrinthe laufen", "über Hürden springen" und "rechts abbiegen", das heißt lauter Handlungen. Zweifellos hat er versucht, einige Handlungsmerkmale wie z. B. Absicht und Zweck von handlungsneutralen S-R-Mechanismen abzuleiten (1934, 1937).

Anders als Hull und Guthrie hatte Skinner kein Problem damit, Reaktionen bezüglich ihrer Wirkung auf die Umwelt zu beschreiben. Seine wichtigsten empirischen Arbeiten konzentrieren sich fast ausschließlich auf die Rate, in der ein Hebel gedrückt (1938) oder eine Taste ausgelassen wird (Ferster und Skinner 1957). Allerdings beschränkte er seine Definition von Reaktion nicht auf deren Auswirkungen auf die Umgebung:

"Unter Verhalten verstehe ich schlichtweg die Bewegung eines Organismus oder seiner Teile ... Der Einfachheit halber spricht man hiervon als Handlung des Organismus auf die Außenwelt, und oft ist es wünschenswerter, die Wirkung zum Gegenstand zu machen als die Bewegung selbst (1938, S. 6). ... Wenn z. B. eine Verstärkung davon abhinge, daß die Reaktion mit einer bestimmten Muskelgruppe durchgeführt wird, würde die ganze Verhaltensreihe nach diesem Merkmal definiert werden. ... Wenn die Verstärkung von einem Merkmal wie "Hebeldrücken" abhängt, können andere Verhaltensmerkmale breit streuen, obwohl auch flache Kurven erreicht werden" (S. 38).

Es sieht so aus, als würde Skinner Verhalten entweder als Bewegung oder als Wirkung auf die Umgebung definieren. Definitionsmerkmale hängen ja von den Erfordernissen der erhobenen Daten ab(1938, S. 40; 1961, S. 360). Ob Bewegung oder Wirkung auf die Umgebung - die Beschreibung ist handlungsneutral. Weder "der Kopf der Taube war in Bewegung nach unten" noch "der Hebel wurde gedrückt" beinhalten eine Handlung. Wie Guthrie und Hull befolgt jedoch auch Skinner vor allem in seinen späteren Schriften nicht immer seine eigenen Prinzipien. Bei seinem Versuch, von seinen experimentellen Ergebnissen auf eine Analyse des täglichen menschlichen Verhaltens zu extrapolieren (1953, 1957), faßt er seine Verhaltensbeschreibungen in Handlungsbegriffe.

Aus dieser Übersicht über vier große Verhaltenswissenschaftler geht hervor, daß erforschte Verhaltensweisen häufig als Handlungen dargestellt wurden, obwohl streng genommen das Ziel der Wissenschaft in der Vorhersage und Kontrolle von Reaktionen, das heißt von in handlungsneutraler Sprache gefaßten Ereignissen, besteht (Mischel, 1969a, S. 32).

Angenommen, es entstünde eine handlungsneutrale Verhaltenswissenschaft, müßte eine solche Psychologie das Handlungskonzept leugnen oder ignorieren? Die kritische Frage ist die, ob es möglich wäre, mit Konzepten, die ausschließlich eine behavioristische Terminologie verwenden, eine Reaktion als Handlung zu spezifizieren. Hieraus ergibt sich natürlich die Grundfrage: Was ist denn ein Handelnder?


## Handelnde

Wittgenstein (1953) macht einige interessante Feststellungen über das Handeln:

"... Aber ist es nicht absurd, von einem Körper zu sagen, er habe Schmerzen? ... In welchem Sinn ist es wahr, daß nicht meine Hand den Schmerz fühlt, sondern ich in meiner Hand? ... Was macht es plausibel, zu sagen, daß er (der Schmerz <Anmerkung der Übersetzerin>) nicht im Körper ist? Nun, vielleicht etwas wie dieses: Wenn jemand Schmerzen in der Hand hat, teilt das nicht die Hand mit ... und man tröstet nicht die Hand, sondern den Leidenden: Man schaut ihm ins Gesicht" (S. 98).

Schmerz und Trost sind zwei Dinge, die den Handelnden betreffen. Der Handelnde spürt den Schmerz und wird getröstet, nicht seine Hand oder gar der ganze Körper. Versteht man erst einmal die Beispiele, in denen auf den Handelnden eingewirkt wird, kann man leichter erklären, wann der Handelnde selbst etwas bewirkt, das heißt zum Akteur wird, denn es gibt bedeutende Ähnlichkeiten zwischen beidem. Ebenso wie wir sagen, daß die Person und nicht ihr Körper Schmerzen hat und getröstet wird, sagen wir, daß der Läufer und nicht seine Beine das Rennen gemacht haben, und wir feiern ihn und nicht seinen Körper als Sieger.

Wittgenstein schlägt vor, zum besseren Verständnis seines Schmerz- und Trostbeispiels die Umgebungsfaktoren des Ereignisses anzuschauen. Wenn sich jemand die Hand verbrannt hat, sind viele Teile des Körpers mit einbezogen. Das Sprechen über den Schmerz bezieht Mund und Zunge mit ein, das Weinen die Augen, der Arztbesuch die Beine. Ebenso bringt das Trösten viele Veränderungen mit sich, die sich nicht alle auf seine Hand beschränken. Sein Gesichtsausdruck verändert sich, er hört vielleicht auf, zu klagen oder seine Hand zu halten. Der Kausalzusammenhang zwischen den tröstenden Worten und der großen Spannbreite sich vollziehender körperlicher Veränderungen ist nicht offensichtlich. Bei lockerer Beobachtung gibt es eine Lücke zwischen Ursache und Wirkung, aber der Handelnde scheint diese zu überbrücken. Er wird getröstet und handelt dann daraufhin.

Ebenso klafft eine zeitliche Lücke zwischen den tröstenden Worten und ihren langfristigen Folgen. Vielleicht berichtet der Leidende einen Tag nach dem Trost auf Befragen, daß es ihm schon viel besser gehe. Eine Woche später ist er vielleicht wieder bereit, sich einem Feuer zu nähern. Wenn er seinen Trostspender einen Monat später wiedersieht, ist er vielleicht besonders freundlich zu ihm. Und vielleicht wird er, wenn sich ein Jahr später jemand anders verbrennt, diesen trösten. Es ist einleuchtend anzunehmen, daß alle oben genannten Vorkommnisse ohne seinen Trost nicht stattgefunden hätten. So ruft der Trost nicht nur unmittelbare Verhaltensänderungen hervor, sondern verändert auch die Art und Weise, wie er auf Ereignisse in der Zukunft reagieren wird. Er hat nun die Tendenz, in bestimmten Situationen anders zu handeln, als er es ohne die Trosterfahrung getan hätte. Natürlich mögen manche dieser Situationen nicht auftreten, z. B. wird er möglicherweise gar nicht nach seinem Befinden gefragt, so daß nicht alle Veränderungen eintreten, die möglich wären. Nichtsdestoweniger wurde die Beziehung zwischen zukünftigen Ereignissen und seinem zukünftigen Verhalten durch den Trost verändert. Auch hier kann man sich den Handelnden als Überbrücker der Lücke zwischen dem jetzt stattfindenden Trost und später auftretenden Verhaltensweisen, die auf den Trost zurückzuführen sind, vorstellen.

Eine dritte Menge von Beziehungen, bei denen der Handelnde "Vermittler" ist, beinhaltet vergangene Ereignisse. Der Trost kann nur deshalb unmittelbare Verhaltensweisen und eine veränderte Verhaltenstendenz hervorrufen, weil bereits andere etabliert waren. Die tröstenden Worte haben nur dann ihre unmittelbare und ihre Langzeitwirkung, wenn der Betroffene bereits Sprache erlernt hat. Er kann seinem Tröster nur danken, wenn er gelernt hat, wie man Anerkennung zeigt. Und seine Einstellung gegenüber Feuer ändert sich nur, wenn er begreift, daß Feuer die Ursache seiner Schmerzen war. So bestimmen Ereignisse aus der fernen Vergangenheit mit, inwieweit der Trost seine Verhaltenstendenz verändern wird. Wieder wird die Lücke zwischen Ursache und Wirkung durch den Handelnden gefüllt, der zwischen zeitlich voneinander entfernten Ereignissen eine Kontinuität herstellt.

Aus diesen Betrachtungen geht hervor, daß ein Ereignis, das einmal auf einen Handelnden eingewirkt hat, dadurch einen Anteil an unzähligen Zusammenhängen hat. Neben dem unmittelbar aktuellen Verhalten verändert dieses Ereignis auch Verhaltenstendenzen, das heißt das Verhältnis zwischen Verhalten und potentiellen Situationen. Darüberhinaus führt das auf ihn wirkende Ereignis auch zur Realisierung anderer, in der Vergangenheit entstandener Verhaltenstendenzen. Ferner bringt dieses Ereignis damit zusammenhängende Verhaltensänderungen in vielen Körperteilen mit sich. Zu sagen ein Ereignis wirke auf _ihn_ ein, bedeutet, es in diese komplexen Zusammenhänge zu stellen.

Die Analyse eines solchen Falles, in dem auf einen Handelnden eingewirkt oder mit ihm etwas getan wird, kann ausgeweitet werden auf den Fall, bei dem der Handelnde (selbst und eigenverantwortlich <Anmerkung der Übersetzerin>) handelt. Wenn man sagt, daß er handelt, stellt man seine Bewegung möglicherweise in eine Reihe von Zusammenhängen. Der konzeptuelle Status des Handelnden wird mit Hilfe zweier Vergleiche verständlicher.

Betrachten wir zunächst die Aussage "Neuron Y feuert". Wir wissen durch unsere Kenntnisse über Nervenimpulse, daß sich diese Beschreibung auf eine Fülle von Ereignissen bezieht, die selbst wiederum als Veränderungen der Permeabilität der Nervenmembran, Ionentransfer, Polarisationsumkehrung etc. beschrieben werden könnten. Ein noch zwingenderes, aber vielleicht mißverständlicheres Beispiel (mißverständlich, weil es sich um ein durch Regeln bestimmtes Verhalten handelt) ist die Aussage: "Sie spielen Baseball". Wieder bezieht sich die Beschreibung auf eine große Menge von Ereignissen, die selbst wiederum jedes für sich und unterschiedlich beschrieben werden könnten.

Für unsere Zwecke ist das wichtigste Merkmal des "Feuerns" oder "Baseball-Spielens", daß es sich auf eine große Anzahl von Ereignissen bezieht, die auf bestimmte Weise miteinander zusammenhängen. Wenn jemand nur eines dieser Ereignisse sieht, kann er nicht schlußfolgern, daß ein Baseballspiel stattfindet oder ein Neuron feuert. Aus der puren Beobachtung, daß ein paar Kaliumionen die Nervenmembran durchqueren, könnte man nicht schließen, daß das Neuron feuert. Auch könnte man nicht auf ein gerade stattfindendes Baseballspiel schließen, wenn man nur jemand vom ersten zum zweiten Feld würde laufen sehen. Offensichtlich können weder ein Baseballspiel noch das Feuern eines Neurons anhand irgendeines ihrer Bestandteile identifiziert werden; so sind "Baseball-spielen" und "das Feuern eines Neurons" "Beschreibungen höherer Ordnung" als die Beschreibungen der sie bildenden Einzelereignisse. Nichtsdestoweniger kann in einem einzelnen Moment das Anschauen eines Baseball-Spiels in nichts anderem bestehen als darin, daß man einen Mann sieht, der vom ersten zum zweiten Feld läuft, und die Beobachtung, wie ein Neuron feuert, nur darin, die Bewegung einiger Ionen zu sehen.

Auf Personen zurückübertragen könnte man anführen, daß man eine Bewegung auf einer höheren Ordnung beschreibt, wenn man sie als Repräsentant einer Handlung bezeichnet. Es wäre mitzuteilen, wie diese Bewegung in eine komplexe Reihe von Zusammenhängen paßt, so wie man einen Ballwurf als Beginn eines Baseball-Spiels oder eine Ionenbewegung als Feuern des Neurons beschreiben könnte. Was sind das dann für Zusammenhänge?

Ebenso wie die Beobachtung eines Mannes, der vom ersten ins zweite Feld läuft, noch nicht zwangsläufig bedeutet, daß ein Spiel im Gange ist, könnte ein mit Ratten nicht vertrauter Beobachter nicht aus einem drei Sekunden dauernden Blick auf das Verhalten einer Ratte auf das Vorliegen einer Handlung schließen. Wenn der Beobachter jedoch immer längeren Ausschnitten aus Bewegungshintergrund und Kontext beiwohnt, neigt er zunehmend dazu, die Bewegung als Repräsentation einer Handlung zu beurteilen. Hat er erst einmal das ursprüngliche Hebeldrücken, das dem früheren Tastendrücken folgende Schlucken des Futterkorns, die wachsende Häufigkeit, Stärke und Stereotypie der Reaktion gesehen, wird er mit fast absoluter Sicherheit behaupten, eine Handlung beobachtet zu haben. Bemerkenswerterweise ist die Überzeugung des Beobachters nicht auf die Beobachtung innerer Willens- oder Denkhandlungen gestützt, noch stammt sie daher, daß er hinter den Bewegungen einen Handelnden entdeckt hat. Statt dessen beruht sie auf seiner Beobachtung des die Bewegung umgebenden Kontextes. Ironischerweise besteht dieser Kontext, der die Bewegung zur Handlung macht, aus vielen der Ereignisse, die für die Konditionierungserklärungen der Bewegung herangezogen werden.

Was sind das für Zusammenhänge zwischen einer Bewegung und ihrem Kontext, die sie zur Handlung werden lassen? Zweifelsohne sind die Zusammenhänge extrem komplex, sich untereinander sehr ähnlich und, wie aus den Grenzfällen hervorgeht, nicht scharf definiert. Ein paar allgemeine Merkmale fallen jedoch ins Auge: Zunächst einmal scheint der Typ von Bewegung, der eine Handlung darstellt, seinen Folgen gegenüber sensibel zu sein. Wenn die Ratte den Hebel drückt, er sich aber nicht ganz nach unten bewegen läßt, wiederholt sie die Bewegung. Ebenso hängt das weitere Hebeldrücken davon ab, daß danach ein Futterkorn freigegeben wird. Wie bei der Ratte würden wir auch bei einem Menschen an der Bedeutung seiner Bewegungen als Handlungen zu zweifeln beginnen, wenn sein Verhalten überhaupt nicht von den Folgen früherer Durchgänge beeinflußt würde.

Zweitens sieht es so aus, daß eine Bewegung, die eine Handlung darstellt, im Laufe der Zeit von Ereignissen abhängig werden kann, von denen sie ursprünglich unabhängig war. Vor dem Diskriminationstraining war die Wahrscheinlichkeit des Hebeldrückens unabhängig davon, ob das Licht ein- oder ausgeschaltet war. Nach dem Training war die Wahrscheinlichkeit des Hebeldrückens größer, wenn das Licht an war, als wenn es dunkel gewesen wäre. Ebenso würde ein Mann, dessen Bewegungen bezüglich Objekten und Ereignissen in der Umgebung zufällig erfolgen, wahrscheinlich nicht als Handelnder betrachtet werden. Handlungen sind sensibel gegenüber ihren Vorbedingungen.

Ferner sind die Bewegungen, die Handlungen repräsentieren, in spezieller Weise sensibel bezüglich ihrer Konsequenzen und können es bezüglich der vorausgehenden Bedingungen werden: Die Umgebungsereignisse, die auf die Bewegungen wirken, üben ihre Wirkung über die Sinnesorgane aus. Dieses dritte Charakteristikum weist auf eine vierte Eigenschaft derjenigen Bewegungen hin, die Handlungen repräsentieren: Diese Bewegungen werden von Ereignissen beeinflußt, die in anderen Körperteilen ablaufen. Das Futterkorn wird mit dem Mund gegessen, und das Licht spricht das Auge an, und diese beiden Ereignisse beeinflussen, ob der Hebel mit der Pfote gedrückt wird oder nicht.

Ein fünftes Merkmal von Bewegungen, die Handlungen darstellen, ist, daß es sich bei ihnen oft um die Durchführung von in der Vergangenheit erworbenen Verhaltenstendenzen handelt. Diese Tendenzen sind in der Vergangenheit durch Prozesse entstanden, bei denen die Folgen bestimmter Reaktionen eine Disposition zu zukünftigem Reagieren geschaffen haben, und bei denen bestimmte Reaktionen sensibel gegenüber Ereignissen in der Umgebung geworden sind. Brown (1968) weist in diese Richtung, wenn er sagt, daß etwas dann eine Handlung ist, wenn es einer "Fähigkeit der Seele", das heißt einer Reihe integrierter Kapazitäten und Neigungen zugeordnet werden kann. Die gegenwärtige Hebeldruckreaktion der Ratte ist die Verwirklichung von in der Vergangenheit entstandenen Verhaltenstendenzen.

Mit der Aussage "die Ratte drückte den Hebel" anstelle von "es gab einen Hebeldruck" oder "die Glieder der Ratte bewegten sich in dieser und jener Weise" wird der Kontext der Bewegung gekennzeichnet, wird etwas - wenn auch vage - über den Zusammenhang der Bewegung und anderer Ereignisse in der Umgebung mitgeteilt. Diese anderen Ereignisse schließen vergangene Ereignisse und Verhaltensweisen, Einflüsse auf andere Körperteile und hypothetisierte zukünftige Ereignisse und Verhaltensweisen mit ein. Alle Bewegungen, die nicht in der erforderlichen Weise mit der Umgebung in Zusammenhang stehen, sind danach Nicht-Handlungen. Betrachten wir z. B. einen konditionierten Reflex wie ein Augenblinzeln auf einen Ton hin. Es stimmt, daß das Blinzeln seiner Vorbedingung gegenüber sensibel ist in der Weise, daß es mit größerer Wahrscheinlichkeit auftritt, wenn der Ton erklingt. Darüberhinaus beinhaltet es Zusammenhänge zwischen Teilen des Körpers (dem Ohr und dem Augenlid) und ist es die Durchführung einer in der Vergangenheit entstandenen Verhaltenstendenz (das heißt der vorherigen Lidkonditionierung). Aber weder ist der konditionierte Reflex sensibel gegenüber seinen Konsequenzen noch ist die Verhaltenstendenz, auf einen Ton hin zu blinzeln, durch Konsequenzen früherer Verhaltensweisen entstanden.

Eine Bewegung repräsentiert also dann eine Handlung, wenn sie in ein charakteristisches Muster von Zusammenhängen mit der Umwelt eingebettet ist, und ein Organismus, dessen Bewegungen Handlungen darstellen, ist ein Handelnder. Es kann wirklich sein, daß ich bei einer roten Ampel nur auf die Bremse trete und sonst nichts tue (einschließlich geistiger Handlungen). Als isolierte Bewegung mag die Reaktion "automatisch" oder "roboterähnlich" erscheinen. Genauso sieht ein isoliert betrachteter Wurf in einem Baseballspiel nicht wie ein strategischer Wurf aus. Dennoch repräsentiert die Bewegung meines Fußes auf der Bremse meine Handlung, und ich bin ein Handelnder. Nicht weil ich zuvor vielfältige geistige Handlungen vollzogen habe, sondern wegen des Zusammenhangs dieser Bewegung mit der Umwelt, besonders mit vergangenen Ereignissen, der Herkunft dieser Bewegung. Die Beschreibung eines Ereignisses als Handlung bedeutet also, sie nach Toulmin (1969, S. 93; siehe auch Mischel 1969b) in einer "langfristigen Verhaltenskonstellation" anzusiedeln, "deren andere wesentliche Elemente in der Mehrzahl nicht zeitgleich" mit dem Ereignis sind.

### Die Ursachen von Handlungen

Diese Betrachtungsweise von Handlungen und Handelnden hat wichtige Auswirkungen auf unser Verständnis über die Verursachung von Handlungen. Konditionierungstheoretikern standen traditionsgemäß zwei Möglichkeiten zur Verfügung, zwischen dem Handelnden und den kontrollierenden Variablen der Konditionierungstheorie eine Verbindung herzustellen. Die eine besteht darin, dem Handelnden zwar eine verhaltensverursachende Rolle zuzugestehen, ihn dabei aber nur als weiteres Glied einer ganzen Kette von Verhaltensursachen anzusehen. Bei dieser Sichtweise wirken kontrollierende Variablen auf den Handelnden ein und veranlassen ihn zum Handeln. Entsprechend müßte man sagen, daß John's Konditionierungsgeschichte ihn veranlaßte, zum Geschäft zu gehen. Diese Sichtweise entspricht jedoch nicht unserer Erfahrung mit unseren Handlungen. Wenigstens oberflächlich scheint es so, als würde der Handelnde seine Handlungen mehr selbst einleiten, als daß er darin nur als Organ anderer äußerer Handlungsursachen fungierte. Üblicherweise haben Handlungen Motive oder Gründe, aber es scheint selten angemessen, nach der Ursache einer Handlung genauso zu fragen wie nach der Ursache einer Explosion. Ein zweites und gravierenderes Problem dieser Sichtweise ist, daß sie eine undefinierte Ganzheit, den Handelnden, postuliert, um die Kausalität verhaltenswissenschaftlich zu erklären.

Eine zweite Möglichkeit besteht darin, das Selbst oder den Handelnden als ein für die Verhaltensverursachung irrelevantes Epiphänomen zu sehen. Bei dieser Sichtweise sind die unabhängigen Variablen funktionell mit Verhalten verknüpft und bringen direkt und ohne Intervention eines Handelnden das Verhalten in Gang. Jeglicher scheinbare Einfluß des Handelnden auf das Verhalten wird als Täuschung von der Hand gewiesen. Auch diese Sichtweise hat das Problem, mit unserer Alltagserfahrung nicht vereinbar zu sein. Erstens wird die offensichtliche Unterscheidung von Handlungen und Nicht-Handlungen verleugnet. Zweitens nehmen wir selbst uns nicht als passive Beobachter von Körperbewegungen wahr. Aktivität scheint das Wesentliche beim Handeln zu sein (Taylor, 1966).

Die gegenwärtige Analyse bietet eine dritte Alternative: Bei dieser wird eine Beschreibung in Handlungsbegriffen als eine im Vergleich zu Konditionierungserklärungen auf einem höheren Niveau angesiedelte Beschreibung von Ereignissen angesehen. Obwohl er beobachtbar ist, wird der Handelnde nicht gleichgesetzt mit irgendwelchen Körperbewegungen oder dem Körper selbst, ebenso wie Baseballspielen nicht gleichgesetzt werden kann mit irgendwelchen bestimmten Handlungen eines Spielers oder aller Spieler. Sagt man, eine Bewegung (z. B. das Heben eines Armes) repräsentiere eine Handlung eines Handelnden (z. B. er hob seinen Arm), gibt man den Kontext dieser Bewegung, die Herkunft dieser Körperveränderung an.

Gemäß der ersten Alternative wird der Handelnde ursächlich von den unabhängigen Variablen der Konditionierungsgesetzte bestimmt und handelt danach. Aber: Der Satz "Er hob seinen Arm" bedeutet nicht, "ihn" als weiteres Glied einer Bewegung produzierenden Kausalkette einzustufen, sondern kennzeichnet den Kontext der Bewegung. Ein Teil dieses Kontextes, der eine Körperbewegung umgibt, sind jene kontrollierenden Variablen, auf die die Konditionierungserklärungen Bezug nehmen. Die kontrollierenden Variablen wirken also nicht direkt auf den Handelnden ein. Sie sind ebenso wie ihre Beziehung zur Reaktion ein Teil dessen, was wir beschreiben, wenn wir eine Reaktion als Repräsentation einer Handlung bezeichnen. Daher können Handlungen logischerweise nicht ursächlich von diesen unabhängigen Variablen beeinflußt werden. Seine Konditionierungsgeschichte mag John's Beine veranlassen, sich auf bestimmte Weise zu bewegen, doch nach diesem Konzept veranlasst sie John nicht, zu gehen.

Die Rückkehr zum Baseballspiel macht diesen Punkt noch klarer. Während eines Spiels kann ein Doppelspiel entstehen, wenn der dritte Mann den Ball zum zweiten Mann wirft und dieser ihn dann zum ersten Mann. Obwohl diese Ereignisse ein Doppelspiel ausmachen, wäre es ein Konzeptfehler zu sagen, daß sie das Doppelspiel verursacht hätten. Stattdessen sind diese Ereignisse unter diesen Bedingungen einfach ein Doppelspiel. Würde man denken, daß diese Ereignisse ein Doppelspiel verursachen, würde man fälschlicherweise das Doppelspiel mit einem seiner Merkmale gleichsetzen und eine Beschreibung höherer Ordnung mit einer Beschreibung eines der Ereignisse verwechseln, auf das bei der höheren Ordnung Bezug genommen wird (Unterstreichung durch die Herausgeber).

Dementsprechend beschreibt man Ereignisse, die auch in Begriffen von Reaktionen und Konditionierungsvariablen dargestellt werden könnten, auf einer höheren Ebene, wenn man die Bewegung als Handlung eines Handelnden bezeichnet. Daher sind die Konditionierungsvariablen nicht die Ursache der Handlung. Eher ist die Verursachung einer "Response" durch die Konditionierungsvariablen die Handlung.

Bestünde ein Kausalzusammenhang zwischen Handelndem und seiner Handlung, müßten zwei Ereignisse beteiligt sein. Offensichtlich ist die Handlung oder Bewegung die Wirkung, aber was ist die Ursache? Wenn ich meine Hand hebe, tue ich vorher nichts, um meine Hand zu veranlassen, sich zu heben. Dies trifft auf alle Handlungen zu, die Danto (1963) "Grundhandlungen" genannt hat. Entweder müssen wir bei Entschlüssen oder vergleichbaren Willenshandlungen als handlungsauslösende Ereignisse Zuflucht nehmen oder einräumen, daß der Zusammenhang zwischen Handelndem und Handlung keine zwei Ereignisse beinhaltet. Zweifellos ist die Art und Weise, in der ein Handelnder handelt, grundlegend anders als die Art und Weise, in der der Aufprall eines Steines eine Scheibe zum Zerspringen bringt. Als Bezeichnung für die letztere Art von Verursachung wurde der Begriff "Ereignisverursachung" vorgeschlagen, für die erste Art "Handlungsverursachung" (Taylor, 1966; Davidson, 1971).

Obwohl der Handelnde also kein Glied in der die Reaktion hervorrufenden Kausalkette ist, ist er trotzdem entgegen der zweiten Alternative für die menschliche Aktivität nicht irrelevant. Der Handelnde ist nicht bloß ein passiver Beobachter seiner Handlungen. Organismen handeln, bringen bestimmte Zustände hervor, kontrollieren ihre Tätigkeiten und haben die Macht, bestimmte Wirkungen hervorzurufen. Alle diese in unseren üblichen Sprachgebrauch eingebauten Fakten beziehen sich jedoch eher auf Handlungsverursachung als auf Ereignisverursachung. Wenn sich mein Arm wegen eines Muskelspasmus bewegt, bin ich tatsächlich ein passiver Beobachter der Bewegung. Wenn aber die Armbewegung in einem Kontext und unter kontrollierenden Verhaltensvariablen, die diese Bewegung zu meiner Handlung machen, geschieht, bin ich kein passiver Beobachter, sondern der Handelnde.

Eine ähnliche Analyse gilt für physiologische Verhaltenserklärungen. Betrachten wir eine Körperbewegung "m" wie z. B. John's sich hebender Arm. Sie kann als Handlung ablaufen, wenn John z. B. ein Taxi anhält, oder als eine Nicht-Handlung, z. B. als Reflex. Angenommen, Physiologen stellen fest, daß John dann und nur dann behauptet, er habe seinen Arm gehoben, wenn "m" als Teil einer ganz spezifischen funktionellen Organisation des Nervensystems "P" auftritt. So kann P als eine Ereigniskette im Nervensystem gesehen werden, die "m" letztendlich verursacht. Für den Physiologen bedeutet John's Armheben in dieser Situation das Auftreten von m und P. Daraus folgt, daß P, obwohl eine Ursache für John's Armheben, nichtsdestotrotz keine Ursache dafür ist, daß John den Arm hebt. Die Aussage "John hob seinen Arm" sagt mehr aus, als bloß, daß m auftrat. Sie enthält eine Aussage über den Zusammenhang zwischen m und dem Nervensystem und insbesondere etwas über P.

Die aus dieser Analyse hervorgehende Vorstellung vom Handelnden entspricht unserer täglichen Erfahrung unserer selbst. Erstens ist das Selbst kein passiver Beobachter von Körperbewegungen. Handlungen werden tatsächlich durch den Handelnden hervorgebracht, aber eher durch Handlungsverursachung als durch Ereignisverursachung. Zweitens wird der Handelnde nicht von Reizen zum Handeln "gezwungen" oder von kontrollierenden Variablen der Konditionierungsgesetze "gesteuert", denn diese Variablen verursachen keine Handlungen. Schließlich ist dieses Verständnis mit behavioristischen Verhaltensansätzen vereinbar.

Während Handlungen von Handelnden hervorgebracht werden, werden Reaktionen von den unabhängigen Variablen der Konditionierungstheorie verursacht.

Also haben wir es mit zwei Sprachen zu tun: Auf der einen Seite mit der "Handlungssprache", mit Begriffen wie "Handelnden", "Handlungen", "Handlungsgründen" und Handlungsverursachung. Auf der anderen Seite mit der Terminologie der "Verhaltenssprache", mit Begriffen wie "Konditionierungsvariablen", "Verhaltensgesetzen", "Auslösern", "Reaktionen" und Ereignisverursachung (siehe Strawson, 1959, 3. Kapitel). Diese zwei Sprachen lassen sich nicht vermischen. Beispielsweise haben Bewegungen keine Gründe, und Auslösereize verursachen keine Handlungen. Daher neigt man dazu zu denken, ein verdecktes vermittelndes Ereignis zwischen Reiz und Reaktionen müßte der Grund für die Handlung sein, oder daß Handlungen, da sie nicht verursacht werden, nicht determinierbar seien. In beiden Fällen wird aber eine logische Tatsache als eine empirische umgedeutet. Die Konditionierungsgesetze beziehen sich mehr auf Reaktionen als auf Handlungen, weil Konditionierungsvariablen und Handlungen zu verschiedenen logischen Kategorien gehören, und nicht weil Handlungen zu einem nicht determinierten Bereich gehören. Ebenso gibt es in Konditionierungserklärungen keine Gründe für Handlungen, nicht weil Gründe verdeckte Reaktionen seien, sondern wiederum weil Gründe und Reaktionen zu verschiedenen "Sprachspielen" gehören. Kurzum: Handlungssprache und Verhaltenssprache stellen verschiedene Blickwinkel derselben Ereignisse dar (siehe Toulmin, 1969; Mischel, 1969a; Boden, 1972). Nun: In welcher Beziehung stehen die beiden zueinander?

### Von Reaktionen zu Handlungen

Seit Watson bestand das Ziel der Verhaltenstheorie in der Vorhersage und Kontrolle von Verhalten. Wer jedoch die lerntheoretische Technologie praktisch anwendet, wie z. B. Lehrer oder Psychotherapeuten, ist mehr mit Handlungen als mit Reaktionen beschäftigt. Daher ist es für den Behavioristen entscheidend, die Lücke zwischen Reaktionsgesetzen und Aussagen über Handlungen zu überbrücken.

Es ist klar, daß die geforderte Brücke nicht in einer logischen Ableitung bestehen kann. Die einfache Aussage, daß eine Reaktion stattgefunden hat - sei es in Begriffen von Körperbewegungen oder von Auswirkungen auf die Umwelt - beinhaltet nie logisch, daß eine Handlung stattgefunden hat. Logisch gesehen könnte jede Reaktion eine Nicht-Handlung sein, z. B. Teil eines epileptischen Anfalles. Viele Philosophen (z. B. Hamlyn, 1968; Taylor, 1964; Peters, 1958; Malcolm, 1971; Taylor, 1966) haben die Ungleichheit einer Handlung und eines Bewegungsablaufes herausgestellt. Um aus der Beschreibung einer Reaktion eine Handlungsaussage abzuleiten, bedarf es offensichtlich mehr als einer bloßen Beschreibung der Reaktion.

Oben wurde erklärt, daß es von Kontextmerkmalen abhängt, ob eine Reaktion eine Handlung darstellt oder nicht, und daß die response-kontrollierenden Variablen solche kritischen Merkmale bilden. Kann denn dann der Behaviorist aus Aussagen über Reaktionen und ihren Kontext Aussagen über Handlungen ableiten? Auch diese Antwort scheint derzeit negativ auszufallen. Damit ein Behaviorist aus einer Beschreibung einer Reaktion und ihres Kontextes das Auftreten einer Handlung ableiten kann, müßte er über explizit definierte und in einer für ihn annehmbaren Terminologie beschriebene Bedingungen verfügen, die notwendig und hinreichend sagen, ab wann eine Reaktion in einem lerntheoretischen Rahmen eine Handlung repräsentiert.

Offensichtlich fehlen derzeit solche definierten Bedingungen. Die Eigenart einer Handlung ist eine enorm komplexe multidimensionale Eigenart einer Reaktion und ihres Verhaltenskontexts. Eine "Psychophysik der Handlung" hat noch nicht einmal begonnen. Es hat keinen ernsthaften Versuch gegeben, diesen multidimensionalen Raum zu beleuchten, und es wurde kein Regelsystem zur Identifikation von Handlungen erstellt, weder in Begriffen der Informationsverarbeitung noch eines anderen physikalischen Prozesses.

Nichtsdestotrotz gibt es ein System, das auf die Identifizierung von Handlungen "programmiert" ist, sofern es einen physikalischen Input erhält, der aus einer Reaktion und ihrem Verhaltenskontext besteht. Dieses System ist das Nervensystem eines erwachsenen menschlichen Mitglieds einer Sprachgemeinschaft. Könnte eine Beschreibung der Prozesse abgegeben werden, die im Nervensystem zum Erkennen einer Handlung ablaufen, würde dieses "Programm" die notwendigen und hinreichenden Bedingungen benennen, die eine Reaktion und ihren Kontext als Handlung ausweisen. Da ein solches explizites "Programm" jedoch nicht existiert, bleibt dem Behavioristen nur eine Möglichkeit, Handlungen aus Reaktionen abzuleiten: Er muß den menschlichen Beobachter als Instrument benutzen.

Wenn der Behaviorist je sein Ziel einer Verhaltenswissenschaft erreicht, wird er dazu in der Lage sein, aus seinen Lerngesetzen und seinen Ausgangsbedingungen eine Beschreibung einer Reaktion und ihres Verhaltenskontextes abzuleiten. Er kann diese Information dann eventuell in Form eines Films mit Schauspielern einem menschlichen Wesen vermitteln, das dann entscheiden könnte, ob die Reaktion eine Handlung darstellt, und wenn ja, welche.

Da der menschliche Beobachter nur als Instrument verwendet wird, ist sein Urteil ein Teil der Objektsprache und wird in das, was vom Versuchsleiter beobachtet wird, mit einbezogen (Bergmann & Spence, 1944). Der Versuchsleiter hält die Antwort des Beobachters fest und benennt am Ende in der pragmatischen Metasprache, welche Handlung stattfindet.

So wird die Konzeptlücke zwischen Reaktion und Handlung durch menschliche Beobachter überbrückt. In der Praxis ist selbstverständlich selten ein zusätzlicher Beobachter erforderlich, da der Versuchsleiter selbst beide Rollen übernehmen kann: das menschliche Meßinstrument, das beurteilt, ob eine Reaktion eine Handlung darstellt, und den Versuchsleiter, der den Output des menschlichen Meßinstruments beobachtet (Siehe Skinner, 1961). Diese Situation ist mit der eines Psycholinguisten vergleichbar, der sich selbst als Beobachter/Instrument benutzt, um einen Satz auf seine Grammatik zu untersuchen, statt einen unabhängigen Beobachter heranzuziehen.


## Berichte in der ersten Person

Falls es stimmt, daß wir eine Bewegung auf der Basis ihres Verhaltenskontext als Handlung erkennen, dann scheint daraus zu folgen, daß Handlungen nur im Zusammenhang mit Beobachtungen auftreten. Dies klingt vernünftig, wenn es um andere Organismen geht, weniger aber, wenn es auf die eigene Person bezogen wird. Ist es möglich, daß ich nur durch die Beobachtung meiner eigenen Bewegungen und ihrer Umwelt im Hinblick darauf, welche Variablen mein Verhalten kontrollieren, weiß, daß ich handle (siehe Wittgenstein 1965, S. 152-153)?

Natürlich müssen wir uns manchmal beobachten, um zu wissen, was wir tun. Der Psychotherapiepatient erkennt durch die Betrachtung seiner Verhaltensmuster die Motive seines Handelns und entdeckt so gewissermaßen , was er eigentlich tut. Oder wir handeln manchmal einfach geistesabwesend, wenn wir gelangweilt mit den Fingern klopfen oder die Hände aus Angst zusammenpressen, und wir erkennen dieses Tun nur, wenn wir darauf aufmerksam gemacht werden und es so bemerken. Dennoch wissen wir üblicherweise auch ohne Eigenbeobachtung über unser Handeln Bescheid. Handlungsberichte in der ersten Person scheinen aber für die gegenwärtige Analyse Schwierigkeiten aufzuwerfen (siehe z. B. Malcolm, 1971, S. 82-91 für weitere Beispiele von Problemen, die die Behavioristen mit Berichten in der ersten Person hatten).

Ein Weg, wie Behavioristen mit ähnlichen Problemen bei Schilderungen in der ersten Person umgegangen sind, bestand in der Postulierung sogenannter privater Stimuli (Wann, 1965, S. 155-162). Es wird behauptet, daß man das Sprechen von sich selbst in einer Gemeinschaft erlerne, die es einem auf der Basis öffentlich beobachtbarer Kriterien beibringe. Diese öffentlichen Kriterien würden von persönlichen internalisierten Stimuli begleitet, die gewöhnlich nur dem Subjekt selbst zugänglich seien, auch wenn sie mit geeigneten Instrumenten öffentlich beobachtbar wären. Das Subjekt lerne rasch, allein auf der Basis dieser verdeckten Stimuli und ohne Beobachtung seines offenen Verhaltens oder dessen kontrollierender Bedingungen/ über sein Handeln zu berichten. Auf Handlungen ausgedehnt heißt das, daß jeder Bericht über eigenes Handeln der Kontrolle verdeckter Stimuli unterliege.

Es scheint aber so zu sein, daß wir in der Regel von unseren Handlungen sprechen, ohne zu beobachten, ob es sich dabei um verdeckte oder öffentliche Ereignisse handelt. Zum Glück ist es möglich, in der ersten Person zu sprechen, ohne hypothetische verdeckte Stimuli anzunehmen. Selbst wenn ein Bericht über eigenes Handeln durch den Kontext, in dem eine Bewegung steht, zustande kommt, heißt das nicht automatisch, daß dieser Kontext wahrgenommen worden sein muß. Es gibt viele Belege dafür, daß subjektive Berichte wie auch Handlungen von verschiedenen Merkmalen der Umgebung abhängig sind, ohne daß diese Merkmale beobachtet wurden. Unsere Fähigkeit, eine Tonquelle zu lokalisieren, hängt beispielsweise von Schallwellendifferenzen auf beiden Ohren bezüglich Phase, Ankunftszeit und Intensität ab. Dennoch "beobachten" wir keinesfalls diese Differenzen und ziehen daraus Schlüsse für die Lokalisierung. Genauso hängt das Verhalten einer Ratte im Labyrinth davon ab, wieviel Nahrungskügelchen sie zuvor bekommen hat, und trotzdem würden wir nicht behaupten, daß die Ratte zuerst die Anzahl "beobachtet" haben muß, bevor sie weiß, wie schnell sie durch das Labyrinth laufen soll. Viele unserer Sinnesurteile basieren auf Hinweisreizen, die wir nicht "beobachten".

In allen diesen Beispielen geschehen Handlungen als Reaktionen auf Gegebenheiten der Umwelt, aber in der Regel würde niemand sagen, daß der Organismus diese Gegebenheiten beobachtet. "X" zu beobachten scheint eine gelernte Tätigkeit zu sein, denn es ist möglich zu beurteilen, wie gut jemand sie erworben hat. Man kann gut oder schlecht beobachten, sorgfältig oder nachlässig, man kann vergessen haben, wie man gut beobachtet, oder sich durch Übung verbessert haben. Aber man könnte das Beobachten nicht lernen, wenn es nicht noch einen anderen Weg als den des Beobachtens gäbe, differenziert auf Umgebungsmerkmale zu reagieren. Kurzum, nicht alle verhaltenssteuernden Reize werden vom Handelnden "beobachtet".

Das Problem beschränkt sich nicht bloß auf das Sprechen in der ersten Person. Selbst bei der Beobachtung anderer müssen wir im allgemeinen nicht die Merkmale einer Handlung beobachten, um zu wissen, daß eine Handlung geschieht. Nur selten beobachten wir in einem ersten Schritt Bewegungen und ihren Verhaltenskontext und schließen daraus dann auf das Vorliegen einer Handlung. Diese Abfolge kann gelegentlich bei Bewegungen auftreten, die an der Grenze zwischen Handlung und Nicht-Handlung liegen, wie z. B. den Bewegungen eines Kleinkindes. In den meisten Fällen <u>sehen</u> wir jedoch Bewegungen in bestimmten Zusammenhängen direkt als Handlungen (siehe Aldrich, 1967). Eine "Psychophysik der Handlung" könnte den multidimensionalen Stimulus-Raum abbilden, in dem dies geschieht. Auch wenn Lerntheoretiker darauf bestehen, Verhalten als Reaktionen zu untersuchen, heißt das nicht, daß wir andere Personen anhand ihrer Reaktionen wahrnehmen und aus ihnen auf Handlungen schließen. Es heißt auch nicht, daß die Reaktions-Sprache ("language of response") valider oder grundlegender ist als die reichere, aber vielleicht weniger genaue Handlungssprache.

Häufig nehmen wir Bewegungen sogar ohne ihren Verhaltenskontext als Handlungen wahr. Sehen wir z. B. jemanden, der auf der Straße steht und seinen Arm vor- und zurückbewegt, während "Taxi!" aus seinem Mund ertönt, gehen wir davon aus, daß die Armbewegung eine Handlung repräsentiert, selbst wenn uns die seine Reaktion kontrollierenden Variablen nicht verfügbar sind. In solchen Fällen ist uns eine Form von Reaktion als Handlung vertraut, und die Merkmale der Reaktion reichen alleine bereits dafür aus, sie als Handlung anzusehen.


## Schlußfolgerung

Der Unterschied zwischen einem menschlichen Handelnden und einem Automaten sollte nun klar sein. Handeln ist an den beobachtbaren Reaktions-Kontext gebunden. Die meisten Verhaltensweisen der meisten Menschen stellen Handlungen eines Handelnden dar. Natürlich kann ein Automat Reaktionen hervorbringen, die mit denen eines Menschen vergleichbar sind. Dennoch sind der Kontext, in dem die Bewegung steht, und die die Bewegung kontrollierenden Variablen nicht dieselben wie beim Menschen. Daher ist kein Handelnder anwesend. Zwei Männer können auf gleiche Weise vom ersten ins zweite Feld laufen. Doch kann der eine bloß trainieren und der andere Baseball spielen. Die meisten Automaten erwerben, anders als Menschen, keine neuen Verhaltensweisen, sie sind nicht sensibel gegenüber den Konsequenzen ihrer Reaktionen, und ihr Verhalten kann nicht so sehr wie das einer Person unter Reizkontrolle gelangen. Je elaborierter Automaten werden und je mehr sie menschliche psychologische Prozesse simulieren, desto mehr sind wir geneigt, ihnen Handlungskompetenz zuzuschreiben.

Es stimmt tatsächlich, daß sich Automaten in ihrem äußeren Verhalten nicht unbedingt von Menschen unterscheiden, aber diese Binsenwahrheit bedeutet nicht, daß menschliches Handeln eine mystische Einheit ist, die hinter dem äußeren Verhalten verborgen ist. Stattdessen bedeutet sie, daß der Unterschied in den beobachtbaren Zusammenhängen dieses Verhaltens mit der Umgebung und anderen aktuellen und vergangenen Verhaltensweisen besteht (siehe Wittgenstein, 1953, S. 60; 1965). Statt den Menschen als Roboter anzusehen, kann der Behaviorist als "Experte" für die Beziehungen zwischen Verhalten und Umwelt daher sehr gut den Unterschied zwischen Personen und Automaten belegen.

## LITERATURVERZEICHNIS

ALDRICH, V.C. (1967). *On seeing bodily movement as action.* American Philosophical Quarterly, 222-230.

BERGMANN, G & SPENCE, K.W. (1978) *The logic of psychological measurement.* Psychological Review, 51, 1-24.

BODEN, M.A. (1972). *Purposive explanation in psychology.* Cambridge: Harvard University Press

BROWN, D.G. (1968). *Action.* London: Allen and Unwin

CARE, N.S. & LANDESMAN, C. <Eds.> (1968). *Readings in the theory of action.* Bloomington: Indiana University Press

CHEIN, I. (1972). *The science of behavior and the image of man.* New York: Basic Books

DANTO, A. (1963). *What we can do.* Journal of Philosophy, 40, 435-445.

DAVIDSON, D. (1968). *Actions, reasons, and causes.* In N.S. Care & C. Landesmann (Eds.): Readings in the theory of action. Bloomington: Indiana University Press

DAVIDSON, D. (1971). *Agency.* In R. Binkley, R. Bronaugh & A. Marras (Eds.): Agent, action and reactions, Toronto: University of Toronto

FERSTER, C.B. & SKINNER, B.F. (197.). *Schedules of reinforcement.* New York: Appleton-Century-Crofts

GUTHRIE, E.R. (1952). *The psychology of learning.* New York: Harper

GUTHRIE, E.R. (1959). *Association by continguity.* In S. Koch (Ed.): Psychology: A study of a science, Vol. 2, New York: McFraw Hill

GUTHRIE, E.R. & HORTON, G.P. (1946). *Cats in a puzzle box.* New York: Rinehart

HAMLYN, D.W. (1968). *Causality and human behavior.* In N.S. Care & C. Landesmann (Eds.): Readings in the thoery of action. Bloomington: Indiana University Press

HULL, C.L. (1934). *The Concept of the habit-family hierarchy and maze learning: Part I.* Psychological Review, 41, 33-54.

HULL, C.L. (1937). *Mind, mechanism and adaptive behavior.* Psychological Review, 44, 1-32.

HULL, C.L. (1943). *Principles of behavior.* New York: Appleton-Century-Crofts

MACCORQUODALE, K. AND MEEHL, P.E. EDWARD C. TOLMAN (1954). In W.K. Estes et al (Eds.): Modern learning theory. New York: Appleton-Century-Crofts

MALCOLM, N. (1971). *Problems of mind.* New York: Harper an Row

MCDOUGALL, W. (1936). *Men or robots?* Pedagological Seminary and Journal of Genetic Psychology, 33, 71-102.

MISCHEL, T. (1969a). *Scientific and philosophical psychology.* In T. Mischel (Ed.): Human action: Conceptual and empirical issues. New York: Academic Press

MISCHEL, T. (1969b). *Epilogue*. In T. Mischel (Ed.): Human action: Conceptual and empirical issues. New York: Academic Press

PETERS, R.S. (1958). *The concept of motivation*. London: Routledge and Kegan Paul

RYLE, G.(1949). *The concept of mind*. New York: Barnes and Noble. Deutsche Version: "Der Begriff des Geistes". Reclam, 1969.

SHAFFER, J.A. (1968). *Philosophy of mind*. Englewood Cliffs: Prentice-Hall

SKINNER, B.F. (1938). *The behavior of organism*. New York: Appleton-Century-Crofts

SKINNER, B.F. (1953). *Science and human behavior*. New York: MacMillan

SKINNER, B.F. (1957). *Verbal behavior*. New York: Appleton-Century-Crofts

SKINNER, B.F. (1961). *The generic nature of the concepts of stiumulus and response*. In Cumulative record. New York: Appleton-Century-Crofts

STRAWSON, P.F. (1959). *Individuals*. London: Methuen

TAYLOR, C. (1964). *The explanation of behaviour*. London: Routledge and Kegan Paul

TAYLOR, R. (1966). *Action and purpose*. Englewood Cliffs: Prentice-Hall

THALBERG, I. (1967). *Do we cause our own actions?* Analysis, 27, 196-201.

TOULMIN, S. (1969). *Concepts and the explanation of human behavior*. In T. Mischel (Ed.): Human action: Conceptual and empirical issues. New York: Academic Press

WANN, T.W. <Ed.> (1954). *Behaviorism and phenomenology*. Chicago: University of Chicago Press

WATSON, J.B. (1924). *Behaviorism*. New York: The People's Institute

WHITE, A.R. (1968). *The philosophy of action*. Oxford: Oxford University Press

WITTGENSTEIN, L. (1953). *Philosophical investigations*. New York: MacMillan

WITTGENSTEIN, L. (1965). *The blue and brown books*. New York: Harper

# ZUR VERTEIDIGUNG DER SELBSTBESTIMMUNG: EINE KRITISCHE AUSEINANDERSETZUNG MIT B.F. SKINNER[1]

Von Andrew C. Theophanous

Mit meinem Artikel möchte ich die Grundannahmen des radikalen Behaviorismus ("Radical Behaviorism") darstellen und diese dann näher betrachten. Ich werde dabei auch analysieren, in welcher Weise Skinner von den experimentellen Erkenntnissen zur operanten Konditionierung und der Verhaltensmodifikation auf die Erklärung allen menschlichen Verhaltens generalisiert, und insbesondere wie er die Steuerung des Verhaltens zukünftiger Gesellschaften beschreibt. Meine Argumentation wird darauf hinauslaufen, daß der theoretische Rahmen des klassischen Behaviorismus, selbst wenn er zutrifft, unvollständig ist, und daß Skinner's Ergänzungen weder experimentell noch theoretisch gerechtfertigt sind. Ich werde dann darlegen, daß Skinner's idiosynkratische Vervollständigung des Schemas für die meisten kontroversen und angreifbaren, dem klassischen Behaviorismus zugeschriebenen Thesen verantwortlich ist - vor allem jene, die die Selbstbestimmung betreffen. Ich werde zu dem Schluß gelangen, daß es möglich und sinnvoll ist, das Schema so zu vervollständigen, daß viele von Skinner's kontroversen Verallgemeinerungen bezüglich menschlichen Verhaltens vermieden werden.

Es ist keine einfache Angelegenheit, über den klassischen Behaviorismus Zeugnis abzulegen, zum Teil weil Skinner seit den Tagen von "Science and Human Behavior" seine Haltung geändert hat, zum Teil weil Skinner's Darstellungen viel Raum für Zweideutigkeit und Interpretationen lassen. Skinner und seine Anhänger haben sich oft beschwert, daß sie als Reiz-Reaktions-Psychologen eingestuft werden, wo doch ihre Sichtweise von Verhalten eine andere sei. Tatsächlich ist es so, daß sich die Schwerpunkte von Skinner's Schema über die Zeit verändert haben. Demnach bestehen die wesentlichen Faktoren für die Determination von Verhalten in den Konsequenzen früheren Verhaltens, das heißt jenen Konsequenzen früherer Verhaltensweisen, die verhaltensverstärkend wirkten und zu zukünftigen Verhaltensweisen führen. Skinner war beeindruckt von den Experimenten von Zener und Thorndike, bei denen, anders als bei Pavlov's Hunden, Tiere dazu gebracht wurden, eine Aktivität auszuüben, um Futter zu bekommen. In diesem Fall ist ein Teil der konditionierten Reaktion instrumentell oder operant, um die Verstärkung zu sichern. Skinner's Schema besteht aus 3 wesentlichen Bestandteilen, wie in "Contingencies of Reinforcement" herausgearbeitet wird.

Bei einer adäquaten Darstellung der Interaktion zwischen einem Organismus und seiner Umgebung müssen immer drei Informationen angegeben werden:

1. Der Auslöser für eine Reaktion ("Response"),
2. die Reaktion selbst und
3. die verstärkenden Bedingungen.

---

[1] "In Defense of Self-Determination: A Critique of B.F. Skinner": Behaviosrism, 1975, 3-1, 97-116. Veröffentlichung mit freundlicher Genehmigung durch das Cambridge Center for Behavioral Studies. Übersetzung: Monika Koch, Dipl.Psych., Worms

Die Zusammenhänge zwischen ihnen sind die Verstärkungskontingenzen (Skinner, 1969).

Der konzeptuelle Rahmen zur Erklärung von Verhalten nach Skinner sieht also folgendermaßen aus, wobei V = Verhalten, $S_D$ = diskriminativer Stimulus, C+ = verstärkende Konsequenz bedeutet:

Abbildung 1:

$$
V_0 \;-\; \overset{\displaystyle S_{D1}}{\overset{|}{C_1^+}} \;-\; V_1 \;-\; \overset{\displaystyle S_{D2}}{\overset{|}{C_2^+}} \;-\; V_2 \;-\; C_3^+ \;-\; \overset{\displaystyle S_{D3}}{\overset{|}{V_3}}{}^*
$$

Skinner beginnt mit der scheinbar offensichtlichen Annahme, daß jedes Verhalten Konsequenzen hat. Um sein Schema zu verstehen, müssen wir all diese Konsequenzen in zwei Kategorien einteilen: Die verstärkenden und die nicht-verstärkenden Konsequenzen. Obwohl die verstärkenden Konsequenzen für das Schema extrem wichtig sind, ist ihre Rolle bei der Determinierung von Verhalten unklar. Skinner scheint ihnen in seinen Arbeiten drei verschiedene Rollen zuzuschreiben:

a. Die verstärkenden Konsequenzen gehören zu den wesentlichen Verhaltensdeterminanten. Das heißt, daß verstärkende Konsequenzen notwendige, aber nicht hinreichende Bedingungen für das Auftreten des Ereignisses sind. Anders gesagt: das Verhalten wird nur auftreten, wenn die verstärkenden Konsequenzen und auch noch bestimmte Umgebungsbedingungen gegeben sind.

b. Die verstärkenden Konsequenzen erhöhen die Wahrscheinlichkeit einer Response, das heißt, sie erhöhen die Wahrscheinlichkeit, daß $V_1$ geschieht. Das würde bedeuten, daß die verstärkenden Konsequenzen keine hinreichenden Bedingungen für das Auftreten von $V_1$ sind, auch wenn ihr Vorhandensein die Auftretungswahrscheinlichkeit von $V_1$ erhöht.

c. Die verstärkenden Konsequenzen erhöhen die Reaktionshäufigkeit, das heißt die Auftretenshäufigkeit von V pro Zeiteinheit. Wir können im voraus nicht die genaue Häufigkeitszunahme, sondern nur ihre Wahrscheinlichkeit bestimmen.

Um zu verstehen, in welchem Verhältnis bei der obigen Einteilung b. und c. zu a. stehen, muß die andere Variable, $S_D$ oder diskriminativer Stimulus genannt, beachtet werden. Skinner wies darauf hin, daß sich dieser diskriminative Stimulus von dem Stimulus der früheren Psychologie darin unterscheide, daß er nicht eine Ursache oder, mit seinen Worten, einen "Anstoß" für das Verhalten darstelle. Er sagt: "Jeder Reiz, der bei der Verstärkung eines Verhaltens gegeben ist, gewinnt in dem Sinn Kontrolle, daß bei seiner Anwesenheit die Auftretensrate des Verhaltens höher sein wird. Ein solcher Stimulus fungiert nicht als Anstoß, ruft nicht zwingend das Verhalten hervor, sondern ist einfach ein wesentlicher Aspekt des Anlasses, auf den hin ein Verhalten gezeigt und verstärkt wird" (Skinner, 1969, S. 7).

Es ist unklar, welche Art von Kausalität Skinner den verstärkenden Konsequenzen in Abgrenzung von den diskriminativen Reizen zuschreiben möchte. Klar ist jedoch, daß $C_1^+$ bei Vorhandensein von $S_{D1}$ und anderen Bedingungen, die ich später erwähnen werde, die Gesamtmenge der für das Auftreten von $V_1$ hinreichenden Bedingungen ausmacht. Sie sind hinreichend, aber nicht notwendig, da $V_1$ auch durch eine andere Kombination diskriminativer Stimuli und verstärkender Konsequenzen hätte hervorgerufen werden können, so daß die spezifischen verstärkenden Konsequenzen ein unverzichtbarer Teil einer hinreichenden Bedingung für das Verhalten sind, aber keine notwendige Bedingung dafür, daß das Verhalten zu irgendeinem Zeitpunkt auftritt.

An dieser Stelle könnte der Einwand erhoben werden, daß ich mehr darüber gesprochen habe, was Verhalten verursacht, als darüber, was die Wahrscheinlichkeit von Verhalten und die Auftretenshäufigkeit einer Verhaltensweise erhöht. Wir sollten uns jedoch nicht durch Skinner's Annahmen b. und c. irreführen lassen, anzunehmen, er sei nicht an den verhaltensdeterminierenden Faktoren, sondern nur an der Bestimmung der Wahrscheinlichkeit oder der Häufigkeit von Verhalten interessiert. Die Tatsache, daß neben $S_D$ und $C^+$ noch andere Bedingungen an der Beeinflussung von Verhalten beteiligt sind, ist der Grund dafür, daß Skinner von Wahrscheinlichkeiten spricht. Der wesentliche Restfaktor ist das, was Skinner "frühere Verstärkungsgeschichte" nennt. Das obige Schema muß also durch die Verstärkungsgeschichte des Organismus oder der Person ergänzt werden.

Die Verstärkungsgeschichte ist vermutlich die Gesamtsumme all unserer früheren Verhaltensweisen und ihrer verstärkenden Konsequenzen unter Anwesenheit diskriminativer Stimuli. Da alle menschlichen Wesen und Tiere unterschiedliche Verhaltensmuster und verstärkende Konsequenzen erfahren haben, haben sie sehr verschiedene Verstärkungsgeschichten. Da wir nun aber nicht die gesamte Verstärkungsgeschichte jedes Organismus kennen, können wir nicht genau feststellen, ob unser $S_D$ und $C^+$ ausreichen werden, um mit Sicherheit das Ereignis hervorzurufen. Aus diesem Grunde spricht Skinner über Wahrscheinlichkeiten. Hätten wir die vollständige Kenntnis der Verstärkungsgeschichte, bräuchten wir nicht von der Wahrscheinlichkeit des Verhaltens zu sprechen, sondern könnten es unter diesen Umständen mit Sicherheit vorhersagen.

Die Annahme, daß uns Wissen über die Verstärkungsgeschichten fehlt, hilft beim Verständnis eines scheinbaren Widerspruches in Skinners Arbeit: Einerseits scheint er zu sagen, daß die Umgebung jegliches Verhalten vollständig determiniere, andererseits kann er, wenn er definitive Vorhersagen machen soll, das nur in Bezug auf die Wahrscheinlichkeit des Verhaltens und nicht auf dessen garantiertes Auftreten hin tun . Hier muß unterschieden werden zwischen der theoretischen Kenntnis aller Ursachen und Bedingungen für die Verhaltensdetermination und dem praktischen Wissen über Ursachen und Bedingungen, welches begrenzt ist und uns nur Wahrscheinlichkeitsvorhersagen ermöglicht. So ist es möglich, an einer Theorie absoluter Verhaltensdetermination festzuhalten und gleichzeitig anzunehmen, daß das vollständige Wissen über die an der Verhaltensdetermination beteiligten Faktoren in der experimentellen Situation nicht vorhanden ist. Im letzteren Fall können wir nur probabilistische Behauptungen über das Auftreten von Verhalten und seine Häufigkeitszunahme aufstellen.

Ich werde diese Gesichtspunkte bezüglich der Verhaltensdetermination weiter analysieren und mich dabei von den Fragen leiten lassen, die Skinner selbst dem Vorwort von "Contingencies" zugrunde legt: "... Welche Aspekte des Verhaltens sind bedeutsam? Welche Variablen bestimmen Veränderungen dieser Aspekte? Wie müssen die Zusammenhänge zwischen dem Verhalten und seinen steuernden Variablen aussehen, damit ein Organismus als System angesehen wird?" (Skinner, 1969, S. XII).

Bei der Betrachtung der ersten beiden Fragen beginne ich mit den verstärkenden Konsequenzen. Was macht speziell diese Konsequenzen mehr verstärkend als andere Konsequenzen desselben Verhaltens, das heißt warum wirkt gerade diese Untergruppe von Verhaltenskonsequenzen mehr verstärkend als andere? Es wird hier nicht nach einem Kriterium zur Unterscheidung von verstärkenden und nicht-verstärkenden Konsequenzen gesucht. Dieses kann Skinner problemlos liefern (siehe oben). Wir fragen uns vielmehr, warum gerade diese Konsequenzen verstärkend sind und nicht andere.

Skinnerianer haben hierauf drei verschiedene Antworten:
1. Wir können nie wissen, warum gerade diese Verhaltenskonsequenzen verstärkend wirken. Wir wissen bloß, daß sie es tun.
2. Wir wissen de facto nicht, warum sie verstärkend wirken, und selbst wenn wir es wüßten, wäre es für die Erklärung von Verhalten irrelevant.
3. Der Grund dafür, warum gerade diese Konsequenzen verstärkend wirken, liegen in der Verstärkungsgeschichte des Organismus.

Meiner Meinung nach sind alle drei Antworten unbefriedigend. Die erste unterstellt von vornherein die Unmöglichkeit, einen wichtigen Aspekt der menschlichen Natur zu entdecken. Worauf basiert diese Unmöglichkeit? Warum sollten wir sie akzeptieren, solange es keinen Hinweis oder keine Grundlage dafür gibt? Skinner liefert für eine solche Unmöglichkeit keine unmittelbare Grundlage, und solange das niemand tut, muß diese Antwort abgelehnt werden. Was die zweite Antwort angeht, so mag es stimmen, daß wir es (de facto) nicht wissen, doch sollte uns das nicht vom Versuch abhalten, es herauszufinden. Die wesentliche Behauptung in dieser Antwort ist, daß selbst die Entdeckung dessen, was bestimmten Konsequenzen ihre verstärkende Wirkung verleiht, in keiner Weise zu unserem Verständnis der Verhaltensursachen und der menschlichen Natur beitragen würde. Aber auch hier: Mit welcher Berechtigung kann diese Behauptung aufrechterhalten werden? Selbstverständlich ist es nicht möglich, a priori zu bestimmen, welche der Faktoren, deren Bedeutung wir nicht kennen, für Erklärungen irrelevant sein werden. Vielleicht würde dann behauptet, daß unsere Kontrolle über Verhalten nicht verbessert und das Ausmaß an Kontrolle nicht vergrößert werden könnte, wenn wir wüßten, warum einige Konsequenzen verstärkend wirken und andere nicht. Diese Idee leuchtet nicht ein. Denn angenommen, wir hätten dieses Wissen, dann hätten wir im Bemühen um Kontrolle doch Kriterien dafür in der Hand, bei welchen Verhaltensweisen welche Konsequenzen maximal verstärkend wirken. Demnach können wir dann Verhalten auswählen. Wenn wir also wüßten, was manche Verhaltenskonsequenzen so verstärkend gemacht hat, könnten wir Verhaltensweisen auswählen, die mehr verstärkende Konsequenzen hätten und daher die Reaktionswahrscheinlichkeit erhöhen würden. Die dritte Möglichkeit scheint eine Lösung anzubieten, liefert aber keine Erklärung. Wir stehen wieder vor der ursprünglichen Schwierigkeit, nicht spezifizieren zu können, welche Verhaltenskonsequenzen nun tatsächlich verstärkend wirken werden. Wir können lediglich feststellen, daß bei einer anderen Verstärkungsgeschichte andere Verhaltenskonsequenzen verstärkend wirken würden.

Nun taucht ein grundlegenderes Problem auf: Es kann dem Skinnerianer nicht ausreichen, einfach festzustellen, daß für die vorrangige Wirkung einiger Konsequenzen die Verstärkungsgeschichte verantwortlich ist. Er muß wissen, was an der Verstärkungsgeschichte dies bewirkt hat. Das heißt, er müßte angeben können, welche Art von Verstärkungsgeschichte zu anderen verstärkend wirkenden Konsequenzen führen würde. Soweit ich weiß, wurden derartige Angaben nicht gemacht.

Anders ausgedrückt: Worin besteht der entscheidende Unterschied zwischen zwei Verstärkungsgeschichten, der dazu führt, daß in Bezug auf das gleiche Verhalten in einem Fall die eine Untergruppe von Konsequenzen verstärkend wirkt und in einem anderen Fall eine andere Untergruppe? Es kann nicht einfach jeder beliebige Unterschied zweier Verstärkungsgeschichten sein - denn dann dürfte es keine zwei Personen geben, für die dieselben Verhaltenskonsequenzen verstärkend wirken, und dieser Meinung würde sich kein Skinnerianer anschließen. Da radikalen Behavioristen daran gelegen ist, zu zeigen, daß für viele Personen mit unterschiedlichen Verstärkungsgeschichten (selbst wenn einige Elemente gleich sind) dieselben Konsequenzen verstärkend wirken, folgt daraus: Es muß einige Aspekte in der Verstärkungsgeschichte geben, die bewirken, daß qualitativ ähnliche Konsequenzen gleichermaßen verstärkend wirken und andere Aspekte, die genau das verhindern. Aber wie können wir diese verschiedenen Aspekte der Verstärkungsgeschichte differenzieren? Jede potentielle Erklärungskraft dieses Konzepts scheitert an dieser Schwierigkeit.

Bevor ich zu diesem Problem zurückkehre, möchte ich die Dimensionen meiner Betrachtungen ausweiten. Es gibt eine Unterscheidung zwischen zwei Arten von Verhaltenskonsequenzen, die Skinner nicht trifft - obwohl sie in seiner Arbeit enthalten und sehr wichtig ist. Es handelt sich dabei um 1. die intrinsischen oder direkt kausalen ("unmittelbaren" <Anmerkung der Übersetzerin>) Verhaltenskonsequenzen und 2. die extrinsischen oder mittelbaren Verhaltenskonsequenzen. Hierzu ein Beispiel: Wenn ein Mann in einer Autofabrik arbeitet, ist es eine intrinsische Konsequenz, daß er ein Auto herstellt; es ist jedoch eine extrinsische Konsequenz seiner Arbeit, daß er am Ende der Woche Lohn erhält. Die Arbeit des Mannes ist unter den richtigen Bedingungen die Ursache für die Autoherstellung. Die Arbeit des Mannes hat auch zur Folge, daß er Geld erhält, doch ist sie nicht die Ursache dafür. Skinner unterscheidet nicht zwischen diesen zwei Arten von Konsequenzen, obwohl sie für das Verständnis seiner Arbeit außerordentlich wichtig sind. So sagt er in "Beyond Freedom and Dignity": "Die Kontingenzen des Überlebens erbrachten keinen Konditionierungsprozeß, der in Betracht zog, wie ein Verhalten seine Konsequenzen produzierte. Der einzige nützliche Zusammenhang war ein temporaler: Es konnte ein Prozeß entstehen, bei dem ein Verstärker jedes Verhalten verstärkte, auf das er folgte. Der Prozeß war aber nur dann bedeutsam, wenn er Verhalten verstärkte, das tatsächlich Folgen mit sich brachte. Daher die Bedeutung der Tatsache, daß jede dicht auf ein Verhalten folgende Veränderung mit größter Wahrscheinlichkeit von diesem hervorgerufen wurde" (Skinner, 1971, S. 120).

Skinner macht einen Unterschied zwischen "echten" und "zufälligen" Verhaltenskonsequenzen, eine unserer Unterscheidung zwischen intrinsisch und extrinsisch ähnliche, aber nicht mit ihr identische Differenzierung. Seiner Meinung nach sei in der Evolution möglicherweise zufällig ein Ereignis auf eine bestimmte Verhaltensweise gefolgt und so zu einer verstärkenden Konsequenz dieses Verhaltens geworden. Solche Zufälle wären aber nur dann nützlich, wenn das verstärkte Verhalten selbst kausale oder echte Konsequenzen hätte, die zu weiteren Verstärkungen führten. Hier liegt eine Kombination zufälliger und echter Konsequenzen vor und beide wirken verstärkend. Die zufälligen Folgen gemäß seiner Definition ("Ereignisse, die nach dem Verhalten eintreten") sind den extrinsischen Konsequenzen zuzuordnen. In der Menge experimenteller Arbeiten zur Verhaltensmodifikation gibt es noch einen weiteren Typus von Konsequenz, den Skinner in Abgrenzung von "natürlich" als "geplant" bezeichnet. Lassen sie mich dies an einem Beispiel veranschaulichen. Wir möchten einem Kind beibringen, Rechenaufgaben durchzuführen. Die natürlichen oder extrinsischen Konsequenzen des Rechnens sind für das Kind sehr weit entfernt (z. B. sein Wert für irgendeine spätere Berufstätigkeit) oder zu abstrakt (z. B. das Gefühl, daß man ein Problem gelöst hat), um für das Kind verstärkend zu sein. Also führen wir bei der Verhaltensmodifikation geplante oder extrinsische Verhaltenskonsequenzen ein, die für das Kind verstärkend wirken. So erhält es z. B. einen Lutscher oder eine Eintrittskarte für eine Veranstaltung. Hier ist die extrinsische Konsequenz die entscheidende Determinante dafür, daß das Kind rechnet. Skinner warnt davor zu glauben, daß in derartigen Situationen "natürliche Verstärker automatisch die geplanten positiven Verstärker im Klassenzimmer ersetzen. Die Anerkennung und das Lob des Lehrers haben unter Umständen keine Entsprechung im realen Leben". Auch im Labor kommt es beim Verstärkerplan auf die Reihenfolge in der Darbietung von extrinsischen Konsequenzen nach der Ausführung des Verhaltens an. So kann die Ratte z. B. jedesmal regelmäßig für das Drücken des Hebels verstärkt werden oder nur gelegentlich und zufällig. Das gesamte Planungskonzept verläßt sich auf extrinsische Konsequenzen (in der Regel unter der Kontrolle des Versuchsleiters).

Es besteht daher ein riesengroßer Unterschied zwischen der kontrollierten Situation (wie im Labor, in der Klinik oder im Klassenzimmer) und der nicht-experimentellen Situation von Menschen und Tieren, wobei erstere die Einführung extrinsischer Konsequenzen durch den Versuchsleiter, letztere beide Arten von Konsequenzen mit einem Schwerpunkt auf den intrinsischen kausalen Konsequenzen beinhaltet. Skinner verwechselt jedoch gerne die These, daß all unser Verhalten durch die Umgebung bestimmt wird, mit der These, daß alles Verhalten von dessen extrinsischen Konsequenzen determiniert wird, indem er für beides den Begriff der "Kontrolle" verwendet. Eine wesentliche Grundlage für die Angriffe auf Skinner besteht sogar darin, daß ihm die These zugeschrieben wird, daß wir alle durch die extrinsischen Konsequenzen unseres Verhaltens "kontrolliert" ("gesteuert" - <Anmerkung der Übersetzerin>) würden. Ich glaube, daß seine Verallgemeinerungen von der experimentellen Situation auf Aussagen über die Steuerung der Gesellschaft bei einer Unterscheidung dieser zwei Thesen schwer aufrechtzuerhalten wären.

Verfolgen wir unseren Weg noch einmal zurück. Ich behaupte, daß das Schema in Abbildung 1 nicht von vornherein als ein möglicher Rahmen zur Erklärung von Verhalten abgelehnt werden kann. Es ist allerdings klar, daß es sehr unvollständig ist - es fehlen ihm Elemente. Skinner versucht es zu ergänzen, indem er seine eigenen ontologischen und methodologischen Vorannahmen mit aufnimmt. Leider wird er dadurch dogmatisch und besteht darauf, daß seine Art, den Rahmen zu füllen, Gültigkeit besitzt. Meiner Meinung nach sind Skinner's am meisten umstrittene Thesen in diesem ontologischen Dogmatismus und nicht in den experimentellen Ergebnissen begründet.

Um dies zu veranschaulichen, erläutere ich kurz eine andere Möglichkeit, diesen Rahmen zu vervollständigen, die später in der Diskussion noch Bedeutung erlangen wird. Dabei werde ich auf die zeitgenössische Handlungsphilosophie Bezug nehmen. Wenn wir in der Alltagssprache versuchen, das Verhalten einer Person zu erklären, fragen wir nach den Gründen, warum sie diese bestimmte Handlung ausgeführt hat. Wir bezeichnen den Großteil menschlichen Verhaltens als Handlung, weil wir davon überzeugt sind, "den hervorstechenden Punkt oder den Zweck oder das Ziel jeder beliebigen Aktivität, in die wir verwickelt sind, klar erkennen zu können" (Hampshire, 1960). Zum Zweck der besseren Betrachtung nehme ich eine Unterscheidung vor zwischen dem direkten Ziel des Verhaltens einer Person, das heißt dem Ziel oder Ende, welches unmittelbar mit dem Verhalten verknüpft ist, und dem Motiv oder indirekten Ziel des Verhaltens, welches uns verstehen hilft, warum die Person das direkte (unmittelbare <Anmerkung der Übersetzerin>) Ziel herbeiwünscht. Das heißt, das Motiv kann selbst einen übergeordneten Zweck ("higher end") oder ein Ziel darstellen, das die Person zu erreichen wünscht. Wenn z. B. ein Mann absichtlich seinen Vater umbringt, ist das direkte (unmittelbare; s.o.) Ziel seines Verhaltens der Tod seines Vaters. Das Motiv oder indirekte Ziel ist vielleicht Rache für die brutale Behandlung seiner Mutter. Wir sind mit den direkten Zielen bestimmter Verhaltensweisen so vertraut, daß wir selten nach einer Spezifizierung dieser Ziele fragen. In den Ausnahmefällen, in denen wir es doch tun, lautet die Frage oft: Was sollte damit erreicht werden? Üblicherweise fragen wir jedoch nach dem Motiv oder der zugrunde liegenden Absicht; das heißt, wir fragen nach einer Rechtfertigung oder Erklärung dafür, warum die Person das beabsichtigte und/oder erreichte, was wir als unmittelbares Ziel ihres Verhaltens ansehen. Wenn wir also nach dem Grund für ein Verhalten fragen, benötigen wir im allgemeinen ein Motiv oder indirektes Ziel, denn das direkte Ziel kennen wir ja bereits. Bemerkenswerterweise geben wir uns im allgemeinen nicht damit zufrieden, daß eine Person uns lediglich Auskunft über das unmittelbare Endresultat ihres Verhaltens gibt, es sei denn, das Motiv ist offensichtlich und braucht nicht erwähnt zu werden. Meist haben wir erst dann das Gefühl zu verstehen, warum eine Person etwas tut, wenn wir ihre Motive kennen. Das wichtige an den Motiven ist, daß sie Rückgriffe auf unsere Werte nehmen. Aus diesem Grund ist das Feststellen von Motiven oft, wenn auch nicht immer, der Versuch einer Rechtfertigung, wie wenn ich z. B. als Motiv Eifersucht angebe. Angaben über Motive beziehen sich auf einen der folgenden drei Zusammenhänge zwischen Verhalten und persönlichen Werten:

1. Das Verhalten selbst wird als Endzustand bewertet.
2. Das Verhalten hat unmittelbare Ziele, die selbst als Endzustände bewertet werden.
3. Die unmittelbaren Ziele des Verhaltens stellen die Mittel, die Gelegenheit, den Anlaß etc. zum Erreichen eines anderen Zieles bereit, welches selbst einen Wert darstellt.

Bei der Bewertung der Motive einer Person kommt unsere frühere Unterscheidung zwischen intrinsischen und extrinsischen Konsequenzen zum Tragen. Ein Beispiel: Angenommen, das unmittelbare Ziel eines Lehrers, der seine Pflicht erfüllt, besteht darin, daß 1. die Schüler täglich ihr Wissen erweitern und 2. er für seine Arbeit bezahlt wird. Dann ist 1. eine intrinsische und 2. eine extrinsische Verhaltenskonsequenz. Wäre nun das einzige Motiv des Lehrers für die Erfüllung seiner Pflicht, sein Bankkonto zu vergrößern, würden wir nach unserem Wertesystem selbst dann, wenn er seine Arbeit gut machen würde, dazu neigen, ihn als einen nicht so guten Menschen (oder sogar nicht so guten Lehrer) anzusehen wie denjenigen, dessen Motiv die Vermehrung des Wissens seiner Schüler wäre. Der erste Lehrer erinnert an jemanden, der sagt: Es ist meine Aufgabe, sie zum Lernen zu bringen, aber es ist mir egal, ob sie es tun. Dies leitet zur Verhaltensdetermination über. Denn eine Person, die ein Verhalten zeigt, das sie nicht positiv bewertet oder dessen intrinsische Konsequenzen sie aus extrinsischen Gründen nicht positiv bewertet, wird dieses Verhalten einstellen, sobald sie weiß, daß der extrinsische Grund nicht länger besteht. Hierbei können wir sagen, die Person <u>will</u> das Verhalten nicht ausführen. In dem Fall, in dem eine Person ein Verhalten wegen seiner intrinsischen Konsequenzen eigentlich nicht ausführen möchte, es aber wegen der extrinsischen Konsequenzen doch tut, sagen wir, sie sei "<u>bestochen</u>". Nun haben viele Philosophen und Politiktheoretiker derartige "Bestechungen" als moralisch verwerflich bezeichnet, als Eingriff in die Rechte des Individuums, über sein eigenes Handeln zu bestimmen. Wir werden auf diesen Punkt zurückkommen, denn es ist klar, daß viele Experimente zur Verhaltensmodifikation beim Menschen solche Bestechungen enthalten.

Ich hatte angekündigt, das Schema der klassischen Lerntheorie anders zu vervollständigen, als Skinner es getan hat, und werde nun eine auf den eben angestellten Überlegungen basierende Möglichkeit dafür vorschlagen:

<u>Abbildung 2</u>

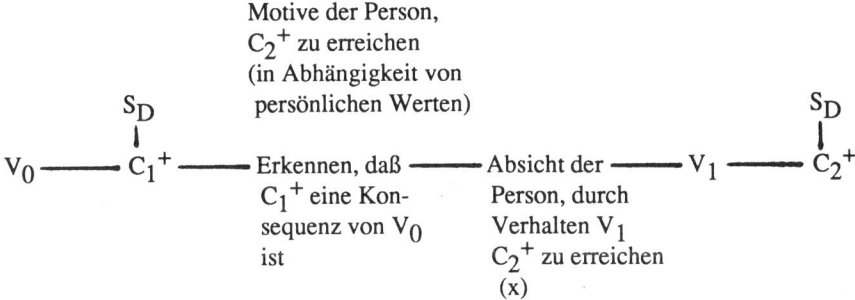

Mit diesem Schema sind wir imstande zu erklären, warum einige Konsequenzen verstärkend wirken und andere nicht. Zieht ein Verhalten eine Konsequenz nach sich, die die Person wertschätzt (entweder als solche oder als Mittel zu einem anderen wertvollen Zweck), wird sie diese Art von Verhalten wahrscheinlich wiederholen, um mehr dieser Konsequenzen zu erreichen (vorausgesetzt es gibt keine anderen Verhaltensweisen, die sofort ausführbar sind und noch wertvollere Konsequenzen mit sich bringen). Auch können wir erklären, warum überhaupt am Anfang das nicht-verstärkte Verhalten $V_0$ auftritt, denn die Kette kann ebensogut bei X wie bei $V_0$ beginnen. Daß sich eine Person auf einen Handlungsablauf einläßt, ohne dazu durch irgendeine vorherige verstärkende Konsequenz veranlaßt worden zu sein, läßt sich nun dadurch erklären, daß sie sich entschieden hat, sich auf einen bestimmten Handlungsablauf einzulassen. Wir müssen auch nicht länger auf eine unbekannte Verstärkungsgeschichte Bezug nehmen, um unsere Unfähigkeit, menschliches Verhalten vorherzusagen, zu erklären. Wir können nun auf die große Bedeutung des Wertsystems einer Person und ihre Neigung, ihre Verhaltensmotive zu verändern, Bezug nehmen.

Ich behaupte nicht, daß das obige Schema vollständig ist, denn menschliches Verhalten ist komplex, und es gibt bestimmt noch weitere Faktoren. Ich behaupte vielmehr, daß die beteiligten Elemente notwendige Faktoren für die meisten menschlichen Verhaltensweisen sind. Skinner würde dies ablehnen. Er behauptet, daß die Ausarbeitung des Schemas mit derartigen Faktoren unzulässig ist. Denn Skinner möchte "jede Erklärung einer beobachteten Tatsache" ausschließen, "die Ereignisse anspricht, die anderswo, das heißt auf einer anderen Beobachtungsebene, passieren, mit anderen Begriffen beschrieben werden und, wenn überhaupt, dann auf anderen Dimensionen erfaßt werden - z. B. Ereignisse im Nervensystem, im Wahrnehmungssystem oder im Kopf" (Skinner, 1969, S. VII). Aber woher nimmt er das Recht für einen solchen a priori Ausschluß vieler Arten von Faktoren, die an der Erklärung von Verhalten beteiligt sein können? Es gibt hierfür zwei Grundlagen:

1. Skinner's Verpflichtung gegenüber einer ganz bestimmten naturwissenschaftlichen Methodologie und einer ganz bestimmten Sichtweise der wissenschaftlichen Erklärung und
2. Skinner's Verpflichtung gegenüber einer gewissen ontologischen Position, nämlich der Ansicht, daß jedes menschliche Verhalten durch die Umgebung bestimmt (oder mit seinem Begriff: "kontrolliert") wird, und es folglich keine Selbstbestimmung von Verhalten geben kann. Skinner lehnt alle Begriffe für das Selbst ab, weil sie eine "dualistische" Auffassung des Menschen enthalten.

Es ist klar, daß dies die Grundlagen für Skinner's "anti-mentale" Haltung sind. Unklar ist jedoch, ob diese zwei Grundlagen seines Einwands voneinander unabhängig sein sollen, oder ob sie sich aufeinander beziehen. Das Problem wird dadurch verschleiert, daß Skinner selbst das Ausmaß, in dem seine ontologische Verpflichtung a priori seine methodologische Diskussionen bestimmt, nicht erkennt. So äußert er sich beispielsweise in seiner Diskussion über "alternative Erklärungen für Verhalten" in "Contingencies" folgendermaßen über Wünsche, Gedanken und Motive: "Gegen diese Dinge ist nicht einzuwenden, daß sie mental sind, sondern daß sie keine echte Erklärung bieten und einer effektiveren Analyse im Wege stehen" (Skinner, 1969, S. 222). In der nachfolgenden Betrachtung beruft er sich jedoch stark auf seine ontologische Position und versucht aufzuzeigen, daß die Methodologie der Psychologie auf mentalen Prozessen beruhende Erklärungen ausschließen muß, und daß alles Gerede über das, was er "persönliche Ereignisse" nennt, auf ein Sprechen über Einheiten und Prozesse in ausschließlich "physikalischen Dimensionen" reduziert werden kann.

Entgegen der gängigen Meinung beruht Skinner's Methodologie nicht auf einem Operationismus im Bridgman'schen Stil oder einem Mangel an "Beschäftigung mit Struktur und Mechanismus". Noch basieren seine Einwände gegen "Ereignisse, die anderswo passieren" auf unserer Unfähigkeit, diese Ereignisse zu beobachten oder zu messen, denn "die Wissenschaft spricht häufig über Gegenstände, die sie nicht sehen oder messen kann" (Skinner, 1969, S. 228). (Skinner ist in diesem Punkt nicht durchgängig derselben Ansicht. Auf Seite 237 der "Contingencies" wirft er seinen Schülern vor, das Verhalten einer Taube mit Begriffen wie "sie erwarte", "sie hoffte", "sie fühlte", "sie beobachtete" usw. zu beschreiben, obwohl sie doch gar nicht hätten sehen können, daß die Taube dergleichen getan habe!)

Der grundlegende methodologische Einwand muß daher lauten, daß in gewisser Weise "mentalistische" Berichte die beobachteten Phänomene nicht erklären können; wirklich nicht können, nicht etwa es nicht tun, denn wenn nur letzteres der Fall wäre, könnten wir den a priori-Ausschluß von Berichten über mentale Prozesse nicht rechtfertigen. Aber woher stammt die Berechtigung für diese von vornherein angenommene Unmöglichkeit? Skinners Versuche, sie zu rechtfertigen, gründen alle auf seiner Verleugnung der Selbstbestimmung.

Skinners Argumentationsstil in "Contingencies" läuft auf folgendes hinaus: Er rechtfertigt seine Annahmen dadurch, daß seine Methodologie zwar "persönliche Ereignisse" zulasse, er sich aber selbst nicht dazu verpflichtet fühle, solchen mentalistischen Beschreibungen eine Rolle zukommen zu lassen. Ich vermute hier eine ähnliche Argumentationsweise wie bei Ockham[2]: Wenn wir Verhalten ohne Berücksichtigung dieser mentalistischen Faktoren erklären können, ist an ihrer Existenz zu zweifeln.

Betrachten wir diese Argumentation näher. Bemerkenswerterweise hält Skinner das Einbeziehen solcher persönlicher Ereignisse in unsere Erklärungen für zwingend. Nun sind aber alle Berücksichtigungen derartiger persönlicher Ereignisse das, was wir "mentalistische" Items nennen würden, nämlich Schmerz, Gefühle, Träume etc. Er sieht die Aufgabe darin, diese persönlichen Ereignisse "auf denselben physikalischen Dimensionen" anzusiedeln wie öffentliche Ereignisse. Mit Willard Day's Worten: "Skinner hat natürlich betont, daß es keinen grundlegenden ontologischen Unterschied zwischen öffentlichen und persönlichen Ereignissen gibt und zog die Trennlinie zwischen diesen an der Hautoberfläche. Mit einer solchen Unterscheidungsgrundlage hat sich Skinner jedoch einem nicht-dualistischen Physikalismus verschrieben, welcher zwar ein sicherlich unverkennbarer Bestandteil seines Denkens, auf keinen Fall aber ein notwendiger oder wenigstens wichtiger Aspekt für die allgemeine Gültigkeit seiner Sichtweise ist, so wie ich sie verstehe" (Day, 1973, S. 2).

Dem stimme ich zu, sofern Day mit "seiner Sichtweise" das Schema in Abbildung 1 meint. Wenn er aber Skinner's Vervollständigung des Schemas einschließlich seinem Ausschluß mentaler Faktoren und Gründe meint, ist die ontologische Verpflichtung ein notwendiger Bestandteil und die Grundlage für eine solche Kennzeichnung persönlicher Ereignisse.

In seiner Diskussion dieser Fragen gibt uns Skinner aber lediglich eine Reihe weiterer Beschreibungen, die er für gültig hält - ohne die üblichen philosophischen Einwände gegen ein solches Vorgehen zu berücksichtigen, z. B. daß eine solche Reduktion logisch unmöglich ist.

Bei der Verteidigung seiner Position begeht Skinner eine ganze Reihe philosophischer Schnitzer. Zunächst stellt er fest, daß die Ausgangsbasis für die Beschäftigung mit Erfahrungen ("experience") und Bewußtseinsinhalten die Repräsentationstheorie der Wahrnehmung sei (die er "Kopie-Theorie" nennt). Dann schreibt er Plato eine solche Kopie-Theorie zu: "... oder kam er (der Beobachter) in Wirklichkeit überhaupt nie in Kontakt mit dem Objekt, sondern nur mit dessen Kopie in seinem eigenen Körper? Plato erläuterte die Kopie-Theorie mit seiner Höhlen-Metapher. Vielleicht sieht ein Mensch niemals die reale Welt, sondern nur deren Schatten an den Wänden der Höhle, in der er eingeschlossen ist" (Skinner, 1969, S. 231).

---

[2] Ockham, spätscholastischer Philosoph im 14. Jhd., stellte das nach ihm benannte Prinzip auf, wonach von zwei möglichen Erklärungen stets die einfachere zu wählen sei - Anmerkung der Herausgeber.

Zugegebenermaßen haben sich einige Philosophen für eine solche Repräsentations-Sicht der Wahrnehmung ausgesprochen - aber es gibt viele andere mögliche Meinungen, die alle auf der Realität bewußter Erfahrung beruhen. So nimmt Leibniz z. B. zuerst die Realität der Erfahrung an, glaubt aber nicht an eine äußere Welt, die erfahren werden kann. Kant hingegen meint, daß wir direkt die Welt wahrnehmen, in der wir zu sein glauben. Plato's Auffassung ist nicht, daß wir einen Stuhl nicht unmittelbar wahrnehmen, auch nicht, daß wir erst in unserem Gehirn eine Kopie des Stuhls anfertigen müssen, bevor wir ihn wahrnehmen, sondern vielmehr die wichtigere transzendente Haltung: Daß wir uns so wahrnehmen und so konzipieren, als wären wir in einer objektiven Welt mit einer bestimmten Struktur. Wäre es möglich, daß die Welt so, wie sie für sich selbst ist, also unabhängig von unserer Wahrnehmung und unserer alltäglichen Vorstellung, eine vollkommen andere ist? Diese Unterscheidung zwischen phänomenaler und transzendentaler Realität ist sowohl für die Naturwissenschaft als auch für die Philosophie von Wichtigkeit.

Da offensichtlich viele Menschen Erfahrungen als real erleben und trotzdem nicht an die Kopie-Theorie glauben, muß Skinner weitere Argumente liefern. Das einzige weitere Argument beruht auf seiner Kennzeichnung persönlicher Ereignisse ("private events"). Wir sprechen jetzt nicht über die Erfahrung von Schmerz, Angst oder Träumen. Wir sprechen vielmehr nur von der Aktivität, die ihnen zugrundeliegt. So können wir z. B. "einen Traum nicht als Abbild von Dingen, die der Träumer sieht, sondern einfach als das Verhalten des Sehens betrachten" (Skinner, 1969, S. 233). In seinen Erörterungen, daß wir nur über die Handlungen, z. B. das Sehen, und nicht über die Inhalte der Handlungen sprechen sollten, sagt Skinner: "Das Herzstück der lerntheoretischen Position zur bewußten Erfahrung kann folgendermaßen zusammengefaßt werden: Sehen impliziert nicht etwas Gesehenes ("Seeing does not imply something seen"). Wir erwerben das Verhalten "Sehen" über dessen Stimulierung durch aktuelle Objekte, aber dieses Verhalten (d.h. "Sehen" - <Anmerkung der Übersetzerin>) kann auch in Abwesenheit dieser Objekte unter dem Einfluß anderer Variablen auftreten" (Skinner, 1969, S. 234).

Skinner spielt hier mit der Doppeldeutigkeit von "etwas Gesehenes". Die meisten Philosophen vertreten nicht die Ansicht, daß visuelle Erfahrungen immer "etwas Gesehenes" in dem Sinne implizieren, daß das, was gesehen wird, existieren müßte. Die Aussage ist eher, daß Sehen immer irgendwie geartete Erfahrungen einschließt. Skinner nimmt an, daß Philosophen die Erfahrungen, die wir haben, wenn wir sehen, wie Objekte betrachten, die selbst wiederum gesehen werden. Philosophen haben seit langem erkannt, daß uns dies in einen Regress führen würde. Sie haben erkannt, daß man nicht behaupten kann, wir würden unsere eigenen Erfahrungen in dem Sinne sehen, wie wir Objekte sehen. Er geht so weit zu behaupten, der Philosoph sei wie ein einfacher Mensch, der glaubt, daß das, was er träumt, auch existieren muß. Ich lasse diese Beleidigung des einfachen Mannes außer acht und schaue stattdessen, wie Skinner zu einer solchen Aussage kommen kann. Denn was unterscheidet das wahre "Sehen" vom "Sehen" in einem Traum? Skinner's Antwort muß lauten: Im einen Fall existieren die gesehenen Objekte, im anderen nicht. Aber was bedeutet im Traum der Bezug auf "die gesehenen Objekte"? Es kann nicht der Bezug zu den Objekten selbst gemeint sein, denn es liegt in der Natur der Sache, daß diese nicht existieren. Es gibt nur zwei Möglichkeiten, zwischen Träumen und echtem Sehen überhaupt einen Unterschied feststellen zu können: Entweder müssen wir von Erfahrungen mit dem gleichen Objekt reden, die Erfahrungen ähnlich sind, die wir im Wachzustand haben. Oder wir müssen Erfahrungen haben, die denen ähneln, die wir haben, wenn wir tatsächlich ein solches Objekt sehen. In beiden Fällen müssen wir auf Erfahrungen Bezug nehmen, um überhaupt einen Unterschied festzustellen. Diese Analyse kann auf alle von Skinner herangezogenen Fälle verallgemeinert werden. Um das fragliche persönliche Ereignis ("private event") zu identifizieren, müssen wir auf Erfahrungen Bezug nehmen, die es begleiten oder die es konstituieren.

Der springende Punkt ist, daß in die Bedeutung von Verben wie "sehen" so etwas wie das Bewußtsein von einer die Seh-Handlung vollbringenden Einheit miteingeht. Es gibt einige Handlungen, die korrekterweise sowohl Objekten, die keine Erfahrung haben, wie auch Menschen zugeschrieben werden können. Ein Beispiel hierfür ist eine Bewegung. Es gibt aber andere Handlungen wie z. B. das Sehen, die solchen Objekten nicht zugeschrieben werden können, weil, mit Strawson's Worten, "wir nicht im Traum darauf kämen", ihnen (diesen Objekten <Anmerkung der Übersetzerin>) "Prädikate zuzuschreiben, die ihnen Bewußtseinszustände unterstellen" (Strawson, 1959, S. 104).

Ich habe gesagt, daß der Versuch, persönliche Ereignisse in Begriffen physikalischer Dimensionen zu beschreiben, kaum weiterführt. An dieser Stelle könnte ein echter Skinnerianer auf die ontologische These selbst zurückverweisen. Er könnte nämlich so argumentieren, wie es physikalisch ausgerichtete Philosophen getan haben, daß die Tatsache, daß wir Beschreibungen über mentale Vorgänge nicht auf physikalische reduzieren können, eigentlich irrelevant sei, wenn der Physikalismus zutrifft; denn dann existieren die mentalen Ereignisse nicht und können von daher auch kein Teil einer kausalen Erklärungskette sein.

Leider stellt uns Skinner keine Argumente für seinen Physikalismus vor - obwohl er 1. gegen den Karthesianischen Dualismus und 2. gegen die Theorie, das Selbst sei eine Art Einheit oder Objekt innerhalb einer Person, argumentiert. Der Karthesianische Dualismus, nach dem wir uns eine Person aus zwei voneinander unabhängigen Substanzen zusammengesetzt vorzustellen haben, ist jedoch nicht die einzige Alternative zum Physikalismus. Viele Psychologen, Watson eingeschlossen, glauben, daß man etwas zwischen dem Karthesianischen Dualismus und dem reduktionistischen Physikalismus finden muß. In der Tat gibt es noch einige weitere Positionen wie den Phänomenalismus, die Drei-Welt-Sicht (Theorie von Popper - Anmerkung der Herausgeber) und den nicht-reduktionistischen Monismus.

Diese letzte Position wurde einmal von Spinoza formuliert und auf veränderte Weise von Strawson, Hampshire u. a. wieder zum Leben erweckt. Sie tritt sowohl dem substantiellen Dualismus als auch dem reduktionistischen Monismus entgegen. Sie besagt, daß wir eine Person nicht wahrnehmen können, ohne ihr sowohl einen körperlichen als auch einen Bewußtseinszustand zuzuschreiben. Des weiteren behauptet sie, daß das Konzept einer Person einfacher ist als das des Körpers oder das von Bewußtseinszuständen. Strawson stellt fest, daß wir Personen weder allein auf Körper noch allein auf Geist reduzieren können. Wir müssen von Personen als fundamentale Einheiten ausgehen, denen verschiedene Zustände zugeschrieben werden können, die aber nicht aus voneinander klar trennbaren Bereichen bestehen.

Eigentlich müßte Skinner diesen nicht-reduktionistischen Monismus anprangern, der als wesentliches Merkmal den Begriff des Selbst und die Theorie der Selbstbestimmung von Verhalten vertritt. Denn was Skinner's ontologische Position so bedeutend macht, ist nicht seine physikalistische Beschreibung, sondern seine Verleugnung jeglicher Selbstbestimmung. Als Umweltdeterminist verwirft er die These, daß das Selbst die Ursache für Verhalten sein könnte. Um Day zu zitieren: "Die Streitfrage dreht sich um die Determination durch die Umwelt (im Gegensatz zur Selbstbestimmung, wenn man so will) und um das Ausmaß, in dem der Umwelt die Macht zugeschrieben wird, menschliches Verhalten zu bestimmen. Der Glaube, daß die Umwelt eine wesentliche Rolle für Verhalten spielt, ist in der Psychologie natürlich nicht neu. Doch Skinner erwartet nun, daß wir den Umwelteinflüssen einen viel größeren Anteil an Verantwortung für menschliches Handeln einräumen. Wir werden nun sogar aufgefordert, die Auffassung selbst, wir seien verantwortungsvoll Handelnde, als Produkt der Umweltdetermination anzusehen" (Day, 1973, S. 34).

Aber welche Argumente sprechen dafür, das Selbst und den Begriff der Selbstbestimmung abzulehnen? Skinner's einziges Argument dafür beruht wieder auf einer Karrikatur. Er meint, Selbstbestimmung könne nur folgendermaßen charakterisiert werden: "Es ist verführerisch, das sichtbare Verhalten einem anderen inneren Organismus zuzuschreiben - einem kleinen Menschen oder Homunkulus. Aus den Wünschen dieses kleinen Menschleins werden die Handlungen des Menschen, der von seinesgleichen beobachtet wird. Die innere Idee wird in äußere Worte umgeformt. Innere Gefühle finden äußere Ausdrucksmöglichkeiten. Diese Erklärung ist natürlich nur so lange sinnvoll, wie das Verhalten des Homunkulus vernachlässigt werden kann" (Skinner, 1969, S. 222).

Nun, es stimmt tatsächlich, daß wir oft in Versuchung sind, unsere Erfahrungen, unsere Körpermerkmale und unsere Absichten als etwas vom "Ich" oder vom Selbst getrenntes anzusehen, weil alle Prädikate einer Person dieser selbst zugeschrieben werden können und weil "Ich" das Subjekt all meiner Erfahrungen bin. Diese Täuschung, auf die sich Skinner bezieht, hat Kant ausführlich in den "Paralogismen" diskutiert, wo er die Meinung vertrat, sie sei die Ausgangsbasis für die materialistischen und für die immaterialistischen Vorstellungen von der Person. Beide hält er für illusorisch. Die Täuschung geht auf das Unvermögen zurück, zwischen wesentlichen und nebensächlichen Prädikaten einer Sache zu unterscheiden[34].

Sobald ich von mir spreche, nehme ich Bezug auf jene Einheit, die mit einem bestimmten Körper und bestimmten Bewußtseinszuständen ausgestattet ist, die ein Bewußtsein ihrer selbst und der Welt hat. Man bezieht sich auf eben diese Einheit, auf die Person als Ganzes, wenn man sagt: "Er hat sich für dieses Verhalten entschieden." Der Einwand, wir könnten ohne die Vorstellung eines anderen kleinen Menschen oder Homunkulus nicht davon sprechen, unser Verhalten selbst zu steuern, ist daher absurd und beruht auf demselben Unvermögen, die wesentlichen von den zufälligen Merkmalen zu unterscheiden.

Jede systematische Verhaltensbeschreibung, die meint, den Bezug auf das Selbst abschaffen zu können, wird zeigen müssen, wie wir den Anteil des Subjekts bei allen Äußerungen über handelnde Personen (z. B. "Williard spielt Klavier", "Billy begleitet auf der Geige") und über Bewußtseinszustände von Personen (z. B. "Ich werde durch die Musik angeregt", "Er ist gelangweilt") streichen können. Nach Skinner's Auffassung gibt es kein Subjekt außer

---

[34] Vgl. die Diskussion zur "dialektischen Einheit des Mentalen" bei Lieb, S. 256, in diesem Buch (Anmerkung der Herausgeber)

dem Körper, dem solche Merkmale zugeschrieben werden. Diese Haltung hat Strawson als die "Ohne-Besitzer-Theorie" ("no-ownership theory") von Bewußtseinszuständen bezeichnet. Ein Ohne-Besitzer-Theoretiker meint, man werde nur verwirrt, wenn man davon spricht, Erfahrung könnte irgendetwas anderem gehören als unserem Körper: "(Man) schlitter(e) von der zulässigen Bedeutung der Worte, daß Erfahrungen zu einem bestimmten Ding `gehören' oder in seinem Besitz `seien' zu einer völlig unzulässigen und leeren Bedeutung dieser Ausdrücke, bei der man sich dahinter nicht einen Körper, sondern etwas anderes, z. B. ein Ego, vorstellt, dessen einzige Aufgabe darin besteht, einen Besitzer für Erfahrungen bereitzustellen. Angenommen wir nennen die erste Art des Besitzens `haben$_1$' und die zweite Art `haben$_2$', und das Individuum der ersten Art `B' und das vermutete Individuum der zweiten Art `E'. Dann ist der Unterschied dieser: Während es sicher nur eine Möglichkeit ist, daß <u>alle meine Erfahrungen von B `gehabt$_1$' sind</u>, ist es eine notwendige Wahrheit, daß <u>alle meine Erfahrungen von E `gehabt$_2$' sind</u>. Aber der Glaube an E und an haben$_2$ ist ein Irrglaube. Es können nur solche Dinge besessen werden, deren Besitztum logisch transferierbar ist" (Strawson, 1959, S. 96 über die Ansicht eines Ohne-Besitzer-Theoretikers - Anmerkung der Herausgeber).

Wie Strawson gezeigt hat, ist diese Darstellung (in der er die Meinung eines Ohne-Besitzer-Theoretikers aufzeigt - Anmerkung der Herausgeber) in sich unstimmig, denn sie gebraucht zur Begründung ihrer Ablehnung von "Besitzen" die Bedeutung des Begriffes "Besitz", deren Existenz sie aber abstreitet: "Wenn er die Möglichkeit darstellen will, die seiner Meinung nach die Illusion eines `Ego' aufkommen läßt, muß er dies so ähnlich ausdrücken wie: `Alle <u>meine</u> Erfahrungen wurden von Körper K `gehabt$_1$' (das heißt hängen einzig und allein von dessen Zustand ab)'. Denn jeder Versuch, das `mein' zu umgehen, würde, wie jeder andere Ausdruck mit einer ähnlich possessiven Form, etwas hervorbringen, was und ganz und gar kein Möglichkeitsfall mehr wäre. Die Behauptung, daß <u>alle</u> Erfahrungen vom Zustand eines einzelnen Körpers K kausal abhängen, ist einfach falsch" (Strawson, 1959, S. 96-97).

Ich werde hier nicht die ganze Erörterung wiederholen - doch ich finde es bemerkenswert, daß Skinner nicht einmal den Versuch unternimmt, solchen Argumenten etwas entgegenzusetzen. Untergraben diese Argumente doch, wenn sie stimmen, beispielsweise fast alle seine Behauptungen in "Beyond Freedom and Dignity". Die Stärke der Argumentation von Strawson, Hampshire, Shoemaker und vielen anderen ist ihr Nachweis, daß die Versuche, das Selbst oder die Selbstbestimmung von Verhalten zu leugnen, nicht nur falsch, sondern in sich widersprüchlich sind. Denn sie zwingen uns, etwas abzulehnen, was eine notwendige Bedingung dafür ist, daß die Ablehnung selbst überhaupt festgestellt werden kann. Ich schließe daraus, daß es Skinner weder gelungen ist, seine These aufzustellen, noch, handfesten Einwänden zu begegnen, darunter auch solchen, die seine These als unstimmig abweisen würden.

Die interne Inkonsistenz der Thesen muß ernstgenommen werden und wird gefährlich, wenn Skinner sie auf die Gesellschaft überträgt. In seinen Schriften geht Skinner von den Annahmen aus, daß der Physikalismus zutreffe und daß es keine Selbstbestimmung von Verhalten gebe; dies führt direkt zu der Annahme, daß jegliches menschliche Verhalten von der Umwelt determiniert werde. Der auf diesen Annahmen aufbauende Kernpunkt dieser Argumentation ist folgender: Jegliches menschliche Verhalten wird von den Folgen früherer Verhaltensweisen und den Umgebungsbedingungen bestimmt. Da es keine Selbstbestimmung des Verhaltens gibt, taucht die Frage auf, ob wir es zulassen sollen, daß die Verhaltensdetermination in der Gesellschaft in vielen ungeordneten Bahnen verläuft, oder ob wir Kontrollsysteme errichten müssen, so daß Menschen solche Verhaltensweisen an den Tag legen und solche Ziele erreichen, die sich "jedermann wünscht".

Auf vier grundlegende Arten können skinnerianische Verhaltensmodifizierer dies erreichen:

1. Wann immer wünschenswerte Verhaltensweisen nur intrinsische Konsequenzen haben und diese (wie gemäß der Theorie in den meisten Fällen) nicht verstärkend genug sind, führen sie extrinsische Konsequenzen ein, die die Person viel besser verstärken und damit die Wahrscheinlichkeit erhöhen werden, daß sie das entsprechende Verhalten zeigt.
2. Wir können bereits vorhandene extrinsische Konsequenzen durch andere extrinsische Konsequenzen ersetzen, die noch besser verstärkend wirken als die ursprünglichen, und können hierüber mehr vom gewünschten Verhalten hervorrufen.

Außerdem gibt es noch jene zwei Fälle, in denen der Modifizierer "unerwünschtes" Verhalten löscht: Entweder durch Entzug der verstärkenden extrinsischen Konsequenzen oder durch Verstärkung eines anderen Verhaltens, welches das Auftreten des unerwünschten Verhaltens ausschließt.

Ein Beispiel für den ersten Weg besteht darin, Schulkindern nach einer bestimmten Lernaufgabe einen Token zu geben. Sobald ein Kind eine bestimmte Anzahl von Tokens erhalten hat, kann es dafür Zeit für seine Lieblingsbeschäftigung "erwerben": Kartenspielen, Bingo, Puzzeln, etc. (S.F. Chronicle, Sonntag, 4. März 1973). Ein Beispiel für den zweiten Weg ist die Bestimmung eines Arbeiterlohns kontingent zur Anzahl gefertigter Stücke.

Skinner streitet nicht ab, daß es sich hierbei um eine groß angelegte Bestechung handelt, um Personen dazu zu bringen, Dinge zu tun, die der Versuchsleiter (und seine Mitarbeiter) wünschen (siehe das Interview mit Elizabeth Hall in "Psychology today", November 1972, S. 70). Auf moralische Einwände gegen diese Bestechung antwortete Skinner, sie sei besser als Bestrafung. Das ist zwar richtig, trifft aber nicht den springenden Punkt. Denn die Crux dieser Angelegenheit besteht ja darin, daß wir normalerweise unserem Verhalten und seinen Folgen Werte beimessen, während Skinner meint, ohne dies auskommen zu können.

Skinner's Haltung gegenüber Werten ist sehr zwiespältig: Er scheint hierzu eher drei als nur eine These zu haben:
1. Es gibt keine Werte.
2. Der einzige Wert ist: Was positiv verstärkt, ist gut.
3. Der einzige Wert für eine Gesellschaft besteht darin, Menschen gut und weise zu machen.

Alle drei Positionen kommen mir falsch und gefährlich vor: Die erste kann verworfen werden, solange Skinner keinen Nachweis für die Gültigkeit der These einer kompletten Umweltdeterminiertheit erbringt. Bei These zwei wird die Unterscheidung zwischen intrinsischen und extrinsischen Konsequenzen kritisch. Denn wenn wir zustimmen, daß alle Verhaltensweisen mit positiv verstärkenden extrinsischen Konsequenzen gut sind, hat das absolut absurde Auswirkungen. Angenommen, ein Mafioso wird für das Töten eines Menschen jedesmal mit Geld, Frauen und Anerkennung durch seine kriminellen Freunde positiv verstärkt, heißt das, er handele gut? Aber wir brauchen gar nicht solche exotischen Beispiele aufzuführen. Wenn ein Mann täglich für seinen Lohn in der Fabrik arbeitet, während sein Chef Sportwagen und Yachten besitzt und auch noch einen großen Profit aus der Arbeit des Mannes zieht, macht das diese Arbeit bzw. die gesamte Situation "gut"? These drei ist eine genaue Beschreibung des Autoritarismus. Denn Individuen können dabei nie ihre eigenen Werte und Ziele wählen. Wer soll dann entscheiden, was unter den absoluten Werte des "Guten" und "Weisen" zu verstehen ist? Die Kontrollierenden? Nein, denn sie werden ja nach Skinner's Vorstellungen ebenfalls von ihrer Umgebung gesteuert und können ihre Werte nicht selbst bestimmen. Worin liegt dann der Ursprung dieser Werte? Wir werden es gleich sehen.

Die Quelle dieser Absurditäten ist Skinner's Weigerung zu akzeptieren, daß ein Mensch sein eigenes Verhalten bestimmen kann. Wenn Argumente wie die von Strawson stimmen, täuschen sich viele Verhaltensmodifizierer über ihre Rolle in der Gesellschaft und ihre Macht.

Was passiert dann aber wirklich bei der Verhaltensmodifikation? Der Versuchsleiter führt extrinsische Konsequenzen ein, um Personen dazu zu bringen, Dinge zu tun, die sie ohne diese extrinsische Verstärkung nicht tun würden. Indem er dies tut, übt er <u>Macht</u> über die Personen aus. Denn Macht wird von Philosophen definiert als das, was jemandem ermöglicht, eine andere Person dazu zu bringen, etwas zu tun, was sie sonst nicht getan hätte.
Bei einer derartigen generalisierten Macht erhebt sich die Frage, welche Formen der Machtausübung keine Einschränkung der persönlichen Freiheit mit sich bringen. Um dies zu klären, werde ich vier Fälle differenzieren. Ich kann den Willen eines anderen bestimmen, indem ich

1. an den Wert des fraglichen Verhaltens oder den Wert seiner intrinsischen Konsequenzen appeliere;
2. an die extrinsischen Konsequenzen erinnere, die ihn zum Handeln veranlassen können, oder solche liefere;
3. einem unter Deprivation oder einem unter unbefriedigten Bedürfnissen Leidenden anbiete, sein Leiden zu verringern, oder indem ich es tatsächlich verringere - egal ob ich es hervorgerufen habe oder nicht[35];
4. Leiden oder einen Zustand der Entbehrung herstelle, bis er das gewünschte Verhalten zeigt.

Letzeres ist Strafe oder die unmittelbare Ausübung von Zwang.

Skinner ist gegen Bestrafung, nicht weil sie einen Eingriff in die persönliche Freiheit bedeutet, sondern weil sie keine besonders wirksame Methode ist, das gewünschte Verhalten zu erzielen. In ähnlichem Sinne hat Isaiah Berlin gesagt, daß die einzige Freiheitsberaubung darin bestünde, jemanden zu etwas zu zwingen. Es gibt jedoch noch andere Wege, jemanden in seiner Freiheit zu beschneiden - wir können ihn aus der Wirtschaft ausschließen und ihm so bestimmte Grundlagen seiner Selbstverwirklichung entziehen.[36] Eine solche Deprivation

---

[35] Gemeint ist offenbar die Linderung von Leid, das von einer bestimmten Verhaltensänderung abhängig (kontingent) gemacht wird - Anmerkung der Herausgeber.

[36] An die Stelle von Skinner's Rede über die "Grundlagen seiner Selbstverwirklichung" wird hier die über "grundlegende Überlebensbedingungen für einen Organismus dieser Art" gestellt. Schon hier dürften wir viele der negativen

findet statt, wenn ein Mensch in Armut lebt oder unwissend und ohne Bildung gehalten wird.

Die meisten Philosophen würden behaupten, daß negative Verstärkung, die in etwa Punkt drei entspricht, eine Art Zwang beinhalte und einen Eingriff in die persönliche Freiheit darstelle. Wenn ich also daraus Nutzen ziehe, daß ein Mensch in einem deprivierten Zustand ist, und ihn dadurch, daß ich ihm Linderung anbiete, dazu bringe, etwas zu tun, was er sonst nicht tun würde, handelt es sich hier um eine Art Leibeigenschaft. Doch Skinner hält negative Verstärkung nicht für moralisch falsch. Das liegt daran, daß schon die Möglichkeit zur Freiheit ausgelöscht wird, wenn man seine Haltung zur Determination von Verhalten übernimmt.

Philosophen wie Kant, Rousseau, Hegel und Marx führen das Freiheitskonzept weiter, indem sie meinen, ein Mensch sei nicht frei, solange er aus anderen Gründen außer dem Wert seines Verhaltens oder seiner intrinsischen Konsequenzen zu einem Verhalten gezwungen sei. Für diese Denker ist der Mensch nicht automatisch frei; seine Freiheit kann nur dann entstehen, wenn er seine Gesellschaft so organisieren kann, daß weniger Dinge wegen extrinsischer Konsequenzen und mehr wegen des Wertes ihrer intrinsischen Konsequenzen getan werden.

Betrachten wir z. B. Marx' Beschreibung dessen, was passiert, wenn ein Arbeiter seine Arbeit nicht wegen ihres Wertes ausführt: "Das bedeutet einfach, daß das durch Arbeit hergestellte Objekt, das Produkt, ihm nun wie ein fremdes Wesen gegenübersteht, wie eine vom Produzenten unabhängige Macht. Das Produkt der Arbeit ist Arbeit, die durch ein Objekt verkörpert und in einen physikalischen Gegenstand umgewandelt wird; dieses Produkt ist eine Objektifizierung von Arbeit ... Das Verrichten von Arbeit erscheint in der Politökonomie als Minderung des Arbeiters, Objektifizierung als Verlust und Knechtschaft gegenüber dem Objekt und Aneignung als Entfremdung" (Marx, 1961, 95).

Marx schlägt vor, das ökonomische System zu verändern, um diese Entfremdung zu verringern, wenn nicht sogar zu beseitigen. Skinnerianer hingegen, die die ontologische Position einnehmen, stellen die Entfremdung nicht in Frage. Sie schlagen vielmehr vor, die extrinsische Verstärkung so zu lenken, daß der Arbeiter härter und effektiver arbeitet. Dabei übersehen die Skinnerianer natürlich, daß dann die Menschen mit ökonomischer Macht die Ziele bestimmen, die der Arbeiter verfolgen soll, selbst wenn er selbst diesen Zielen wenig Wert beimessen kann, weil er - anders als z. B. der Künstler oder Handwerker - nicht die Produkte seiner eigenen Arbeit besitzt.[37]

Hier taucht ein weiterer Aspekt auf: Es ist nicht so einfach zu bestimmen, ob ein bestimmter Verstärker positiv oder negativ ist - denn das hängt oft von unseren Werturteilen und unserer

---

Verstärkungstechniken ausschließen, die darauf beruhen, daß einem Organismus etwas vorenthalten wird, was er zum Überleben braucht (Anmerkung von A.C. Theophanous).

[37] Selbst wenn man nicht an Marx' Theorie der Entfremdung glaubt, ist einem klar, daß der grundlegende pragmatische Einwand gegen die Meinung, Menschen würden ihre Arbeit nur für intrinsische Verstärker tun, fehlerhaft ist. Tatsächlich haben Experimente gezeigt, daß ein Zugeständnis von mehr Selbstbestimmung bei der Leitung und der Organisation dazu führt, daß Menschen mehr leisten und der Arbeit selbst oder ihren intrinsischen Konsequenzen Wert beimessen (Anmerkung von A.C. Theophanous).

Sichtweise der zur menschlichen Natur gehörenden Faktoren ab. Z. B. mag ein Verhaltensmodifizierer Männer für kriegerisches Kämpfen dadurch verstärken, daß er ihnen bei jeder Rückkehr vom Schlachtfeld schöne Frauen zur Verfügung stellt. Er mag dies nur als positive Verstärkung betrachten. Aber jemand mit einer anderen Sichtweise der menschlichen Natur mag dies eher als negative Verstärkung verstehen - als Mißbrauch menschlicher Bedürfnisse und Triebe. Ebenso mag ein Arbeitgeber seine Lohnzahlungen für positive Verstärkung halten; die Arbeitnehmer hingegen sehen die Angelegenheit vielleicht so, daß sie arbeiten müssen, um einen Zustand der Deprivation zu lindern, das heißt sie sehen die Löhne als negative Verstärker an. Dieses Problem ist deshalb ernst zu nehmen, weil es aufzeigt, das der Verhaltensmodifizierer sich täuschen kann, wenn er glaubt, daß er etwas <u>Gutes</u> tut (nach Skinner's Definition), obwohl es durch und durch schlecht sein kann.

Dies führt zu einer abschließenden Frage: Ich denke, die eigentliche zentrale Frage bei der Verhaltensmodifikation ist nicht, wer den Kontrollierenden kontrolliert - was eine Akzeptanz der vollständigen Umweltdetermination wäre, sondern eher, wer über die Ziele entscheidet, die Verhaltensmodifizierer bei Subjekten extrinsisch verstärken sollen. Die meisten Menschen werden zustimmen, daß wir in manchen Fällen für besondere Gruppen von Menschen die Verhaltensziele bestimmen sollten. So bestimmen wir z. B., daß Kinder lernen sollen, daß Psychopathen geheilt und Drogenabhängige rehabilitiert werden sollen. In den letzten beiden Fällen sagen die meisten unter uns, der Zweck heilige die Mittel. Aber es gibt einen wichtigen Grund dafür, warum wir in diesem Fall der Bestimmung ihrer Ziele zustimmen - wir spüren, daß wir ihnen dadurch helfen, einen Zustand zu erreichen, in dem sie in der Lage sein werden, ihre eigenen Ziele zu bestimmen. So greifen wir beim Drogenabhängigen ein, weil wir glauben, daß er, solange er abhängig ist, nicht frei ist, selbst Entscheidungen zu treffen. Unsere einzige Rechtfertigung beruht in diesen Fällen auf einem Appell an Freiheit und Selbstbestimmung selbst.

Jedoch üben selbst hierbei Verhaltensmodifizierer über Menschen Macht aus und legen Ziele für sie fest. Das System wird gefährlich, wenn eine Generalisierung von den oben genannten Fällen auf solche stattfindet, bei denen über die Ziele normaler Erwachsener ohne deren Zustimmung bestimmt wird. Ich habe schon das Beispiel erwähnt, bei dem der Fabrikarbeiter durch extrinsische Verstärker dazu gebracht wird, mehr zu arbeiten. Hier werden die Ziele nicht durch eine allgemeine Abmachung, sondern von den Unternehmern und den Angestellten festgelegt. Hier wird der echte Skinnerianer selbst zum Instrument des Unternehmers. Indem er irrtümlicherweise annimmt, daß jeder Mensch von Umgebungsvariablen gesteuert wird, wird er zum Instrument, mit dem der Unternehmer seine Kontrolle über den Arbeiter erweitert (und seinen Gewinn vergrößert).

Überlegen wir einmal, was passieren würde, wenn diese Situation auch in der Politik hergestellt würde. Angenommen, die politischen Führer eines Landes würden eine große Anzahl skinnerianischer Verhaltensmodifizierer anstellen, deren Aufgabe darin bestünde, jeden so zu verstärken, daß er ein Verhalten zeigt, dessen Ziele von diesen Führern festgelegt wurden. Die Verhaltensmodifizierer, alle überzeugte Skinnerianer, nehmen irrtümlicherweise an, daß auch die politischen Führer gesteuert wären. Folglich lassen sie zu, selbst zu Instrumenten in einer Gesellschaft zu werden, in der alle Ziele der Menschen von den Führern bestimmt werden. Natürlich gäbe es in einer solchen Gesellschaft extrinsische Verstärker wie Sex, angenehme Drogen, viel zu Essen und Wein etc. in Hülle und Fülle. Eine solche Gesellschaft ist, wie Sie vielleicht bemerkt haben, bereits von Aldous Huxley in "Brave New World" beschrieben worden. Das einzige, was er nicht berücksichtigt hat, war eine Gruppe von Wissenschaftlern, die, während sie in einer massiven Selbsttäuschung ihren freien Willen auszuüben glaubten, selbst zu Instrumenten wurden, sodaß die Diktatoren die bis dahin totalitärste Gesellschaft errichten konnten. Die Menschheit kann von Glück reden, daß es, selbst wenn solche selbstgetäuschten Menschen ihren Weg gehen, immer Situationen geben wird, in denen ihre Kontrolle enden wird. Denn die Steuerung von Menschen durch positive Verstärker kann diese zu vielen Taten veranlassen, doch gibt es einige Dinge, die sie nicht tun würden. Die meisten Menschen könnten durch externale Verstärkung zu vielen Taten gebracht werden, aber nicht dazu, ihre Liebsten umzubringen. Denn die Wirksamkeit externaler Verstärker hängt davon ab, daß wir sie (zumindest im diesem Moment) höher bewerten als die Tatsache, daß wir das Verhalten nicht auszuführen. Da die skinnerianischen Wissenschaftler ausschließlich positive Verstärker einsetzen, bleibt uns zumindest die Hoffnung, daß einige Menschen stark genug sind, der Bestechung zu widerstehen. Dieser Punkt sollte nicht heruntergespielt werden; denn es ist klar, daß der Verhaltensmodifizierer zumindest mit den üblichen positiven Verstärkern nicht die gewünschten Ergebnisse erzielen wird.

Die ganze Tragödie würde jedoch zum Tragen kommen, wenn in unserer gänzlich kontrollierten Gesellschaft und entgegen der Skrupel, die sich die Skinner'schen Modifizierer noch bewahrt haben, die Führer auf der Anwendung negativer Verstärker bestehen. Ein erschreckendes Beispiel hierfür ist das Schicksal des Helden in "1984", der sowohl positiven Verstärkern als auch Strafen widerstanden hat.

Ich möchte darauf hinweisen, daß ich nicht behaupte, daß alle diese schrecklichen Folgen zwangsläufig eintreten werden. Denn da die Verhaltensmodifizierer Menschen sind, die über ihre eigenen Handlungen bestimmen können und vor ihrem eigenen Gewissen bestehen müssen, könnten sie - und werden wahrscheinlich auch - an einen Punkt kommen, an dem sie feststellen, daß sie von mächtigen Menschen für nicht wünschenswerte Ziele benutzt worden sind. Im Geiste dieses Optimismus biete ich zwei Regulationsprinzipien für einen radikalen Behavioristen an, der sich mit Verhaltensmodifikation beschäftigen möchte und der die Gefahr in der These einer vollständigen Umweltdetermination erkennt. Er kann sie verwenden, um zu entscheiden, ob er seine Techniken in einem bestimmten Fall einsetzen möchte:

1.  Setzen Sie keine extrinsischen Verstärker ein, um das Verhalten einer Person zu steuern, außer
a.  wenn ein gesunder Erwachsener selbst ausdrücklich um Hilfe gebeten hat, dieses Ziel zu erreichen;
b.  bei Kindern, wenn der Lehrer und die Eltern über die angestrebten Ziele und die Art der Mittel unterrichtet sind und zugestimmt haben;
c.  bei psychisch Kranken, wenn Sie sich selbst davon überzeugt haben, daß die Festlegung dieser Ziele der Person dazu verhelfen wird, einen Zustand zu erreichen, in dem sie selbst Entscheidungen fällen kann.

2.  Ergreifen Sie alle Maßnahmen, um sicherzustellen, daß der extrinsische Verstärker ausschließlich positiv ist und nicht als negativer Verstärker wirkt. Setzen Sie niemals einen Verstärker ein, den die Person selbst für negativ hält. Vergewissern Sie sich, daß es in

der Geschichte oder in dem Charakter der Person nichts gibt, was den Verstärker für sie negativ machen könnte.


## LITERATURVERZEICHNIS

DAY, WILLARD F. (1973) (A). *The Case for Determinism*. Philosophical Studies, Vol. XXI.
DAY, WILLARD F. (1973) (B). *Methodological Problems in the Analysis of Behavior Controlled by Private Event*. Paper delivered to the American Psychological Association Convention.
HAMPSHIRE, STUART (1960). *Thought and Action*. Chatto and Windus, London.
MAKIE, J.L. (1965). *Causes and Conditions*. American Philosophical Quarterly, Vol. 2 No. 4.
MARX, KARL (1961). *Translation of 1844 Manuscripts*. In Marx's Concept of Man by E. Fromm.
SKINNER, B.F. (1933). *Science and Human Behavior*. MacMillan, New York.
SKINNER, B.F. (1969). *Contingencies of Reinforcement*. Appleton-Century-Crofts, New York.
SKINNER, B.F. (1971). *Beyond Freedom and Dignity*. Alfred Knopf, New York.
SPINOZA, BENEDICT (1949). *Ethics*. Hafner, New York.
STRAWSON, P.F. (1959). *Individuals: An Essay in Descriptive Metaphysics*. Methuen, London.

## 2.2. SPIEGELBILDER: ZUM SELBSTVERSTÄNDNIS VON VERHALTENSTHERAPEUTEN

### SEHEN UND GESEHEN WERDEN

Rainer Lutz, Gerhard Bezold, Rewert Bloem, Markus Dietrich

In diesem Beitrag wird der Frage nachgegangen, wie Verhaltenstherapeuten sich sehen, wie sie ihre Methode einschätzen und was sie glauben, wie sie von Therapeuten anderer Schulrichtung gesehen werden. Wir hatten Verhaltenstherapeuten gebeten, zu folgenden Fragen Stellung nehmen:

1. Wie würden Sie sich selbst als VerhaltenstherapeutIn beschreiben?
2. Wie würden Sie die Verhaltenstherapie als therapeutische Schule kennzeichnen?
3. Wie wird die Verhaltenstherapie von TherapeutInnen anderer Schulrichtung gesehen?

Für jede Frage wurde eine identische Adjektivliste vorgelegt. Diese bestand aus 60 Attributen, von denen wir annahmen, daß sie sich für diese Untersuchung eignen würden.

Es wurden VerhaltenstherapeutInnen angeschrieben, die am Delegationsverfahren teilnehmen; weiterhin wurde der Fragebogen verschiedenen WeiterbildungskandidatenInnen von verschiedenen Weiterbildungsinstituten vorgelegt.

### Ergebnisse

Wie sich VerhaltenstherapeutInnen selber beschreiben, ist aus den Mittelwerten der einzelnen Adjektive abzulesen; Hohe bzw. niedrige Mittelwerte entsprechen einer Ablehnung oder Bevorzugung.
Sich selber charakterisieren Verhaltenstherapeuten bevorzugt durch die folgenden Attribute:

*Am Einzelschicksal interessiert, Zugewandt, Offen, Schaffen von Transparenz, Flexibel, Beobachtend, Zulassen von Emotionen, Ehrlich, Kooperativ, Individuell, Warm, Empathisch.*

In keinem Fall wollen sich Verhaltenstherapeuten wie folgt beschreiben:

*Verknöchert, Kalt, Arrogant, Abweisend, Oberflächlich, Stur, Rechthaberisch, Technizistisch, Unsicher, Simpel, Schematisch, Distanziert.*

Die positiven Therapie-Attribute entsprechen den Erwartungen an Therapeuten aller Schulrichtungen; kein Therapeut wird wohl die negativen Attribute auf sich vereint wissen wollen. Die präferierten Therapie-Attribute sind allerdings solche, die auch eine sehr geringe Streuung aufweisen. Die Beurteiler sind sich also in ihrem Urteil einig, es fragt sich nur warum.

Ist die Sachlage so klar, handelt es sich um ein normatives Urteil im Sinne sozialer Erwünschtheit, oder sind diese Attribute einfach besser definiert?

Das hier beschriebene Ergebnis weicht etwas von dem ab, welches wir anläßlich des Kongresses vom 7./8.Juni 1991 vorgestellt hatten. Dort waren die Attribute *Lustvoll, Humorvoll, Witzig* als wichtig für die Selbstbeschreibung hervorgehoben worden. Wo sind sie geblieben? Bevor wir dieser Frage nachgehen muß vorab festgehalten werden, daß schon geringe Mittelwertverschiebungen ausreichen, um die oben geschilderten Rangreihen zu verändern.

Der ersten Auswertung lag ein N von 117 zugrunde, die letzte Auswertung basiert auf einem N von 170. Ca. einen Monat vor dem Kongreß hatten wir mit der ersten Stichprobe eine erste Auswertung durchgeführt, die Eingänge bis zum Kongreß (2.Stichprobe) wurden in eine zweite Auswertung einbezogen. Offensichtlich wurden die Fragebögen im ersten und zweiten Sample anders ausgefüllt. Dies hat unser Interesse geweckt: Für die Adjektive *Lustvoll, Humorvoll, Witzig* und *Genüßlich* haben wir chronologisch zum Eingang acht Gruppen mit einem N von 21 gebildet und uns die Mittelwerte für die jeweiligen acht Gruppen angeschaut.

Verteilung der Mittelwerte für das Adjektiv *Lustvoll* in Abhängigkeit vom Eingangsdatum

Trifft gar
nicht zu

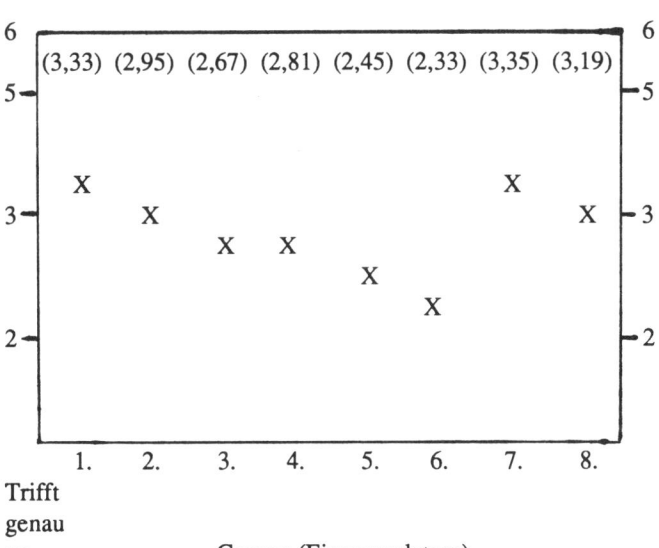

Trifft
genau
zu                    Gruppe (Eingangsdatum)

Für die drei anderen Attribute sind die Kurvenverläufe ähnlich. Die höchste Zustimmung ist immer in der 6. Gruppe zu erkennen, die niedrigste Zustimmung immer in Gruppe 7. Da auch die Probanden der Gruppe 8 vergleichsweise ungünstige Werte einbringen, ist verständlich, daß der Gesamtmittelwert absinkt. Der Vergleich der Gruppe 6 und 7 soll uns über die Veränderung der Stichprobe Aufschluß geben:

Gruppe 6 unterscheidet sich von Gruppe 7 in folgenden Merkmalen: Die Probanden sind im Mittel um 6 Jahre älter, sie haben eine längere Therapieerfahrung, in dieser Gruppe sind deutlich mehr Männer als Frauen und deutlich mehr Ausbilder in Verhaltenstherapie und Supervisoren anderer Schulrichtung. Sie schreiben sich selbst mehr positive und weniger negative Attribute zu. Die Verhaltenstherapie wird von ihnen ebenfalls deutlich positiver gesehen, sie merken aber auch sehr viel mehr negative Aspekte an. Sie urteilen also differenzierter.

Vorbehaltlich aller Veränderungsmöglichkeiten werden hinter diesen Unterschiedlichkeiten die Konturen zweier völlig verschiedener TherapeutInnen-Bilder deutlich. Um noch einmal auf die Frage zurückzukommen, wo solche Attribute wie *Lustvoll, Genüßlich* etc. geblieben sind: Den Probanden der Gruppe 6 sind diese Attribute zu eigen, nicht aber den eher strengen KollegInnen der Gruppe 7. Ob man auf die positiv prägende Wirkung von Weiterbildung hoffen kann? Auf jeden Fall werden PatientInnen ihr bestes geben müssen.

Hier deutet sich ein nicht uninteressanter Befund an: Verhaltenstherapeuten sind hinsichtlich ihres Selbstverständnisses so einheitlich nicht. Bei gezielten Untersuchungen wird man weitere "Typen" finden. Das Stereotyp vom Verhaltenstherapeuten wird man möglicherweise auflösen müssen in recht spezifische Teilbilder. Schauen wir uns doch unter unseren KollegInnen um, wir werden genügend sinnliche Evidenz für diese Erwartung finden.

### Wie wird die Verhaltenstherapie von Verhaltenstherapeuten gesehen?

Die folgenden Attribute werden von VerhaltenstherapeutInnen als besonders charakteristisch für die Verhaltenstherapie hervorgehoben:

*Planend, Methodisch, Systematisch, Wissenschaftlich fundiert, Beobachtend, Schaffen von Transparenz, Pragmatisch, Kognitiv, Direkt, Wirksam, Hilfreich, Effektiv.*

Dieses Ergebnis entspricht zum Teil dem verbreiteten Stereotyp der Verhaltenstherapie als einer wissenschaftlich fundierten und wirksamen Therapiemethode. VerhaltenstherapeutInnen heben weiterhin hervor, daß ihre Therapiemethode pragmatisch und kognitiv orientiert ist und von der Therapie transparentes Vorgehen fordert.
Von den folgenden Adjektiven nehmen Verhaltenstherapeuten an, daß sie ihre Therapiemethode nicht angemessen beschreiben:

*Unsicher, Abweisend, Arrogant, Oberflächlich, Verknöchert, Stur, Genüßlich, Vorsichtig, Simpel, Lustvoll, Kalt, Rechthaberisch.*

Viele der Negativ-Attribute der Verhaltenstherapie wird sich wohl kein Vertreter irgendeiner Therapie-Methode zu eigen machen wollen. Festzuhalten bleibt, daß auch die Attribute *Genüßlich* und *Lustvoll* nicht als typisch für die Verhaltenstherapie als Methode gelten.

**Wie glauben Verhaltenstherapeuten von TherapeutInnen anderer Schulrichtungen gesehen zu werden?**

Die folgenden Attribute definieren das perzipierte Fremdbild:

*Methodisch, Planend, Kontrollierend, Systematisch, Steuernd, Technizistisch, Quantifizierend, Schematisch, Direkt, Diagnostisch ausgerichtet, Pragmatisch, Kognitiv.*

Das perzipierte Fremdbild wird zunächst durch solche Attribute definiert, die auch VerhaltenstherapeutInnen ihrer eigenen Methode zuschreiben. Diese werden ergänzt von aus unserer Sicht sinnvollen Attibuten wie z.B. Diagnostisch ausgerichtet oder pragmatisch und solchen, die eher einem Negativ-Bild entsprechen (Technizistisch, Schematisch).

Verhaltenstherapeuten glauben, daß ihrer Therapiemethode die folgenden Attribute von TherapeutInnen anderer Schulrichtung abgesprochen werden:

*Tiefgründig, Lustvoll, Genüßlich, Warm, Zulassen von Emotionen, Humorvoll, Empathisch, Witzig, Kreativ, Vorsichtig, Flexibel, Unsicher.*

In diesem Punkt unterscheidet sich das perzipierte Fremdbild ganz deutlich von der Beschreibung der eigenen Therapiemethode. Zwar beschreiben Verhaltenstherapeuten ihre Therapiemethode auch nicht als gerade lustvoll und genüßlich (wogegen man aber auch Argumente vortragen kann). Sie befürchten aber darüber hinaus, daß ihnen sogar die klassischen Therapie-Attribute wie Warm, Empathisch etc. abgesprochen werden.


**Drei Beschreibungsdimensionen**

Es interessiert, ob die drei Fragen signifikante Unterschiede hinsichtlich der Beschreibung hervorbringen. Hierzu wurden aus dem Gesamt der Items drei Skalen gebildet. Diese wurden unter Verwendung faktorenanalytischer Methoden (schiefwinklige Rotation) gewonnen. Die folgenden drei Skalen wurden gebildet:

**Skala 1: Positive Attribute (.8373 / .9158 / .8753)[38]**
*Kreativ, Vielseitig, Lustvoll, Flexibel, Humorvoll, Individuell, Offen, Witzig, Empathisch, Intelligent, Warm, Überzeugend, Genüßlich, Kooperativ, Ehrlich, Am Einzelschicksal interessiert, Konfrontierend, Zugewandt, Unterstützend, Zulassen von Emotionen, Direkt, Tiefgründig* (22 Items).


**Skala 2: Negative Attribute (.8033 / .8830 / .7752)**
*Arrogant, Rechthaberisch, Abweisend, Stur, Distanziert, Kalt, Oberflächlich, Verknöchert, Simpel, Technizistisch, Schematisch, Perfektionistisch, Ernst* (13 Items).

---

[38] Hinter den jeweiligen Skalenbezeichnungen stehen in Klammern die Reliabilitätskoeffizienten (Cronbach's alpha) der Skala für die drei verschiedenen Fragestellungen. Die Attribute sind in der Rangreihe ihrer Faktorladungen abgebildet, entsprechend der Faktor-Analyse für die erste Frage.

### Skala 3: VT-spezifische Attribute (.8627 / .8145 / .8412)

*Methodisch, Systematisch, Planend, Quantifizierend, Gründlich, Wirksam, Wissenschaftlich fundiert, Effektiv, Steuernd, Kontrollierend, Kompetent, Pragmatisch, Diagnostisch ausgerichtet, Hilfreich, Fordernd, Schaffen von Transparenz, Zupackend, Aufklärerisch, Beobachtend* (19 Items).

### Skalenmittelwerte

Mit Hilfe eines Manova-Designs für Meßwiederholungen haben wir überprüft, ob die drei Skalen je nach Fragestellung unterschiedliche Mittelwerte aufweisen.

**Skala 1, positive Attribute:** Therapeuten beschreiben sich günstiger als ihre Therapiemethode und ihr perzipiertes Fremdbild.

**Skala 2, negative Attribute:** Verhaltenstherapeuten befürchten, von Kollegen anderer Schulrichtung wesentlich negativer gesehen zu werden, als sie selbst ihre eigene Therapiemethode oder sich selbst sehen.

**Skala 3, VT-spezifische Attribute:** Tendenziell schreiben TherapeutInnen sich selber viel weniger VT-spezifische Attribute zu als sie dies gegenüber dem perzipierten Fremdbild oder der Verhaltenstherapie tun.

Die Mittelwertsunterschiede sind in jedem Fall sehr deutlich. Ein positives Selbstbild kontrastiert krass mit einem negativ perzipierten Fremdbild. Verhaltenstherapeuten glauben, sehr viel schlechter gesehen zu werden als sie sich selber sehen.

Verhaltenstherapeuten nehmen weiterhin an, daß ihnen Kollegen anderer Schulrichtung VT-spezifische Attribute in hohem Maße zuschreiben. Verhaltenstherapeuten sehen sich demgegenüber so verhaltenstherapeutisch nicht.

### Gruppen-Unterschiede

Im Anhang des Fragebogens wurden soziodemographische Daten und Globaleinschätzungen der Verhaltenstherapie erhoben. Diese Daten wurden zu den drei Skalen in Beziehung gesetzt.

Die Variablen 'Dauer der Weiterbildung' und 'Dauer der Praxis' wurden anhand der Daten bei einem Zeitpunkt von drei Jahren medianisiert. Die Häufigkeit der Verwendung von VT-Methoden und der Grad der Zustimmung zur Verhaltenstherapie (Präferenz) wurden jeweils durch ein sechsstufiges Rating ermittelt. Der Median lag jeweils bei dem Rating-Wert '2'.

VerhaltenstherapeutInnen sehen sich signifikant positiver und zeigen auch eine signifikant größere Zustimmung zu VT-spezifischen Attributen in der Selbstsicht, wenn sie über eine mindestens dreijährige Praxiserfahrung und Weiterbildungsdauer verfügen und  zu einer stärkeren Verwendung verhaltenstherapeutischer Methoden neigen als jene VerhaltenstherapeutInnen, die weniger erfahren sind und weniger häufig VT-Methoden gebrauchen. Dabei ist zu beachten, daß nicht das gemeinsame Wirken dieser drei Variablen zu den signifikanten Unterschieden führt, sondern jede Variable für sich (Haupteffekte, keine Wechselwirkungen).

Die Verhaltenstherapie als therapeutische Schule wird dann positiver gesehen, wenn
a) die Praxiserfahrung mehr als drei Jahre,
b) die Dauer der Weiterbildung mehr als drei Jahre beträgt,
c) eine häufigere Verwendung von VT-Methoden vorliegt,
d) ein höherer Grad der Zustimmung zur Verhaltenstherapie besteht. Frauen sehen die Verhaltenstherapie signifikant negativer als Männer.

Diese Ergebnisse kann man zum einen sicherlich auf eine Selektion zurückführen: Solche KollegInnen, die Verhaltenstherapie als therapeutische Schule eher negativ sehen, werden eine Weiterbildung in Verhaltenstherapie nicht besuchen oder abbrechen und damit die Population verlassen.

Als eine weitere Ursache könnte man ein psychologisches Prinzip vermuten, demzufolge Einstellung vom Handeln abhängt ("Der Appetit kommt beim Essen" oder "Das Herz begehrt, was das Auge sieht").

Auch Festingers Kognitive Dissonanz-Theorie vermag zu erklären, warum man die Verhaltenstherapie als umso positiver beurteilt, je länger man schon Leistung und Mühen in die eigene VT-Weiterbildung gesteckt hat.

Das perzipierte Fremdbild der VerhaltenstherapeutInnen mit mehr als dreijähriger Praxiserfahrung ist positiver als das ihrer Kollegen mit geringerer Praxiserfahrung. Auch gehen sie von einer höheren Zustimmung anderer Therapeuten zu VT-spezifischen Attributen in der Beschreibung der Verhaltenstherapie aus.

Männer perzipieren eine geringere Zustimmung anderer Therapeuten zu VT-spezifischen Attributen als Frauen.


### Korrelationen der drei Skalen unter den drei Fragestellungen

Um zu erfahren, inwiefern die Beantwortung der positiven und negativen Skala voneinander abhängig ist, korrelierten wir pro Fragestellung die negative, positive und VT-spezifische Skala miteinander.

Von diesen 9 Korrelationen sind lediglich 3-4 als bedeutsam anzusehen. Bei der Einschätzung der Therapiemethode (Frage 2) scheiden sich die Geister ($r=-.62$). Entweder wird die VT positiv gesehen oder negativ. Die eigene Einschätzung (Frage 1) hingegen ist sehr viel differenzierter ($r=-.30$). Hier liegen insgesamt die geringsten Korrelationen vor, d.h. Verhaltenstherapeuten benutzen die Skalen praktisch unabhängig voneinander: Jemand, der sich positive Seiten zuschreibt, läßt auch negative Seiten zu.

**Die Eigenkorrelationen der Skalen**

Um zu prüfen, ob die drei verschiedenen Fragestellungen auch eine unterschiedliche Verwendung einer Skala bedingen, korrelierten wir für jede Skala die Ergebnisse der als verschiedene Meßzeitpunkte auffassbaren Fragen.

Von den hieraus resultierenden 9 Korrelationen sind nur 3 substantieller Natur, d.h. die Probanden haben die Skalen durchaus je nach Fragestellung unterschiedlich genutzt. Die positive Selbstbeschreibung korreliert beispielsweise nicht mit der positiven Beschreibung der eigenen Schule. Bei der negativen Skala ist es tendenziell anders. Eine gerade eben substantielle Korrelation von $r=.37$ verweist darauf, daß die Zuschreibung negativer Attribute gegenüber der eigenen Person und gegenüber der Therapiemethode durchaus gemeinsame Anteile aufweisen.

Weiterhin ist bedeutsam, daß TherapeutInnen der Verhaltenstherapie viele VT-spezifische Attribute zuschreiben, wenn sie selber dies auch für sich in Anspruch nehmen.

**Diskussion**

Wir hatten solche Attribute zusammengestellt, von denen wir annahmen, daß sie sowohl VerhaltenstherapeutInnen als auch ihre Methode trefflich beschreiben könnten. Schon in dieser ersten Pilotstudie wurden einige nicht uninteressante Zusammenhänge offen gelegt. VerhaltenstherapeutInnen beschreiben sich (wie wohl alle ihre Berufskollegen auch) entsprechend den klassischen Therapie-Attributen als empathisch, warm, hilfreich etc. .

Bei dem Versuch, den Faktor Positive Attribute weiter zu differenzieren, deutete sich ein Ergebnis an, das in späteren Untersuchungen präzisiert werden muß: Der globale Faktor der positiven Attribute läßt sich in zwei weitere praktisch unabhängige Faktoren aufspalten. Der erste Faktor umfaßt Attribute wie z.B. *Empathisch, Warm, Zugewandt, Am Einzelschicksal interessiert* usw., der zweite Faktor ist durch die folgenden Attribute gekennzeichnet: *Kreativ, Vielseitig, Witzig, Humorvoll, Genüßlich* usw. .

Hier deutet sich ein Ergebnis an, das durch die differenziertere Betrachtung der verschiedenen Sub-Gruppen vorgezeichnet wurde. Es wird wohl kein einheitliches (Ideal-) Bild des Verhaltenstherapeuten oder der Verhaltenstherapeutin geben. Ob diese Merkmalsausprägungen typisch sind für die Entwicklung von Therapeuten oder ob sie eher als Persönlichkeitsvarianten aufzufassen sind, wird später zu klären sein.

Das perzipierte Fremdbild ist nicht sehr rosig. VerhaltenstherapeutInnen glauben durchaus kritisch gesehen zu werden. Dies widerspricht ihrer Bedeutung im Gesundheitswesen und entspricht eher alten Vorurteilen. Wir haben es immer wieder erlebt, daß sich KollegInnen von einer orthodoxen Verhaltenstherapie abgrenzen.

Nur - wir haben noch nie einen orthodoxen Verhaltenstherapeuten gesehen. Die Vorstellung von einem solchen hat sich (wohl zu recht) aus älteren amerikanischen Publikationen hergeleitet, und wird sicherlich z.Zt. auch genährt durch einige "stramme" Trainings-Programme.

Eine wohl ganz andere Arbeit wird tagtäglich in den Praxen geleistet. Die Einzeltherapien sind geprägt durch Verhaltensweisen, die den klassischen Therapeutenvariablen entsprechen. Hier unterscheiden sich VerhaltenstherapeutInnen wohl nicht von Therapeuten anderer Schulrichtungen.

Ein weiterer Befund muß hervorgehoben werden: Die krassen Widersprüche zwischen Selbst- und perzipiertem Fremdbild, die sich auf allen drei Skalen widerspiegeln, machen ein erhebliches Spannungspotential deutlich. Wir fragen uns, ob Verhaltensthera- peutInnen sich dieser Situation bewußt sind, und wie sie gegebenenfalls damit umgehen. Zu vermuten wäre, daß dies personenspezifisch sehr unterschiedlich ausfällt.

Der interessierte Leser hat die Möglichkeit, sich die Mittelwerte und Standardabweichungen der Adjektive sowie alle weiteren statistischen Auswertungen, den Originalbogen etc. zuschicken zu lassen: Rainer Lutz, Fachbereich Psychologie, Gutenbergstr. 18, 3550 Marburg/Lahn.

# NEUE PSYCHOLOGIEN MIT DEN ALTEN PHILOSOPHIEN?
## GESPRÄCHE MIT ERFAHRENEN VERHALTENSTHERAPEUT/INN/EN ÜBER THERAPIEZIELE UND PROGNOSEN

Lothar Wittmann

Als verhaltenstherapeutischer Praktiker, der sich intensiv mit psychodynamischen Ansätzen auseinandergesetzt hat, war ich immer irritiert vom Widerspruch zwischen der therapeutischen Potenz der frühen Verhaltenstherapie und ihren theoretischen Mängeln (vor allem in Bezug auf die therapeutische Beziehung und auf ätiologische Fragen). Ich war aber gleichermaßen irritiert vom Widerspruch zwischen der Elaboriertheit psychoanalytischer Konzepte und ihren praktischen Defiziten. In der praktischen Arbeit von Verhaltenstherapeut/inn/en sah ich einen unausgeschöpften Reichtum; Theorie und Praxis erlebte ich in einer mißlichen Frontstellung zueinander. Daran hat sich meines Erachtens in den letzten 15 Jahren auch wenig geändert. Es schien mir deshalb lohnend, einmal genauer der Frage nachzugehen, wie Praktiker/innen damit umgehen, daß sie in ihrem Handeln theoretisch so wenig gestützt werden. Darüber hinaus wollte ich mehr darüber erfahren, was Praktiker/innen heute davon haben, daß die theoretischen Ansätze komplexer geworden sind - und dies in einer enormen Entwicklungsgeschwindigkeit und mit Sprüngen und Brüchen (im Sinne von Paradigmenwechseln).

Beschäftigt man sich so mit dem Selbstverständnis von verhaltenstherapeutischen Praktiker/inne/n, besteht allerdings leicht die Gefahr, wieder in das abstrakte Debattieren um das Theorie-Praxisverhältnis zu geraten, das man lange Zeit in der Verhaltenstherapie gepflegt hat. Es soll hier auch nicht gefragt werden, warum Praktiker/innen so "intransingent" sind für die aktuelle Forschung (vgl. Morrow-Bradley & Elliot, 1986; Cohen et al. 1986). Dieser Beitrag soll vielmehr die therapeutische Praxis selbst befragen - und damit eine in der Literatur wenig vertretene Perspektive einnehmen.

Praktiker/innen sind jeden Tag mit Entscheidungs- und Handlungsnotwendigkeiten konfrontiert, ohne dabei über ausreichendes, wissenschaftlich gestütztes Wissen verfügen zu können. Nun wurde in der Literatur die Vorstellung gepflegt, die Praktiker/innen litten daran. Meine Erfahrung mit Kolleg/inn/en zeigt mir aber eher, daß diese keine sonderlichen Probleme mit den konzeptuellen und technisch-praktischen Schwächen ihrer Therapiekonzeption haben. Sie praktizieren eine Art Aktual-Ergänzung als geläufigen, klinisch-heuristischen Modus - angesichts dessen Wissenschaftstheoretikern der Schweiß auf der Stirn stehen mag. Aber sie funktioniert (durch singuläre Ausnahmeregeln, selektives Ignorieren und Aggregation auch unverständlicher Bestandteile)! So hat man sich in der Praxis auch ohne Konzeptionen von therapeutischer Beziehung, von Emotion und Widerstand in geborgten oder privat kreierten Konzeptionen, teilweise gegen die Schule und ihre offiziellen Vertreter, eingerichtet. Nach dem, was ich von Praktiker/inne/n erfahren habe, treten Probleme jetzt verstärkt auf, wenn diese privaten Therapietheorien mit offiziellen Wissensbeständen konfrontiert werden.

---

Herrn Dipl.Psych. Hans Lieb danke ich für wertvolle Hinweise bei der Überarbeitung des ursprünglichen Vortragsmanuskriptes

In früheren Jahren waren Therapeut/inn/en durch die stark reduktionistischen Menschenbilder der Psychologie wenig daran gehindert, ihre eigenen und durchaus komplexen Bilder von der Welt und den Menschen zu pflegen. Heute redet die Theorie in die private Bilderwelt kräftig hinein. Viele Verhaltenstherapeut/inn/en gehen damit - in Fortsetzung des an der Universität gepflegten Absentismus und der im "Praxisschock" erworbenen Wissenschaftsferne - ausgesprochen defensiv um und halten sich von wissenschaftlichen Dingen, die keinen unmittelbaren Praxisnutzen versprechen, fern. Dies mag allerdings bei Therapeut/inn/en anderer Schulzugehörigkeit noch ausgeprägter sein. Um die hier angesprochenen Fragen oder Vermutungen empirisch etwas zu erhellen, habe ich praktisch tätige verhaltenstherapeutisch-orientierte Kolleg/inn/en über mehrere Jahre hinweg semistandardisiert interviewt. Das Ergebnis dieser Gespräche soll dieser Beitrag zusammenfassen.

Meine Gespräche zielten also auf potentielle Theorie-Praxis-Diskrepanzen. Es wurden dabei folgende Bereiche abgedeckt: Fragen der Diagnostik, der strategischen Anlage von Therapien sowie des Umgangs mit innovativen Therapiekonzeptionen.

1. Zur Diagnostik: Welche Bedeutung hat der erste Eindruck und in welchen Schritten vollzieht sich die diagnostische Urteilsbildung?
2. Zu Prognostik und Therapiezielen: Welche Ziele erscheinen sinnvoll und wie ist z. B. das Verhältnis zu solchen Konzepten, die eine explizite Zielsetzung ganz ablehnen und stattdessen den therapeutischen Prozeß sich selbst genügen lassen oder gar das Zielfinden selbst zum Ziel machen? Welche Rolle spielen Kompetenzgrenzen, Entwicklungsmöglichkeiten der Patient/inn/en und gesellschaftliche Bedingungen für die Zielsetzung?
3. Zur kognitiven Wende: Welche Bedeutung hatte sie für das therapeutische Selbstverständnis und die Therapie?

Befragt wurden Therapeut/inn/en, die sich als praktizierende Verhaltenstherapeut/inn/en verstanden. Es handelt sich um 8 Therapeutinnen und 13 Therapeuten, die allesamt in verhaltenstherapeutischen Organisationen Mitglieder waren und die sich selbst zumindest vorwiegend als verhaltenstherapeutisch orientiert bezeichneten. Ihre Berufserfahrung lag zwischen 6 und 18 Jahren, die meisten praktizierten niedergelassen. Die Stichprobe ist sicherlich nicht repräsentativ für die Gesamtheit an Verhaltenstherapeuten. Es handelt sich um Kolleg/inn/en, die ich über 5 Jahre im Rahmen von Fort- und Weiterbildungskontakten oder in der beruflichen Zusammenarbeit kennengelernt habe und die bereit waren, mir 1-2 Interview-Stunden zu widmen. Die Gesprächsführung erfolgte semistrukturiert mit einer hermeneutischen Orientierung. Es bleibt offen, für welchen Anteil verhaltenstherapeutisch Praktizierender die Aussagen generalisiert werden können. Man muß das Untersuchungsparadigma als Aggregation von Einzelfällen verstehen, die zu erfahrungsbestätigten Hypothesen führen. Diese könnten in systematischeren Untersuchungen geprüft werden. Selbstverständlich legt auch der gewählte praxisnahe Ansatz einer dialogischen Situation (analog einem therapeuten-zentrierten Supervisionsgespräch) Vorsicht gegenüber den gezogenen Schlüssen nahe. Der Ansatz erlaubt aber den Gegenstandsbereich in die Tiefe zu verfolgen und bezieht von daher eine Art kasuistischer Validität. Die Gespräche werden im folgenden qualitativ-inhaltlich zusammengefaßt.

# 1. Zur Diagnostik

Alle Befragten berichteten davon, daß sie zu Beginn ihrer therapeutischen Karriere stets bemüht waren, m ö g l i c h s t  v i e l  m ö g l i c h s t l a n g e offenzuhalten. Es wurden gerne umfassendere Informationen erhoben und Indikationsfragen zurückgestellt. Nach Gründen befragt, werden verschiedene Momente angeführt: Es gab eine empiristisch bestimmte Skepsis gegenüber subjektiven Einflüssen auf die Diagnostik. Die vor allem in der Psychoanalyse gepflegte Diagnostik-Kunst mit ihrer oft überhöhten Auffassung von der Bedeutungshaltigkeit der initialen Interviewszene (vgl. Argelander, 1970) wurde abgelehnt. Die verbreitete Kenntnis von empirischen Untersuchungen zur klinischen Urteilsbildung wirkten ebenfalls in diese "interviewskeptische" Richtung - abgesehen davon, daß es kaum verhaltenstherapeutische Handlungsanleitungen für das Interview gab (Lutz, 1978). Als ideologische Rahmenbedingung kam für viele Befragte hinzu, daß sie - von den Diskussionen der Studentenbewegungszeit geprägt - eine starke Abwehr gegen pathologische Festschreibungen, Labelling etc. aufwiesen. Praktisch alle Befragten berichten von einer zunehmenden Minderung ihres ursprünglichen empiristischen Rigorismus und einer wachsenden Wertschätzung für eine stark vom einzelnen Subjekt geprägte therapeutische Heurisitk.

Fast alle Befragten haben ihre Strategien auch aus praktischen Notwendigkeiten und Erfahrungen heraus verändert. Das Erstinterview ist immer wichtiger geworden, und es wird immer weniger strukturiert-direktiv geführt. Zeitökonomische und settingsbedingte Gründe haben ihr übriges getan, die extensive Datenerhebung einzuschränken. Alle berichteten von einem zunehmenden Versorgungsdruck, demgegenüber sie am Anfang ihrer beruflichen Laufbahn fast ausnahmslos noch Freiräume hatten - sei es als "geschonte" Lernende oder sei es von Institutionen her, die keine Regelversorgung praktizieren. Neben solchen äußeren Faktoren scheint aber auch ein Einstellungswandel stattgefunden zu haben. Es gibt kaum mehr negative Affekte gegen ein diagnostisches Labelling, gegen die Benennung von pathognomischen Zeichen auch aus einem ersten Eindruck, gegen frühe Indikationsüberlegungen und auch (nicht mehr) gegenüber der Einbeziehung von O-Variablen. Die Bedeutung der direkten Verhaltensbeobachtung ist mit Ausnahme von Kindertherapien genauso zurückgetreten wie die Bedeutung von Fragebögen. Die Kolleg/inn/en orientieren sich mehr an den Möglichkeiten der Provokation bzw. der Beobachtung von Interaktionen im Interview (vergleichbar Grawe's Ansatz, 1985).

# 2. Zu Zielen und Prognostik

*Ziele: Inhalte*

Wozu nun überhaupt die Beschäftigung mit therapeutischen Zielen, die ja von erfahrenen Therapeut/inn/en nicht mehr als therapiekonstitutiv angesehen werden? Es läßt sich an der Zielsetzungsfrage am besten studieren, "wo die Therapeut/inn/en stehen". Zielsetzungen transzendieren die innertherapeutisch-methodische Ebene, sie sind immer auch gesellschaftsbezogen und wertsetzend. Von daher sind sie aufschlußreich für die heute bei Therapeut/inn/en zu findenden Menschenbilder.

Es ist nicht mehr so einfach, an diese Bilder heranzukommen, da die Therapieziele kaum mehr explizit formuliert werden. Der Dialog über solche Zielsetzungen ist nicht geschützt vor der Gefahr, dialogabhängig bestimmte Zielsetzungen erst zu produzieren - als Artefakte der Verbalisierung und Veröffentlichung. Nun schloß keine/r der Befragten für sich aus, Entwicklungshypothesen und Zustandserwartungen über die Patienten zu bilden, so daß hierüber ein Einstieg in prognostische Fragestellungen möglich war. Was Therapeut/inn/en für wünschenswert halten, tragen sie gewöhnlich verhalten aber doch überzeugt vor. Es enthält aber kaum mehr etwas Verhaltenstherapiespezifisches.

*Zur Rolle von Zielen für die Therapie*

Zieltransparenz, explizite Therapiezielvereinbarung und quasivertragliche Festlegung von Zielen gehörten ursprünglich auch für die Befragten zum ideologischen Grundbestand der Verhaltenstherapie. Diese weitgehend symptomorientierte, explizite, operationalisierende Zielorientierung hat sich aufgelöst (vgl. auch Grawe, 1988). Daß explizite Zielsetzung eine relativ idealistische, wenn nicht (klinisch) naive Position bezeichnet, war in der Praxis früh klargeworden. Es war vor allem nicht möglich, in der vorhandenen Therapiesprache komplexere, z. B. auf die Selbstwahrnehmung oder auf Interaktionsstrategien bezogene Ziele (die im therapeutischen Selbstbild eine wichtige Rolle spielen) zu formulieren. Eine kleine Gruppe der Befragten hielt an expliziter Zielformulierung fest - auch mit dem Ziel der "Selbstdisziplinierung". (Diese Bemühungen sind aber nicht mit den Lippendiensten zu verwechseln, die unter der Rubrik Therapieziele in Anträgen an die Krankenkassen geleistet werden.) Seltener als früher werden Zielformulierungen den Patienten transparent gemacht. Befragt man Therapeut/inn/en nach dem Einsatz konkreter Therapietechniken (und nur vier Mitglieder der befragten Gruppe haben ihn aufgegeben), sind alle bereit und in der Lage, hierfür auch explizite (Teil-)Ziele zu formulieren. Keine/r der Befragten vertritt eine Position, die das Zielsetzungsproblem ideologisch umgeht, indem der Weg zum Ziel erklärt wird.

*Zur Prognose: Chancen und Grenzen der Therapie*

Hinsichtlich der Prognostik, also dem Inbeziehungsetzen von Zielen (dem "wünschbaren") und Möglichkeiten (den "Grenzen"), werden von den Befragten drei Faktoren genannt, die die Möglichkeiten einer Therapie begrenzen: Kompetenzen und Entwicklungschancen auf Seiten der Patienten; gesellschaftlich-institutionelle bzw. familiäre Strukturen sowie Wechselwirkungszusammenhänge zwischen diesen beiden Variablen. Auffällig ist, wie wenig Behinderungen, Defizite oder bleibende Einschränkungen auf Seiten der Patienten bemüht werden, wenn erklärt wird, warum Therapien nicht erfolgreich sind oder warum Ziele reduziert werden müssen. Z. B. wurde häufig gesagt, der Patient habe es gelernt, mit seiner Symptomatik zu leben, dagegen selten, daß eine Veränderung aufgrund einer schweren Chronifizierung oder gar einem "mangelnden Reflexionsvermögen" nicht möglich gewesen sei. Fast durchgängig findet sich ein Bild von Patienten, das diese stark in gesellschaftlichen Zwängen eingeschlossen sieht. Es herrscht eine deutlich environmentalistische Konzeption von "verhindertem Glück" vor. (Eine Minderheit, die biologische Konzepte als Diathesefaktoren im Vordergrund sieht, sei hier aber nicht unterschlagen.) Einzelaspekte dieses "verhinderten Glücks" sind: materielle Benachteiligungen, institutionelle Stressoren (wie z. B. Leistungsdruck in Schulen), informations- und resourcenabhängige Sozialisationsdefizite und geschlechtsspezifische Benachteiligungen. Alle Befragten sehen ihre eigenen Einwirkungsmöglichkeiten hinsichtlich dieser Faktoren bescheiden, dennoch empfand keine/r deswegen so etwas wie Resignation (und evtl. den Wunsch nach einem anderen Beruf). Es scheint also bei allen Verhaltenstherapeut/inn/en eine pragmatische Ausgangsposition zu geben, die sich von vornherein einer realistisch-bescheidenen Sicht über die Möglichkeiten psychisch gestörter Menschen verpflichtet fühlt. Und es gibt bei fast allen so etwas wie Stolz auf die eigenen Leistungsmöglichkeiten in der individuellen Hilfe und der dabei erreichbaren, manchmal auch dramatischen Veränderungen. Präventive Ansätze - die sie nur oberflächlich kennen - sehen die meisten mit allergrößter Skepsis.

Mit zunehmender Praxiserfahrung hat sich bei allen eine positivere Wertung von Krisen und Schwierigkeiten bei den Patienten ebenso wie bei sich selbst durchgesetzt. Alle sind insofern mehr "Coping- als Wegmachen-orientiert" (so ein Befragter). Symptome haben einen geringeren Stellenwert in der Beurteilung von Erfolg und Mißerfolg gewonnen. Bei der Bewertung von Therapien oder in Aussagen zur Prognose finden sich häufiger Angaben zu Beziehungsmöglichkeiten, zum Ausdruck von Gefühlen und Erlebnismöglichkeiten ohne direkten Bezug zur Symptomatik. Die ideologische Instrumentalisierung der Patienten, die die linke psychoanalytische Diskussion eine Zeitlang beherrschte ("Der Schizo als Revolutionär" etc.), scheint an der von mir befragten Gruppe völlig vorbeigegangen zu sein. Dabei ist es aber nicht so, daß antipsychiatrische und gesellschaftskritische Positionen nicht zur Kenntnis genommen worden wären; sie erschienen den meisten nur mit Bezug auf ihre Patienten von vornherein absurd - und dies trotz deutlicher Distanz zur Psychiatrie. Eine psychiatrisierende Abgrenzung oder dessen Pathologisierung wurde nicht gepflegt. Patienten werden durchaus als einem selbst nahe und oft sympathisch erlebt. Dabei erschien mir diese Haltung eher das Ergebnis einer realen Erfahrung der Therapeut-Patient-Beziehung zu sein als das jener projektiv-heroisierenden Grundhaltung, die viele antipsychiatrische Konzepte kennzeichnen. Und doch ist heute bei allen die Distanz zum Patienten gewachsen - einen quasi-freundschaftlichen Umgang mit Patienten pflegt keine/r mehr. Kurz: Das Verhältnis ist professioneller geworden, läßt aber Platz für Sympathie.

Nun soll nicht vergessen werden, daß die hier beschriebenen Wandlungen hinsichtlich der Zielsetzung in der Therapie nur zum Teil eine "innertherapeutische Angelegenheit" sind; gesellschaftliche Veränderungen und ein Generationsfaktor kommen hinzu (alle Befragten waren älter als 35 Jahre alt).

### 3. Zur kognitiven Wende

In der Literatur ist die kognitive Wende "das" Stichwort des Wandels. Mir scheint - provokativ gesagt -, daß die von mir befragten Praktiker/innen hier der Forschung um Jahre voraus waren. Die meisten verstehen die Wende als Bestätigung ihrer Arbeit, dabei ist die eigentliche Wende in der Psychologie (Gedächtnisforschung, generell kognitive Psychologie, cognitive science) von den meisten überhaupt nicht rezipiert worden. Sie haben in der Regel Rezeptionen rezipiert (z. B. wird oft Mahoney genannt) oder psychotherapeutische Konzepte aufgenommen, deren Berufung auf die kognitive Wende oft mehr als zweifelhaft ist (z. B.

Ellis' RET). Fast alle haben in Fort- und Weiterbildungskontakten mit den neuen kognitiven Psychologien Kontakt gehabt, für viele der Praktiker/innen mit eher ambivalentem Ausgang. Man nimmt neue Techniken gerne auf, ohne sie für Allheilmittel zu halten, aber man ist nach einer ersten "Workshop-Euphorie" oft in der Anwendung enttäuscht. So kippen wiederholt enttäuschte Erwartungen in Bezug auf neue Verfahren als Retter für alte therapeutische Probleme um in eine "Fortbildungsmüdigkeit".

Die konzeptuellen Beiträge neuer Therapieansätze mit kognitiven und handlungstheoretischen Hintergründen lösen eher geringes Interesse aus (Ausnahmen im befragten Kollektiv stellen eine stark systemisch argumentierende Therapeutin und einen NLP-Anhänger dar). Viele Praktiker/innen scheinen ihren "cognitive turn" schon viel früher erlebt zu haben. Komplexere Modelle der heutigen Psychologie finden geringes Interesse, da sie zu abstrakt erscheinen. Neue Menschenbilder werden gerne akzeptiert (der Mensch als denkend-antizipierendes Wesen, als affektgesteuert etc.), aber sie haben einen relativ geringen Neuigkeitswert, da schon immer eine innere Distanz zum Behaviorismus gehegt wurde. Die Beziehung zur Verhaltenstherapie - und dies scheint mir die wichtigste Feststellung - war für alle Befragten nie ideologisch bestimmt, es sei denn in einem antipsychiatrischen und antipsychoanalytischen Sinne. Aus ihrer Studienzeit berichten alle Befragten sehr kontroverse erste Begegnungen mit der Verhaltenstherapie, die auch nie monolithisch erlebt wurde, sondern stets als weitverzweigte Familie mit heftigem internen Streit. Das Verhältnis zur Verhaltenstherapie war von einer instrumentellen und pragmatischen Haltung in Hinsicht auf die Professionalisierung im psychotherapeutischen Beruf bestimmt - und so ist es geblieben. (Ein solches Verhältnis zur Psychoanalyse oder zu einer humanistischen Schule scheint mir undenkbar. Bei diesen könnte die identitätsstiftende oder konformierende Wirkung der Selbsterfahrung der entscheidende Punkt für eine höhere - auch persönliche - Identität mit der eigenen Schule sein.) Man gehört der Verhaltenstherapie eigentlich nicht an, sondern nutzt sie. Zu Autoren wie Skinner, Wolpe, Eysenck wurde oft gleichviel Abstand empfunden, der sich erst relativierte durch die Begegnung mit Autoren wie Bandura, Kanfer, Meichenbaum. Alle Befragten nehmen für sich in Anspruch, den Menschen schon immer komplexer, kognitiver, emotionaler und interaktionaler gesehen zu haben als es die Literatur vertrat. Anders als in der akademischen Diskussion mit ihren Legitimationszwängen hatte die kognitive Wende p r a k t i s c h also keine revolutionäre Bedeutung. Dies heißt auch, daß die befragten Praktiker/innen ihre Praxiskonzepte in Distanz zur Entwicklung in der akademischen Psychologie begreifen, weil sie sich aus der Forschung für ihre eigene Praxis zu wenig erwarten. Es besteht ein deutlicher Graben zwischen klinisch-psychologischer Forschung und klinischer Psychologie in der Praxis, wobei beide Seiten zum fortdauernden Distanzverhältnis beitragen. Nach meinen Erfahrungen mit Berufsanfänger/inne/n wird auch diese Generation nicht Brückenbauer sein, da es nach wie vor zu wenig Rückwirkungen von der Praxis in den Forschungsbetrieb hinein gibt und weil Berufsanfänger via "Praxisschock" rasch in die Denkmühlen der Praxis hineingezogen werden.

## 4. Fazit

Aus einer Befragung von Praktiker/inne/n lassen sich viele Hypothesen über das Theorie-Praxis-Verhältnis und seine historische Entwicklung bilden und begründen. Demnach scheint es so, daß sogenannte klassische Konzeptionen ausgestorben sind. Natürlich darf hier die Selektivität der Stichprobe nicht aus den Augen verloren werden. Zumindest für diese Praktiker/innen, die für viele stehen, gilt, daß es keine Euphorie für neue Psychologien und Therapiephilosophien gibt. Der Mensch wurde schon immer als sich selbst organisierendes Wesen gesehen, das seine Lebensbedingungen aktiv gestaltet und hierbei denkt und fühlt. Emotionen wurden von den Befragten schon als konstitutiv angesehen, als sie in der Psychologie bestenfalls als Angst vorkamen. (An der kognitivistischen Priorität der Kognition vor dem Affekt hält nur ein Befragter fest.)

Bilder, Metaphern und Imaginationen haben therapeutisch schon immer eine Rolle gespielt, auch die Rolle der Sprache war stets weiter gefaßt als es die Verhaltenstherapie in ihrer Forschung reflektierte. Es wurde zudem mit unbewußten Prozessen operiert, wenngleich diese unter sehr verschiedenen Flaggen segelten. Die Therapiekonzeptionen waren integrationistisch oder zumindest polypragmatisch-eklektisch.

Das Menschenbild der Befragten ist heute pessimistischer als zu Beginn ihrer Therapiekarriere, benannt wird dies jedoch viel eher als "erfahrungsbestimmter Realismus".

Nachdenklich muß allerdings stimmen, in welcher Weise Konformismus herrschte und herrscht, da Widersprüche zwischen dem, was Therapeuten tun und denken, und offiziellen Lehrmeinungen bzw. etablierten Auffassungen (wie etwa Psychotherapierichtlinien) gerne versteckt werden und sei es, daß man dafür unter den Mantel einer neuen Theorie kriechen muß. Kognitive Ansätze und was sich dafür hält werden hierfür extensiv genutzt. Praktiker/innen, die die Theorie-Praxis-Kluft beklagen, sehen sich selber in einer ständigen Spannung zwischen therapeutischem Handeln und dessen Rechtfertigung (z. B. im Gutachterverfahren). Was Therapeut/inn/en wirklich tun, ist nicht zu fassen, wenn man sich nicht intensiv mit den Therapeut/inn/en befaßt. Die meisten sind überzeugt, daß sie Dinge tun, die irgendwann einmal offiziellen Segen finden. Ob dem so ist, oder ob es sich um selbststabilisierende Ideologien handelt, könnte ein interessantes historisches Projekt werden, wenn sich die Forschung auch einmal solcher Professionalisierungsfragen annehmen würde.

Es zeigte sich in allem, wie jung die Verhaltenstherapie noch ist, wie stark auch der Mangel an Identitätsbildung, z. B. durch gute Modelle und wirklich weiterführende Supervisionsangebote. Die Etablierung einer Therapieschule scheint mehr als eine Generation an Arbeit und praktischer Erfahrung zu benötigen.


## LITERATURVERZEICHNIS

ARGELANDER, H. (1970). *Das Erstinterview in der Psychoanalyse.* Darmstadt: Wissenschaftliche Buchgesellschaft

COHEN, L.H., SARGENT, M.M. & SECHREST, L. (1986). *Use of psychotherapy research by professional psychologists.* American Psychologist, 41, 198-206.

GRAWE, K. (1985). *Die diagnostisch-therapeutische Funktion der Gruppeninteraktion in verhaltenstherapeutischen Gruppen.* In Grawe, K. (Hrsg.): Verhaltenstherapie in Gruppen (88-223). München: Urban & Schwarzenberg

GRAWE, K. (1988). *Der Weg entsteht beim Gehen.* Verhaltenstherapie und Psychosoziale Praxis, 1, 39-49.

LUTZ, R. (1978). *Das verhaltensdiagnostische Interview.* Stuttgart: Verlag Kohlhammer

MORROW-BRADLEY, C. & ELLIOT, R. (1986). *Utilization of psychotherapy research by practising psychotherapists.* American Psychologist, 41, 188-197.

## 2.3. DIE BILDER DER ANDEREN: VERHALTENSTHERAPIE UND PSYCHOANALYSE

## ANMERKUNGEN EINES PSYCHOANALYTIKERS ZUM MENSCHENBILD VON PSYCHOTHERAPEUTEN

Peter Kutter

### Vorbemerkungen

Ursprünglich wollte ich, ausgehend von kasuistischen Erfahrungen, die These aufstellen, daß Psychotherapeut/en/innen dadurch, daß sie **bewußt** anderen helfen, immer auch **unbewußt** sich selbst helfen. Sie sind durch frühkindliche Erfahrungen für das Wahrnehmen eigener und fremder Konflikte sensibilisiert. Im weiteren entscheidet die Verarbeitung der eigenen, ungelöst gebliebenen Konflikte darüber, in welcher Weise sich eine spezifisch professionelle Kompetenz entwickelt, die PsychotherapeutInnen in den Stand versetzt, angemessen diagnostisch und therapeutisch mit PatientInnen umzugehen.

Nach meinen Erfahrungen als Psychoanalytiker an einem psychologischen Fachbereich scheint sich im Verlauf der Professionalisierung an der Hochschule und im Anschluß daran, im Zuge von "post-graduate-studies", eine grundsätzliche Weichenstellung zu vollziehen, eine Weichenstellung nämlich, die entweder zu einer pchoanalytisch orientierten Weiterbildung, die von Anfang an die eigene Person als subjektiven Faktor einschließt, führt oder zur Verhaltenstherapie, bei der es bekanntlich besonders auf Wissenschaftlichkeit, d.h. auf die Objektivität des therapeutischen Vorgehens ankommt. Es wäre sicher reizvoll, die hier aufgestellte These und ihre Implikationen weiterzuverfolgen. Die mir zur Verfügung stehenden wenigen Daten über unbewußte "auto-therapeutische" Bedürfnisse von Psychologiestudent/en/innen im ersten Semester (Goebel-Siefert & Scheid-Koeve 1980) und deren Suche nach sozialer Anerkennung und nach mehr Selbstsicherheit (Matuszak 1986) sind zwar empirisch belegt, reichen aber nicht dazu aus, um Grundlegendes zum Menschenbild von PsychotherapeutInnen aussagen zu können.

Ich beschränke mich daher im folgenden auf **den** Bereich, in dem ich mich auskenne, nämlich den des Menschenbildes von PsychoanalytikerInnen. Zu diesem Thema erschien jüngst auch ein von mir mitherausgegebenes Buch: "Die psychoanalytische Haltung. Auf der Suche nach dem Selbstbild der Psychoanalyse" (Kutter, Páramo-Ortega & Zagermann 1988). Die Grundhaltung oder Grundeinstellung des/der Psychoanalytiker/s/in beinhalten ebenso implizite Werte und Normen wie Ideale, die mit mehr oder weniger bewußten Grundüberzeugungen im Sinne von philosophischen, ärztlichen, politischen oder pädagogischen Überzeugungen zu tun haben (S.19). Jede Grundhaltung hat ihre Gefahren: die ärztliche die des therapeutischen Ehrgeizes, vor dem Freud (1912, S. 385) ebenso warnte wie vor dem erzieherischen Ehrgeiz des sich vorwiegend pädagogisch verstehenden Analytikers. Ein sich streng wissenschaftlich definierender Analytiker erliegt leicht der Gefahr, nur in logischer Stringenz die Ursachen bestimmter Symptome zu suchen, um sie dann zu beseitigen, ohne sich sonst auf den Patienten einzulassen. Ein politisch engagierter Analytiker überschreitet leicht die Grenzen professionellen Handelns und wird unversehens zum Politiker, der in utopischer Vision die Welt verändern will, um auf diese Weise nicht nur "hysterisches Elend" (Freud 1895, S.312) zu heilen, sondern auch das "gemeine Unglück" zu verhüten (Kutter et al. 1988, S. 20). Nun aber zu meinem Thema im engeren Sinne, zum Menschenbild der Psychoanalyse. Da sich die Psychoanalyse ebenso wie die Verhaltenstherapie bei näherer Betrachtung sehr pluralistisch darstellt, können wir hierbei folgende drei Menschenbilder voneinander unterscheiden.

## Das Menschenbild der klassischen Psychoanalyse

Es geht von der Triebnatur des Menschen aus, d. h. von der prägenden Kraft der Sexualität, von der Unvermeidbarkeit des Ödipus-Komplexes zwischen Haß und Liebe des Kindes zu Mutter und Vater, sowie von der polymorphen Perversität des Menschen. Implizit im Einklang mit Schopenhauer und Nietzsche strebt der Mensch nach Macht, sucht Lust, ist affektiv gesteuert und ist ständig auf der Suche nach dem Objekt seiner Begierden.

Die Triebe gehören zur "Natur" des Menschen, d.h. sie sind biologisch vorgegeben und werden allenfalls sekundär durch die Umgebung beeinflußt. Werden sie durch die an der "Kultur" ausgerichteten, an Werten und an Normen orientierten Erziehung unterdrückt, dann rächt sich die Natur, dann resultiert das berühmte "Unbehagen in der Kultur" (Freud 1930), dann kehrt das "Verdrängte in entstellter Form" (Freud) wieder und zwar in Träumen (Freud 1900), Fehlhandlungen (Freud 1904) oder neurotischen Symptomen (Freud 1908). Schon Nietzsche (1886) stellt in "Jenseits von Gut und Böse" fest: "Das habe ich getan, sagt mein Gedächtnis. Das kann ich nicht getan haben, sagt mein Stolz und bleibt unerbittlich. Endlich gibt das Gedächtnis nach." D.h.: der Stolz läßt es nicht zu, etwas Peinliches getan zu haben und das Peinliche wird aus dem Gedächtnis gestrichen. Plastischer kann man sich Freuds Verdrängungstheorie nicht vorstellen. Neben der Verdrängung bleibt dem Menschen die Sublimierung, d.h. die Umwandlung der Begierde in sozial akzeptable Ziele oder, mit Schopenhauer, der heroische Verzicht, oder, mit Nietzsche, die nicht weniger heroische Anerkennung der Triebe in uns, d.h. Anerkennung des Unlogischen in uns, der Sprache der Leidenschaft, der Bestie in uns und d. h. die Anerkennung unbewußter Prozesse in uns.

Gerade das Unlogische der unbewußten Prozesse machte es PsychologInnen so schwer, das Triebhafte im eigenen Menschenbild anzuerkennen. Es läßt sich wissenschaftlich sehr schwer erfassen, nicht mit Fragebögen oder Tests - allenfalls mit Hilfe projektiver Tests -, denn es ist vor-kulturell, infantil, körperhaft, archaisch und vorwiegend affektiv, nicht kognitiv strukturiert und es ist bildhaft, un-logisch, irrational, die Rationalität oft zerstörend. Dichter können besser als Wissenschaftler davon reden und künden, man denke nur an Goethes Mephisto, an Cervantes' Don Quichotte, an Hesses Steppenwolf oder an die großen russischen Romane Dostojewskis oder Tolstois.

Die wichtigste Implikation dieses ersten Menschenbildes der Psychoanalyse ist die große Abhängigkeit und Hilflosigkeit des Menschen in Form der **Abhängigkeit von inneren Trieben**, sein **Angewiesensein auf Objekte**, d.h. auf andere Menschen - die "Objekte der Begierde", ohne die, (von der Selbstbefriedigung abgesehen) die Begierden nicht befriedigt werden könnten. Da es zudem wegen der Unvermeidlichkeit der Befriedigung aller Begierden zu Konflikten kommen muß, impliziert das Menschenbild der Psychoanalyse einen Menschen, der **ständig in Konflikten** steht, eingezwängt zwischen den Zwängen der Kultur und den Forderungen der Natur, der nicht Herr im eigenen Haus ist; die dritte große Kränkung, die Freud (1917) den Menschen zufügte (nach der ersten kosmologischen durch Kopernikus <die Erde ist nicht der Mittelpunkt der Welt> und der zweiten biologischen durch Darwin <der Mensch stammt von den Tieren ab>).

## Der Mensch der Aufklärung und der kritischen Theorie

Durch Alexander Mitscherlich fanden die impliziten Werte der kritischen Theorie bzw. der Frankfurter Schule, die sich im Institut für Sozialforschung in Frankfurt entwickelt hat, zunehmend Eingang in die Psychoanalyse. Spätestens seit der Studentenbewegung nach 1968 verstand sich die **Psychoanalyse als alternative Psychologie** im Sinne einer emanzipierten Wissenschaft, nicht nur hermeneutisch als verstehende oder interpretierende Wissenschaft, sondern als eine kritische Theorie der Gesellschaft (Dahmer 1982) und des Subjekts (Horn 1972). Die Dialektik der Aufklärung bewegt sich dabei wie schon im ersten Menschenbild der Psychoanalyse zwischen Natur und Kultur, mit einer Akzentverlagerung auf die Dialektik von Vernunft und Natur (Post 1981, S.136ff). Es geht ebenso um eine Gesellschaftskritik des Spätkapitalismus wie um "Rettung des Individuellen" (Habermeier 1981, S.147ff). Betont werden die den Menschen schädigenden gesellschaftlichen Einflüsse, die Deformierung des Subjekts und die Unterdrückung der Triebe; jetzt nicht mehr wie bei Freud a-historisch und universalistisch, sondern historisch und auf die jeweils herrschenden gesellschaftlichen Verhältnisse bezogen. Herbert Marcuse (1955) macht auf den wichtigen Unterschied zwischen unvermeidlicher Unterdrückung der Triebe und "zusätzlicher" Unterdrückung durch das Leistungsprinzip betonende Gesellschaften (S.40) aufmerksam.

In gemeinsamen Bemühungen Alexander Mitscherlichs (1975) und Habermas' (1968), wozu sich Alfred Lorenzer (1970, 1974) gesellt, versteht sich die Psychoanalyse als eine **Methode des Kampfes um die Erinnerung** (Mitscherlich), der **Selbstreflexion** (Habermas) und der **Suche nach der Wahrheit der psychoanalytischen Erkenntnis** (Lorenzer). Ihr Ziel ist Rekonstruktion vergessener Szenen, mögen diese Szenen nun deswegen vergessen worden sein, weil die damit verbundenen Wünsche (Sexualität, Aggressivität) nicht akzeptierbar sind oder weil die damit verbundenen Traumatisierungen (seelische Verletzungen, narzißtische Kränkungen) so wenig bewältigt worden sind. Gegen innere Widerstände werden diese Szenen logisch, psychologisch und im szenischen Verstehen (Lorenzer 1970) im Nachhinein verstanden und interpretiert. Damit wird kindliche Amnesie nachträglich aufgehellt, verloren gegangene Lebensgeschichte kann heimgeholt werden und unsinnig erscheinende Verhaltensweisen werden verständlich. Aus einem unwissenden wird ein wissender Mensch. Ziel ist der mündige, kritisch denkende Bürger bzw. die mündige, kritisch denkende Bürgerin. Vorurteile sollen durch kritische Urteile ersetzt, Projektionen zurückgenommen und an der Realität überprüft sein. Überkommene Bindungen sollen in einem Akt der Emanzipation überwunden sein. Die neurotische Privatsprache soll durch allgemein anerkannte Umgangssprache ersetzt sein. Damit hat sich das zuvor gesellschaftlich isolierte neurotische Individuum in die Gesellschaft integriert, hat deren Regeln übernommen und einen Weg gefunden, darin gleichermaßen eine Rolle zu übernehmen und die eigene Individualität zu entfalten. In einem derartigen, zugegebenermaßen etwas idealistischen Menschenbild ist zwar keine Garantie gegeben, daß sich Intellektuelle wie zur Zeit des Nationalsozialismus in projektiver Verkennung der herrschenden Verhältnisse einem faschistischen System innerlich und äußerlich anschließen und zulassen, daß Minderheiten nicht nur unterdrückt, sondern ausgerottet werden. Die Wahrscheinlichkeit, daß aufgeklärte Individuen die offenen und verdeckten Absichten eines totalitären Systems rechtzeitig erkennen, ist aber entschieden größer als die von Menschen, die sich nicht um Aufklärung bemüht haben. Dasselbe gilt - mutatis mutandis - in Bezug auf wissenschaftliche Systeme.

Nun aber noch zu einem dritten Menschenbild der Psychoanalyse, das sich allerdings erst in den letzten Jahren abzuzeichnen beginnt.

### Das Menschenbild der modernen Psychoanalyse

Ich beziehe mich hier auf mein Buch "Moderne Psychoanalyse. Eine Einführung in die Psychologie unbewußter Prozesse" (1989), in dem ich in Ergänzung zu Freuds Bild vom Menschen (die psychoanalytische Sexualitätstheorie; die Entwicklung des Strukturmodells) auf Weiterentwicklungen der Freudschen Auffassungen im Sinne moderner psychoanalytischer Aspekte zur Sexualität, zu Erweiterungen des Strukturmodells und zu speziellen Persönlichkeitstheorien Stellung nehme. Gegenüber dem Trieb wird jetzt **die Rolle des Objektes, der wichtigen Bezugspersonen** des Menschen betont, wie sie in der modernen Objektbeziehungstheorie Otto Kernbergs (1975, 1978) ebenso niedergelegt ist wie in den Schriften Michael Balints (1966, 1968) oder Donald W. Winnicotts (1974, 1976). Weiter wird die Theorie der Sexualität in eine Theorie der Entwicklung zu weiblicher Sexualität beziehungsweise Identität und zu männlicher Sexualität beziehungsweise Identität differenziert (Kutter 1989, S.104-119). Emotionalität und Körperlichkeit werden in der speziellen psychoanalytischen Persönlichkeitstheorie ebenso berücksichtigt wie die Identitätstheorie eines Erik H. Erikson (1950, 1966) oder die Selbstpsychologie Heinz Kohuts (1971, 1977).

Anstatt des polymorph perversen Trieb-Menschen sieht die Psychoanalyse den Menschen jetzt **in Abhängigkeit von wichtigen Bezugspersonen, die zeitlebens als "Selbstobjekte"** (Kohut 1977, Wolf 1988) **für die Kohäsion des Selbst wichtig sind:** Überwiegend positive Erfahrungen mit den "Selbstobjekten" führen zu klaren und kohärenten Strukturen des Selbst, verbunden mit der Fähigkeit, Kränkungen auszuhalten, Krisen zu lösen und die Anforderungen des Lebens zu meistern. Überwiegend negative Erfahrungen in den Beziehungen zu den "Selbstobjekten" ziehen dagegen labile Selbst-Strukturen mit einer Tendenz zur Fragmentation des Selbst nach sich, verbunden mit Störungen des Selbst wie z.B. einem Selbst, das zu wenig stimuliert wurde, zu viel stimuliert wurde, fragmentiert oder einfach überfordert ist (Wolf 1988, S.70ff).

Dieses dritte Menschenbild der modernen Psychoanalyse scheint mir deswegen mit Menschenbildern der akademischen Psychologie einschließlich Verhaltenstherapie kompatibel zu sein, weil es Daten moderner empirischer Säuglingsforschung mitberücksichtigt. Dazu gehören die Befunde Daniel Sterns (1985) ebenso wie die Josef Lichtenbergs (1983, 1989). Jetzt berücksichtigt die Psychoanalyse nicht nur die unbewußten Phantasien und Affekte ihrer Patient/en/innen als ureigensten Gegenstand der Psychoanalyse, sie kümmert sich vielmehr auch um direkt beobachtbare Daten wie das sichtbare Verhalten von Säuglingen in der Beziehung zu ihren Müttern und Vätern. Jetzt wird eher in Übereinstimmung mit Piaget darauf geachtet, daß sich "mentale Strukturen" erst nach einem Stadium der sensumotorischen Intelligenz (Piaget und Inhelder 1972) im Sinne von Symbolen, Repräsentanzen, Vorstellungen oder Phantasien herausbilden und zwar allenfalls nach dem 18. Lebensmonat. Damit wären viele Theorien der Psychoanalyse überholt, wie die Melanie Kleins (1962) über schizoidparanoide Mechanismen und die depressive Position im ersten Lebensjahr, oder die des Autismus und der Symbiose im ersten Lebensjahr durch Mahler, Pine und Bergman (1975). Bei derartigen Phantasien könnte es sich nur um Phantasien handeln, die sich Erwachsene über die Zeit der frühen Kindheit gemacht haben, in dem Sinne, wie sie sich vorstellen, daß es gewesen sein könnte; keinesfalls darüber, wie es wirklich war. Dabei ist es meiner Meinung nach wichtiger, gemeinsam mit dem Patienten herauszufinden, wie es wirklich war als sich lediglich auf die Phantasien zu beschränken oder gar gemeinsam mit dem Patienten zu konstruieren, wie es gewesen sein könnte. Meiner Erfahrung nach sind unsere Patient/en/innen eher Opfer der sie umgebenden Verhältnisse denn Täter in der Folge der ihnen immanenten sexuellen und aggressiven Triebe. Auch Ödipus war nicht nur dadurch **Täter**, daß er unbewußt seinen Vater umbrachte und seine Mutter heiratete, sondern insofern auch **Opfer**, als er von Laios und Jokaste ausgesetzt, Adoptivsohn von Polybos und Merope wurde und später von Jokaste verführt und klein und abhängig gehalten wurde, was um so leichter möglich war, als Ödipus als vaterloser Sohn sich vor seiner Adoption weder richtig mit Laios (der ihn ausgesetzt hatte) noch mit Polybos (der ihn adoptierte) identifizieren konnte.

Sieht man in dieser Perspektive den Menschen eher als Opfer der Verhältnisse, dann kommt es in der Psychoanalyse vor allem darauf an, die erlittenen realen Traumatisierungen und die damit verbundenen psychischen Traumatisierungen (Verletzungen, Kränkungen oder Demütigungen) in der Analyse wiederzubeleben, um sie mit Unterstützung des/der Psychoanalytiker/s/in im nachhinein bewältigen oder meistern zu können.


## Schlußbetrachtung

Während das erste Menschenbild der Psychoanalyse mit seinem Trieb-Modell eher pessimistisch gefärbt zu sein scheint und das zweite psychoanalytische Menschenbild als Kind der Aufklärung eher idealistisch aussieht, was ihre Akzeptanz in psychologischen Kreisen eher vermindern dürfte, glaube ich, daß sich das so genannte dritte Menschenbild der Psychoanalyse (das moderne) eher als akzeptabel und kompatibel erweisen wird, weil es neben der Rolle der Phantasie das tatsächliche Verhalten wichtiger Bezugspersonen ebenso berücksichtigt wie das Selbst-Erleben und das direkt beobachtbare Verhalten.

Im übrigen sehe ich, so sehr dies Psychoanalytik/er/innen und Psycholog/en/innen auch befremden mag, mehr Gemeinsamkeiten als Unterschiede zwischen Verhaltenstherapie und Psychoanalyse. In beiden Richtungen geht es um die Person, das Selbst dieser Person und um deren mentale Strukturen, um deren "Selbstrückbezogenheit" (Lieb, siehe dessen Beitrag). Der Psychoanalytiker kann voll zustimmen, wenn gesagt wird, daß "Fragen schon Therapie ist" und daß es darauf ankommt, sich seiner selbst bewußt zu werden" (Vgl. Lieb, S. 260). Ich kann auch vielen Positionen Bergolds (vgl. dessen Beitrag) zustimmen, wenn z.B. Offenheit als Grundhaltung gegenüber den Phänomenen unserer Patienten gefordert, eine Theorie der Veränderung für notwendig erachtet oder wenn betont wird, daß die Machtverhältnisse in der Therapie durchsichtiger gemacht werden sollen oder daß wir uns mit unseren Ansprüchen zu verändern eher als begrenzt verstehen sollten.

Ich bin ebenso wie andere darüber überrascht, daß Lutz (siehe dessen Beitrag) im Selbstbild von Verhaltenstherapeuten Wärme, Empathie, Zugewandtheit, Offenheit, Flexibilität und Zulassen von Emotionen sieht, wie auch Interesse am Einzelschicksal, sogar Lust, Humor und Witz und weniger technizistisches, schematisches, kaltes Betonen der Methode, Kontrollieren und Systematisieren.

Das Bild, das sich Psychoanalytiker von der Verhaltenstherapie als Methode machen (dies sind Eindrücke, nicht empirische Daten) dürfte eher dem Bild des kalten, schematischen, methodisch stringenten, kontrollierenden und systematisierenden Vorgehens entsprechen als dem zugewandten, warmen, einfühlsamen Vorgehen. Psychoanalytik/er/innen haben auch durchaus Respekt vor der methodisch klaren Planung, dem stringenten Nachweis der Wirksamkeit, der wissenschaftlichen Fundierung und vor den Operationalisierungen, die sich so leicht quantifizieren und statistisch auswerten lassen.

Sie finden allerdings auch, daß sich Verhaltenstherapeut/en/innen bisher zu wenig mit den "mentalen Strukturen" befaßt haben, die sich zwischen "Reiz" und "Reaktion" abspielen. Wenn sie dies jetzt, wie zahlreiche Beiträge der Verhaltenstherapie zu diesem Band ausweisen, verstärkt tun, dann sind damit Voraussetzungen dafür geschaffen, trotz aller Unterschiede auch Gemeinsamkeiten zwischen Verhaltenstherapie und Psychoanalyse zu entdecken und auszubauen:

**Erstens** im Interesse weiterer Forschung, die nicht mehr nur die Patienten-Variable, die Methoden-Variable und die sog. "unspezifischen Faktoren" untersucht, sondern verstärkt die Therapeuten-Variable; nicht nur im Hinblick auf das äußerlich sichtbare und objektivierbare Verhalten, sondern auch auf dessen oder deren innere Bilder (von sich selbst, vom anderen, von der eigenen Methode, von der Methode der anderen usw.). **Zweitens**, last but not least, im Interesse der zu uns kommenden Patienten/innen, die zurecht nicht nur wissenschaftlich exakt überprüfbar behandelt werden wollen, sondern auch als jeweils einzigartige Individuen ideographisch ernst genommen werden möchten, und zwar nicht nur im Hinblick auf ihre bewußten Wünsche, Ängste und Widerstände, sondern auch auf deren unbewußte Dimensionen.


## LITERATURVERZEICHNIS

BALINT, M. (1966). *Die Urformen der Liebe und die Technik der Psychoanalyse.* Bern/Stuttgart: Huber/Klett
BALINT, M. (1968). *The Basic Fault. Therapeutic Aspects of Regression.* London: Tavistock. Deutsch: Therapeutische Aspekte der Regression. Theorie der Grundstörung. Stuttgart: Klett 1970
ERIKSON, E.H. (1950). *Childhood and Society.* New York: Norton. Deutsch: Kindheit und Gesellschaft. Stuttgart: Klett 1961

ERIKSON, E.H. (1966). *Wachstum und Krisen der gesunden Persönlichkeit.* Darmstadt: Wissenschaftliche Buchgesellschaft

DAHMER, H. (1982). *Libido und Gesellschaft. Studien über Freud und die Freudsche Linke.* Frankfurt am Main: Suhrkamp

FREUD, S. (1895). *Studien über Hysterie.* GW I, 75-312

FREUD, S. (1900). *Die Traumdeutung.* GW II und III

FREUD, S. (1904). *Zur Psychopathologie des Alltagslebens.* GW IV

FREUD, S. (1908). *Die kulturelle Sexualmoral und die moderne Nervosität.* GW VII, 141-167

FREUD, S. (1912). *Ratschläge für den Arzt bei der psychoanalytischen Behandlung.* GW VIII, 375-387

FREUD, S. (1917). *Eine Schwierigkeit der Psychoanalyse.* GW XII, 1-12

FREUD, S. (1930). *Das Unbehagen in der Kultur.* GW XIV, 419-506

GOEBEL-SIEFERT, I. UND SCHEID-KOEVE, H. (1980). *Psychologie studieren, um sich und anderen zu helfen? Theorien und eine Untersuchung zur Studienmotivation.* Vordiplomarbeit, Fachbereich Psychologie, Universität Frankfurt.

HABERMAS, J. (1968). *Erkenntnis und Interesse.* Frankfurt am Main: Suhrkamp

HABERMEIER, R. (1981). *Theodor W. Adorno: Die Rettung des Individuellen.* In Speck, J. (Hg.): Grundprobleme der großen Philosophen (147-185). Philosophie der Gegenwart IV. Göttingen: Vandenhoeck & Ruprecht

HORN, K. (1972). *Psychoanalyse - Kritische Theorie des Subjekts.* Frankfurt am Main: Roter Druckstock

KERNBERG, O.F (1975). *Borderline Conditions and Pathological Narcissm.* New York: Aronson. Deutsch: Borderline-Störungen und pathologischer Narzißmus. Frankfurt am Main: Suhrkamp 1978

KLEIN, M. (1962). *Das Seelenleben des Kleinkindes und andere Beiträge zur Psychoanalyse.* Stuttgart: Klett

KOHUT, H. (1971). *The Analysis of the Self.* New York: International University Press. Deutsch: Narzißmus. Eine Theorie der psychoanalytischen Behandlung narzißtischer Persönlichkeitstörungen. Frankfurt am Main: Suhrkamp 1973

KOHUT, H. (1977). *The Restauration of the Self.* New York: International University Press. Deutsch: Die Heilung des Selbst. Frankfurt am Main: Suhrkamp 1979

KUTTER, P., PARAMO-ORTEGA & ZAGERMANN (1988). *Die psychoanalytische Haltung. Auf der Suche nach dem Selbstbild der Psychoanalyse.* München-Wien: Verlag Internationale Psychoanalyse

KUTTER, P. (1989). *Moderne Psychoanalyse. Eine Einführung in die Psychologie unbewußter Prozesse.* München: Verlag Internationale Psychoanalyse

LICHTENBERG, J. (1983). *Psychoanalysis and Infant Research.* Hillsdale, N. J.: The Analytic Press

LICHTENBERG, J. (1989). *Psychoanalysis and Motivation.* Hillsdale, NJ: The Analytic Press

LORENZER, A. (1970). *Sprachzerstörung und Rekonstruktion.* Frankfurt am Main: Suhrkamp

LORENZER, A. (1974). *Die Wahrheit der psychoanalytischen Erkenntnis.* Frankfurt am Main: Suhrkamp

MAHLER, M.S., PINE, F. & BERGMAN, A. (1975). *The Psychological Birth of the Human Infant*. New York: Basic Books. Deutsch: Die psychische Geburt des Menschen. Symbiose und Individuation. Frankfurt am Main: Fischer Taschenbuchverlag

MARCUSE, H. (1955). *Eros and Civilization*. Boston: Beacon Press. Deutsch: Eros und Kultur (1957), später: Triebstruktur und Gesellschaft (1969). Frankfurt am Main: Suhrkamp

MATUSZAK, E. (1986). *Studienanfänger der Medizin und der Psychologie. Eine Untersuchung mit dem Gießen-Test*. Jahresarbeit Fachbereich Psychologie, Universität Frankfurt am Main

MITSCHERLICH, A. (1975). *Der Kampf um die Erinnerung. Psychoanalyse für fortgeschrittene Anfänger*. München/Zürich: Piper

NIETZSCHE, F. (1886). *Jenseits von Gut und Böse*. In: Nietzsche F., Werke in drei Bänden, hg. v. Karl Schlechta, Band 2, 563 - 760, München: Carl Hanser.

PIAGET, J. & INHELDER, B. (1972). *Die Psychologie des Kindes*. Olten und Freiburg: Walter

POST, W. (1981). *M. Horkheimer: Die Widersprüche der bürgerlichen Gesellschaft*. In Speck, J. (Hg.): Grundprobleme der großen Philosophen (106-146). Philosophie der Gegenwart IV. Göttingen: Vandenhoeck & Ruprecht

STERN, D.N. (1985). *The Interpersonal World of the Infant. A View from Psychoanalysis and Developmental Psychology*. New York: Basic Books

WINNICOTT, D.W. (1974). *Reifungsprozesse und fördernde Umwelt*. München: Kindler

WINNICOTT, D.W. (1976). *Von der Kinderheilkunde zur Psychoanalyse*. München: Kindler

WOLF, E.S. (1988). *Treating the Self. Elements of Clinical Selfpsychology*. New York/London: The Guilford Press

WOLF, E.S., ORNSTEIN, A., ORNSTEIN, P., LICHTENBERG, J.D. & KUTTER, P. (1989). *Selbstpsychologie. Weiterentwicklungen nach Heinz Kohut*. München/Wien: Verlag Internationale Psychoanalyse

## PLENARDISKUSSION: DIE BILDER DER ANDEREN - VT UND PSYCHOANA-LYSE

Moderation: LUTZ

BERGOLD: Herr Kutter, was Sie sagen klingt so, als wäre das hier die totale Umarmung. Sind wir denn nun alle eins? Ich nehme an, das ist nicht so. Sie haben versucht, Annäherungspunkte aufzuzeigen, und das finde ich sehr spannend. Mir fehlen allerdings die Differenzen aus der heutigen Sicht zwischen Psychoanalytikern und Verhaltenstherapeuten. Wir tun uns meines Erachtens nichts gutes, wenn wir so tun, als wären wir alle eins.

LUTZ: Dazu möchte ich eine Frage anschließen: Wie sieht das eigentlich mit der Übertragungsbeziehung aus, die Sie als Analytiker als Behandlungsfaktor aufbauen müssen. Ist das eine klassische Position der Psychoanalyse, die sich gewandelt hat? Ich glaube, gerade hier gibt es natürlich gravierende Unterschiede zu Verhaltenstherapeuten. Die wollen da viel schneller "zur Sache kommen"!

KUTTER: Die Differenzen sind natürlich nicht unerheblich. Das hängt von der Komplexität unseres Gegenstandes, des Menschen ab. Herr Zitterbarth hat dazu ja heute morgen schon gesagt, daß jede Anthropologie das Problem der Entscheidung hat: Will ich vom Menschen dessen physiologische Seite oder dessen psychologische Seite untersuchen oder will ich ihn philosophisch in seinem Wesen bestimmen? Ich werde also je nach der Methode, die ich anwende, zu unterschiedlichen Resultaten kommen. Und da ist der Gegenstand der Psychoanalyse ein anderer als der der Verhaltenstherapie. Jedenfalls habe ich das bisher so geglaubt. Aber heute bestand hier einfach eine Übereinstimmung, die ich wahrscheinlich vor 10 Jahren so nicht hätte finden können. Und doch ist der Unterschied der, daß sich die Psychoanalyse auf unbewußte Prozesse bezieht, die sich - und das ist nach wie vor ein Axiom der Psychoanalyse - über regressive Prozesse in der Übertragung und Gegenübertragung im hic et nunc der analytischen Situation entfalten. Hier wird Vergangenheit unmittelbar Gegenwart und damit bearbeitbar und veränderbar. Studenten haben dazu einmal gefragt: Wozu denn dieser riesen Popanz, warum immer so weit zurück in die Vergangenheit - im Gegensatz zur Gesprächstherapie oder zur Verhaltenstherapie? Darauf gibt es nur eine Antwort: Es gibt keinen anderen Weg zur Veränderung als den der Regression, um so die Reaktivierung des ursprünglichen traumatischen Geschehens zu erreichen. Das kann ein Trauma sein, das ich passiv als Opfer erlebt habe, wie z. B. einen Inzest oder eine Kindesmißhandlung; es kann aber auch der Wunsch sein, mit der Mutter zu schlafen oder den Vater umzubringen. Diese Phantasien können nach analytischer Sicht nach wie vor neurotische Symptome bedingen. Hier gibt es sowohl einen Unterschied in der Methode wie auch in den wissenschaftstheoretischen Annahmen.

Auch in der Professionalisierung sehe ich Unterschiede, denn in der Psychoanalyseweiterbildung wird doch enormer Wert auf die Selbstanalyse gelegt, der gegenüber die Theorie eine geringere Rolle in der Ausbildung spielt. Ich würde die These wagen, daß es bei der Verhaltenstherapieprofessionalisierung umgekehrt ist: Daß hier die Theorie eine sehr große Rolle spielt und die Selbsterfahrung eine geringere. Vielleicht ändert sich das auch noch. Als gemeinsamen Boden würde ich die Wissenschaftlichkeit, das heißt das Bemühen sehen, Daten zu liefern, die nachprüfbar und nachvollziehbar sind. Hier haben die

Verhaltenstherapeuten gut gezeigt, wie man Versuchsanordnungen macht und wie man Experimente durchführt - auch die Gesprächstherapeuten mit ihren Tonbandmitschnitten. Hier holt die Analyse nach und lernt von der Verhaltenstherapie.

TEILNEHMER: unverständlich (zum Unterschied Psychoanalyse vs. VT)

KUTTER: Sie sprechen über das praktische Verhalten in der, wie wir sagen, "analytischen Situation" gegenüber der sogenannten "verhaltenstherapeutischen Situation". Ich kann dazu für mich und für eine nicht kleine Gruppe von Analytikern sagen, daß Theorien nicht selten störend sind im Verstehensprozeß des Patienten. Wir versuchen Ausbildungskandidaten nahezubringen, die Theorie auch einmal beiseite zu lassen und den Patienten ganz unvoreingenommen auf sich wirken zu lassen, ihn lieber etwas länger sprechen zu lassen, vielleicht noch eine Stunde und noch eine Stunde. So kommen u. a. auch diese langen analytischen Prozesse zustande. Daß man also überlegt: Habe ich das wirklich richtig verstanden? Muß ich das jetzt schon ödipal sehen oder geht es hier um ein Trauma? Ist es eher eine Phantasie oder eher eine Reaktion auf eine reale äußere Traumatisierung? Bei fünf Analysen, die verbatim transkripiert waren und die von prominenten Analytikern noch einmal analysiert wurden, konnte man feststellen, daß doch zu oft und zu schnell theoriegeleitet interpretiert und deshalb das Verstehen dieser Patienten verfehlt wurde. Daher der Vorschlag, die Theorie eher einmal beiseite zu lassen und zu versuchen, eher umgangssprachlich an den Patienten heranzukommen.

LINDEN: Ich hatte ja schon mehrfach gesagt, daß es durchaus Lerneffekte haben kann, wenn wir mit unterschiedlichen Erfahrungshintergründen miteinander reden. Insofern sollte es nicht ein Gang in die Höhle des Löwen sein, wenn ein Analytiker hier bei Verhaltenstherapeuten auftritt und umgekehrt. Man kann ja auch besonders viel über das eigene Landesgehabe lernen, wenn man sich im Ausland aufhält. Damit aber dieser Kommunikationsprozeß ein gedeihlicher wird, müssen meines Erachtens doch zwei wichtige Voraussetzungen gegeben sein. Erstens müssen wir, wenn wir über Psychotherapie reden, der Versuchung widerstehen, an unsere eigenen Theorien zu glauben oder gar sie reifizieren zu wollen. Dazu neigen wir als Psychotherapeuten in besonderer Weise, weil wir das, was wir tun, ja auch noch verkaufen müssen - im vollen Sinne des Wortes. So laufen wir Gefahr, daß wir irgendwann die Distanz zu unseren Konzepten und Theorien verlieren, auf deren Hintergrund wir arbeiten, und meinen am Ende, diese theoretischen Konstrukte seien Wahrheiten. Dann werden Sie wie Wahrheiten gehandelt, als könnte man sie anfassen, und es entbrennt ein Glaubensstreit, wer über die richtige Wahrheit verfügt. Ich denke, wenn wir wissen, daß Theorien nichts mit Wahrheit zu tun haben, sondern letztlich nur mit Utilität, Widerspruchsfreiheit und ähnlichem zu bewerten sind, dann kann man solche Diskussionen sehr gut führen. Das zweite ist: Es wird gelegentlich so diskutiert, als gäbe es nur einen Weg nach Rom. Zum Verhältnis zwischen den verschiedenen Therapieformen und den therapeutischen Ansätzen gibt es ja verschiedene Möglichkeiten: Zum einen kann man sagen, man könne den gleichen Zustand auf verschiedene Art und Weise angehen, und es sei egal, ob man das mit einer analytischen oder mit einer verhaltenstherapeutischen tue. Anderseits wäre es natürlich hochinteressant zu wissen, ob es nicht auch Zustände gibt, für die eine bestimmte Vorgehensweise die bessere, die adäquatere wäre. Womit sich uns Therapeuten natürlich sofort die Frage stellt: Wie organisieren wir dann das Zusammenspiel untereinander? Müssen wir z. B. auf mehreren Klavieren gleichzeitig spielen können, um dem Patienten die Wanderung zwischen den Türen und Praxen zu ersparen? Ich denke, das sind Fragen, auf die es im Moment keine Antworten gibt, die sich aber sicherlich für die Weiterentwicklung der Psychotherapie stellen und die uns sicherlich zu einen Kommunikationsprozeß zwingen. Deswegen denke ich, werden wir Sie und Ihre Kollegen auch noch häufig einladen müssen.

KUTTER: Das gilt dann natürlich auch umgekehrt. Denn auch den Psychoanalytikern kann es nicht schaden, wenn ihnen von einer anderen wissenschaftlichen Perspektive der Spiegel vorgehalten wird. Im Institut für Tiefenpsychologie in Wien hatte Herr Strotzka zur gleichen Zeit Verhaltenstherapeuten, Gesprächstherapeuten und Psychoanalytiker, die in der Fallkonferenz diskutiert haben, welche Methode für einen bestimmten Fall die adäquateste ist. Das gibt es auch andernorts. Ich denke, da haben wir noch einiges nachzuholen. Z. B. im Blick auf diese unglücklichen Entwicklungen, daß manche Patienten viel zu lange Analysen machen, in denen sich nichts mehr verändert. Solche Entwicklungen gäbe es wahrscheinlich nicht, wenn nach diesem Wiener Modell gleichzeitig mehrere Fachgruppen den Fall ansehen würden. Bis heute ist es mehr oder weniger dem Zufall überlassen, wer welchen Patienten behandelt. In Hochburgen der Psychoanalyse, wie Frankfurt oder Stuttgart, wird die Wahrscheinlichkeit größer sein, daß ein psychisch leidender Mensch bei einem Psychoanalytiker oder einer Analytikerin landet, während er vielleicht in München mit dem Max-Planck-Institut oder in der Gegend von Soesten zu jemand anderem käme. Hier sollten wir im Laufe der Zeit drüber hinwegkommen und im Sinne von Praxisgemeinschaften z. B. unterschiedliche Therapeuten unter einem Dach vereinen. Das muß keine Umarmung, keine Vereinnahmung werden, sondern eine gegenseitige Respektierung.

TEILNEHMER: Hier klingt alles schon ein bischen nach einem Wort zum Sonntag. Ich selbst bin Psychoanalytiker und schätze den Austausch mit den verschiedenen Schulen. Ich bin aber ein bischen enttäuscht von Ihnen, Herr Kutter, daß Sie die Differenzen doch zu sehr in einem harmonischen Rahmen verfließen lassen. Denn sowohl in der Theorie wie auch in der Praxis gibt es so eminente Differenzen, daß ein qualitativer Streit erst beginnen müßte, bevor man zu einer Umarmung kommt.

KUTTER: Ich sehe die Differenzen! Aber das momentane Erlebnis hier auf dieser Tagung ist doch das einer überraschend großen Übereinstimmung, und die wollte ich benennen.

TEILNEHMER: Als Verhaltenstherapeuten sind wir methodisch doch dazu verpflichtet, in der Therapie die "besseren" zu sein. Also müssen wir erst einmal Ideen und Handlungsvorschläge vorgeben. Die Psychoanalyse lebt und arbeitet sehr mit dem, was ich "pure Krankheitsvermutung" nenne. Umgekehrt sagen wir VT'ler prinzipiell: "Du kannst!" Das ist eine Grundhaltung in der VT: "Stell Dir vor, Du könntest ...". Natürlich kann nicht jeder fliegen, aber als VT'ler würde ich sagen, man kann ja an der Idee mal arbeiten (Lachen). Das ist überspitzt gesagt, um es auf den Punkt zu bringen. Dazwischen liegt der Realismus.

KUTTER: In der Psychoanalyse ist man ja auch dabei, sich das eigene Menschenbild bewußt zu machen. Und das ist sicher von der Medizin und von deren Krankheitslehre her beeinflußt. Wenn ich in der Universität über Diagnostik spreche, dann widerfährt mir genau diese Kritik, von der gerade die Rede war - oft im Sinne des "labeling approach", das den anderen festlegt und ihn in seiner Freiheit einengt. Dieses medizinisch-therapeutische Menschenbild müssen sich Analytiker selbst bewußt machen und überwinden. Dieser "Furor

Sanandi", dem Zwang zu heilen, von dem Freud sprach, kann hindernd sein. Es gibt bei den Selbst-Psychologen (= eine bestimmte Richtung in der Analyse, s.o. - die Hrsg.) z. B. eine ganz andere Haltung, einen gewissen Optimismus, daß sich etwas aus dem Prozeß selbst ergibt, wovon man sich überraschen lassen kann. Aber auch des latenten pädagogischen Elementes in unserem Menschenbild müssen wir uns immer wieder bewußt werden. Das wäre vielleicht eine Kritik gegenüber den Verhaltenstherapeuten, daß ihre eigene Wissenschaftsorientierung für den Heilungsprozeß oder, um vom Krankheitsmodell wegzukommen, für den Bildungsprozeß hinderlich sein kann.

TEILNEHMER (Analytiker): Ich fand das Beispiel von dem "Fliegen" sehr schön, weil sich daran die Differenz zwischen Verhaltenstherapie und Psychoanalyse paradigmatisch darstellen läßt. Denn Sie (= Verhaltenstherapeuten) helfen möglicherweise dem Menschen, sich der Möglichkeit zu fliegen zu nähern. Der Psychoanalytiker hat demgegenüber - jedenfalls ursprünglich - den Fokus darauf gelegt, daß er lernt, ein Erdenwurm zu sein. Das heißt, die Psychoanalyse hat als Grundhorizont dessen, was sie sieht, immer wieder die Defizite des Menschen. Das spiegelt sich auch im Menschenbild oder in der Ethik der Psychoanalyse wieder. Noch ein kurzer Satz zu Ihnen, Herr Kutter: Ich stimme Ihnen zu, daß unsere Theorien gefährlich sind und uns blockieren können im unvoreingenommenen Wahrnehmen und Zuhören der Patienten. Aber es ist ja nicht so, daß das, was wir wahrnehmen und hören, nicht doch implizit mit irgendeiner Theoriediktion zu tun hat. Da sind ja immer Annahmen und Hypothesen enthalten, und die sind eben beim Verhaltenstherapeuten völlig andere als beim Psychoanalytiker.

SCHNEIDER: Ich möchte dazu anfügen, daß Verhaltenstherapeuten nicht immer von einem Defizitmodell ausgehen, sondern auch von der Erweiterung eines Verhaltensspektrums. Sie würden einem Patienten vielleicht das Gleitschirmfliegen beibringen und ihn fragen, ob das das ist, was er sich eigentlich phantasiert oder vorgestellt hat mit "Fliegen".
Mir geht es aber im Prinzip um die Frage aus der Studie von Lutz und Kollegen: Zu welchem Therapeuten, in welche Therapie würde sich ein Verhaltenstherapeut begeben? Ich glaube, die Frage war falsch gestellt, und ich würde sie in einer weiteren Untersuchung so nicht mehr stellen. Wir haben mehrfach darüber gesprochen, daß man den Patienten und den Therapeuten jeweils als Person betrachten soll. Die erste Frage, die ich stellen würde, wäre: Zu welchem Therapeuten würdest du gehen und weshalb gerade zu dem? Die zweite ist dann die nach der therapeutischen Richtung. Im äthiopischen gibt es ein Sprichwort: "Das Wort, das dir hilft, kannst du nicht selber sagen." Das heißt, Verhaltenstherapeuten würden eben dazu tendieren, da sie selbst sehr methodisch denken und auch an Methodik glauben, Hilfe für sich bei einer anderen Therapie zu suchen. Die Psychoanalyse mit ihrer Änderungstheorie kann Verhaltenstherapeuten also etwas geben, das sie selbst nicht haben, indem sie z. B. Unbewußtes aufdeckt. Das kann man bei sich selbst nie - also gehen Analytiker auch eher zu einem "analytischen" Kollegen, denn "Aufdecken" ist immer etwas Neues. So viel "Neues" können VT'ler von VT'lern vielleicht gar nicht erwarten. Und das weißt meines Erachtens auch auf ein Defizit im verhaltenstherapeutischen Prozeß hin. Oder aber auf etwas, das VT'ler - glaube ich - mit ihren Patienten doch machen, ohne sich dessen bewußt zu sein.

TEILNEHMERIN: Ich möchte etwas vorausschicken: Ich bin Psychologin und Verhaltenstherapeutin und bedaure es, daß Ihr Angebot, Herr Kutter, über die Gemeinsamkeiten zu reden, hier nicht angenommen wird. Es ist vielleicht kein Zufall, daß sich dabei nur männliche Kollegen zu Wort gemeldet haben. Und ich möchte hinzufügen, daß ich das Referat von Herrn Reimer gestern mit großem Unbehagen gehört habe: Er hat aus meiner Sicht die Psychoanalyse sehr schablonenhaft abqualifiziert und in dem Zusammenhang als eines der wenigen Attribute über Sigmund Freud dessen Religionszugehörigkeit genannt. Ich möchte mich davon deutlich abgrenzen, aber den Veranstaltern dafür danken, daß sie sowohl Herrn Reimer wie sie, Herr Kutter, eingeladen haben.

KUTTER: Das war ein Dank an die Organisatoren. Zu den Kollegen aus der eigenen Zunft muß ich sagen, daß ich wirklich von der guten Atmosphäre dieses Kongresses angesteckt worden bin; auch von diesem Humor hier. Noch ein Wort zum Konflikt- und Defizitmodell: Das ist in der Psychoanalyse zur Zeit sehr in der Diskussion. Die klassische Analyse sagt nach wie vor: Der Ödipus-Konflikt ist der Kernkomplex der Neurose! So oder so muß der Mensch durch dieses Nadelöhr durch, indem er sich von seiner Mutter trennt und sich mit einer dritten Person auseinandersetzt. Er muß also mit Liebe und Haß, mit diesen Personen und mit seiner Geschlechtsidentität ringen und kämpfen. Das ist eine harte Arbeit. Wenn Sie eine Deutung auf das Kollektiv hier nicht für unverschämt halten, würde ich vermuten, daß da kollektiv vielleicht etwas abgewehrt wird. Ich führe gerade zwei Seminare durch: "Verhaltenstherapie und Psychoanalyse: Brücke zwischen den Extremen" sowie "Psychoanalyse und Psychologie: ein schwieriges Verhältnis". Wir haben dabei die Geschichte der jeweiligen Schulen und ihrer Väter, z. B. Wundt, Freud, Levin und Piaget studiert und genau diese innere Auseinandersetzung gefunden: Finde ich mich eher in der empirisch vorgehenden Wissenschaft oder mehr in der interpretierenden wieder - also eher in Richtung Verhaltenstherapie oder eher in Richtung Psychoanalyse? Ich denke, das sind Persönlichkeitsfaktoren. Und damit vermutlich auch individuell geprägte Vermeidungen, die den einen hindern, in die Analyse zu gehen und den anderen, die eigene Arbeit einer genaueren Kontrolle zu unterwerfen. Das sind - selbstkritisch angemerkt - wohl auch Schwächen im Lager der Analyse. Und schließlich spielt ja die Atmosphäre, die der Therapeut ausstrahlt, Wärme und Empathie z. B. eine größere Rolle als einfache Techniken, wie z. B. die Desensibilisierung oder die psychoanalytische Interpretation. In der Prozeßforschung prüft man z. B.: Was hat die Therapeutin oder der Therapeut dem Patienten in welcher Situation in welchem Ton gesagt und welches sind die Effekte unmittelbar danach und langfristig. So könnte man über die bisherigen eher pauschalen Forschungsergebnisse hinwegkommen, die ja alle mehr oder weniger sagen: Jeder hat einen Preis gewonnen, und immer sind ein Drittel sehr gut geworden, ein Drittel weniger gut und einem Drittel konnten wir nicht helfen. Vielleicht kommt dabei ja heraus, daß sich mancher Verhaltenstherapeut psychoanalytischer und mancher Psychoanalytiker verhaltenstherapeutischer verhält, als beide das denken. Abschließend will ich doch das Erlebnis der Gemeinsamkeit hier nicht zu gering schätzen. Für mich war es hier eine interessante Erfahrung; ich habe viel gelernt und freue mich, daß die Organisatoren einen Vertreter aus einer ganz anderen Richtung hier eingeladen haben. Ich hoffe, das hat sich für Sie auch gelohnt. (Applaus)

LUTZ: Als Mitveranstalter möchte ich mir die Freiheit nehmen, 3 kleine Bemerkungen zum Abschluß zu machen, bevor Herr Linden als 1. Vorsitzender des FKV den Kongreß offiziell beendet. Erstens: Wir sind ja in die witzige Situation gekommen, daß ein Psychoanalytiker die letzten inhaltlichen Worte auf einem Verhaltenstherapiekongress spricht. Ich denke, das macht jenes Stück Freiheit aus, das wir gewonnen haben: Sie anzuhören, ohne von Ihnen umarmt zu werden und ohne Ängste, von Ihnen doktriniert zu werden. Umgekehrt freue ich mich sehr, daß Sie hierher gekommen sind und auch das Schlußwort gesprochen haben. Zweitens: Ich habe mit einer gewissen Freude gesehen, wie Ihr zweiter hier anwesender Fachkollege sofort in einen Fachstreit geraten ist mit Ihnen. Das hübsche daran ist, daß das bei uns auch so ist, womit wir wieder über eine weitere Gemeinsamkeit verfüge (Lachen). Und der dritte Punkt: Es wurde hier wiederholt Personen und Institutionen gedankt für deren Beiträge zum Gelingen dieses Kongresses. (An die Teilnehmer gerichtet:) Ich möchte deshalb mit einem Dank an Sie abschließen; mit einem Dank für Ihre rege, engagierte und witzige Teilnahme, ohne die wir alle den Kongreß nicht so fruchtbar erlebt hätten, wie wir es getan haben.

(Es folgt der Abschluß des Kongresses durch den 1. Vorsitzenden des Fachverbandes für Klinische Verhaltenstherapie, Herrn Dr. M. LINDEN.)

H. Lieb

# Therapeutische Entscheidungen

hrsg. von Prof. Dr. DIETMAR SCHULTE

*182 Seiten, DM 36,– · ISBN 3-8017-0414-9*

Es ist allgemein bekannt, daß Klinische Psychologen aller Psychotherapieschulen mit zunehmender Berufserfahrung in ihrem therapeutischen Handeln feste Regeln immer weniger befolgen. Die Therapeuten beginnen zunehmend zu variieren, eigene Erfahrungen zu berücksichtigen und ihr Vorgehen auf den Einzelfall abzustimmen. Vorausplanungen verlieren an Bedeutung, Verlaufsanpassungen werden wichtiger.

Wie angemessen und erfolgversprechend die Entscheidung von Therapeuten ist, von methodischen Regeln abzuweichen, wurde bislang empirisch kaum überprüft. In dem vorliegenden Reader wird dieser Frage nachgegangen. Es wird überprüft, inwieweit Therapeuten ihr Vorgehen variieren, an welchen Kriterien sie sich dabei orientieren oder orientieren sollten und inwieweit solche Variationen und Anpassungen des therapeutischen Vorgehens an die jeweiligen Gegebenheiten für den Therapieerfolg von Bedeutung sind.

Hogrefe · Verlag für Psychologie

# Musiktherapie

von Dr. WOLFGANG STROBEL und Prof. Dr. GERNOT HUPPMANN

*2. Aufl., 229 Seiten, DM 49,– · ISBN 3-8017-0473-4*

Die Neuauflage dieses erfolgreichen Standardwerkes bietet eine umfassende Darstellung sowohl der Entstehung der Musiktherapie als auch ihrer klinisch-therapeutischen Anwendungsmöglichkeiten. Die Musiktherapie bietet die Chance, durch musikalische Interaktion die zwischenmenschliche Kommunikation anzuregen und zum Fundament weiterer einzel- und auch gruppentherapeutischer Bemühungen zu machen. Hier liegen noch zahlreiche therapeutische Möglichkeiten brach, die auszuschöpfen dieses Werk anregt. Die hiermit vorliegende wegweisende Untersuchung eignet sich ebenso als Lehrbuch der Musiktherapie, sie vermittelt aber auch mit ihrer gründlichen Darstellung der wissenschaftlichen Voraussetzungen, Formen und Anwendungsbereiche der Musiktherapie vielfältige Anregungen zu weiterer Forschung und zur „Verwissenschaftlichung" musiktherapeutischer Praxis.

Hogrefe · Verlag für Psychologie